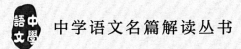

中学语文名篇解读丛书

汉语言文学国家一流专业建设点资助出版

中学写作单元

教学解读、设计与实施

主编　王从华　施旭晖

WUHAN UNIVERSITY PRESS
武汉大学出版社

图书在版编目(CIP)数据

中学写作单元教学解读、设计与实施/王从华,施旭晖主编.—武汉:武汉大学出版社,2022.5(2025.7重印)

中学语文名篇解读丛书

ISBN 978-7-307-22831-3

Ⅰ.中…　Ⅱ.①王…　②施…　Ⅲ.作文课—中学—教学参考资料

Ⅳ.G634.343

中国版本图书馆 CIP 数据核字(2021)第 274715 号

责任编辑:蒋培卓　　　责任校对:汪欣怡　　　版式设计:马　佳

出版发行:**武汉大学出版社**　(430072　武昌　珞珈山)

(电子邮箱:cbs22@whu.edu.cn 网址:www.wdp.com.cn)

印刷:武汉邮科印务有限公司

开本:787×1092　1/16　印张:20.5　字数:485 千字　插页:1

版次:2022 年 5 月第 1 版　2025 年 7 月第 2 次印刷

ISBN 978-7-307-22831-3　　定价:69.00 元

编 委 会

总主编　吴中胜　王从华

编　委　程　箐　江梅玲　刘汉波　刘在鑫　明飞龙

王从华　吴中胜

总　　序

新课程改革以来，如何建构适应当今时代需要的教师教育体系，为国家培养更多高水平的师资队伍，是摆在教师教育面前紧迫而重要的任务。教师素质不高、能力不足而造成教育教学改革偏离预期方向，或者使得教育教学改革质量大打折扣，已成为现实中存在的突出问题。2017年，教育部颁布了《中小学幼儿园教师培训课程指导标准（义务教育语文学科教学）》。基于义务教育阶段语文教育教学工作任务及实践需要，明确语文课程与教学培训目标主题，开发义务教育语文教师教学能力自我诊断量表，分层分类设计培训课程，旨在促进义务教育阶段语文学科教师专业发展，提高教师培训的针对性和实效性。

语文是百科之母，语文学科是人生的第一学科，语文教师的培养是教师教育的重要内容。语文教师的培养跟师范院校职前语文教师教育课程的设置、实施和相关语文教师教育教材有着密切的关联。高等学校教师教育课程，最早可以追溯到1897年南洋公学开设的讲授"各科教授之次序法则"的"教授法"课程，迄今有120多年的历史。它的发展大致经历了如下几个阶段：国文"教授法"萌芽（1897—1921年）；国文和国语"教学法"勃兴（1922—1939年）；"语文教学法""语文教材教法"研究阶段（1939—1981年）；"语文教学论"时期（1981—1986年）；"语文教育学"时期（1987—1997年）；"语文课程与教学论"时期（1997年至今）。课程名称的数度变化，反映了这门课程的地位、研究对象、价值取向上和内容体系的变化。总的来看，这门课程研究的范围在由小到大再到聚焦课程与教学：最初只研究微观的教师的教问题；后来把研究教师的教和学生的学结合起来；再到关注教师的教、研究学生的学和教材的研究与使用；然后扩到到宏观方面的研究，试图在理论层面建构语文教育学课程群；现在则聚焦中小学语文教学实践，把语文课程、教学理论与实践结合起来，促进师范生教学实践能力和研究能力的发展。

赣南师范大学文学院主编的中学语文名篇解读丛书，正是新的研究理念、研究内容背景下应运而生的产物。这套丛书以我国基础教育阶段语文课程与教学实践、语文教师专业发展为研究对象，将语文课程教学研究的最新成果纳入课程内容当中，从课程、教学与教师相互关联的角度建构课程内容体系。根据"实践理论"的特点打通语文教育学术研究、课程与教学实践的藩篱，以开放的视野审视课程、教学与教师专业发展问题，精选原理性、策略性和操作性的课程知识，将理论学习与实践案例结合在一起，以贴近学生认知特点的形式组织课程内容。

教师教育的教材，在编写时，需要注意理论阐述与实践阐释的结合，需要讲究可接受性与可读性的配合，需要关心使用教材的高校教师与师范生之间的教学对接，需要关照教育教学的理论工作者与实践工作者的理念贯通与思维合流，需要考虑教学训练的现实性与理念更新的未来性的统一是难以同时兼顾的一件事情。本书的编写者试图在这一方面实现多赢，并努力尝试，也确实展现了独到的构思与布局。在阐述语文课程与教学原理时，本套书基本按"教材分析""学情分析""教学设计""课堂实录""课例评析"等五个部分来展开，既有理论阐述，也有有案例展示、分析，能够增强语文课程与教学内容知识点的可理解性、可展示性、可模仿性与可习得性。师范生可以借助本套丛书了解各种语文课程与教学的知识，模仿优秀案例，谙熟其中渗透的原理。在岗语文教师则可以通过本套丛书重温对语文课程与教学的认知与看法，对照其提供的优秀教师案例、专家点评反思自己的教学，提升教学技能和理论水平。

　　翻阅这套丛书的定稿时，我看到每一本书既有扎实的理论基础，也有丰富多样的案例，内容非常丰富。这令我不禁萌生出一种敬意。要知道，在唯论文、课题独尊的今天，对高校教师进行业绩考核时，教材基本上是被轻视甚至忽略不计的。转念一想，有这么一批人心系教师教育并为语文教师技能的训练执着地探索着，实在是教师教育事业的一大幸事！

中国高等教育学会语文教育专业委员会

副理事长、湖南师范大学教授

2022 年 1 月 18 日

目　　录

◎第一编◎
理 论 篇

第一章　写作教学研究的新进展

作文教学，在我国向来是个"老大难"。张志公先生在谈到写作教学为什么这么难时曾说："我想这也许跟对待作文这件事有些不对头的看法有关系。不大对头的看法必将导致教学中不合适的做法。"①在这里"不对头的看法"，应包括"写作观、写作知识和理论"等。

一、写作教学理论重建与实施策略

荣维东教授指出：中国写作教学的问题，从根本上是写作观错误、写作理论僵化、写作知识陈旧所致。而首要的任务是要澄清写作的内涵。

(一)写作及其多元理解

《新牛津英语词典》把"写作"解释为"用连贯的词在纸上制作并形成文本的活动和技能"，"为了出版制作文本的活动或职业"，"被认为有一定风格或质量的书面著作"，"书籍、故事、文章或者其他的书面作品"，"在纸上或者其他东西表面书写的一连串的字母、单词或符号等"(Pearsall，1998：2133)②。美国的《英语语言艺术课程标准》(1996)这样定义"写作"：①使用文字或拼写的一定时间和空间内进行日常生活的沟通和交流。②利用手或者电脑、盲文等手段记录语言过程或结果。③

写作在国外被看做一种用文字符号表达思想和观念的行为和结果。它既是一种认知能力，又是一种动作技能；它既是一种行为过程(动作)，又是写作行为的结果(作品)，既指作家还指职业。其中，作品既包括纸媒介，也包括其他媒介如电子屏幕等，国外对于写作的概念理解相对多元化、信息化及多功能化，内涵是比较宽泛的。

1."重表达"：我国写作课程目标取向

我国传统的作文向来重"重表达、轻交流"。过去教学大纲强调"能文从字顺地表述自

---

① 张志公.作文教学论集·序言[M].天津：新蕾出版社，1982：1.

② 肖福寿.英语写作教学的原则和策略[M].上海：上海大学出版社，2007.

③ 原文是：writing 1. The use of a writing system or orthography by people in the conduct of their daily lives to communicate over time and space. 2. The process or result of recording language graphically by hand or other means, as by the use of computers or braillers.

己的意思"，现在的课程标准强调"有创意的表达"，都有着明显的"表达主义"的取向。其实质是"文章写作"观。虽然目前的课标中有"与他人分享习作的快乐"（第二学段），"懂得写作是为了自我表达和与人交流"（第三学段），"写作时考虑不同的目的和对象"（第四学段）等交际写作理念，但与国外课标相比，内容少且过于笼统。长期以来，我们以追求"立意高、选材精、结构篇、语言美"为写作目标，注重文章的制作技艺和表达技巧，忽视写作的交际技能和学生语言交际能力的培养。

2."重交流"：国外写作课程目标取向

国外写作教育有着比较明显的"重交流"的取向。从写作目的和社会需要出发，培养学生语言交际能力是其母语课程的一贯思想。"写是为了有效地交流"①，几乎是美、英、澳、德、日等写作课程的共同理念。

美国 1996 年颁布的《英语语言艺术课程标准》是如此，美国各州市学区写作课程目标中也是如此。马萨诸塞州作文标准中提到"为不同目的和读者写作"②。奥尼尔市的英语语言艺术课程"以发展学生的实际交际能力为教学目的"③。南卡洛莱纳州 2007 在其《语言艺术标准》中要求学生"为读者而写"，强调"学生必须经常写并为不同的目的写"。在美国，交际能力被看做核心语文能力，贯穿于各学段的课程标准。④

（二）作文：写作本质的失落与探寻

作文不应该是为了应付考试，而应该成为一种"真实世界里的写作"。写作教学应该模拟或还原成现实生活中各式各样、功能各异、目的不同的写的活动。

任何一次写作行为都可以看作一场特定语境下的对话交流。这个语境包括话题、读者、目的、文体等。语境决定并塑造了语篇。正是因为读者、目的、话题不同，写作的内容和形式才变得千变万化无以穷尽。

二、写作教学的范式及其转型

纵观中外写作教学理论，其发展经历了三种范式转换：从 20 世纪 60 年代之前的"文章写作"，到六七十年代开始的"过程写作"，再到当今发展酝酿着的"交际语境写作"。

（一）写作教学发展三种范式

1. 文章写作

"作文"最通常的含义就是"写文章"。从我国古代的"八股文"，到欧美 20 世纪 60 年代前的母语写作，以及目前我国的作文教学，其实质都是建立在这种观念之上的。

---

① ［美］威廉·W·韦斯特. 提高写作技能［M］. 章熊，章学淳，译. 福州：福建教育出版社，1984：1.

② 洪宗礼，柳士镇，倪文锦. 母语教材研究（第六卷）［M］. 南京：江苏教育出版社，2007：94-96.

③ 朱绍禹，庄文中. 本国语文［M］. 北京：人民教育出版社，2001：243.

④ 洪宗礼，柳士镇，倪文锦. 母语教材研究（第六卷）［M］. 南京：江苏教育出版社，2007：122.

这种着眼于"写的结果"的教法，似乎简单实在，可是，这种结果取向的写作，由于难于调动学生的兴趣动机，又不涉及写的过程指导，对教写作并没多大效果，有时甚至是负效的。①

2. 过程写作

自 20 世纪 60 年代以来，随着认知心理学的发展，写作教学理论发生重大变革。这个时期，弗劳尔和海斯(Flower & Hayes 1980、1981)等人相继提出一些写作模型。在此基础上，欧美发起一场声势浩大的"过程写作运动"。"写作即过程"的理念开始深入人心，并进入西方诸国的课程标准、教材、课堂之中。

"过程写作"由关注"写作结果"转向关注"写作过程"，由关注"写作产品"到关注"写作主体"，由关注"外在结果"到关注写作者的"思维过程"，是写作范式的重大转换。

3. 交际语境写作

"写作即交流"的理念，源于 20 世纪 70 年代来兴起的语用学。语用学认为，语言学习的核心不是语符和语义，而是其语用功能。"交际写作"与当今的交往哲学、建构主义、功能语言学、语用学、社会认知理论、情景认知、交际学、传播学等多学科理论是一致的。它们认为：写作是作者与读者之间运用背景知识，基于交际目的，针对具体语境而进行的意义建构和交流活动。这样的写作，对作者来说，是真实的、具体的、有动力、有意义的。这样的写作需要学生基于真实(具体)的语境，运用真实的语言能力去完成，当然他们获得的也是真实的写作技能。

如写作题目：

> 向一位没有见过你的房间的同学描述你的房间。你的描写应该包含足够的细节，这样同学们读你的文章时，才能知道你的兴趣、爱好和追求。事实上"屋如其人"。读这篇文章的人会了解到你这个人。你的作文会张贴在教室里供大家阅读。

上述写作题目对象明确、目的清楚、文体清晰、功能具体，是典型的基于交际语境的写作题目。题目中看似有诸多限制，但这些既是限制，更是重要的写作资源，是写作动机、内容和表达产生的来源和依据。这样的作文反而好写。

综上所述，所谓"交际语境写作"，是指为达成特定交际目的，针对某个话题、面向明确或潜在的读者，进行的意义建构和交流活动。这种写作一定要针对特定的读者、环境，为实现特定的言语目的，基于生活、工作、学习、心灵的需要才行。

(二)三种写作范式的比较与整合

如果说文章写作主要关注写成的文章"是什么"样子的；过程写作主要关注这样的文

① 有研究表明，语法指导对培养写作能力没有效果甚至是负效的。参见荣维东等《国外作文教学实验结果综述》，2009 年《语文建设》第 5 期。

章是"怎么写"出来的；而交际写作则重点关注这篇文章"为何写""为谁写""写了有什么用"等更深层次的问题(如图 1.1 所示)。

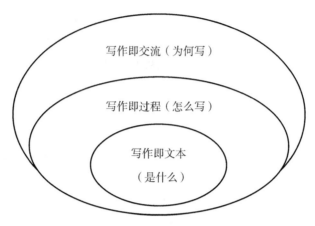

图 1.1　写作观的三种范式转型

　　上述三种写作范式，由关注写的结果即"好文章是什么样的"，到关注"文章是如何写出来的"即写的过程、方法、策略；再到关注"为何写""为谁写""写了有什么用"等更深层次的问题，体现着写作教学认识的一步步深化。

　　其实，上述三种范式不是对立的，而是一个事物的三个维度，如图 1.2 所示。

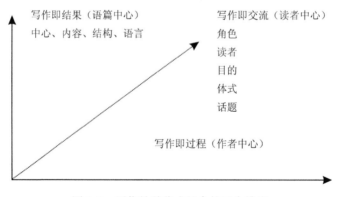

图 1.2　写作教学范式整合的三个维度

　　基于上述三种写作范式整合的思路，可以构建一个包含"语篇写作""过程写作""交际语境写作"的三维写作教学内容框架。大致说来，语篇写作内容主要解决"写什么样的文章"(项目)的问题。比如写什么样的文体，文章的中心、材料、结构、语言等要求；过程写作内容将筹划安排"如何写"的方法策略方面的问题；交际语境写作知识主要解决"写作目的、功能、读者"等问题将写作教学目标定位于"清晰、流畅、有效的书面表达与交流"。

三、写作与写作教学模型的重建

(一)写作是特定语境中的书面表达

写作是特定语境中，运用语言文字等手段①，生成意义，构造语篇，进行书面表达和交流的活动。

理解这一定义，需注意以下三点：

1. 写作是特定语境中的交流行为。同说话一样，任何写作，都置身于特定的交际语境，面向明确或潜在的阅读者。

2. 写作是书面表达活动。写作既是一个产品，又是一个过程。写作的产品，称"语篇"；写作的过程，就是书面语篇的构造过程。

3. 写作既是表达和交流的手段，又是思考和探究的工具。写作，有时是因为有某种见闻、信息、思想、情感、经验，需要向人表达；有时则是通过"写"这种方式，去思考、探究、发现、创造。"写作过程能帮助你把凌乱的思想条理化，使你的想法经过提炼而清晰起来，并且进一步发展你的思想。"②写作不是想好了再表达，写作本身就意味着思考。"写作是思想。当学生写作时，实际上进入一个批判、分析和反思的往复循环过程。"③

(二)写作的语境要素

写作是在特定的语境中构造语篇。作者、读者、话题、目的、语言这五个要素，构成写作的语境。④

1. 作者：进入写作状态的人。学习写作时，作者要有一种"角色意识"，设定真实或模拟的作者身份，比如教师、科学家、法官、学生，并以其口吻进行表达。写作者的不同身份，直接地影响着写作内容和行文风格。

2. 读者：写作所预想的明确或潜在的阅读者。国外的研究发现：专家作者"以读者为中心"，他们比新手作者更加关心读者。在写作学习中，往往要通过预想不同的阅读者，

---

① 当今的信息时代，除了语言文字之外，各种符号、线条、图表、音频、视频等也成了写作表达手段。

② ［美］威廉·W·韦斯特. 提高写作技能［M］. 章熊，章学淳，译. 福州：福建教育出版社，1984：2.

③ South Carolina Department of Education. South Carolina Academic Standards for English Language Arts ［DB/OL］. http：//ed. sc. gov/agency/pr/Standards-and-Curriculum/old/cso/standards/ela/.

④ Willian. E. Messenger&Peter. A. Taylor. Essentials of Writing. Prentice-Hall Canada Inc.，Scarborough，Ontario，1989，p. 1. 原文有这样一句话"你总是在不同的场合说着不同的话，这取决于听众和场景。同样，写作也是面向特定情境的：你总是关于某个话题，针对特定目的和读者，选择符合那种场景的语言来写作"。

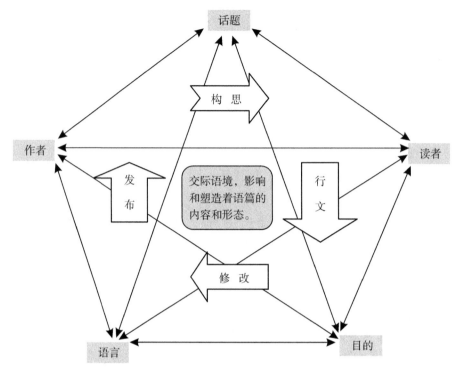

图 1.3　写作：在特定交际语境中构造语篇

比如老年人、父母、考官、报刊编辑等，培养写作的"读者意识"。预想的读者不同，写作内容和行文方式就需要有相应的变化。

3. 目的：写作要达到的直接或间接的目的。是传播知识信息，唤起别人行动？还是给人情绪的感染，产生审美愉悦？抑或是生活、工作、学习的需要？每篇文章都有目的，有时还不止一个。

4. 话题：写作的想法或内容，涉及人、事、景、物、情、理等诸方面。话题是写作语境中最显见的要素。对写作者而言，话题可分为自发生成和外在任务两种。自发生成，即写作者基于自身的生活经验所选择的写作题材和内容；外在任务，即写作者根据特定的写作要求，完成指定的写作任务。

5. 语言：根据表达需要所选择的文体和表达方式，包括措辞、口吻等。

(三) 写作过程

弗劳尔和海斯(Flower & Hayes，1981)受电脑信息处理的启发，借鉴当时信息加工学派的最新研究成果，提出了著名的写作"认知加工"模型。①

_____

① The Cognitive Process Model of the Composing Process (Flower and Hayes，1981)[DB/OL]. http://faculty. goucher. edu/eng221/Flower_and_Hayes_Cognitive_Process_Model_of_Composition. htm.

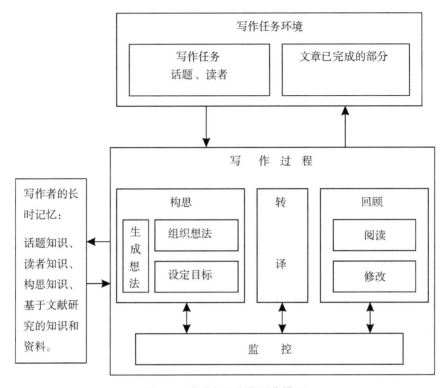

图 1.4　弗劳尔和海斯写作模型

该模型认为，写作是一个复杂的思维和问题解决过程。这个过程由写作任务环境、写作者的长期记忆、写作过程三大系统构成。写作过程中又分构思（planning）—转译（translating）—回顾（revising/reviewing）三个阶段。计划又由生成想法、组织想法和设定目标三个子过程组成。

当前，人们普遍将写作分为预写、起草、修改、校订、发表五个步骤。写作步骤不是一个线性操作流程，很多情况下是一个类似"弹球游戏"似的随机触发过程，伴随着作者的不断反思和循环。修改不仅是这个过程中的一个重要步骤，更准确地说，它贯穿于写作的整个过程，从某种程度上说，"写作就是重写（Writing is rewriting）"。①

（四）写作的一般策略

写作学习的重点是写作策略的应用与习得。写作策略指的是为完成写作任务，根据写作情境的要求，所选择和使用的写作方法、程序与技巧等。写作策略属于特殊的程序性知识，其实质是如何审题、如何构思、如何选材、如何剪裁、如何组材、如何遣词造句、如何修改等支配和促进写作的有效方法。如表 1.1 所示，不同写作步骤有不同的写作策略，

---

① 祁寿华 . 欧美写作理论、教学与实践［M］. 上海：上海外语教育出版社，2000：172.

写作者需要在写作过程中逐一掌握以下策略，这里就不再展开详细说明。

表1.1 写作策略一览表

步骤	描 述	策 略
预写	写前作者针对话题或题目进行发散性思考，并定向搜集写作素材、大致组织文章的内容和结构	头脑风暴，联想，想象，谈话，画草图(簇型图、环形结构图、鱼骨图、蜘蛛图)，研究，列举，实地考察，查阅资料，读写结合，RAFT(角色、读者、文体、话题)策略，列提纲等
起草	把想法写到纸上的过程。重点是内容而不是技巧	快速自由书写，记笔记，思维图，流程图，维恩图，故事图，范文模仿，段落写作，完成初稿
修改	着眼于文章的内容和结构，再次读草稿，重新认识、重新思考、重新创造，增加新信息，重新调整结构顺序甚至内容	同伴合作，小组会商，教师批改，自改清单
校订	文字、语法、标点、版式等微观方面修饰完善	自我提问，小组合作，检查量表，校对清单
发表	写作的最后环节，与他人分享自己的作品	大声朗读，小组内朗读，教室内展示，印刷成书籍，网络发布

四、我国写作教学的主要问题及解决对策

写作教学要面向学生真实而具体的困难。据我们对1979—2009年间全国141份中小学作文研究所做的"后设分析"发现，我国中小学写作面临的问题主要有三个：(1)不想写；(2)没得写；(3)不会写。

这三个问题，一关乎"为什么写"(即兴趣、动机)；二关乎"写什么"(即写作内容)；三关乎"怎么写"(即写作技法)。从写作发生学看，三者任何一个都影响着写作的顺利进行；同时，三者又有先后主次之分。我们认为，写作教学应该先解决"为什么写"，再解决"写什么"，最后才是解决"怎么写"。

这些问题是由学生写作的主要矛盾即"学生现有的写作经验"与"这一次写作任务"之间的落差造成的。

写作教学要填补"学生现有经验"与"这次写作任务所需经验"两者之间的落差。这些需要填补的经验，填补的过程、方法、策略等构成了写作教学的核心内容。如图1.5所示：

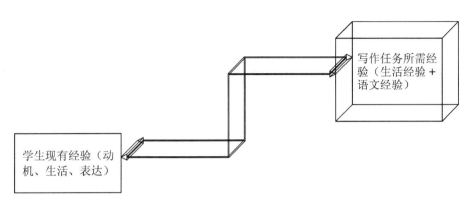

图 1.5　学生写作的主要矛盾是写作所需要经验与现有经验的落差

（一）写作教学的主要问题分析

1. 问题之一：写作任务的交际语境缺失

世界上没有无缘无故的爱，也没有无缘无故的恨。绝大多数的写作，总是面向别人、公众和社会的，是有着明确或潜在读者的。即使是纯粹写给自己看的、秘不示人的日记或者作品，我们也可以看作自己与自己之间心灵的对话。正是读者的参与，牵引、塑造着我们所写的作品。

中国的写作教学，向来忽视读者在写作中的作用、忽视写作活动的交际语境功能，而专注于文章的制作。这种只问结果，不问动机，不问过程的写作，已经使中国的写作教学成为了一种不涉及实际交往功能的"虚假写作"。这种被动的、机械的、没意义的写作行为，严重背离了写作活动的本质。它是学生"不愿写作文"和作文成为"老大难"的根本原因。

2. 问题之二：没有内容可写

学生"没内容可写"，原因很多。其中最典型而又似是而非的说法是"学生缺乏生活经验"。其实，生活、活动、信息，只有注意、激发并转化、加工之后，才能化为写作内容或材料。学生没内容可写主要是由于他们"不会转换"造成的，是因为缺乏对生活进行唤醒、激活、体验、加工、转换、再造的能力造成的。因此，写作教学的关键问题是：如何帮助学生学会将"外在的生活"转化为"内心的生活"，"体验生活"并形成一种"经验了的生活"。

3. 问题之三：不知道怎么写

写作最终当然需要将"经验了的生活"转换为书面语篇。学生"不会表达"的原因有：字词不会写，句式不会用，缺乏篇章结构样式，表达技巧等。这些都属于学生语文经验的缺失，需要平时的语文教学和学生自己的读写活动来解决。

（二）写作教学的基本路径

1. 分析写作任务的交际语境，启动人的内在言语表达机制

写作是针对特定读者、有目的的交流与对话活动。真实具体的交际目的、真实具体的

对象(读者),真实具体的交际活动作为"最重要的潜在的动机资源",直接触发并赋予了"这一次写作行为"所具有的交往的合理性、意义性和必要性。如下面的写作题:

> 一本地公司赞助了你学校一笔钱以资助教育参观。请选择一个你们班级想去的地方。给你的校长写一封信,劝说他同意支付一些钱用于你们的该次参观。

这个作文题中:写作的对象(读者)——校长,写信的目的——"劝说",话题——申请资金进行教育参观,体裁——写一封信等交际语境要素交代得非常具体。当写作者面对这样的作文命题时能够非常清楚地知道:要说(写)什么、怎么说(写)、最后达到什么目的。我们认为这样的写作是具体的、真实的、有意义的表达和交流。

2. 填补学生生活经验和写作经验,生成写作内容

(1)填补学生的生活经验

通过"搞活动",帮助学生获得与写作话题有关的直接生活经验。这是目前"活动式"作文常见的做法。这样做,写作材料缺乏的问题当然可以部分得以解决。通过阅读等,获取与写作话题相关的间接生活经验。另外还有"话题讨论""专题阅读""资料梳理""调查访谈"等。

(2)唤醒学生的生活经验

王崧舟的作文课《亲情测试》是指导学生激活生活并进行内容转化的经典案例。这节作文课设计了如下四个环节:第一步,写下五个亲人的名字;第二步,回忆与他们相关的故事;第三步,写一段文字,然后读出来交流;第四步,划去一个人的名字。这节课中运用情境创设、回忆联想、叙事交流等手段,帮助学生激活了关于亲情的话题;又通过暗示、渲染、聚焦、放大、情境体验把这个话题具象化、细节化、条理化、情绪化。当学生以这样一种新的视角和感受,"重新体验一番生活"时,就进入了一种"准写作"的亢奋状态,那些与亲情有关的故事、细节、情感通过课堂交流自然而然地变成了写作素材,写作因而水到渠成。

(3)教给"生成写作内容"的策略

写作教学要教给学生激发、提取、转化生活的方法策略。如"头脑风暴""想象""联想""摄取""发散图""思维图""列提纲""查资料""做调查""做访谈""5W1H"提问等,都是有效地触发、搜索、提取、转化、生成、组织其生活经验的有效写作策略。

3. 弥补语文经验的不足,训练语言表达技能

所谓"语文经验"是指学生在语文学习中所积累的范文、语感、语识、语式、措辞以及其他语言表达的经验。这些语文经验的缺乏,表现在学生作文中,是不能准确连贯自如地表达,不能实现"意—言"之间高效自如地转换。

解决学生语文经验缺乏即"不会表达"的问题的关键途径有如下几点:(1)提高语言表达能力;(2)训练文体思维能力;(3)培养语篇构造能力。实践证明,在构造语篇过程中,利用"簇型图""比较和对比图""环形结构图""鱼骨图""框架互动图""蜘蛛图""新闻倒金字塔"等帮助学生展开思考,搭建思维框架,有利于培养学生的文体感、文章图式认知和建构能力。

第二章　写作教学设计与实施的三个核心要素

20世纪80年代以来，中小学写作教学改革如火如荼，但发展的趋势呈现了冰火两重天的局面：一方面，写作教学理论界非常关注"真实写作""个性写作""创新写作"；另一方面，中小学写作教学中的"写作"语境不断窄化，读者被窄化为"教师"和"阅卷老师"，写作目的被窄化为"获得高分"，写作文体窄化为三大教学体（记叙文、说明文和议论文），写作教学脱离真实生活情境，写作目的是为了生产出得高分的"小文人语篇"。① 对学生而言，写作不知如何下笔，难学；对教师而言，写作不知教什么，难教。1998年NAEP（美国国家教育进展评估）通过研究200多个写作教学课堂，指出真实读者的重要性，认为读者不真实，交流不真实，写作就比较无效，建议最好是让学生在真实的环境下为真实的读者写作。20世纪80年代以来，随着情境认知理论及其在教育中应用研究的深入开展，西方国家写作教学面向学校生活的写作拓展为面向生活世界的写作。当前的写作教学亟须回归真实的写作任务情境，具体做法是：基于真实任务情境重构校本化写作课程，围绕真实的写作任务情境对部编本写作教材进行二次开发，依据真实的写作任务情境和学生写作经验之间的落差选择核心写作知识（写作学习元素），并把核心写作知识嵌入写作学习支架。

一、写作任务情境要素及其创设

王荣生教授指出："写作是特定语境中，运用语言文字手段，建构意义，构造语篇，进行书面表达和交流的活动。"在真实的生活世界里，写作一定是为了特定的读者、为了特定的目的而进行的，这就是写作的功能性。在写作教学中，通常有两种取向：一是学习取向，目的是指向学习者对写作知识、技能和策略的掌握，指向写作能力的提高；二是交际取向，任务的设计与人们在日常生活、工作、学习中运用语言文字来传递信息、交流思想、表达情感的写作活动趋于一致，具有特定的功能情境，有具体写作目的，有明确的读者。因此，写作学习任务既具有学习情境，又具有功能情境。正是这种功能情境构成了写作知识、技能和策略的应用情境。

下面，让我们来回顾一下《你好！旧时光》预设的写作情境与任务：

---

① 王荣生. 文章体式所造成的难题[J]. 语文学习，2004(10)：18-21.

如果你有一座时光博物馆，你想把什么放进去？在你的成长历程中，一定有几样难以割舍的物品，有几个珍藏至今的纪念品……或许它见证着你成长的重要时刻；或许它沉淀着你对一段感情的追忆；或许它承载着你的梦想和期待……

请选择你自己时光博物馆中的珍藏品，向老师和同学讲述发生在自己身上的美好回忆，字数不少于600字。

在这个写作任务中蕴含了五个要素：①话题是"珍藏在时光博物馆里的物品和相关故事"；②作者是"学生自己"；③读者是"老师和同学"；④目的是"分享成长的经验和美好的回忆"；⑤形式是"600字的自叙文"。这类任务情境属于"与人交流的任务情境"。"与人交流的任务情境"一般还可以分成三种类型：传递经验类写作任务、解释说明类写作任务、劝导说服类写作任务。本案例属于第一种类型，即向别人传递自己的生活经验、生命感悟和体验。第二类任务类型向读者解释说明某一事物、道理。如下面的一则美国作文题就属于这一类任务类型，作文写作的目的是向2050年的美国八年级学生"解释你所想象的2050年美国的生活，一定要用的细节和例子来说明你的想法"。高一年级写作案例《一封写给语文老师的暑假作业单建议信》则创设了第三类型的写作任务，主要目的是劝说语文老师采纳自己的建议。除了"与人交流的任务情境"之外，还有"自我表达的任务情境"，这种写作任务没有特定的"读者"和"目的"，能否激发写作者"表达"的欲望，是衡量这一类任务情境优劣的主要评价标准。如"我爱我"创设的任务情境，学生在活动体验中，生成了写作内容，燃起了表达的欲望。

在写作教学实践中，任务情境的设计一般有几条路径呢？

我们认为，主要有两条：①"利用"熟悉的身处其中的真实情境，如《招聘同桌》的情境与任务：

各位同学，我们班要重新排座位了！这一次我们要自主招聘同桌！请同学们把自己的招聘信息写下来，并发表在我们作文的专栏里，看看谁第一个招聘到满意的同桌。

请你写一篇招聘启事，写出自己对招聘对象的具体要求，字数在400字左右。

在设计写作教学过程中，我们要更多地关注学生在家庭、学校和社会交往中的实际需求。本案例的写作情境设计正是切中了学生有关同桌的需求，达到了较好的教学效果。②设计生活中有可能发生的又是学生熟悉的任务情境，如《你好！旧时光》，时光博物馆是虚拟的，而分享收藏品和感人的故事则是真实而又熟悉的生活情境，这种组合，让学生在交流分享的过程中进入真实的写作状态，写作的功能性起到了重要的推动作用。

在真实的写作中，一般是先有任务情境，才有写作活动。而在真实的写作教学中则相反，往往是教师先确定要教的写作知识，然后再去创设写作任务情境。好的写作任务情境能降低写作的难度，起到学习支架的作用。因此，如何创设蕴含"写作学习知识"的任务情境，是本节课需要解决的核心问题。

（一）要突出任务情境的核心构成要素

真实生活中的写作，一般具有两种功能，即与人交流和自我表达。因而，写作任务情境也相应地分为与人交流的情境和自我表达的情境。这两种任务情境都要关注学生的"写作兴趣、写作内容背景经验和表达经验这三个关键因素"。

1. 与人交流的任务情境设计要突出话题、读者和目的三个要素

拉姆齐·福特等人认为，写作任务情境主要由话题、读者、目的、呈现形式、交稿时间与篇幅等构成要素。斯佩珀和威尔逊认为，认知语境在言语交际中起决定作用，不仅包括传统意义的上下文和说话时的社交语境，还包括说话人与听话人双方信念、设想、期待、记忆等。因此与人交流的写作教学任务情境设计的关键要素是读者、话题和目的，写作的目的一般有交流经验、作出解释和劝说三种，写作目的决定写作的形式。如美国写作教材《作者的选择》要求"写一个游戏的解释"，设计的任务情境就突出了上述关键要素：想想如何玩一个简单的游戏，列出游戏规则，然后为一个从未玩过这个游戏的年幼学生写一篇关于这个游戏的解释。这个写作任务的话题是"游戏"，小学生特别感兴趣又有话说，读者是"从未玩过这个游戏的年幼学生"，写作目的是"关于这个游戏的解释"，这一目的与"使用代词分步骤解释"的教学内容高度关联起来。

2. 自我表达的任务情境设计要突出"话题"要素与学生生活体验的关联

在自我表达的任务情境中，读者和写作目的已经不很重要了，而一个能激活学生"生活经验"和"表达欲望"的话题则显得特别重要。基于此，我们为"通过对话写出人物特征"的课例《少年说，勇敢说》创设的任务情境是：

假如你有机会走进湖南卫视节目《少年说》：与你的一位亲人对话，你会选择谁？说什么？怎么说呢？请你用笔把这个难忘的时刻记录下来吧。

这是一个虚拟的情境，但是与中学生日常生活经验密切相关，写作任务（记录下自己与一位亲人的对话）与教学内容（通过对话写出人物特征）高度契合。

任务情境的设计，一般分为四个步骤。第一步，依据课程、教材和学情选择写作知识。第二步，参照布鲁纳对戴尔经验之塔的说明，寻找写作知识与动作性、影像性和符号性教学活动之间的关联。第三步，调查学情，利用真实情境或设计拟真情境拟写写作任务情境。第四步，把写作知识与任务情境构成要素关联起来，确定写作任务情境。有时候，也可以直接从第三步开始，其他三步依次展开，如《你好，旧时光》课例。

（二）要为写作知识的习得预留充足的空间

写作教学是教学生通过"写作"去认识生活、体验生活和适应未来生活，让他们学会以一种"写的状态"去生活，将"外在的生活"转化为"内心的生活"，"体验生活"并形成一种"经验了的生活"。写作教学要帮助学生唤醒、激活生活经验，思考、整理自己的思想，对生活表象进行加工、转换。写作训练实质上是一种认知训练、思想训练、审美训练或情感态度价值观教育。写作知识是对写作经验的概括和总结，必须激活学习者的生活经验，落实到真实的写作任务情境中，才能发挥作用。《你好，旧时光》课例的写作任务"请

选择你自己时光博物馆中的珍藏品，向老师和同学讲述发生在自己身上的美好回忆"。如何在回忆美好往事的时候，把某一事物与人物关联起来写并打动读者，也是许多回忆性文章写作需要解决的问题。

结论：①创设写作任务情境是回归真实写作的前提和基础；②写作任务情境创设要突出读者、话题和目的三大核心要素；③写作任务情境创设要为核心写作知识的习得预留充足的空间。

二、选择合宜的写作学习元素

荣维东教授指出，我国写作教学正在由传统的结果范式向过程范式和交流范式转型。前者以文本为中心，后者指向思维过程和问题解决，注重语用及交流。不同的写作教学范式需要不同的写作知识，因此，诸如形成想法、构思布局、写草稿和修改等过程写作知识以及有关读者、文体、语体、语境、写作目的等交际语境写作知识将成为写作课程内容与教学内容的重要组成部分，这类知识具有情境性和整合性，因此也成为写作学习元素。

与交际语境整合的写作知识主要表现在文章写作的六个方面，分别是内容、组织、语气、词语、句子和常规等。

内容方面可能的写作知识通常还有：缩小话题范围；选择重要细节；紧扣主题；用表现而非讲述的方式描述；使用形象的描述或展开来吸引读者；读者通过阅读有所收获……例如黄翀老师的课例《你好！旧时光》选择开发的核心写作知识是"写人和记事的剪影式描写"，具体表述为"(1)挑选一个点或局部集中描写；(2)交代清楚背景；(3)选择其他描写点展开描写；(4)交代我的感受及变化；(5)点名物品的意义。这一核心写作知识虽然也涉及文章的组织，但主要落点在写作内容、教学内容的选择，而且把静态的陈述性知识转换为动态的程序性知识，便于学生理解和运用。

组织方面的可能写作知识一般有：运用构思图表，按照顺序组织(时间、空间、逻辑，连接词，过渡性或线索性词语，顺叙、倒叙、插叙)，开头与结尾等。如楚彩芳老师的《移步换景写校园》课例中，"景物顺序的安排与调整"则属于典型的组织方面的知识。

语气是"一种自信、热情、个性的表达，一种通过语言与读者取得联系的渴望，以及一种展现作者对于主题的感觉或态度的方式"。语气方面可能的写作知识有：表现的陈述而非讲述的陈述；不用"禁止使用的文字"；坦诚地写出自己的感觉，并让读者感受到；气氛适合目的与读者；劝说时考虑对方的观点；用不同的角色说故事。例如下面范例中，不同的描写其语气受到所选择细节的影响：

①早晨的阳光透过窗子照在床上，耀眼的光线在墙上起舞。我一骨碌坐起来往外看。外面的白色亮得我几乎睁不开眼睛。昨晚下雪了！

②那天早晨的太阳与往日不同。太阳照耀着，清爽而真实，在墙上留下复杂而又神秘的图案。带着困惑的期待，我坐起来，向窗外凝视。夜里下了雪，整个城市变成了哀婉动人、美丽无比的仙境。

同样写"雪后的早晨"，句子①动词"起舞"，感叹句"昨晚下雪了!"的使用，营造了一种"欢乐的气氛"；而句子②形容词"复杂而又神秘""哀婉动人、美丽无比"，动词"凝视"的运用，则表达出对大自然的一种"敬畏的语气"。

"句子"中可能的写作知识有：句子的开始有变化，句子的结构及长度有变化，朗读具有节奏、旋律或流畅感，句子的语法正确，句子的修辞等。例如下面对英文句子"If you do not leave me, we will die together"有六种翻译：

四级水平：你如果不滚开，我就和你同归于尽。

六级水平：你若不离不弃，我必生死相依。

八级水平：问世间情为何物? 直教人生死相许。

专家水平：天地合，乃敢与君绝。

活佛水平：你在或不在，爱就在那里，不增不减。

以上句子在句式、节奏、流畅感和语法修辞方面体现了不同的方格和水平。

词语方面的知识，我们前面已经举例作了说明。此外，这方面可能有的知识是：词语的丰富性，词语的准确与生动(名词、动词、修饰性词语、其他词类)，运用词语创造影像，措辞具有原创性，词典的运用等。

而常规方面的写作知识主要有：书写、标点、格式、分段等。上海著名特级教师钱梦龙先生在嘉定二中任教的时候，校长经常把最差的班教给他带，两三年以后，他教的班级学生的语文成绩往往是前几名。钱梦龙老师在分享写作教学经常的时候指出，他教初一年级孩子的写作是从"标题的位置""分段""标点符号""书写"等常规的知识教起的。因此，在任务写作中，常规的写作知识需要语文教师常抓不懈，才能取得好的教学效果。

写作是一项特定情境下的实践活动，在真实的写作中，写作学习所需要的知识也是贯穿整个写作过程(预写、起草、修改、校订和呈现各个环节)的。在写作教学中，学生已有的写作经验和完成写作任务所需要的经验之间的落差往往会集中在一个方面，语文教师应通过写作任务分析和学情分析，确定写作教学的核心知识的落点，即写作学习元素。

王荣生教授指出：长期以来，我国语文教学领域只有写作，而无写作教学。最突出的问题是无写作教学知识，或陈旧与泛滥，如某位老师的课例《努力把作文写得长一点儿》选择的写作知识非常丰富：①好文章都是修改出来的；②开放"五官"；③调动"想象"；④文字"健身"。这节课的知识选择在我国当前写作教学中是一种常态，体现的问题主要有：①知识太繁杂；②一般陈述性的文章学知识；③缺少特定的交际语境，没有明确"为了谁"和"为何"。

如何解决当前写作教学普遍存在的问题呢?

(一)写作知识应指向写作任务的完成

中小学写作教学的核心是写作实践能力的提升，即学生在完成写作任务的过程中要习得有用的知识，提升写作能力。这里的写作知识主要指：为达到写作目的，为了与不同的读者交流，学生需要掌握的事实、概念、原理、技能、策略、态度等。如《移步换景写校园》课例中，教师创设的写作任务是：向到学校参观的语文老师介绍我们的校园。教师根据学生完成写作任务的需要，选择了"移步换景"的概念以及例文、构思图表中蕴含的移步换景的顺序、景物选择、详略安排和承接词使用等知识，很好地完成了写作任务。因此，语文教师要根据写作任务和学情，在构思、选材、文章结构、语言表达等方面选择写作知识，在某一方面反复练习，才能帮助每一个学生最终完成写作任务，达成教学目标。《我想……可是……》《你好！旧时光》《我变成了一只猫》三则教学案例都分别指向写作任务的完成。

(二)写作知识应正确而集中

写作知识分布在构思、选材、结构和表达等写作的不同阶段，知识类型有陈述性知识、程序性知识、策略性知识和元认知知识等，这几类知识在写作过程中是相互关联的，程序性知识、策略性知识是写作知识的主体部分。"写作教学要填补'学生现有经验'与'这次写作任务所需经验'两者之间的落差。这些需要填补的经验，填补的过程、方法、策略等构成了写作教学的核心内容。"如《我想……可是……》选择的"归类、关联、顺序，是表达诉求的三个关键词"；《你好！旧时光》选择的"剪影式描写"；《我变成了一只猫》选择的"围绕主题写出一波三折的故事""写出现场感"，都相对集中，指向并解决了学生完成写作任务的困难。

(三)写作知识最好以学习支架形式呈现在教学过程中

有一位教授叫董毓，他通过案例分析，揭示出理想的知识教学的两个关键特征：①知识本身正确、新颖，具有引领性，有助于学科教师摆脱"知识困境"；②用有效的手段解释知识，有助于学科教师摆脱知识教学的困境。为了有效地解释议论文"五要素"，董毓教授综合了案例分析法与图解法，把典型的例文按照"五要素"进行拆解，并用简单的几何图形和连线标示它们之间的逻辑关系，这种高水平的知识图解，对于写作教学的重要性，不亚于知识本身。对于大多数教师来说，它就是"支架"。《我想……可是……》《你好！旧时光》《我变成了一只猫》三则教学案例的核心写作知识都分别以例文、构思图表和写作提示等学习支架的形式呈现在课堂教学中。

三、为写作活动搭设多样化的学习支架

首先，我们要搞明白什么是"支架"。

"支架"也叫"脚手架"，在教育领域是一种比喻的说法，指的是"在学习过程中根据需要为学生提供的针对性帮助"，是帮助学生学习的方法、手段、概念、流程、范例、知识等的总称。

写作学习支架的分类标准大致有两种。一种是表现形式，一种是功能。学习支架根据表现形式可以分为范例、提示、建议、向导、图表和解释等类型。依据功能标准，支架分为程序支架、概念支架、策略支架与元认知支架四种类型。程序支架主要为写作学习者引

导学习道路，是学生围绕既定写作任务展开各种活动的行动指南。写作学习的程序支架可以有建议、向导、图表、解释和提示等多种表现形式，其中向导和图表较为常见。概念支架的主要功能在于帮助学生识别关键概念，抑或形成明晰的概念组织结构。概念支架可以有解释、范例、图表、提示等多种表现形式，其中解释、范例和图表较为常见。设计策略支架的目的在于为写作学习者完成某一任务、解决某一问题提供多样化的方法和途径。策略支架的表现形式很丰富，建议、向导、图表、解释和提示等都可以成为策略支架。元认知支架的功能在于支持个体管理自己的思维和学习过程，或引导学习者进行反思。元认知支架的表现形式以问题提示为主，也可以是建议。当设问语句改成陈述语句时，"问题提示"形式的支架就成了"建议"形式的支架。与"建议"支架的直接表现方式相比，"问题提示"支架更具启发性。

学生现有的经验状态，包括写作动机和愿望、现有的知识和生活经验以及书面表达能力。写作任务所需要的经验包括对写作任务情境的理解，展开话题所需的百科知识和生活经验，以及写作活动中所需要的表达技能。二者之间的落差所涉及的成分较多，内容较复杂。对于发展中的学生而言，如果得不到有效的支持和帮助，往往难以完成任务。

具体而言，在写作学习中学习支架可以产生以下作用：(1)保证学生在不能独立完成写作任务时获得成功，帮助学生超越先前的能力水平，认识到潜在的发展空间。(2)使得写作学习情境能够以保留复杂性和真实性的形态被展示、被体验。离开了学习支架，一味强调真实情境的写作学习是不现实的和低效的。(3)让学习者经历那些更有写作经验的学生或教师所经历的思维过程，有助于他们对写作中隐性知识的体悟与理解。通过学习支架，学生可以"模仿""体验""实践"和"内化"支架所蕴含的写作思维策略与问题解决方法，获得写作能力的增长。(4)对学生日后的独立写作学习起到潜移默化的引导作用，引导他们在必要时通过各种途径寻找或构建支架来支持自己的写作。

《我变成了一只猫》案例创设了一个很有意思的写作任务情境：

> 绘本《我变成了一只猫》讲述了小学生尼古拉斯变成家猫阿来度过的一天心酸生活，家猫阿来变成尼古拉斯又是如何度过一天校园生活的呢？绘本里没有讲述。小朋友们，一起来挑战作者吧。
>
> 创编一个350字左右的故事，请老师、同学、家长共同阅读，参与投票。

授课教师经过对此探索与尝试，最终选择的学习元素是：①围绕一个主题构思一个有波折的故事；②展开事件写出现场感。"学习元素"通常的说法叫"教学内容"。在教学实践中，如何把教学内容转化为学生的实践经验呢？最好的办法是在"学生的现有水平与潜在发展水平之间"搭建的"脚手架"。

本案例搭设的"支架"主要有三个：①"尼古拉斯(糟糕)的一天"，意图是告诉学生一个完整的故事框架长什么样子；②"阿来(　)的一天"构思图表，指导学生如何构思一个完整的故事；③如何"墙角尿哗哗"的五个问题，提示学生如何写出现场感。前两个是图表支架，主要解决学生"不知写什么的问题"；后一个是问题支架，主要解决学生"不知怎么写的问题"。当学生完成写作后，教师还出示"评价表"，指导学生评价和修改，而评价表的三个问题：故事围绕( )来选材了吗？4个事件让故事"好玩、有波折"吗？每个事件都让你眼前浮现画面了吗？就是本节课学生要学习的写作知识，体现了教和评达到了有机的统一。这里，教师在两个方面体现了巧妙搭设支架的具体做法。

（一）学习支架的设计与使用贯穿写作的整个过程

杭州师范大学叶黎明博士认为，判断教师给学生提供的支持是不是"写作支架"，看它是否符合以下三点：第一，以写作知识与技巧为内核；第二，知识以显性、精要、好懂、管用的形式呈现；第三，必须高于学生的现有水平，针对学生无法独立完成的写作任务，提供切实有效的帮助。正是由于"支架"上述这些属性，教师在设计的时候，必须自觉地从学生主体出发，而不是从知识本位出发，去学习、选择或开发写作知识。本节课不仅达到了上述标准，纵观整节课例，学习支架的设计与使用几乎贯穿写作的整个过程，如在"构思阶段"使用了两个图表支架，在起草阶段出示了问题支架，在修改阶段提供了"评价图表"支架，全程帮扶学生的写作。

（二）复合运用多种写作学习支架解决学生写作过程中的主要困难

更为重要的是，针对学生创意写作"构思阶段"存在的问题，教师复合运用多种写作学习支架解决学生写作过程中的主要困难，达到了很好的学习效果。顾名思义，"创意写作"重在写出新意，在故事类文本的写作中"创意"集中体现在构思的新颖上。围绕"故事的创意"，整节课例教师使用大多数支架都是指向构思的，如《我变成了一只猫》的故事样例、"猫儿百态"视频，"阿来( )的一天构思图表"以及"评价图表"等，其中，"你最喜欢哪位同学的答案"，"阿来校园生活趣事排行榜"投票，"推选组内最有创意、最有趣味的构思图表"等更是将"故事的创意"落到了实处。

再比如，自叙文写作案例《你好！旧时光》，在支架的搭设方面也体现了上述特点，如本课例搭设的核心支架"剪影式描写"描写以三种形式出现：一是概念支架，"什么是剪影式描写"；二是例文支架《外婆和鞋》；三是"构思"支架；四是评价支架。其中，对学生帮助最大的是"例文支架"和"构思支架"。在构思支架中，黄翀老师把"剪影式描写"转化为构思图表，不仅细化了写作知识，而且把这一写作知识转化为程序性知识，具有很强的操作性。

第三章 任务写作中情境化写作知识的选择与开发

　　随着传统写作教学模式劣势的凸显，越来越多的学者开始研究新型写作范式，力求改变传统写作教学的弊端。"写作范式"大致经历了三大转型：从"文章写作"到"过程写作"，再到"交际语境写作"。叶黎明也提出，整个写作教学在课程、教材、教法方面都面临着这样一个重大转型，从文章写作转向交际写作，为了写作而写作转向为了学习而写作。① 这一重大转型的背后不仅体现了写作范式的转型，更集中体现在写作知识的转型上。纵观写作知识演变轨迹，呈现出写作知识转型的趋势：第一，由普遍的、静态的文章知识转向个体的、动态的写作知识；第二，由抽象的一般化写作知识转向情境化的写作知识；第三，由学习写作知识转向学习运用写作知识。但长期以来，由于有效的写作知识陈旧且匮乏，导致我国语文教师的写作教学知识和技能极度缺失。② 当前，写作教学面临最主要的问题就是"写作知识的开发"。现在的写作研究进入了情境写作，新课标当中"情境"一词共出现了 34 次，情境认知理论也认为知识是情境化的。可见，"情境化"成为写作教学中的一个趋势。当我们站在"写作范式转型"视角下反思写作教学的发展时，发现写作教学呈现出"情境化"的轨迹。所谓"情境化"态势，指的是"写作知识"在教学中的呈现形态上，由静态的一般化写作知识转向动态的情境化写作知识。因此，写作教学进展到今天，回归真实的写作亟需情境化的写作知识。

　　整合教学法认为，学校教育应该把发展学生的能力作为最终目标，写作教学的目的是培养学生的写作能力。罗日叶分析论证教学实践应注重在情境中对学业获得进行整合性调动，学生在情境中获得写作能力。在罗日叶呈现的"时间轴和情境轴，内容和能力（关系）"示意图中，可以发现时间和情境成正相关，随着时间的推移和情境的增加，不同内容的嵌入，学生的能力也逐渐获得。这个内容就是写作任务，写作的内容要和特定的任务关联起来，要与任务情境关联起来，要能够调动和运用学生的知识和能力。结合罗日叶的知识维度、素能维度和情境维度的交叉示意图进行改造来看我们当前的写作知识（图 3.1）。知

---

① 叶黎明. 从知识本位到需求本位——写作知识教学的重大转向[J]. 语文建设，2020(21)：18-23.

② 荣维东. 美国的写作策略教学及启示——以 NWP2007 年《提高中学生写作水平的有效策略》报告为例[J]. 语文学习，2009(11)：4-9.

识维度就是一般的写作知识，我们需要的不是一般化的知识，而是获得写作能力，也就是可以在具体情境中有效调动的知识技能。素能维度就是知识、能力和态度的整合，整合才能够形成写作能力。而在发展能力和发展素能这两种情形中都不可能回避情境的作用：因为在发展能力的时候，情境使能力的发展具有意义；而在发展素能的时候，素能只能在具体的情境中才能学到。① 然后，在情境维度上进行情境化发展，摆脱当前写作教学困境，再进行情境性整合，需要情境化的写作知识来推进，最后形成写作能力。正如罗日叶所言，只有当我们在有意义的情境中对已学习过的知识整合地加以调动的时候，我们才算是有能力的。② 因此，写作教学要在写作过程中围绕核心写作知识展开学习，学习的是情境化的写作知识，目的是形成写作能力。

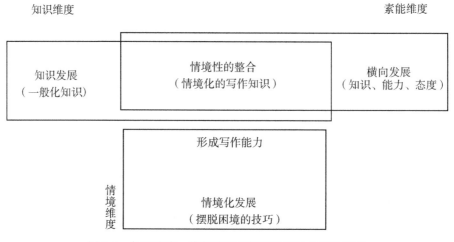

图 3.1　知识维度、素能维度和情境维度的交叉示意图

一、情境化写作知识的概念和特征

（一）情境化写作知识的概念

"任务写作"自 20 世纪 70 年代起在欧美语言教学中流行。美国国家教育进展评估指出，真实读者的重要性，认为读者不真实，交流不真实，写作就比较无效，建议最好是让学生在真实的环境下为真实的读者写作。随着中国语文教育的变革与发展，人们逐渐意识到，写作不仅可以看作一个结果、一个过程，更应该是一种在真实语言情境下的交流。基于此，任务写作逐渐被中国语文教育界接受和认同。梁启超提出文章的作用在于把自己的

---

① 易克萨维耶·罗日叶，让-玛丽·德·克特勒. 整合教学法——教学中的能力和学业获得的整合（第二版）[M]. 汪凌，译. 上海：华东师范大学出版社，2010：20.
② 易克萨维耶·罗日叶，让-玛丽·德·克特勒. 整合教学法——教学中的能力和学业获得的整合（第二版）[M]. 汪凌，译. 上海：华东师范大学出版社，2010：20.

思想传递给别人，所传达的恰如自己所要说的，又令读者恰恰领会"我"的原意。① 张志公强调写作是培养学生具备日后在工作和生活中动笔的能力。② 夏丏尊特别强调作文的六种态度，即"谁为了谁，为了什么，在什么地方，什么时候，用什么方法，说什么话"③。这都在强调写作应具备特定的角色，面对特定的读者，达成特定的写作目的，共同交流实现社会交际。因此，王荣生明确了任务写作的定义：任务写作就是有一个比较明确的写作对象，有一个比较明确的写作目的，有一些比较有规范的写作样式。④ 现在的写作进入了任务写作，读者中心的写作。而这种写作仅仅提供文章学的知识是不够的，仅仅是过程性的知识也同样不够，写作知识呈现出一个动态发展的趋势。

"情境"指任务(问题)的物理的和概念的结构，以及与任务(问题)相关的活动目的和社会环境，包括一般的氛围、物理情境和当前的"背景"事件等。Joensson(1991)认为，情境就是建构主义学习环境设计的关键，不能以完全抽象的、去情境的方式理解写作，不能将有关写作领域的知识与对应的交往活动相剥离，更不能使写作知识的获得游离于写作知识建构的情境;⑤ 应该融汇写作知识于特定的任务情境之中，在充分考虑主体情境的基础上，将作为学习对象的写作知识、技能、策略和态度融合于特定的任务情境之中。在实际教学中，不可仅仅停留在"文章写作"范式的阶段，适当引进"过程写作"的教学方法，在一定交际语境中写作，这样学生的写作才更真实。荣维东提出写作需要语篇知识、程序性知识、交际写作知识以及文体知识的综合运用。⑥ 这意味着写作知识需要文体知识，过程知识和交际知识的整合，具体表现为陈述性知识、程序性知识、策略性知识和元认知知识的整合。整合是为了使行动来调动所综合过的因素，知识的整合指称一个过程。通过这个过程，学生把新的知识移到先前的知识中去，由此重新建构其内在的世界，并把获得的知识应用到新的具体情境中去。对于学习者来说，这一整合就是把不同的知识获得联结起来，以在情境中加以调动。无论是从知识的呈现方式来看，还是从写作过程来看，又或者是从写作任务要素来看，事实上写作知识都是整合的。因此，情境化写作知识指的是完成这一次写作任务需要的，学生又不具备的文体知识、过程知识和交际语境知识，在特定写作情境下的有机整合，相当于把这些知识糅合在一起形成一个知识的合金。

写作知识具有两种类型，一种是静态的写作知识，即怀特海所说的一个整体的、自足的，从理论上讲是与学习和使用它的情境相脱离的东西⑦，如文章作法的知识。另一种是动态的写作知识，即在写作过程中需要的程序性知识、策略性知识和元认知知识。情境化

① 梁启超. 中学以上作文教学法[M]. 北京：首都经济贸易大学出版社，2018：7.

② 张志公. 语文教学论集[M]. 福州：福建教育出版社，1981：239.

③ 夏丏尊. 文章讲话[M]. 北京：北京教育出版社，2014：188.

④ 王荣生. 写作教学教什么[M]. 上海：华东师范大学出版社，2014：11.

⑤ 郑葳，王大为. 超越学习的个体性和社会性之争——活动理论之于现代学习论的影响[J]. 全球教育展望，2005(1)：25-29.

⑥ 荣维东. 写作课程范式研究[D]. 华东师范大学博士学位论文，2010.

⑦ 沈晓敏：关于新媒体时代教科书的性质与功能之研究[J]. 全球教育展望，2001(3)：23.

的写作知识，是在特定任务情境下随着需要而出现的用来指导写作的知识，它是一种具有情境化的、整合的、生成性的动态写作知识。也就是说，情境化写作知识是基于真实写作任务的需要，从写作知识和写作策略中提出、整合和细化而形成的新的知识形态；写作能力是写作知识、写作策略和情境化写作知识指向的最终结果。写作能力的形成分为两步：第一步，写作者根据写作任务情境，能够提取、整合、细化写作知识和写作策略，生成情境化写作知识；第二步，写作者能够运用情境化写作知识，顺利完成写作任务。从某种意义上讲，优秀的写作者不仅能在写作中整合运用写作知识，而且能够创造写作知识。

（二）情境化写作知识的特征

情境化写作知识具有三个鲜明的特点：情境性、整合性和生成性。第一，情境性指的是在任务写作中，这只"看不见的手"使一般的写作知识和写作策略增加了情境条件，成为情境化、条件化的写作知识。李平老师的案例《给妈妈的一封回信》任务写作中运用的写作知识和策略是情境化的。如针对特定读者妈妈的需求和本次写作的目的选择材料，能打动妈妈的细节描写以及劝慰妈妈的口吻等。第二，在真实的写作任务中，情境化写作知识整合性体现在两个方面：一方面，学生完成写作任务所要调动的知识是情境知识、写作知识和生活知识的整合；另一方面，这些知识不是集中在教师或某个学生身上，而是分散在教师和学生身上，需要经过师生之间、生生之间的沟通交流，实现完成这一次写作任务整合而成的共享性知识。第三，情境化的写作知识不需要教师提前预设好，而要在课堂教学中引导、组织学生去探索、发现，通过学生与写作任务情境、学生与学生之间互动的过程中建构起来知识形态。如韩磊老师的劝说文写作课例，"说服校长的好理由"是通过两次头脑风暴和多轮讨论中发现并加工而成的。在写作教学实践探索中，一些研究者已经明确意识到：写作教学内容的开发，核心是写作知识及其呈现方式的开发。叶黎明提出知识的呈现方式，是指知识在教材中的存在形态。[1] 那么在任务写作中情境化写作知识是如何呈现的呢？研究发现情境化写作知识的呈现方式具有三个特征。

1. 以支架的形式呈现

情境化写作知识是为了完成这一次写作任务学生需要的知识，它不以明言的方式呈现，而是以支架的形式呈现，隐含于整个写作学习过程中，让学生有内容可写，帮助学生完成构思行文和修改校订。这个支架就是这一次写作要教的核心写作知识，以学生可以接受的、能够理解的方式呈现，这是符合真实的写作逻辑的。但在实际写作教学中，教师往往不给学生任何知识支架，就要学生在规定时间内完成写作；或者直接开始做一个游戏，游戏之后就让学生写下来；又或者直接做一个实验，实验做完之后就让学生写下来，就是不教学生"写什么、怎么写"的知识。学生面对的往往是一个个静态的写作知识，缺乏把静态的写作知识转化为动态写作知识的过程技能。学习过程技能，学生首先要知道并在

① 叶黎明. 论写作知识呈现方式的变革[J]. 课程·教材·教法, 2010(2)：51-56.

一定程度上理解关于"如何做某事的知识"。这里包括程序性知识和元认知知识，包含"知""行"两个方面，学生"知道/理解"某阅读策略或阅读方法，进而在学习中加以练习并尝试迁移应用。① "知—行"中间是有一个距离的，这个距离就是完成写作任务与已有学生经验之间的落差。这就需要教师建构知识支架精准训练，让学生顺着支架能够爬上去，最终完成写作任务。因此，教师应将写作知识转化成嵌入情境化写作知识的支架，让学生在特定的情境下能够迁移运用。

2. 针对学生困难点适时呈现

情境化写作知识以支架的形式呈现，目的是减少学生的写作困难，使其能够完成写作任务，但并不意味着可以简单随意呈现。首先，要注意写作知识呈现的时机。知识并不是时时都要，而是在学生遇到困难时呈现。学情会随着教学过程中的展开而变动，同样的，知识也会随着学情的变化而变化。当学生出现困难的时候就呈现相应的知识给予学生及时的帮助。其次，要考虑知识的运用程度。写作知识可分为主要知识和次要知识，而两种知识的运用程度是不一样的。主要知识的选择和运用，应引导学生围绕写作学习要点学得充分、透彻；次要知识则以基本解决问题为原则，不宜充分展开，耗时过长。最后，还要重视写作知识的转化。随着学生写作水平的不断提高，写作知识应及时转化。学生解决了这一困难点，便要及时针对另一个困难呈现另一个知识。因此，在写作学习过程中，教师要让学生获得新知识，建构新技能，不断走向更高水平的写作任务，也就意味着要针对学生的困难点适时呈现、运用和转化情境化写作知识。

3. 围绕这一次写作学习要点呈现

写作学习要点指的是解决这一次学生写作的困难点和完成写作任务需要的核心写作知识。核心写作知识是完成这一次写作任务必需的知识以及学生的疑难点、困惑点两方面的重合。写作分为两种：一种是完成写作任务的写作(学习任务、交际任务)；一种是自我表达和与人交流的写作。不管是哪种写作都需要在特定的情境当中完成，也需要情境化的知识来支撑，是完成这一次写作任务需要的，而且是学生不具备的写作知识。但写作任务首先要有学习要点，再有情境化写作知识，然后围绕这一次写作学习要点进行写作。因此，第一，任务写作要先确定写作学习要点。因为写作学习要点所起的作用是统领这一次的写作，应贯穿于整个写作学习过程中。第二，确定写作学习要点后要加以具体细化，不然容易出现随意性的写作，而不是有针对性的写作；容易出现茫然的"个人言说"写作，而不是有读者对象、有写作目的、具有真实情境的"交际写作"。第三，写作学习要点是否实现，需要运用适合学习要点的方法，具备任务写作的情境要素以及呈现情境化的写作知识。

二、情境化写作知识选择与开发的路径

美国写作教材《作者的选择》把知识分为八类：①个人写作；②写作过程；③描写性

---

① 高晶，王荣生. 过程技能与"大概念"——以语文学科为背景[J]. 课程·教材·教法，2021 (7)：91-98.

写作；④叙事性写作；⑤说明性写作；⑥议论性写作；⑦研究论文写作；⑧句子组合。主要分为文体知识、作者的知识、过程性知识和常规知识（句子组合），核心文类还是文体知识。因此，情境化写作知识选择与开发的前提是分文体炼制核心写作知识，在此基础上提炼出三条路径：

（一）从教材中选择情境化的写作知识

1. 选择国内教材已有的情境化知识

统编版教材虽然呈现的写作知识大都是一般性的，但也不乏有些也具有情境性，这是统编版教材相较于人教版教材的一个进步之处。三年级上册第一单元的写作任务"猜猜他是谁"具有一定的代表性。本单元的单元导读是"体会习作的乐趣"，教材中设计的任务情境是：

> 我们来做一个"猜猜他是谁"的游戏吧！选择一个同学，用几句话或一段话写一写他。不能在文中出现他的名字，但是要让别人读了你写的内容，能猜出你写的是谁。

核心写作知识是"选择一两点令你印象深刻的特点进行描述"。教材中还设计了图表支架，可以从外貌、性格、爱好和品质等方面进行描述。本次习作教学的对象是三年级的学生，学生已在二年级上册掌握基本的写话格式要求，能通过仔细观察简单地描述人物形象，但在描写人物时不能够准确抓住人物突出特征。学生极易在外貌描写时会出现两个极端：一是为了求新求奇去发现描写对象不明显的特征，二是不会按一定顺序组织作文，出现多数雷同的描写，如大大的眼睛，高高的鼻梁。教材中的写作学习要点是"选择一两点突出特征进行描述"，指符合这一次写作学生需要的知识，可以选择使用。但还应该关注到学生不会按照一定顺序写清楚这一学情。因此，核心写作知识应有两点：①抓住所写人物印象深刻的特点写清楚。②按照特点加事例的方式有一定顺序地组织文章。因此，对于教材当中已有的情境化写作知识可以进行选择，再依据学生的需求，针对学生的困难点进一步优化即可。

2. 借鉴国外教材的情境化知识

写作是一种综合性技能，除了需要静态的陈述性知识之外，还需要大量实用有效的程序性知识和策略性知识，应当在写作教学中以符合学生认知规律的方式呈现相应的文体（或语篇）知识、过程性知识和交际语境知识，为每一个写作环节提供充分的学习支持。美国写作教材《作者的选择》就很好地体现了这一点，值得我们借鉴和学习。譬如，第一单元的"自传体速写"案例，在写作学习过程的预写、起草、修改、校订、发表等环节，安排具体细致有效的指导，教学生写自传体素描。

首先，构思阶段，教选材的知识。提供构思的方法：在事件发生之前，列出并描述之前经历的事情，记下事情的不同之处。然后写一份陈述，总结这段经历对你意味着什么，如何改变了你，或者从中学到了什么。接着出示预写选项：①阅读你的日志；②列出你生活中的重要人物；③在家翻翻剪贴簿和照片；④在你的精神档案中搜索可能的话题；⑤自由写作，探索你的想法。目的是唤醒学生记忆，选择合适的材料。其次，起草阶段，教组织的知识。按照时间顺序、事件发生的顺序来呈现细节。从你对事件重要性的总结开始，加入句子和段落来讲述你的故事。接着自由写作，参考写前的笔记，试着用一些逻辑的方式组织想法。提供素描生动的方法：有哪些轶事、描述、比较或其他细节可以让你的故事生动起来？可以用对话来帮助你的角色活起来。然后，编辑/校对阶段，教常规的知识。仔细校对语法、用法、结构和拼写错误。提供校对的方法：向伙伴或小组朗读草稿，可以利用观众的反应来帮助自己评估写作。校对以后，呈现自我评估列表：①是否聚焦于改善生活的事件或互动；②是否传达了这一事件或互动的意义；③是否回答了谁、在哪里、何时、为什么以及如何反映口语节奏和短语的问题；④是否遵循正确的语法、用法和技巧。嵌入了元认知知识，让学生进行评价修改和调整。最后，出版/呈现阶段，一是用自传体草图制作一期《每日人物》；二是创建封面和目录，添加插图，让其他人可以阅读；三是如果觉得素描过于个人化，无法公开分享，可以把它和自己的日记放在一起，以便日后参考。

根据建构主义和情境认知理论，写作是一个实践探索的过程，也是经验的自我建构过程。这个案例呈现了"自传体写作"的具体写作知识、写作方法以及写作练习，是一个完整的写作过程技能练习操作，有利于学生在实践中自我建构学习经验。核心写作知识是"自传体速写"，在自传体写作的内容上，涉及如何选择一个重要的有代表性的事件，如何使用素描生动的细节和例子，如何组织完整的篇幅和逻辑的句子；在写作指导上，根据特定写作情境下，自传体写作的特点以及学生可能遇到的困难，将相应的方法与技巧有序呈现，这样的指导是具有针对性的；在写作成果呈现上，运用同伴策略，提升表达智慧于同伴互惠中。让学生向伙伴或小组朗读草稿，利用同伴的反应来帮助自己评估写作；让学生创建封面和目录，添加插图，让同伴可以阅读；让学生和同伴一起利用自传体草图来制作一期《每日人物》，帮助学生们互相阅读评价，共同成长。

(二)从例文中提炼写作知识

例文作为帮助学生学习和掌握这些知识的例子，大致相当于理科教学中的直观教具，它给语文知识的学习添补进经验性的感知。① 它是"已经成型的知识"，主要起知识的例证作用，可以提炼然后进行运用。为了帮助学生习得"人物的剪影式描写"知识，黄狮老师带来了一件珍藏的物品：一双旧拖鞋。在行文和修改过程中讲述了自己和外婆的真实故事，呈现了一篇优秀例文《外婆和鞋》：

外婆坐在客厅的纱门后面，一面摇着扇子，一面看着我，笑着说："多大的姑娘啦！穿这么脏的鞋，给人笑话。"我不好意思地低着头笑笑，走开了。然后外婆搬了把椅子，来到院子里勾着腰，坐在水池旁，一点一点地轻轻除去拖鞋缝隙间的尘垢，她半眯着眼睛，神情专注而慈祥。洗完后，把我的拖鞋放在花园的石子路上晾晒。我还记得那是一个美好的午后，阳光跃过高墙，均匀地洒在院子里。我仍清晰地记得，

---

① 王荣生.语文课程与教学内容[M].北京：教育科学出版社，2015：176-177.

那天穿上被外婆洗得干干净净的拖鞋时，那种暖和与舒适的感觉。这双拖鞋，一直留在我身边，舍不得丢。今天，当我再次抚摸它那灰旧的表面时，仿佛触摸着曾经洗过它的外婆的那双温暖而多皱的手，仿佛听到外婆没有说出的话：孩子，要时刻做一个整洁的人呀。

黄老师针对这一次写作的需要，依据写作目的，解决学生"不知写什么"的难题。首先，通过例文支架《外婆和鞋》构思转化成图表支架，提炼出核心写作知识。其次，融汇过程性知识，分成五个步骤，指导学生构思：①挑选一个点或局部集中描写；②交代清楚背景；③选择其他描写点展开描写；④交代我的感受及变化；⑤点名物品的意义。最后，在修改校对阶段把核心写作知识转化为写作清单、评价量表等学习支架，帮助学生掌握和运用。将"概念知识"隐含在"过程""策略""技能"中，包括条件性知识和情境性知识以及自我认知。[①] 因而，教师经过两次补充、修改和调整，将概念性的知识以支架的形式转化为可操作的程序性知识，贯穿于各个写作阶段，进而形成写作能力。整个写作学习过程都指向核心写作知识，是核心写作知识以支架形式呈现的一个个变形，并且展开学习过程于支架支持中，（这些知识以支架的形式呈现，在支架的支撑下展开学习过程），把知识融入具体的情境，让学生走进创作情境，从而使学生有更真切的表达，最终获得知识的迁移，解决真实问题。

（三）从优秀写作案例中迁移写作知识

王荣生教授提出："认真研究优秀教师的成功课例，从具体课文或课题的教学内容中提炼其实践经验，并加以弘扬，这是语文课程内容开发的一条极其重要的路径。"[②]通过对一些成功课例进行研究，可以发现一些优秀教师在原有教材的基础上做了一些突破，呈现的课例具有情境化的写作知识。例如，《推介家乡》这个写作案例，写作知识可能的落点分为内容、词语、组织、句子、语气、常规六个方面，对应到写作教学过程展开的各个阶段：预写、起草、修改、校订和发布，不同的阶段有不同的写作学习要点。

第一，预写阶段，所教的知识是根据读者的特点多角度选择材料，需要关注写作材料、组织结构和写作口吻等方面。①写作材料方面：这次写作要求学生推介自己的家乡，虽源于学生真实生活经验，但高一学生往往容易忽略身边的事物。因此，为了唤醒、激活学生的记忆，教师先进行自我介绍，要求学生根据老师的爱好和需求，写一段介绍性、说明性文字，不少于100字。②组织结构方面：学生还可能会出现"眉毛胡子一把抓"的现象，抓不住推介的重点，想到什么就说什么，或者面面俱到，杂乱无章。教师引导学生依据读者需求选择重点有序推介，段落排序按照时间顺序、空间顺序和主次顺序。提出选点建议：有地方特色的风景名胜，有地方特色且绵软的美食，有陕北风味的民歌或戏曲。③写作口吻方面：尊敬的口吻。第二，起草阶段，所教的知识是研读例文，学习并运用例文

---

① 高晶，王荣生. 过程技能与"大概念"——以语文学科为背景[J]. 课程·教材·教法，2021（7）：91-98.

② 王荣生. 语文课程与教学内容[M]. 北京：教育科学出版社，2015：176-177.

呈现的知识。教师先出示推介自己家乡的例文，搭设图表支架，引导学生提炼例文中的知识并运用到自己的写作当中。第三，修改阶段，学生在修改阶段往往较难发现自身的问题，需要教师和同学的帮助。因此，教师让学生参考论文，交流、讨论、修改。第四，校订阶段，整合成文，校订发表。关注的是书写、标点、格式等。最后，教师出示开头和结尾，请各小组在给文章加上开头、结尾和标题，组合成一篇完整文章赠送给老师作为礼物。

这个写作案例突破传统教学方式，重视培养学生明确写作目的和增强读者意识。教师先提出选点建议，并让学生根据选点建议介绍自己家乡的风景、美食和民歌。这是一个交际写作，一是有具体的内容和情境规定：第一次来到陕北靖边，我想到处走走看看，可是却不知道去哪里，怎么去。请同学们帮帮老师，指点指点，怎么样？二是有明确的写作目的：向老师推介自己的家乡；三是有强烈的读者意识：根据读者的性格爱好来推介家乡。对于介绍说明类写作任务可以迁移的写作知识是：①考虑特定读者"我"的需求选择材料；②段落结构条理清晰，如介绍的是什么内容、选择具体的事例；③能选一两个点作一些具体的介绍、描述或说明。整个教学过程以情境为抓手，不仅生动有趣，激发了学生的写作欲望，而且最重要的是在写作过程中围绕核心写作知识展开学习，让学生自己去发现、建构、生成与运用。

三、情境化写作知识运用的有效策略

（一）创设任务情境，建构写作核心知识

写作是实践性活动，教师应依据写作的实践性特点，在真实或拟真的写作情境中，选择情境化的写作知识指导学生在预写、起草、修改、校订和呈现的完整过程中学习写作。写作知识不一定具有普遍的适应性，但是任何知识都离不开它产生的具体情境。① 新课标、新教材引领的写作教学，重视以具体情境为载体，让学生在个人体验、社会生活和学科认知等特定环境中完成写作任务，以呈现学生语文素养的多样化表现。在完成任务情境过程中开发情境化的写作知识能降低写作的难度，起到学习支架的作用。在真实情境中运用知识完成任务，习得写作知识，形成写作素养。

下面，让我们来回顾一下周子房博士的一个写作案例《类比写人》，这是一个自我表达的真实任务情境。核心知识是学习"类比写人"的方法，教师在特定的任务情境下细化写作知识，把写作知识融汇于任务情境之中，转化成情境化的写作知识。创设的"写作情境任务"为：

> 你已经是一名中学生了，面对陌生的同学和老师，怎样向他们展现一个真实自信、个性特别的你？怎样让他们很快记住你，愿意和你交朋友呢？
> 今天我们学习用类比的写法来写自己，字数在500字以上。

---

① 韩雪屏.语文课程知识初论[M].南京：江苏出版社，2011：209-210.

这个写作任务中蕴含了五个要素：①话题是"展现一个真实自信、个性特别的你"，要点是描述自己的性格和品质；②作者是"学生自己"，具有真实性，学生有话可说；③读者是"老师和同学"，具有强烈的读者意识；④目的是"让老师和同学很快记住你，愿意和你交朋友"，写作目的明确；⑤形式是"500字以上的自叙文"，文体属于人物描写类。知识是依附于情境存在的，脱离了情境的知识是僵化的知识，在情境中迁移运用的知识是活知识，也是可以内化的知识。① 分析学情围绕核心写作知识创设好的情境，开发出情境化写作知识，以支架的形式适时呈现，并且与话题、作者、读者、目的、语篇类型等是密切相关的。教师融汇写作知识于情境体验中，在活动中建构知识，把知识设计成一个一个的活动，让学生在情境中深入地去体验，从而把学习到的知识真正地转变成学生自己的能力。

（二）搭设学习支架，生成写作核心知识

写作支架是整合、嵌入了情境化写作知识的学习支持工具，具有"提示、建议、触发、指导写作"的功能。有学者指出，理想的知识教学有一个关键特征，是用有效的手段解释知识，有助于学科教师摆脱知识教学的困境。② 对于写作知识而言最好以学习支架的形式呈现，才能帮助学习者达成学习目标。因为知识是生成的过程，生成的过程需要教师提供大量的支架，包括"写什么、怎么写"的支架。一个是能够激活学生提取写的内容，第二个是能够指导学生怎么写。在任务写作中，学生需要借助学习支架，才能在学习活动中探索、发现、理解和运用情境化的写作知识。在完成写作任务的过程中，提升自身的写作素养。从这个角度而言，情境化写作知识是学生在具体的任务情境中，在克服写作障碍的写作活动中，借助学习支架建构和生成的。

刘晓蓓老师的写作课例《分心的故事》，开发的核心知识是教学生按照"学习"与"分心"两种状态交替的方式组织文章。几乎每一个学生都有上课分心的经历，这是学生真实体验的。因此，这是一个真实的情境而且是自我表达的情境，紧贴学生心灵的话题和任务，吻合学生的精神需求。另外，分心的时候学生的心灵和精神又是在冒险的，一方面，沉浸于自己天马行空的世界里；另一方面，又警惕老师发现批评自己。所以学生对自己在课堂上的分心事，往往不好意思说出口，认为这是"不好的"行为。教师根据学情借助"分心虫"这一虚拟的讲述对象，打消学生的顾虑，让他们在活泼有趣的情境中自由、勇敢地表达。

刘老师选择针对性强、有操作性的情境化写作知识，并以恰当的支架适时地呈现，展开学习过程于支架支持中。提供的支架是具体的知识，由四种样态呈现，最后达到一个整合。"分心"是以一个概念性的知识呈现，但教师没有直接呈现，而是把这个概念性的知

---

① 袁爱国. 写作教学设计：从定型化走向情境化——钱穆生活化作文教学启示[J]. 语文建设，2020（20）：55-59.

② 叶黎明. 支架：走向专业的写作知识教学[J]. 语文学习，2018（4）：56-61.

识转化为程序性的知识，通过搭设"忆忆分心事""选选分心事""说说分心事"三个活动支架，帮助学生打开思路，找到素材，整理素材，为后续的写作做好准备。再围绕这个程序性的知识提供完成这一次写作所形成的策略性知识，搭设例文支架，解读例文，引导学生发现"学习状态"和"分心状态"两者交替出现的写法，借助构思表，为学生初步搭建习作框架。最后呈现元认知知识，展示评价支架，采用自评、互评等多种评价方式，指导学生反思调整自己的写作，自己去发现、理解与生成写作知识。

(三)运用评价标准，内化写作核心知识

在写作过程中评价反思，从写作评价的角度看，评价的重心不在理解写作知识，而在于在教学过程中运用和内化情境化写作知识。情境化知识与评估的问题，评估的内容就是要教核心知识，也就是评估情境化知识掌握和运用的情况。① 在写作学习过程中，学生学习的发生是对原有的知识进行否定和调整，在修改和调整的过程中得到生长，不断地进行调整，形成新的图式，新的知识，中间过程就是学生的增长点。这就需要嵌入元认知知识，进行反思评价和修改，让学生主动获取知识，转化并内化写作知识。

在《大单元写作之学会抒情》课例中，沈夏萍老师的评价量表并不是单一的评价表格，它嵌入了元认知知识，包含着写作知识、案例说明、策略指导、等级标准等。同时沈夏萍老师将"学会抒情"这一"大概念"，分解成"_____的心情日记"这样一件小事情，方法多样，指导具体，让学生的写有迹可循。为了让学生强化对"抒情方法"的认识，沈夏萍老师别出心裁串联的小口诀也成为课堂一个评价量表，活跃了课堂氛围。

方 法 总 结

文贵有情情贵真，直接抒情情洋溢。
情感词来少不了，反复呼告用起来。
间接抒情情委婉，典型事例来抒情。
动人情节细细写，情景交融不可忘。
情与景物相贴切，适当联想用起来。
直接间接皆抒情，两者兼具情真切。
多样修辞用起来，情真意切动心扉。

在方法总结的基础上，沈夏萍老师接下来引导学生制定出评价等级，既有"直接抒情""间接抒情""情感动人""附加分值"这四大方向，也有具体的评价标准，兼顾学生写作中的各个方面。制定评价量表后(表3.1)，教师让学生依据写作量表，用不同颜色的笔修改课堂开始的心情日记。

---

① 祝新华. 促进学习的作文评估[M]. 北京：人民教育出版社，2016：205.

表 3.1 　　　　　　　　　　　　　　　　　**等级标准表**

评价指标	评价标准以及分值	评分
直接抒情(4分)	准确运用 1 种直接抒情的方式(2分)；准确运用 2 种直接抒情的方式(4分)	
间接抒情(4分)	准确运用 1 种间接抒情的方式(2分)；准确运用 2 种间接抒情的方式(4分)	
情感动人(2分)	能准确传达作者情感，能打动读者(2分)	
附加分值(0~3分)	能熟练运用铺陈以及呼告等手法，细节描写到位，能准确传情(0~3分)	

　　此环节，小组内在组长组织下从左至右分享自己修改的文段，时间 5 分钟。
　　分享者：我在这里运用了_____(方法)，增加了_____。
　　聆听者：依据写作量表按照四个指标进行打分，并明确理由。
　　组　　长：负责整合优秀方法并组织汇报。

　　此环节，小组内在组长组织下从左至右分享自己修改的文段，时间 5 分钟。
　　分享者：我在这里运用了_____(方法)，增加了_____。
　　聆听者：依据写作量表按照四个指标进行打分，并明确理由。
　　组长：负责整合优秀方法并组织汇报。
　　沈夏萍老师的这一次写作教学任务明确，具体指导，学生在这个环节精彩呈现。从写作评价角度来看，有一定的参考意义。第一，将评价量表的教学价值充分挖掘出来了，让学生始终围绕评价量表去修改作文。小组合作时间充分，学生讨论充分，从小组展示的研讨成果可以看出，学生在修改的过程中，将直接抒情和间接抒情的方式运用到具体的写作实践中去。第二，坚持以评促写，提倡写作教学的生态化。这样能较好地让学生在完成真实任务的过程中提高作文能力与兴趣。第三，这个写作任务还具有综合性，将作文作品的评核与任务完成过程的考查相结合。整个过程符合真实性、综合性的原理，有助于评核学生真实的语文能力，从而帮助学生内化写作知识。

第四章　写作表现性评价的设计与实施

　　写作教学一直是我国中小学教学中薄弱的一块，写作评价更是如此。我国的写作评价多是用宽泛、笼统的语言来进行概括性的评价，比如"立意深刻""中心明确""结构完整""语言优美"等。这种评价方式的弊端在于学生很难从评价反馈中获得具体而有针对性的修改信息，从而促进有效学习，学生只知道"文章有问题"或者"这样子就是好文章"，但是不知道"文章哪里有问题""为什么有问题""如何修改"等，也不知道"为什么这样子就是好文章"，学生获得的只是一种经验式的感觉，并未习得真实的写作能力。

　　随着"过程性写作""交际语境写作""功能写作"等新的写作理念的发展，"情境任务""表现性评价"等引起重视。在写作教学中，基于真实的情境任务来设计写作表现性写作评价，使评价融入整个写作过程，是促进学生学习，提高学生写作能力的一条有效的路径。

一、表现性写作评价的内涵

　　"表现性评价是一种在尽量合乎真实的情境中，运用评分规则，对学生完成复杂任务的过程表现及结果作出判断的学习方式。"①它是基于在情境认知理论基础上建构起来的，"真实的情境"既可以是生活中的自然情境，也可以是创设出的有可能发生的虚拟情境。表现性评价关注的是学生在真实情境中解决问题的过程，它指向学生在完成复杂任务时"应该解决什么问题""怎么解决问题"和"问题解决的怎么样"。在解决问题的过程中，适时运用具体的、系统性的、可操作的评分细则来进行及时的评价，一般有核查清单和评分量表两种具体形式②。表现性评价的结构要素一般包括表现目标、表现任务和评分规则3个部分③。

　　写作表现性评价是表现性评价在写作中的运用。荣维东说："写作的表现性评价指学生在特定写作任务中表现出来的关键技能、水平和品格。它们在很大程度上需要通过作品

---

　　① 周文叶. 中小学表现性评价的理论与技术[M]. 上海：华东师范大学出版社，2014：53.

　　② 王小明. 表现性评价：一种高级学习的评价方法[J]. 全球教育展望，2003(11)：47-51.

　　③ 周文叶，胡静. 教师表现性评价：概念辨析、结构要素与关键特征[J]. 教育测量与评价，2021(10)：8-18.

的典型指标来判定。"①在写作教学中，所指涉的情境也称为交际语境，其基本要素在写作任务情境中体现，包括话题、目的、读者、作者、文体、篇幅等。写作表现性评价可以按照创设的写作任务情境来构建，它的典型指标以写作任务中的各个要素来设定。著名的美国 NAEP（2011）写作评价体系就是在"写作即交流"的理念下，按照"写作目的（交流）、读者意识、写作能力、题材样式"等要素来进行评价的，同时它主要考察学生在写作中"思路的形成、逻辑的组织和语言运用的能力与规范"②等方面的关键技能和水平。

表现性评价不像传统的注重结果的评价，注重的是在真实的情境任务中及时性的评价。它能直接观察学生在完成任务时的"真正行为表现"，与学生"应该怎样表现（需要习得的知识和能力）"进行比较和评估，发现其中差异，及时调整教学，具有诊断、反馈与激励功能。而且在一般情况下，表现性评价在教学策略上属于基于理解的"逆向设计"，即先确定预期结果，然后确定合适的评估证据，再设计学习体验和教学③。在写作教学中，表现性评价的运用可以根据写作任务情境中核心的学习元素确定评价目标，然后围绕表现性目标设计写作过程中的表现性任务，再组织实施。它不仅帮助学生清楚地了解"要做什么""怎么做""如何呈现自己的结果"，还帮助学生及时检测自己写作时在预写、构思、起草、修改、发表等整个过程中的表现，发挥促进学生真实写作、提升写作能力的功能。

二、表现性写作评价的设计样例

表现性评价的内容一般针对写作基本要素，写作的基本要素体现在写作任务情境中，把表现性评价与写作任务情境中的写作要素关联起来，使评价融入写作过程，这样评价不仅是写作能力的评估，也是写作学习的支架。

写作表现性评价的设计一般有三大要素：呈现预期结果的核心学习元素（学习目标），具有真实性的情境活动任务，以及可操作的系统性评分规则。下文就以部编版七年级上册第三单元"写人要抓住特点"写作教学为例，分析写作表现性评价在这三大要素中的具体实施，以便于操作和把握写作表现性评价。

首先创设一个真实的情境任务：

> 同学们进入初中已经一个多月了，我们班打算进行一场有奖竞猜活动——"猜猜 TA 是谁"。现向同学们征集活动材料，请同学们选择一个你最熟悉的新同学或者新老师，为 TA"画"一幅画像。
>
> 要求 600 字左右，展示出 TA 最突出、最具个性的地方。被同学们准确且最快猜出的作者将获得一份神秘大礼。

---

① 荣维东. 研制分类分级可循证的写作评价指标体系[J]. 语文建设，2021（1）：4-8.

② 荣维东，杜鹃. 美国 NAEP（2011）写作评价体系框架及其启示[J]. 语文教学通讯·小学，2016（07-08）：40-43.

③ 格兰特·威金斯，杰伊·麦克泰格. 追求理解的教学设计[M]. 闫寒冰，宋雪莲，赖平，译. 上海：华东师范大学出版社，2017：18-20.

（一）表现性目标——核心写作学习元素

1. 能抓住最有特点的外貌、最有特色的语言、最有标志性的动作等描写人物的外显特征。

2. 能突出这个人最关键的性格特征。

3. 外显特征的描写能围绕这个最关键的性格特征来进行。

4. 能运用一两个具体的事例体现出人物的个性。

（二）表现性任务——写作过程活动任务

1. 任务一：确定描写对象

你选择的这个人是谁？他/她的外貌、语言、动作有哪些特征？他/她的性格或精神特质是什么？把它列在下面构思表中：

表 4.1　　　　　　　　　　　　　描写对象构思表

人物（昵称）：	
外貌（脸型、五官、头发等）	
语言	
动作	
性格或精神特征	

2. 任务二：确定所要描写的典型特征

活动一：请同学们先阅读下列四则材料，你觉得哪些材料描写的人物写的好，让你容易记得住？为什么？

材料一　他的头发黑黑的，比较短，眉毛也很黑，眼睛不大也不小，鼻子也不大不小，但有点长，鼻子下面有一些黑黑的胡子，他的脑袋两边，还有两只长长的耳朵。

材料二　她的脸白皙如月光，笑起来憨态可掬，两只眼睛几乎眯成一条缝，红润的嘴唇中间是最显眼的大门牙，她脸上还有许多芝麻般的小斑点，最喜欢喊着"我太难了"。

材料三　他总是微笑起来，而且将头扬起，摇着，向后面拗过去，拗过去。

材料四　时常紧闭的嘴上，一撮浓黑的胡须，远看，像抓着毛笔用力写的一个"八"字。他目光坚毅明亮，满头是倔强得一簇簇直竖起来的头发，仿佛处处在无声告白他与现实的不调和。

活动二：交流探讨材料，师生共同制定出一份简略的人物描写层级评价量表：

表4.2　　　　　　　　　　　人物描写层级评价量表(1.0版)

层级	评价标准
C	①人物特征描写不突出，缺乏个性 ②描写单调或虚假
B	①人物特点描写较突出，真实可信 ②能运用比喻、夸张等手法描写
A	①能抓住最突出的地方精确地描写人物 ②能突出这个人物的性格特征或精神特质

活动三：筛选与完善你所要写的人物的特征。

(1)根据讨论结果，参照上面的"人物描写层级评价量表"，请看你最初在人物描写构思表上所列的，你认为哪些外貌、语言、动作以及性格特征可以不在你的作文中描写？如果你觉得有最突出的特征没写到，也可以补充在表格中。

(2)请你再与所写的那个人分享你修改完善后的构思表，请他或她客观评价一下你所列的特点，达到要求在"□"中打"√"。

□这些特点是真实的吗？

□这些特点抓住了你最突出的特征吗？

□所设定的关键性格特征你认同吗？

(3)根据反馈，最终确定最关键的性格或精神特征，围绕这些特征选定最突出的外貌、语言、动作等方面的特征，完成下面构思图：

图4.1　写人要抓住特点构思图

3. 任务三：起草写作

活动一：学习描写人物的方法。

(1)读下面两段话，想一想：这段话运用了哪些描写？写出了人物的什么特征？是如何写的呢？

片段一：有一天，我在家听到打门，开门看见老王直僵僵地镶嵌在门框里。往常他坐在蹬三轮的座上，或抱着冰侧着身子进我家来，不显得那么高。也许他平时不那么瘦，也不那么直僵僵的。他面如死灰，两只眼上都结着一层翳，分不清哪一只瞎，哪一只不瞎。说得可笑些，他简直像棺材里倒出来的，就像我想象里的僵尸，骷髅上绷着一层枯黄的干皮，打上一棍就会散成一堆白骨。——《老王》

　　片段二：我说道："爸爸，你走吧。"他往车外看了看说："我买几个橘子去。你就在此地，不要走动。"我看那边月台的栅栏外有几个卖东西的等着顾客。走到那边月台，须穿过铁道，须跳下去又爬上去。父亲是一个胖子，走过去自然要费事些。我本来要去的，他不肯，只好让他去。我看见他戴着黑布小帽，穿着黑布大马褂，深青布棉袍，蹒跚地走到铁道边，慢慢探身下去，尚不大难。可是他穿过铁道，要爬上那边月台，就不容易了。他用两手攀着上面，两脚再向上缩；他肥胖的身子向左微倾，显出努力的样子，这时我看见他的背影，我的泪很快地流下来了。我赶紧拭干了泪。怕他看见，也怕别人看见。我再向外看时，他已抱了朱红的橘子往回走了。过铁道时，他先将橘子散放在地上，自己慢慢爬下，再抱起橘子走。到这边时，我赶紧去搀他。他和我走到车上，将橘子一股脑儿放在我的皮大衣上。于是扑扑衣上的泥土，心里很轻松似的。过一会儿说："我走了，到那边来信！"我望着他走出去。他走了几步，回过头看见我，说："进去吧，里边没人。"等他的背影混入来来往往的人里，再找不着了，我便进来坐下，我的眼泪又来了。——《背影》

(2)分析交流上面这两段话，师生共同完善人物描写层级评价量表：

表4.3　　　　　　　　　　人物描写层级评价量表(2.0版)

层级	评价标准
C	①人物特征描写不突出，缺乏个性 ②描写单调或虚假
B	①人物特点描写较突出，真实可信 ②能运用比喻、夸张等手法描写 ③能在具体的事件来描写人物特点
A	①能抓住最突出的地方精确地描写人物 ②能在具体的事件中恰当地表现出人物的个性 ③能在一件事上综合运用多种描写手法 ④能突出这个人物最关键的性格特征或精神特质，触动人的情思

(3)请在图4.1的右侧补充两到三件你所描写的这个人的具体的事件。并进行自我评价，达到要求在"□"中打"√"。
□这个事件能够表现人物的这个特征吗？
□这个事件能恰当地突出人物的个性吗？
活动二：写一写
(1)请运用"外貌描写/语言描写/动作描写/……+具体事件"的方式在草稿纸上写两到

三个小片段。要求每个片段 200 个字左右。

写作任务清单：①在具体事件中描写人物外貌、语言、动作等方面的典型特征；②描写人物的外貌、动作、语言等典型特征要紧紧围绕这个人物的性格或精神。

（2）根据"人物描写层级评价量表（2.0 版）"，读读已完成的三个片段，修改自己的初稿。

（3）写人要抓住特点的主体部分已经写好了，请你把你写的片段组合起来，按照一定顺序排列后，再加上标题、开头和结尾，就是一篇完整的文章了。注意不要透露出你描写对象的真实姓名。

4. 任务四：校对与展示

活动一：对自己完成的整篇文章再进行校对和修改。校对要求如下：①默读全文，一字一句校对全文；②文章的书写格式要符合要求；③文中的错别字要改正确；④标点符号要写正确；⑤修改时插入的标记要清楚。

活动二：将校对好的文章交给老师，作为"猜猜 TA 是谁"活动的材料。老师组织同学们一起猜同学们笔下的人物，被同学们准确且最快猜出的作品将在校报文艺版刊登，作品的作者将获得老师奖励的一份大礼包。

（三）评分规则

根据下面具体的评分细则，对自己和同学的写作进行评价。先给文章评定所在层级，然后在对应层级上给"☆"，符合内容越多，"☆"越多，最多五颗"☆"，最少一颗"☆"。

表 4.4　　　　　　　　　　　人物描写层级评价量表（3.0 版）

层级	评价标准	自我评价	他人评价	评价结果
C	①人物特征描写不突出，缺乏个性 ②描写单调或虚假	☆	☆	
B	①人物特点描写较突出，真实可信 ②能运用比喻、夸张等手法描写 ③能在具体的事件中来描写人物特点	☆ ☆ ☆ ☆ ☆	☆ ☆ ☆ ☆ ☆	
A	①能抓住最突出的地方精确地描写人物 ②能在具体的事件中恰当地表现出人物的个性 ③能在一件事上综合运用多种描写手法 ④能突出这个人物最关键的性格特征或精神特质，触动人的情思	☆ ☆ ☆ ☆ ☆	☆ ☆ ☆ ☆ ☆	

三、写作表现性评价的实施策略

如何评价学生是否形成相应的写作能力？大致有两个标准：一看学生是否理解教师所

教的写作学习元素；二看学生是否能够运用相关知识解决特定写作问题①。写作表现性评价的实施可以有效地评估学生形成的写作能力，具体的实施策略有：

（一）根据写作任务情境中的核心学习元素确定表现目标

目标是学习的终点，是学生要达到的最低要求。在真实的任务情境中，内含着写作的核心学习元素，学习元素就是学生要获得的写作知识，是写作学习的目标。写作表现性评价的表现目标就要依据写作任务情境中要求学生需要获得的知识来设定。学生明白需要获得的写作学习元素与自己现有的知识存在哪些落差，为了减少其中落差，自己需要怎么做。上述设计样例中设置"猜猜 TA 是谁"的情境，要求学生选择一位同学进行描写，展示出这个人物最突出、最有个性的地方。这里面就内含着两大写作核心学习元素：一是抓住最关键的特征，通过外貌、语言、动作等多种描写来描写人物；二是通过具体的事例来展示人物的个性。根据这两个核心学习元素，确定了表现目标。

（二）围绕表现性目标，设计写作过程中的表现性任务

写作表现性评价的表现任务是紧紧围绕着表现目标的，具体的任务设计则是要根据写作教学的过程来设计。写作教学过程包括话题设计、构思、起草、修改、校订发表等，其中修改是应该贯穿整个写作过程的。前面"写人要抓住特点""写作教学"设计样例，根据写作过程设计了四个表现性任务：确定描写对象；确定描写对象的典型特征；学习"外貌、语言、动作……+具体事例"写人的方法进行写作；进行校对修改与竞猜活动。每个任务下设计了具体多样的活动，帮助学生来实现表现目标。其中"人物描写层级评价量表"的制定与运用贯穿整个写作过程，中间还穿插他评与自评的评价清单，学生在每个过程中根据量表和评价清单进行修改完善。写作表现性任务与多种形式的评价活动，让学生能看见自己在完成写作任务时的真实情况，能具体地知道"哪里好""哪里不好""为什么好"和"为什么不好"，帮助自己监控自己的学习，促进有效学习。

（三）根据表现目标与学生完成任务的真实情况制定可操作的评分细则

评分细则的制定应该依据表现目标和学生完成任务的真实情况来制定。将表现目标稍微加以转化，再结合特定任务分析学生较差和出色表现是怎样的，就可以形成表现性评价的标准及评分细则。这样的评价方式具有针对性、系统性和可操作性。在上面写作表现性评价的设计样例中，评分细则的制定是在写作教学过程中由师生共同制定的。针对表现目标，通过材料具体分析好的表现是怎样的，差一点的表现是怎样的，设置了三个表现层级，每个层级根据具体的表现设置评分标准，学生自评和其他评相结合。

写作表现性评价是在真实的写作情境中评价学生写作过程的真实表现，让学习和评价都可视化，促进学生发生真正的学习，提高写作能力。

---

① 邓彤. 研究表现性评价，促进写作深度学习[J]. 中学语文教学，2020（2）：35-40.

◎第二编◎
实　践　篇

第五章　叙述文写作教学设计

第一节　《抓住细节》写作课例

第一部分　"抓住细节"写作单元教学解读

"抓住细节"是统编版初中语文教材七年级下册第三单元的写作任务。这次写作任务的教材编排有以下特点：

一是提供了相关的概念性知识。概念性知识指关于专题写作的专项基本概念。① 如"细节描写是对人物、景物、事物等表现对象的细微刻画，往往能起到以小见大、画龙点睛的作用"。它告知学生，细节描写的对象可以是"人物、景物、事物等"；细节描写的操作方法为"细微刻画"；细节描写的作用是"以小见大、画龙点睛"。

二是提供了一定的事实性知识。事实性知识主要指提供给学生的不同等级案例与相应分析，该类知识能帮助学生通过阅读鲜活、实在的语言材料与等级判定来加强对学习中各类知识的理解。② 如本单元的四篇课文中的细节描写：《阿长与〈山海经〉》中的"三哼经"、睡觉时摆成一个"大"字；《老王》中"直僵僵地镶嵌在门框里"；《台阶》中父亲洗脚、踩黄泥的细节；《卖油翁》中的"睨之""但微颔之"等。列举本单元四篇课文中的细节描写，以鲜活的、学生熟悉的语言材料来帮助学生理解"细节描写"的概念及特征。

三是提供了策略性知识。策略性知识是学习者根据任务情境，选择适当的学习方法并调控认知活动所具备的知识。③ 它是一种方法性知识。学者认为，写作策略性知识是"如

---

① 杨文君，池夏冰．AFL 作文核心素养评价模型在作前学习课中的运用[J]．教育测量与评价，2017(05)．

② 杨文君，池夏冰．AFL 作文核心素养评价模型在作前学习课中的运用[J]．教育测量与评价，2017(05)．

③ 洪阳．初中语文写作策略性知识教学研究[D]．四川师范大学硕士学位论文，2017．

何审题、如何构思、如何选材、如何剪裁、如何组材以及如何修改等规则支配作者的写作活动"①。掌握策略性知识，可以提高写作的质量和效率。教材提供了三条策略性知识："真实：对生活细致观察""典型：抓住最能反映人物性格特征的细节""生动：用语要生动、简洁，让读者如见其人，如睹其物，如临其境"。

四是设计了写作活动。"写作实践"第一题要求修改作文，将前两个单元写的作文进行修改，增添细节描写。这个活动难度层级较低，但能帮助学生初步掌握细节描写；第二题要求以《____的那一刻》为题进行半命题写作，第三题要求以《照片里的故事》为题进行全命题写作，两道题难度相对较高，且均为学生设置了一定的任务情境——"那一刻""照片"，能唤起学生写作的积极性。

但这次写作任务的教材编排也存在以下不足：

首先，缺乏程序性知识。程序性知识亦称"功能性知识""实践性知识"，即关于"怎么做"的知识。② 写作应关注过程而不仅仅是结果，仅拥有概念性知识(细节描写)、策略性知识("真实""典型""生动")，而不知如何使用，同样不能提高学习效率。学生完成细节描写的任务需要一系列操作程序，而教材并未提供。

以"写作实践"命题写作《____的那一刻》为例。学生通过对过往生活的回顾和提炼，可以解决"写什么"：那一刻发生了什么？那一刻有哪个/些人在现场？这个/些人做了什么？现场是怎样的情景？但如何对"这个/些人"进行细节描写？如何对当时的"情景"进行细节描写？如何令语言生动起来？这是学生需要程序性知识来逐步掌握的。

其次，事实性知识尚需补充。事实性知识不足，概念性知识将成为不可理解的单纯言辞。教材围绕"细节描写"的三个策略性知识——"真实""典型""生动"，分别举课文中的细节描写为例来进行阐释，形成事实性知识。这是非常有必要的。但是到具体的写作实践中，学生能否对其进行知识的迁移尚存疑。如怎样才能算是"典型"？以班级某个同学为例，我认为"他"的典型特征是不修边幅，而或许"他"自己以及其他人并不赞同。假设大家一致认为"活泼开朗"是其典型特征，反映该特征的细节有哪些？最有典型性的细节是哪个/些？又将如何用"生动"的语言表现其特征？如果能从学生的角度出发，提供更符合其生活认知或生活半径的"事实性知识"，如教师提供"____的那一刻"中涉及的细节描写的范例，对学生的启迪和帮助应该会更具有效果。

第二部分　《细节描写展现人物精神》教学设计

一、情境与任务

初一 A 班的班级月刊《新苗》将于近期首发。其中一个专栏名为"班级明星人物特写"。

---

①　何更生. 知识分类学习论和教学论在作文教学中的应用研究[D]. 华东师范大学博士学位论文，2001.

②　杨治良，郝兴昌. 心理学辞典[M]. 上海：上海辞书出版社，2016：08.

月刊上会刊登这位"明星人物"的照片，并附有一篇简短的人物特写，介绍该同学光彩照人的瞬间。你觉得你的好朋友"星光闪闪"，值得被推荐，于是决定为这个专栏投稿，希望能刊登在《新苗》杂志上。

二、写作学习元素

1. 根据写作目的确定合适的人物精神。
2. 放慢叙述节奏，用多角度描写具体表现人物精神。
3. 捕捉带有"隐秘性"又能"小中见大"的"细微末节"进行特写，充分展现人物精神。
4. 适当借助修辞等手法增强细节描写的生动性。

三、教学过程

(一)评价照片，感知"精神"

学习任务一：你想为班级月刊《新苗》杂志"班级明星人物特写"专栏投稿。你需要提供一张人物照片，并进行相关的人物特写。

1. 请判断这张照片刊载在该专栏上是否合适？

判断依据：

(1)《新苗》杂志的价值导向。

(2)该照片所体现出的"人物精神"。

2. 学习概念性知识：

"人物精神"指人物独特的风度气韵、情感意志、心理状态。

3. 更换为这两张照片中的一张合适吗？为什么？

4. 学习程序性知识：根据写作目的确定合适的"人物精神"。

(二)修改稿件，感知"角度"

学习任务二：展示编辑部收到的两份稿件。如果你是《新苗》月刊"班级中的明星人物特写"专栏的编辑，请给这些稿件提供修改意见(是否充分展现出了人物精神?)

1. 出示稿件，讨论问题及提出修改建议。

　　稿1：作为初一 A 班的领诵，小郭同学在舞台上镇定自若、落落大方。他精彩的朗诵赢得了观众的好评。

　　稿2：在上海市中学生羽毛球比赛上，小郭同学奋勇拼搏，打败了诸多实力强劲的对手，包揽了男子双打、单打项目的金牌！他在球场上的英姿、他顽强拼搏的精神让人印象深刻！

2. 充分讨论，明确描写的不同角度。

$$描写角度\begin{cases}人物描写：肖像、动作、语言、心理 \\ \\ 环境描写\end{cases}$$

3. 学习程序性知识：放慢叙述节奏，用多角度描写表现人物精神。

(三)欣赏范例，认识细节

学习任务三：《新苗》专栏编辑又收到了一份稿件，对此较为满意。指出这份稿件在进行多角度描写的时候，对哪些对象进行了非常细致的描述，说说为什么要描述得这么细致。

1. 出示稿件，朗读欣赏。

　　稿3：作为初一 A 班的两位男生领诵之一，他在舞台上存在感十分强烈。他身着一套藏青色中山装，衣料挺括，衬得整个人肩背挺拔，隐隐有龙虎之姿。

　　他手持话筒，气度沉静从容，真可谓雏虎虽幼，亦有来日咆哮山林之威。

　　最难得的是他的吟诵。这个年纪的小男生尚未变声，声线清越有余、稳健不足。而小郭同学的声音，却是少有的低沉，略带点沙哑，非常适合表达这首沉重的、缓慢的、唱叹意味浓郁的诗歌。

　　在忧郁的深蓝色背景下，穿着古典的中山装的男孩子一开口，观众们便不禁被这情感浓郁得几乎化为凝脂的声音拉入诗歌所要传递的怅惘的情怀里。

表 5.1.1 稿 3 细节描写构思表

多角度描写		细节	作用
人物	肖像	藏青色中山装，衣料挺括	衬托人物的挺拔身姿
	动作	手持话筒，气度沉静从容	表现人物沉着的精神风度
	声音	略带点沙哑	表现人物成熟的气质
	诗歌 （吟诵内容）	沉重的、缓慢的、唱叹意味浓郁的	烘托人物的稳重 朗诵具有感染力
环境	舞台	忧郁的深蓝色背景	烘托人物的沉稳
	观众	被拉入……情怀里	衬托人物带来的感染力

2. 比较稿 3 与稿 1 的区别，认识"细节"。

3. 学习概念性知识：

　　细节描写：指文学作品中对人物或与人物有联系的某些语言、行动、肖像、心理活动、环境的细微末节的描写。

　　鲜明生动而又具有典型意义的细节描写，往往可以深刻表现人物的精神面貌和性格特征。

　　　　　　　　　　　　　　　　　　　　　　　　　　——《文艺美学辞典》

4. 学习程序性知识：

捕捉带有"隐秘性"又能"小中见大"的"细微末节"进行特写，充分展现人物精神。

（四）再读范例，勾连课文，感知手法，优化"描写"

学习任务四：再读范例，说说投稿的小作者在进行细节描写时运用了什么手法来增添描写的生动性，并想想《老王》中相关的细节描写有没有运用类似的手法。

表 5.1.2 《老王》细节描写构思表

角度	细节描写	手法	效果	《老王》
肖像	龙虎之姿	比喻	如见 其人	他面如死灰……就像……僵尸
动作	雏虎虽幼，亦有来日咆哮山林之威	比喻联想 （拟物）		直僵僵地镶嵌在门框里
声音 语言	这个年纪的小男生……	对比	如闻 其声	我不是要钱
	而小郭同学的声音……			你既然来了，就免得托人捎了
诗歌 （朗诵内容）	沉重的、缓慢的、唱叹意味浓郁的	映衬		—

续表

角度	细节描写	手法	效果	《老王》
舞台	忧郁的深蓝色	拟人	如临其境	—
观众	情感浓郁得几乎化为凝脂的声音……被拉入……情怀里	比喻联想		我想象……散成一堆白骨可是我害怕得糊涂了……

1. 再读范例，勾连课文，感知手法

2. 学习策略性知识：适当借助修辞等手法增强细节描写的生动性，让读者如见其人、如闻其声、如临其境。

（五）头脑风暴，课堂写作

学习任务五：捕捉并交流第二张图片中能展现人物精神的"细微末节"，小组合作进行写作。

1. 头脑风暴：捕捉第二张图片中能展现人物精神的"细微末节"。学生各抒己见。

2. 合作写作：组成写作小组。组员每人选取至少一个角度进行细节描写，再由组长统稿，全班交流。

（六）交流评价

1. 组长展示统稿后按一定顺序排列的全组习作，其他同学点评。

2. 出示评价标准，组织学生评价和修改。

评价要求：（1）是否具有一定的隐秘性（不太容易为人发觉）？（2）是否能以小见大地体现人物精神？（3）语言是否生动？

（七）布置作业

课后请同学们为班级月刊《新苗》杂志"班级明星人物特写"专栏投稿。附上一张人物照片（或速写），并进行相关的人物特写。可以在小组统稿的基础上进行修改。300字左右。

附台阶式教学设计

任务情境：撰写人物特写，向《新苗》杂志"班级明星人物特写"专栏投稿。

学习元素：（1）根据写作目的确定合适的人物精神；（2）放慢叙述节奏，用多角度描写具体表现人物精神；（3）捕捉带有"隐秘性"又能"小中见大"的"细微末节"进行特写，充分展现人物精神；（4）适当借助修辞等手法增强细节描写的生动性。

写作知识：

捕捉带有"隐秘性"又能"小中见大"的"细微末节"进行特写，充分展现人物精神。适当借助修辞等手法增强细节描写的生动性。根据写作目的确定合适的"人物精神"。放慢叙述节奏，用多角度描写表现人物精神。

学生能够从多个角度
选取具有一定隐秘性、
能以小见大的细节，
并恰当运用修辞等手
法，对人物进行特写。

步骤2：交流点评习作。
步骤1：捕捉第二张图
片中的细节，小组合
作，进行细节描写。　　终点目标

步骤2：体会语
言，并联系课
文，进一步感
知手法。

步骤3：充分讨论，
明确多角度。
步骤2：出示范
例，比较阅读。　　　　环节六：交流评价
步骤1：出示照片，　　　环节五：头脑风暴，
引出写作任务。　　　　课堂写作

步骤2：出示稿件，
提出修改建议。
步骤1：出示照片，
引出写作任务。　　环节四：再读范
　　　　　　　　例，感知手法
　　　　　　　　环节三：欣赏范
学生能写出人物　　　例，认识细节
描写的片段，但
不够细致生动。　　环节二：修改稿
　　　　　　件，感知角度
　　　　　　环节一：评价照
　　　　　　片，感知精神

教学起点

第三部分　《细节描写展现人物精神》教学实录与反思

一、情境与任务：出示任务，评价照片，感知"精神"

师：同学们看上去可真精神啊。"精神"是什么意思？

生：有活力，有特点。

师：好。同学们记住这个，"有特点"。

师：我们初一 A 班的班级月刊《新苗》将于下个月首发。其中一个专栏名为"班级明星人物"：月刊上会刊登这位"明星人物"的照片，并附有一篇简短的人物通讯，介绍该同学的事迹，弘扬其精神。请大家你看看我，我看看你，有没有觉得眼前一亮，觉得这位同学很合适成为"明星人物"？

生：我们的校服是黄色的，所以我们眼前一黄。

师：那可真鲜艳啊，果然"星光闪闪"，值得被推荐。请看，这张照片用来投稿是否合适？

（屏幕显示）

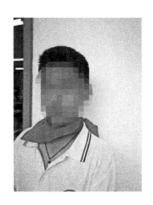

生(齐声)：不合适!

生：太随意了，没有精神，很邋遢。

师：不修边幅，不精神，那么什么叫"精神"呢？

生：眼睛没有睁大，就不精神。(全班笑)他的红领巾不应该这样系。

师：你敏锐地发现"精神"不仅指内在的活力，还表现为外在的仪表姿态、风度气质。人物精神，指人物独特的风度气韵、情感意志、心理状态。请大家齐读一遍。(生朗读)

师："情感意志、心理状态"是人物内在的精神体现，风度气韵是人物外在的精神表现。(师继续展示照片)现在这两张照片应该合适了吧？第二张照片展现的是小郭同学在学校经典诵读比赛的舞台上深情地朗诵诗歌的情景；第三张照片定格了小郭同学在上海市中学生羽毛球比赛场上挥拍扣球的英姿。我们能从这两张照片里看出小郭同学怎样的精神呢？

(屏幕显示)

生：(第一张)端庄，彬彬有礼。

生：(第二张)潇洒，有活力。

师：这两张照片充满了正能量。其实按照老师刚才对"人物精神"一词的定义，第一张照片同样展现了人物精神，对不对？"不修边幅"也是人物精神的体现，只不过它不适合用来表现"展示明星人物"这个写作目的。这是我们学到的第一点。

二、修改稿件，感知"角度"

师：文章要用事实说话。尤其是人物通讯这种文体，更需要我们通过介绍该人物的事迹，来弘扬人物的精神。班级月刊将征集人物通讯稿，很快编辑部收到了两份稿件。这两份稿件把发生了什么事写清楚了，人物精神也写得很清楚，然而编辑仍然不满意。这位同学有点委屈，他想请同学们帮忙提点建议：怎样修改才能充分地展现出人物精神呢？

（屏幕显示）

第一张图：作为初一 A 班的领诵，小郭同学在舞台上镇定自若、落落大方。他精彩的朗诵赢得了观众的好评。

第二张图：在上海市中学生羽毛球比赛上，小郭同学奋勇拼搏，打败了诸多实力强劲的对手，包揽了男子双打、单打项目的金牌！他在球场上的英姿、他顽强拼搏的精神让人印象深刻！

生：第一张图的"镇定"写得太简单了，要充分地表现出他的"镇定"，需要刻画神态、外貌、衣着等。第二张图只说"打败了诸多对手"，到底是怎么打败的？有没有挫折？如果一点挫折都没有，直接写他得了冠军，反而没什么看头。

师：对，从写作技巧的角度，通过肖像描写来具体表现人物"镇定"的精神；从叙事技巧的角度，给事件增添一点波澜，使之更具有可读性。（板书：肖像描写）

生：我认为第二张图可以写其他的内容，比如和其他选手的对抗。

师：你俩英雄所见略同。球场上对抗，写什么呢？

生：写他如何打败对手的动作。（板书：动作描写）

生：他有一球没有扣中的时候心里怎么想的；他拿到金牌之后在领奖台上心里又是怎么想的。

师：对，心理描写，人物渐渐地丰满起来了。（板书：心理描写）

生：还可以加点语言描写。比如第一张图，他在朗诵的时候，他是怎么朗诵的？面对观众的肯定，他又是怎么说的？第二张图里他遇到挫折或者胜利的时候，可以表达对此的看法。

师：越来越丰富了。（板书：语言描写）还可以写什么？

生：还可以写环境，比如通过写观众的呐喊，侧面烘托出他打球打得好。

师：（板书：环境描写）但如果观众喝倒彩呢？

生：说明他经历逆境，在逆境中奋发。

生：还可以写观众的心理活动，写观众和小郭同学的不一样。观众心里认为他可能无法打败对手，但是小郭认为自己应该努力试一试。

师：观众的心理活动和小郭同学的心理状态之间的矛盾冲突，增强了故事的张力。同学们特别会讲故事，也很会通过各种人物描写来丰富人物形象，表现人物精神。我们刚才成功地做到了——

（屏幕显示）

放慢叙述节奏，用多角度描写具体表现人物精神。

师：这位同学一定会很感谢各位同学给他提出了这么好的修改建议。专栏编辑也非常赞成同学们给出的建议。看来大家都颇有做编辑的潜质。

三、欣赏范例，认识"细节"

师：各位编辑，现在我们又收到了一份稿件。

（朗读并展示）

"经典诵读"大型展示活动上，作为初一A班的两位男生领诵之一，我班小郭同学在舞台上存在感十分强烈。

他身着一套藏青色中山装，衣料挺括，衬得整个人肩背挺拔，隐隐有龙虎之姿。

他手持话筒，气度沉静从容，真可谓雏虎虽幼，亦有来日咆哮山林之威。

最难得的是他的吟诵。这个年纪的小男生尚未变声，声线清越有余、稳健不足。而小郭同学的声音，却是少有的低沉，略带点沙哑，非常适合表达这首沉重的、缓慢的、唱叹意味浓郁的诗歌。

在忧郁的深蓝色背景下，穿着古典中山装的男孩子一开口，观众们便不禁被这情感浓郁得几乎化为凝脂的声音拉入诗歌所要传递的怅惘的情怀里。

师：各位编辑，大家对这篇稿件的看法如何啊？

生：这篇具体多了。

师：请诸位编辑具体分析一下好吗？

生："身着一套藏青色中山装"，这是肖像描写。

师："中山装"具体又是什么样子的？

生：衣料挺括。

师：为什么要把中山装的特点写出来？

生：为了衬托出小郭同学"肩背挺拔"。

师：对，描写为中心服务——突出人物特点。但一般情况下我们会注意到"衣料挺括"吗？也许会，也许不会。你们看这篇稿件，对人物肖像描写细腻到了衣料的特点。这是对肖像进行了什么描写？

生：细节描写。

师：这就是细节描写。（指着语段）能说说你的感受吗？什么是细节描写？

生：大家不怎么注意的细小的环节。

师：你有非常敏锐的直觉。你提到了很重要的一点，细节是细小的、细微的，甚至是平常人很难看到的，或很容易被忽略过去的。我要感谢你的这个发现。现在我们继续分析稿件中的细节描写。

生："手持话筒，气度沉静从容"这是具体地形容他手持话筒的样子。

生："他的声音是少有的低沉，略带点沙哑"，非常具体地写出了他的声音的特点，这也是细节描写。一般也不会想到去写他声音具有什么特点。

生：而且有和其他男生的声音的对比，就更突出了小郭同学的声音的特点。

生：还写了诗歌的特点，"沉重的、缓慢的、唱叹意味浓郁的"。表现他朗诵得很好。这也是比较隐秘的一个细节。

师：他的声音与诗歌本身的特点相互映衬。

生："在忧郁的深蓝色背景下，穿着古典中山装的男孩"，用"忧郁的深蓝色背景"来映衬"古典中山装"。

师：深蓝色，古典，相互映衬，衬托出人物成熟稳重的精神。

生：还写到了观众的反应，侧面突出了人物的精神。

师：太棒了。各位果然拥有做编辑的才华，对这篇稿件剖析得很到位啊，我归纳一下各位编辑的意见，请看图表：

（屏幕显示）

多角度描写		细节	作用
人物	肖像	藏青色中山装，衣料挺括	衬托人物的挺拔身姿
	动作	手持话筒，气度沉静从容	表现人物沉着的精神风度
	声音	略带点沙哑	表现人物成熟的气质
		情感浓郁	
	诗歌（吟诵内容）	沉重的、缓慢的、唱叹意味浓郁的	烘托人物的稳重 表现他的朗诵具有感染力
环境	舞台	忧郁的深蓝色背景	烘托人物的沉稳
	观众	被拉入……情怀里	衬托人物带来的感染力

师：我们学到了——

（屏幕显示）

细节描写是指文学作品中对人物或与人物有联系的某些语言、行动、肖像、心理活动、环境的细微末节的描写。它常常带有一定的"隐秘性"，同时能"小中见大"地凸显人物精神。

四、再读范例，勾连课文，感知手法

师：刚才我们有位男生的发言，我觉得蛮值得重视的。他说这篇稿件把小郭同学的声音和其他男生的声音作对比，就更突出了小郭同学声音的特点。他关注到了细节描写可以借助对比的手法来使得人物更加突出、更加鲜明。还有同学看到了背景与人物相互映衬，也很了不起。我们再读一遍稿件，同学们还能有类似的发现吗？

生："他身着一套藏青色中山装……隐隐有龙虎之姿。"这里用比喻的修辞手法，把小郭比作龙虎，比较形象。

师：一个如龙似虎的、特有精神的小伙子的形象就描写出来了。

生："雏虎虽幼，亦有来日咆哮山林之威。"把他比作雏虎一样威风。

师：说得对。不仅仅用了比喻，小作者畅想"来日"，这是由眼前的虽然年少却精神抖擞的少年，联想到他将来必能有咆哮山林之威。联想翩翩，人物形象是不是更加立体、丰满了？

生："这情感浓郁得几乎化为凝脂的声音"也用了比喻，写出他声音的厚重；我觉得写观众，也有联想。作者从观众们的表现里，联想到他们被拉入了诗歌的情怀里。

师：你真是太棒了。同学们刚才提到的手法，我们在《老王》这篇经典课文中也接触过，请看图表：

（屏幕显示）

角度	细节描写	手法	效果	《老王》
肖像	龙虎之姿	比喻	如见其人	他面如死灰……就像……僵尸
动作	雏虎虽幼，亦有来日咆哮山林之威	比喻联想（拟物）		直僵僵地镶嵌在门框里
声音语言	这个年纪的小男生……	对比	如闻其声	我不是要钱
	而小郭同学的声音……			你既然来了，就免得托人捎了
诗歌（朗诵内容）	沉重的、缓慢的、唱叹意味浓郁的	映衬		—
舞台	忧郁的深蓝色	拟人	如临其境	—
观众	情感浓郁得几乎化为凝脂的声音……被拉入……情怀里	比喻联想		我想象……散成一堆白骨可是我害怕得糊涂了……

师：这些手法的运用，让人物分外鲜活了起来，让我们如见其人，如闻其声，如临其境啊。我们学到了：

（屏幕显示）

　　适当借助修辞等手法增强细节描写的生动性，让读者如见其人，如闻其声，如临其境。

五、头脑风暴，课堂写作

师：这篇稿件通过大量细节描写，将"舞台上"的小郭同学的精神充分展现在读者面前。现在我们受编辑的委托，要将"球场上"的小郭同学的精神充分展现出来，大家头脑风暴一下，哪些细枝末节可能容易被人忽略，但是特别值得捕捉？

生：他身后的同学打算支援他，可是又犹豫了一下，因为小郭同学已经抢先扣球。

师：你从哪里看出他的搭档有支援他的意图？

生：他的双腿弯曲，做出了一个准备动作。

师：他的身体姿态的细节——双腿弯曲，蓄势待发。

生：小郭同学跃起来的姿势用了很大的力量，他很重视这一球。

师：跳跃的姿势充满了力度感。你认为，通过捕捉肢体的行为、动态，能微妙地传递出这个人内心的渴望。

生：是的，是对胜利的执着的渴望。

师：非常感谢刚才两位同学给了我们启发。希望同学们能捕捉到新的、同样精彩的细枝末节，把人物的精神更为充分地展现出来。或者你也可以把小郭同学的脸换成他的脸、她的脸……写自己熟悉的人。

生：首先他的手臂伸得很直，这是一个十分自信的动作，能体现他有信心拿下这一球。

师：刚才那位同学提到"身体的力度感"，你把镜头又往前推进了一步，写他的胳膊，捕捉到了细枝末节。

生：（赛场上运动员）他们穿的都是运动服，但是这位同学穿的是短袖短裤，后面的同学穿的是长袖长裤，而且照片背景里球员们都穿着长袖长裤，证明天气应该比较寒冷。这位同学穿着短裤短袖是为了让自己在打球的时候可以发挥出更多的能量来，体现了他对于羽毛球这项运动的喜爱。

师：你的眼光真厉害啊！这张照片拍摄于冬天，这个孩子去领奖的时候穿的是羽绒服，照片上他是短袖，与其他人不一样。同学们，这就叫细枝末节。

生：他后面的同学膝盖是弯曲的，不一定是要去接这一球。这一球来势很高，小郭在前面跳跃起来接球，他则在后面做好准备；如果小郭没接住，他可以补救。

师：这是双打比赛，团队合作，默契很重要。这一细枝末节是值得我们琢磨的。就以这张照片中的叙事为蓝本，通过细枝末节进行描写来充分展现这个人物的精神。由于时间有限，我们可以组内每人选取一个角度进行细节描写。然后我们发挥团队的默契精神，将组内各位同学的稿件综合在一起，形成一篇相对完整的片段发布出来。开始行动吧。

六、交流评价

（第一组学生展示作品）

　　比赛时，天气十分寒冷，在场所有人都穿着有保暖功能的衣服，只有小郭，为了保证身体的灵活性，为了取得更好的成绩，果断地穿着短袖短裤上场了。小郭同学胸有成竹，只见那球如一枚刚出膛的子弹，迅速地向他飞射过来。"这球打得的确有水平，但比起我来还差了点。"那一瞬间，他心里想到。

　　"我来补位！"搭档忙喊道。

　　"不需要，"小郭一个箭步冲上去，"我能接住！"球向他后方飞去，他鼓足了劲，奋力一跃，"啪！"球被接住了，又被小郭反手射回去，犹如流星般，从对方球拍底下穿过。

　　场外观众此时正目不转睛地盯着他，看到这波精彩的操作，都喝了一声："好球！"

（评价）

师：太精彩了！你们对人物的肖像和动作进行了细节描写，还有对接球那一瞬间的心理和语言的细节描写非常能体现人物的拼搏精神。除此以外，他们还注意到了我们刚才头脑风暴环节没有想到的一个细节——除了交战的双方之外，赛场上还有什么？

生：羽毛球！

师：为什么你们要对球进行细节描写？

生：为了烘托出小郭的技术好，有拼搏精神。

师：这个细节抓得漂亮。

（第二组学生展示作品）

　　小郭同学用尽全力，将身体紧绷成了"C"形，飞跃而起！他的队友在后面抬头仰望着球，像是时刻做好准备去帮助他，又相信小郭能成功接住这一球。小郭坚定的目光表达出他能行！二人配合默契，像是一个人一样。

　　看见对方的球高高升了起来，小郭心里一阵紧张，又快速镇定下来，立即紧握球拍。他担心自己接不住，但是努力这么久，承载着同学的希望，定要拼尽全力。

　　周围的观众看着这一高抛球，支持小郭的一方心里直冒冷汗，也许在想："完了，这球接不到了。"有一部分人甚至已经激动地从座位上起身喊道："加油！"支持对手的观众们顿时热血沸腾："这球他接不着了，太好了！"

（评价）

师：有三处细节很有意思。第一处，这一组同学捕捉到了队友的肢体语言，表现队友微妙的心理活动。第二处，捕捉到观众截然相反的态度。两类观众虽然很激动，但他们激动的原因是不一样的，形成鲜明的对照。这就是细枝末节。第三处，有的同学发现"用尽全力"的时候"身体呈 C 形"；有的同学却发现"肌肉紧绷，手脚笔直"。同样的身体姿态，不同的人看到了不同的细枝末节。太有意思了。

师：还有两组，课堂上来不及展示，还请同学们课后互相之间作一个评价，看看同学们是否抓取住了具有一定的隐秘性（不太容易为人发觉）的细节？是否能以小见大地体现人物精神？是否运用了恰当的手法，让语言生动起来，使人如见其人、如闻其声、如临其境。如果全都做到了，那你们太厉害了！老师相信你的稿件，一定能发表！

七、布置作业

课后请同学们为班级月刊《新苗》杂志"班级明星人物特写"专栏投稿。附上一张人物照片（或速写），并进行相关的人物特写。可以在小组统稿的基础上进行修改。300 字左右。

第四部分　《细节描写展现人物精神》课例点评

本课例具有以下几个显著特色。

一、践行课标，任务驱动

《义务教育语文课程标准》（2011 年版）关于写作教学有这样的表述："写作时考虑不同的目的和对象。"但现实的写作教学活动中，无论是教师"教写作"，还是学生"学写作"，关注的只是写作内容本身，即"写什么"和"怎么写"；而有意无意地忽略了写作的目的，即写作任务要达成什么样的写作目的，抑或"为什么写"。这就常使得学生因为感受不到实实在在的写作必要性、写作真实性而缺乏内在的写作驱动力。而这节课，开宗明义，首先就明确本次的写作目的——为班级月刊的"班级明星人物"专栏写作人物特写，展示明星人物的"精神"这一真实的写作需要。领悟并努力践行了上述所提课标的写作要求。

写作目的或者明确写作的需要，虽然在课堂上仅是"活动一"，一个看似轻描淡写的"引子"，却可以说是本节写作课得以成功的基础。上课伊始就让学生知道"为什么"而写，让学生拥有了真实的写作动机，自然就能有效驱动学生的写作活动。因此，从教学效果看，评价照片，感知"精神"，作为本课设计的第一个活动，能够一石激起千层浪，亦在情理之中了。

二、紧扣目标，分步推进

学生知道了"为什么"而写，明白了自己的写作达成的目的——当然还只是有了一个写作的方向，而且这个方向还是比较模糊甚至渺茫的。而如何在这个"方向"的引领下，通过哪些具体的活动、哪些有效的手段，才能真正落实并达成自己的写作目的，这中间还有很长的路要走。对于这一点，本课例有充分的考虑和预设。课堂先后出示了"明星人物"三张不同的照片，让学生在比较中直观地感知"精神"的准确内涵和表现范畴，使得抽象的"精神"具体化。这一带有写作"热身"性质的活动，实质上已经掀起了课堂的第一个小高潮，带动着学生迅速投入写作情境。

而随即进行的活动二与活动三，则明显是对这个写作任务的进一步落实：由提示人物描写的常用方法到对细节描写的认知和理解，进一步对细节描写的程序性知识进行学习，如选取描写角度、放慢叙述节奏乃至采用特写方式，都是学会细节描写必备的操作性步骤。

三、范例引领，直观生动

七年级的学生，在写作知识的储备上，一般是比较欠缺的。如何让学生快速而有效地将写作知识学到手、用到位，历来是写作教学的难题。单纯的知识传授，或许可以更加系统，但无疑是枯燥乏味的，现在这个年龄阶段的学生不易于接受。本课灵活地运用范例引领的方式，一步一步将本次写作任务的事实性知识提示给学生，直观而富有趣味。课上几个重要环节，如评价照片，感知"精神"，让学生理解了"精神"的内涵和表现范畴；修改稿件，感知"角度"，让学生梳理了描写人物的方法；欣赏范例，认识"细节"，让学生掌握了"细节"的特点；再赏范例，感知"手法"，让学生掌握了"语言"的密码；头脑风暴，课堂写作，让学生领略了"明星人物"的"精神"等，都蕴含着范例教学的精髓。

从课堂实际看，无论是预设提供给学生的范例，还是学生即时生成的样例，都起到了将写作知识的学习与写作实践应用巧妙结合的作用。学生的作品展示，更充分验证了运用范例引领的良好效果——学生已经可以不再依赖手中的稿件，开始即兴创作了。

四、角色转换，高潮迭起

"细节"在一篇成功的作品中，具有无可撼动的地位，这一点应该是毋庸置疑的。而细节感人至深的力量，更是一篇优秀作品的必备要素。对于细节的捕捉与呈现，也是本课中想要达成的最为重要的目标。

在多次的范例引领中，重视引导学生捕捉细节，品味细节。这节课的深化与升华之处是用好、用活细节。学习任务三到学习任务五中，教师带动学生完成了一个从实践(成功的特写范例)到理论(细节知识)，再从理论到实践(课堂细节写作)的写作闭环。与之对应，课堂上设计了一个小"细节"引导学生身份角色的一再转换。上课伊始，学生是评价照片的旁观者；激励投稿，学生是月刊专栏的参与者；修改稿件，学生是编辑专栏的把关者；范例欣赏，学生是优秀篇章的鉴赏者；课堂写作，学生是"明星人物"的塑造者……这其中，有对学生称谓的直接变化：同学们，各位编辑；更有学生身临其境的自我认同：

我方队员。而学生每一次的华丽转身，都掀起了一次学习与创造的高潮。

第二节　《学写传记》写作课例

第一部分　"学写传记"写作单元教学解读

一、相关的课程标准解读

《义务教育语文课程标准》(2011年版)对7—9年级学段写作目标和内容提出了明确的要求，其中就提道："写作时考虑不同的目的和对象。根据表达的需要，围绕表达中心，选择恰当的表达方式。""写记叙性文章，表达意图明确，内容具体充实。"在实施建议上，指出"写作是运用语言文字进行表达和交流的重要方式，是认识世界、认识自我、创造性表述的过程"，"丰富写作形式，激发写作兴趣，增加学生创造性表达、展示交流与互相评改的机会"，"要引导学生通过自改和互改，取长补短，促进相互了解和合作，共同提高写作水平"。

本单元"学写传记"属于记叙性文章的写作，在教学中引导学生依据写作目的和对象，写出表意明确，内容充实的作文是十分重要的。写作的过程，就是引导学生不断认识自我的过程，鼓励学生有创意地表达。作文写好后，通过评价清单引导学生自改和互改，给学生作文展示和交流的平台也是极有必要的。

二、本单元写作教材分析

"学写传记"是八年级上册第二单元的写作实践。第二单元所选的文章有的是回忆性散文，有的是传记，或深情回忆难忘的人与事，或以景仰之情展现人物的品格与精神，均有助于读者了解别样的人生，丰富生活体验。单元学习重点为：学习刻画人物的方法，品味多样的语言风格。

针对单元学习重点，本单元的写作目标可以定为：依据传记的特点，选择典型事例来表现人物个性特点；依据传主个性特点，选择适宜的表达方式。教科书对本单元的写作提供给学生的有关传记写作的知识是：①传记的概念；②传记要真实，但作者可以发挥一定的想象以填补事实的空隙；③记述事件时，要具体表现人物的言行，要通过典型语言和重要行为来展现人物思想情感和性格特点，并建议学生初学写传记，可以从写小传入手，随后附了老舍的《著者略历》为例。而后提供了三则写作实践，一是写段自我介绍，二是为某位家人写篇小传，三是为身边的同学写篇小传。既提示了写作内容，也提示了获取写作内容的方法，同时还提示了写完后交流与修改的对象，以及展示的方式。写作实践部分做得较好，写作任务中包含了大致的写作内容与取材方法，写作目的，交流读者，写后的修改和展示的途径。但写作指导上提供的程序性知识和策略性知识都不够，提供的老舍的范文也很难被初中生所模仿。

三、学情分析

九年级的学生初次接触传记，仅仅本单元几篇传记的学习很难让学生对传记文体特点和写作要领有太深的领会。因此，本单元的写作适宜安排学生去写小传，因为小传记事比较简略，篇幅也短小，可以降低写作的难度。同时，教师还要再提供一两篇典范的小传文本让学生再深入地感受小传的特点和写作要领。另外，受传统写作教学的影响，学生对写作目的、读者对象、展示与交流方面思考较少，而本单元传记的写作可以很好地弥补这方面的缺憾。学生在写作中需收集素材，完善对自我或对他人的认识，就必得走入交流语境，从而无形中让他们树立起目的意识、读者意识和反馈修改意识。这点，教师要利用好。

第二部分　《学写传记》教学设计

一、情境与任务

寻友启事

我们是三体人，在我们三体有趣的人太少了，于是我们来到了人间，想找几个有趣的灵魂。如果你对我们三体世界，对我们三体人感兴趣，就请用自传的方式介绍自己，让我们了解、认识到你。只要你们的灵魂够有趣，就有机会成为我们三体人的朋友哦。你还在等什么，快快投出你的自传文吧！600字左右。

二、写作学习元素

1. 认识传记的特点，选择典型事件来表现人物个性特点。
2. 依据人物个性特点，选择富有吸引力的表达展开写作。

三、教学过程

(一)出示任务情境，激发写作兴趣

1. 出示任务情境。
2. 介绍传记体裁。

(二)围绕主要特点，选择典型材料，安排好顺序

1. 找到那个独具备魅力的点
(1)首先请同学们拿出纸笔，想一想自己身上有哪些与众不同，独具备魅力的特点？

把它们写下来，尽可能地多。

（2）写好后，小组交流。把你觉得自己身上与众不同，独具备魅力的方面说给同伴听，如果他们也有和你一样的特点，把这点划去；如果你说的这个魅力点，吸引不到他们，也把它划去，最后只留下一个。

2. 选出典型材料

（1）思考：找到了最能体现自己与众不同，独具备魅力的点后，要怎样才能把这个点充分展示出来，让三体人读完后觉得你确实就是这样一个富有魅力人。

（2）发放范文：《太外公传》和《我的父亲》。要求学生边看边把最能体现传主个性特征或精神品格的那个词圈出来，同时思考作者是怎么做到把人物这一特点凸显出来的。

明确：《太外公传》中太外公最主要的特点是"救死扶伤"；《我的父亲》中父亲最主要的特点是"德高望重、受人尊敬"。

主要特点的凸显，是通过一些典型事件体现的。

（3）出示表格，让学生完成表格中对事件的概括与填写。

表 5.2.1　　　　　　　　　　　　　《太外公传》事件表

传主	主要特点	事件
太外公	救死扶伤	

表 5.2.2　　　　　　　　　　　　　《我的父亲》事件表

传主	主要特点	角度	事件
父亲	德高望重 受人尊敬	识大体	
		有爱心	
		有担当	
		教子有方	

（4）围绕自己独具备魅力的点，写下能支撑它的典型事件。

①请同学们围绕自己独具备魅力的点，回忆下有哪些典型事件可以支撑它，至少写下

三件事。

②小组内展示交流。与你小组内的同伴讨论，看看他们是否认同你的选材具有典型性，能支撑起你的魅力点。将同伴认为不具备典型性的材料删去，能通过修改调整变得典型的材料，请同伴帮你提出修改调整的方案。

③结合同伴的意见，修改、调整、增添材料，将支撑魅力点的典型材料完善到三则。

3. 安排好材料的顺序

(1)圈出范文中的时间词，思考这些时间词是按什么顺序出现的，有何作用。

明确：这些时间词是按先后顺序出现的，依据时间先后顺序来组织材料，能让文章思路更清晰。

(2)请同学们按时间的先后顺序调整好自己三则典型材料的顺序。

4. 补充基本情况

(1)思考：有了最能体现个性特征的魅力点和支撑魅力点的三则典型材料，按时间顺序写出来是不是就是一篇好自传了呢？

(2)再次浏览这二篇传记，看看除了主要特点和典型材料，作者还写了传主哪些方面的内容，把涉及的内容用笔划一划。

(3)归纳：这两篇传记还介绍到人物的出生时间、地点、身份、家庭、性格、爱好、精神品格、人生经历、为人处世，他人评价等方面的内容。

(4)明确：传记除了要用典型材料体现出人物主要特点，还需介绍诸如出生时间、地点，身份，家庭等传主的基本情况。另外，传记讲究真实，人物基本情况、主要事件必须真实，一些细枝末节处可以加以适当的想象以填补事实空隙。

(三)选择有吸引力的表达，完成片段写作

1. 思考：确定了写作内容后，要怎么表达才能让三体人被传记吸引到，继而让我们有机会成为他们的朋友？

2. 出示二种表达，看看哪种表达更有吸引力。

第一组：

　　A. 我还特别能吃，崔乐琦也特别能吃。但如今我们决定节食了，因为要预防体育考试不及格。每次体育测试，都是我俩垫底，再不节制，恐怕真来不及了。我要少吃，多运动。

　　B. 我还是本班的"大胃王"，和崔乐琦号称"食堂双胖"，曾并肩作战到食堂只剩下我俩直至被阿姨劝离。但如今我们决定归隐，因为要预防体育考试不及格。每次体育测试，不论跳远、跳高、跳绳、短跑、长跑、引体向上，还是就地俯卧撑，都是我俩垫底，再不节制，恐怕真来不及了。我要加油，不对，是少油，所以除了少吃，你还会看到放学后在操场上努力运动的我。

明确：B 段的表达更有吸引力，它有细节描写支撑事件，语言生动幽默。

第二组：

　　A. 正值五更天气，闹铃大作，一个鱼跃而起，掀开被子，穿上衣服，跋上拖鞋，睡眼惺忪地来到洗脸池前，左手持牙膏、右手握牙刷，左手一捏，右手一递，便开始洗口，毕，便去清书包，忽觉满嘴牙膏泡沫还未冲洗干净，便又回头冲洗一番，则浑身上下湿淋淋，可以此至学社乎？无奈，复更衣，复毕。正待出门，忽现其父其母站于门口，怒目而视，缘则此人的早起交响乐尝另全家不得安宁。此人便飞奔出门……

　　B. 早上铃声把我闹醒后，我就飞快起身穿上衣服，然后刷牙。可因为往往粗心，牙膏泡沫还没洗干净，等清完书包发现泡沫时，再去冲洗一番，又把浑身上下弄湿，又要再换一次衣服了。这就惹得父母常常对我很生气，我就在父母的怒目而视中飞奔出门……

明确：A段的表达更有吸引力，它的语言文白夹杂，生动有趣。

3. 请同学们从之前写下的三则典型材料中，选择一则，展开叙述。注意加入细节描写，语言尽可能生动形象，表达尽可能有创意，200字左右。

4. 将写好的片段小组内展示，小组中选出写得最有吸引力的一份全班展示。

(四) 整篇的写作与评改

1. 小结写作一份有吸引力的自传的方法：

　　　　　　　　略写基本情况，详写魅力之处

　　　　　　　　围绕魅力之处，精选典型材料

　　　　　　　　以时间为顺序，行文思路清晰。

　　　　　　　　加入细节描写，创新语言表达

2. 提供开头结尾的范例：

付 新 苗 传

　　开头：此人姓付，名新苗，字小宝，其娘亲称"苗儿"，行走于江湖，人送外号"苗姐"。出生时，乃公元2005年5月8日夜，正值四更，其母抚之，甚是安静。喜，以为读书人也。

　　结尾：若问吾为何如此熟知此人故事，只因吾乃本人，初二(8)班付新苗是也！

廖哥小传

　　开头：敝人姓廖，名旻昊，号廖哥，浙江杭州人氏，芸芸学子中寂寂一员。因乐于助人，善为同学排忧解难，故浪得此江湖名号。

　　结尾：此谓凡人廖哥也。

武昌小人物传

开头：武昌城内有此人，其身长五尺，双目能顾其耳，面如冠玉，唇若涂脂，不甚打理，不拘小节，其发凌乱，名曰：鸡窝头。则成头皮之风水宝地。不爱装扮，尝衣冠不整。

结尾：此何若人？本人是也！

3. 不知道如何给自己的小传开头和结尾的同学，可以从这些例子中选择一种自己喜欢的进行模仿；知道如何开头和结尾的同学按自己个性化的方式来开头结尾。开头和结尾就加在之前写好的那个语段中。

4. 小组内交流展示，看看加上的开头结尾是否与原来写好的那个语段协调。

5. 课后完成整篇的写作，写完后依据评价清单先自评，再请同学评价。

表5.2.3　　　　　　　　　　　　　学生自评清单表

评 一 评	是的	差不多	没有｜不能
①我所写的内容符合一篇传记的特点吗？	☺	☺	☹
②我写的主特点对读者(三体人)是否有足够吸引力？	☺	☺	☹
③围绕主特点所选的事件是否典型？是否有足够的细节来支撑？	☺	☺	☹
④我的语言生动形象，表达有足够的吸引力吗？	☺	☺	☹

表5.2.4　　　　　　　　　　　　　同学评价清单表

评 一 评	是的	差不多	没有｜不能
①你觉得他｜她所写的内容真实吗？符合他｜她的性格特点吗？	☺	☺	☹
②他｜她的行文思路是否清晰？是否借助了时间词勾连人物经历？	☺	☺	☹
③他｜她的语言是否生动形象？句子通顺、标点规范吗？	☺	☺	☹
④如果你是三体人，你会被他｜她吸引到，继而与之交朋友吗？	☺	☺	☹

6. 结合自评与他评意见，把作文修改、誊抄好。请班上看过并喜欢《三体》的同学担任本次三体人挑选朋友的评委，选出优秀作文张贴到教室的墙上。

附台阶式教学设计

任务情境：为三体人的寻友启事写篇自传。

学习元素：(1)认识传记的特点，选择典型事件来表现人物个性特点；(2)依据人物个性特点，选择富有吸引力的表达展开写作。

步骤5：评选与展示。
步骤4：依据评价清评价与修改。
步骤3：加入开头结尾，完成整篇的写作。
步骤2：提供开头结尾的范例。
步骤1：小结写作一份有吸引力的自传的方法。

步骤4：片段的交流与展示。
步骤3：选择一则材料加入细节，生动形象地表达。
步骤2：出示二种表达，发现让表达更有吸引力的方法。
步骤1：思考怎么表达才更具吸引。

步骤4：补充基本情况。
步骤3：安排好材料的顺序。
步骤2：选出典型材料。
步骤1：找到那个独具备魅力的点。

步骤2：介绍传记体裁。
步骤1：出示任务情境。

环节四：整篇的写作与评改

环节三：选择有吸引力的表达，完成片段写作

环节二：围绕主要特点，选择典型材料，安排好顺序

初学传记，缺乏传记写作经验。

环节一：出示任务情境，激发写作兴趣

教学起点

第三部分　《学写传记》教学实录

一、出示任务情境，激发写作兴趣

师：同学们喜欢看什么书呢？有喜欢刘慈欣的《三体》吗？看过并喜欢这部书的人请举手。

（学生举手）

师：请语文课代表帮老师把看过并喜欢《三体》同学的名字记下。

师：钟老师有个跟你们差不多大的女儿，从今年暑假开始，迷刘慈欣的《三体》迷得不得了。看完了就天天在我耳朵旁唠叨《三体》里有趣的情节、神奇的事儿，诱惑得我也忍不住打开了《三体》中的第一部开始看了起来。一看，也把我给吸引住了。这不，昨天晚上我做了个梦，梦见三体人叹息着说："'好看的皮囊千篇一律，有趣的灵魂万里挑

一.'在三体有趣的人太难寻了!"所以他们来到了人间,想在人间找几个有趣的人做朋友。于是,他们发出了征友启事。来,我们一起把这则征友启事齐读一遍。

生:在我们三体,有趣的人太少了,于是我们来到人间,想找几个有趣的人做朋友,如果你对我们的三体世界,对我们身体的人感兴趣,快快来自我介绍,让我们了解认识你们吧,你还在等什么?只要你的灵魂够有趣,就有机会成为我们三体人的朋友在等什么?快快投出简介吧,600字左右。

师:同学们想和三体人做朋友吗?

生:想。

师:那就快快拿起笔来写吧!小小的一篇文章,怎样才能快捷而全面地展现一个人风貌呢?有一种文体能做到。那就是传记。因为传记是记述人物生平事迹的一种文体。它分为自传和他传,顾名思义,自传是介绍自己生平事迹的,他传是介绍他人生平事迹的。今天我们来学习写传记,自己给自己立传。

二、围绕主要特点,选择典型材料,安排好顺序

师:同学们拿出了纸和笔吗?想一想自己身上有哪些有趣的、有魅力的地方,把它写下来,越多越好。

(学生在纸上写)

师:我看到有些同学不知是太谦虚了,还是不够自信,迟迟没有落笔。不要有太大的压力,自信点,随便写。你如果吃货一枚,那就写下"喜欢品尝美食";你如果喜欢帮助别人,那就写下"乐于助人";如果你特别会聊天,那就写下"聊天达人"……要善于发现自己,认可自己。

(学生继续在纸上写,特点越写越多了)

师:接下来请前后四人为一小组,在小组内把你们刚才写下的魅力点、有趣点,与同伴分享,如果你们之间分享的内容有重复点,那就把重复点去掉,说明它不是与众不同的。如果你说出来的特点,你的组员都不感兴趣,说明它不是有魅力、有趣的点,也把它去掉。最后只留下一个。明白吗?分享交流起来。

师:来,都确定了最后留下的那个词儿吗?

生:好了。

师:同学们,找到了这个最有魅力的点之后,我们要怎样才能把我们的魅力充分展示出来,让三体人看完之后觉得我们真的是这样一个很有趣的人呢?

(学生陷入思考)

师:现在来看到手头上老师发给你们的材料,这里面有两篇优秀的小传:《太外公传》《我的父亲》。认真看,边看边把最能体现传主个性特点、精神品质的词语圈出来。同时,思考作者是怎么做到把人物的显著特点或精神品质凸显出来的。

(学生阅读材料)

师:都看完了吗?我们来看看第一篇《太外公传》,太外公最大的魅力点是什么?谁找到了?咱们班同学太低调,我们可以高调一点,在学习发言上我就喜欢高调的孩子。

生：安静慈祥。

师：好，请坐。有不认同这一点的吗？好，请你。

生：高贵的品德。

师：说得不错。高贵的品德，具体来说是哪方面的高贵品德呢？注意人物的身份是医生。

生齐说：救死扶伤。

师：对的，掌声送给同学们！围绕"救死扶伤"这个主要特点，作者是怎么展开，将人物特点凸显出来的？

生：他借助了一些典型事件。

师：说得好。我们一起来概括下作者都借助了哪些典型事件呢？后排那位男生你来。

生：他常给穷人要看病，为穷人垫药费；给医院赊药；为了筹进药钱典当了老家的房子和妻子的结婚戒指。

师：特别棒，他搜集信息能力非常强。我们把掌声送给他。这位同学概括的事件主要出现在第五自然段。其他段落还有能体现太外公的典型事件吗？

生：第六自然段写他风雨无阻地出诊。

生：抢救产妇。

师：最后还写了他不管多忙碌，总是不停地去门诊看病人，以及去巡诊。这些事件一起很好地凸显外太公的魅力点——救死扶伤的职业道德。

师：我们再看第二篇《我的父亲》。父亲的魅力点是什么？找到了吗？

生齐声：德高望重。

师：特别棒，大家不约而同地找到了这个词！作者围绕父亲的这一特点是从哪些个角度来展示的呢？

生：识大体、有爱心、有担当、教育子女有方。

师：为什么同学们这么快就发现了？

生：因为作者把它们放在了3—6段的开头第一句话。

师：聪明！这个词既是表扬同学们，也是表扬作者。好，特别棒，我们一起来找一找，先看识大体体现在哪里。

生：13岁开始，加入地下党组织，然后14岁又去送军粮，保护伤员，冒着枪林弹雨抬担架、救伤员，传送秘密情报。后来，解放以后。一直担任某村的生产队长，把生产队的事当作自家的事，早出晚归，事事为社员着想，尊重全社人的想法。

师：很好。有爱心、有担当、教育子女有方这三个角度对应的事件，请同学们自行在表格中填好。

（学生填写表格）

师：从刚才借助的这两篇范文，我们不难看出，找到了那个独特的魅力点之后，要将魅力点充分地展现出来还得借助典型事例。现在，回到你们自己身上来，围绕自己独具魅力的点，你可选用哪些典型的事件来凸显？至少写下三件事。

（学生写事件）

师：在同学写的过程中，我偷偷拍了二位同学写的。我上传到屏幕上，大家一起来看看他们的选材够不够典型，能不能凸显出他们的特点。第一篇，她的魅力点是善良，选材上一是帮同学收发作业，第二件事是帮同学提行李，第三事是在同学没有吃晚饭时分他一些食物。这三件事能不能凸显出她的善良？

生：第一件事，得看身份。如果她是课代表或小组长，那么收作业就是她的责任所在，就不能体出她的善良了。后面两件事情可以凸显出她的善良。

师：再看到第二份作业。他的魅力点是喜欢研究古怪的事情，选材上一是喜欢运用心理学的知识去研究人的心理，再用塔罗牌去帮同学占卜；二是非常喜欢查阅资料，去研究古今中外各种稀奇古怪的事；第三是当他人有不懂的事时，会从科学的角度为他人解释。同学们说说这三点能体现出他喜欢研究古怪之事的特点吗？

生：第三件事不能，因为科学不是古怪的。

师：那第三点材料是删去呢，还是改改可以用？

生：改改可以用。把它改成当"他人问到一些稀奇古怪的事情时，我会从科学的角度为他解释"就可以了。

师：聪明！

师：从刚才的交流中，能看出大部分同学已经知道怎么来鉴别事件是否能凸显人物特点了，聪明的同学还知道当事件不够典型时，怎样修改一下可以让它变得可用。那么接下来请同学们小组内交流你所写的事件，如果同伴都觉得不够典型，那么把它删掉。如果同伴觉得改一改、添一添还可以用，那么请同伴帮你提出修改的方案，把它变的可以用。

（学生交流讨论，动手修改、完善）

师：同学们，完善好吗？我发现刚才我们看的两篇范文还有一个特点，那就是时间词挺多的。请同学们在文章中找一找、圈一圈，同时思考这些时间词有什么作用。

生：这些时间词是按时间先后顺序出现的，它们的存在让文章条理更清晰。

师：下面也请同学们按时间的顺序来调整一下自己所写的三件事情的顺序。

（学生调整事件顺序）

师：有了最能体现个性特征的魅力点和支撑魅力点的典型材料，按时间顺序写出来是不是就是一篇好自传了呢？

（学生沉默、思考）

师：请同学们再次浏览这两篇范文，看看除了主要特点和典型事件，作者还写了传主哪些方面的内容，把涉及的内容用笔画一画。

师：先看到《太外公传》，在这篇传记中涉及传主的哪些方面？

生：出生时间，出生地点。

生：家庭背景，他人评价。

师：很好。再看第二篇《我的父亲》，涉及传主的哪些方面？

生：个性特点。

生：爱好。

生：为人处世。

师：我们总结一下，传记会涉及人物的出生时间、地点、身份、家庭、性格、爱好、精神品格、人生经历、为人处世，他人评价等方方面面。这方方面面的内容，我们是不是平均用笔墨来写？

生：不是的。屏幕右边这些，一般要详写，因为涉及人物的个性和精神。左边这一部分应该略写，它们属于人物的基本情况。

师：那这些基本情况可不可以不写呢？

（学生思考、沉默）

师：这些部分虽是略写内容，但不可以完全不写。因为这是传记区别于一般记叙性文章的重要特征。

师：此外，传记还有一个特点，那就是真实性。没有了真实性，传记也就没有存在的价值了。当然这个真实是基本情况和主要事件的真实，对于一些小细节，因为时间的久远，有可能遗忘，也是可以添上必要的想象和虚构的。

三、选择有吸引力的表达，完成片段写作

师：我们来小结一下，在这篇自传的写作内容上，我们先要找到具备魅力的点，再围绕这个魅力点选出典型材料，安排好材料的顺序，最后补充基本情况。

师：确定了写作内容，我们该怎么写才能让三体人被我们的内容吸引到？看看下面这两种表达，哪种表达更有吸引力？请男生来读第一组的二段文字，请女生积极思考，做出选择。

（男生朗读）

女生：第二段文字更有吸引力。这段文字运用大量的细节描写体现了人物胖的特点。"食堂双胖""大胃王"这些称号和"曾并肩作战到食堂只剩下我俩直至被阿姨劝离""我要加油，不对，是少油"这些语言很幽默。

师：分析得真好。再来看第二组文字，女生读，男生积极思考。

（女生朗读）

师：哪段文字更有吸引力？

男生1：第一段文字更有吸引力。它有大量的动作描写，描写得很具体。

男生2：很多句子还是用文言文表达的，有种读文言文的味道。

师：确实，这样文白夹杂给人一种陌生化的感觉，让人印象深刻。我们若想让自己的介绍吸引到三体人，也应该在叙事中加上必要的细节描写，语言尽可能生动形象，表达尽可能有创意。接下来就请同学们从之前写下的三则材料中选择一则把它展开来描写，加入必要的细节描写，语言尽可能生动形象，表达尽可能有创意，两百字左右。

（学生完成片段写作）

师：看我们同学都已经写到了两百字以上。先小组内相互展示，选出写得最有吸引力的一份待会儿全班展示。

（学生交流展示，相互点评）

四、整篇的写作与评改

师：我们来小结一下写作一份有吸引力的自传的方法，看到屏幕，请大家齐读一下。

生：略写基本情况，详写魅力之处。围绕魅力之处，精选典型材料。以时间为顺序，

行文思路清晰。加入细节描写，创新语言表达。

师：有了魅力点，并围绕魅力点精选三则材料，并按照时间顺序把它调整好，补充了人物基本情况，这样写下来是不是就是一篇完整的传记文了？还少了哪些东西呢？

生：还少了标题、开头和结尾。

师：一起来看这些开头，结尾和标题，你喜欢它们吗？有没有发现这些标题都有一个共同特点？

生：是直接以人物的名字来命名《XX 传》的。

师：开头和结尾有什么优点？

生：我喜欢《武昌小人物传》的开头和结尾，它一开始就对人物进行了外貌描写，而且用的是文言文的形式，并没有说介绍的人是谁；结尾"此何若人？本人是也！"让人恍然大悟，原来写的就是他自己呀，这样前面设置悬念，最后提示谜底，前后呼应，很有吸引力。

生：我喜欢《付新苗传》的开头和结尾，一开头就介绍了人物姓名、出生年月和性格爱好等基本信息，语言又生动简洁。结尾"若问吾为何如此熟知此人故事，只因吾乃本人，初二（8）班付新苗是也！"幽默搞笑。

师：老师介绍的这些开头结尾，你如果喜欢，而且自己又不知道怎么来开头结尾，请你选择一则进行效仿；如果你知道怎样开头和结尾，就按照你个性化的方式来。现在请给自己刚才写的那个语段加上一个开头和结尾，并且拟好一个标题。

学生动笔拟标题，写开头和结尾。

师：同学们，给语段加上一个标题、开头和结尾，是不是就挺像一篇文章了？同学们课后的作业就是把这样一篇初具框架的文章再拓展一下，完善另外二个事例的具体内容，形成一篇完整的作文。写完之后，对照自评清单评价好；自评完后，再把你的文章交给一位同学，请他/她对照他评清单评价好。最后，结合自评意见和同伴意见，修改、誉抄好作文。请班上看过并喜欢《三体》的同学担任本次三体人挑选朋友的评委，选出优秀作文张贴到教室的墙上。下课！

第三节　《记叙的线索》写作课例

第一部分　"记叙的线索"写作单元教学解读

一、相关的课程标准解读

《义务教育语文课程标准》（2011 年版）对 7—9 年级学段写作目标和内容提出了明确的要求，其中有："写作要有真情实感，力求表达自己对自然、社会、人生的感受、体验和思考。""写记叙性文章，表达意图明确，内容具体充实。"在具体建议上，课程标准指出"写作教学应抓住取材、构思、起草、加工等环节，指导学生在写作实践中学会写作。重视引导学生在自我修改和相互修改的过程中提高写作能力"。因此，在初中阶段要让学生养成讲真话、诉真情的写作习惯，让写作回归与人交流、表达自我的本真。此外，学生的写作最终要由"扶"走向"放"，学生更多时候的作文要靠他们独自去完成，教师应注重对学生取材、构思、起草、加工、修改等全过程的关注和指导，让学生学会写作、学会评价和修改作文。

二、本单元写作教材分析

"记叙的线索"是人教版八年级下册第一单元的写作活动。本单元所选的文章均为叙事性文章，大多是名家对于儿时生活的回忆和记录，讲述了作者人生中一段难忘的历程，或揭示奋斗的意义，或传达人间的关爱与温情。单元阅读教学的重点为：感悟课文的思想内涵，了解社会人生；继续了解叙事性作品的文体特征，品味含义丰富的语句。阅读和写作是语文学习的双翼，在阅读中学习写作，在写作中深化阅读，这样能让阅读和写作能力均获得长足的发展。结合本单元的阅读教学的特点，可以将单元写作教学的重点设定为：明确线索在文章中的重要作用，探究设置线索的方法，利用线索合理组织记叙类作文的材料，传达思想情感。

本单元的写作活动分"写作导引"和"写作实践"两部分。在"写作导引"部分，编者给到的写作知识有线索的概念、作用和种类，在线索种类上还举了相应的例子。至于如何设置线索的方法性知识则交代不详，只笼统提到线索要自然地隐含在文章中，不能生硬地加进去，不能凭主观臆想制造线索。在"写作实践"部分，安排了三则写作实践。一是以小组为单位，提交一篇自己比较满意的记叙文，组内交流文章的线索是什么；二是以"想念"为话题，写一篇作文；三是以《今天我很____》为题，写一篇作文。实践任务后附有提示，提示了文章要有线索，提到写作对象，提到展示与交流。应该说，本单元的写作指导凸显了"线索"这一写作训练点，有引导学生在写作中要树立"对象意识"和"交流意识"，但较明显的缺憾是没有给出写作的情境。

三、学情分析

学生之前的语文学习，接触最多的就是记叙文，学生对记叙文的文体特点是不陌生的，也能写一些结构较为简单的记叙文。但记叙文的写作还存在一些问题，较为明显的是缺乏整体谋篇布局、关联文章前后内容的能力。因此，引导学生认识线索，掌握设置线索的方法，能利用线索让文章思路明晰，组材得当是极有必要的。

第二部分　《记叙的线索——以物为线索写人记事》教学设计

一、写作情境与任务

日本有部小说叫《断舍离》，很多现代人崇尚"断舍离"的生活态度，即将生活中不必需、不合适、过时的东西统统断绝、舍弃，并切断对它们的眷恋。在你的记忆中，有没有不想、不忍断舍离的物品，因为这些物品关系着一个忘不了的人，勾连着一段抹不去的事，牵系着一段斩不断的情……在你的生活中有没有这样的物品，会让你一看见它就睹物思人，心潮起伏呢？

二、写作学习元素

1. 明确线索的概念及作用，掌握设置物线的方法。
2. 以物为线索写人记事，传达内心情感。

三、教学过程

(一) 出示情境与任务

1. 出示任务情境。
2. 学生自由讲述他们不想、不忍断舍离的物品，并简要陈述理由。
3. 要讲好物品背后的人物及故事，还需要有一条线索。

(二) 明确线索的概念及作用

1. 明确线索的概念及作用。

线索，是贯穿文章始终的脉络。它的作用是将表现中心的材料联珠缀玉般地贯串起来，使文章条理清晰，结构严谨。

2. 同学们回忆一下过去学过课文中，哪些有明显的线索。
3. 多媒体呈现小学的三篇课文，思考它们的线索是什么，都有什么共同点。

《灯光》的线索：灯光

《卖火柴的小女孩》的线索：火柴

《一件运动衫》的线索：运动衫

4. 归类，这三篇课文的线索都是一样物品。这一类线索就叫：物线。这次写作任务，就借助物线来完成。

(三) 跟名家学设"物线"

1. 如何以物为线索来写人记事呢？下面我们来学习台湾著名作家席慕蓉的作品《外婆和鞋》。认真看，边看边寻找文章的线索。
2. 明确了《外婆和鞋》的行文线索是"鞋"后，请同学们思考作者是如何设置物线的。利用表格的填写，明了作者是如何在文章标题、正文中处处出现线索，并且巧妙建立起线索与人物、事件、主旨的关系。
3. 小结从席慕蓉的《外婆与鞋》中学到的设置物线的方法：

(1) 线索之物必须和所写之人、事紧密相关；能传递作者情感；有助于体现文章的主旨。

(2) 线索之物要在文中反复出现，并要对它进行一些细节上的刻画。

(3) 为了让线索更醒目，最好标题中包含线索，在开头结尾处对线索之物进行描写并让它们首尾呼应。

表 5.3.1　　　　　　　　　　　**《外婆和鞋》构思图表**

线索与标题	标题	是否出现	有何作用	
	外婆与鞋			
线索与正文	出现的位置	主要特征	与外婆的联系	带给作者的感受
线索与主旨	主旨	线索对主旨的作用		
	表达了外婆对我的爱以及 我对外婆的怀念			

（四）讲述"物线"故事

1. 课文《灯光》以灯光为线索，讲述了一个为了集体而牺牲个人的感人故事；《卖火柴的小女孩》以火柴为线索，讲述了一个贫穷的小女孩悲惨的命运；《一件运动衫》以运动衫为线索，讲述了一个相互成全的温暖故事。席慕蓉的《外婆与鞋》则以鞋为线索表达了对外婆无尽的思念。运用一件物品作为线索引出人物与事件是记叙文常见的写作技法，因为人物的性格特征、思想情感往往能通过生活中与他密切相关的某样物品传达出来。如一件洗得发白的工作服足以看出父亲的辛勤与节俭；一件件亲手编织的毛衣就是母爱的浓缩；在你忘记带笔时，同桌悄无声息递过来的笔就是友情的见证。这样能充分体现人物特征，或是满载着爱的物品，每每让我们睹物思人。同学们是否愿意较为详细地分享你的物品与人物的故事？

2. 教师分享讲述自己心中的物品与人物的故事。

3. 请同学们较为详细地分享自己心中的物品与人物的故事。

（五）构思"物线"故事

1. 请同学们将心目中物品与人物的故事的提纲列出来。

要求：

（1）线索之物必须和所写之人、事紧密相关；能传递作者情感；有助于体现文章的主旨。

（2）线索之物贯穿在标题、开头，中间和结尾中。并要对它进行一些细节上的刻画。

（3）至少要有一处对线索之物进行细节上的刻画。

2. 教师示范拟写提纲。

题目：《母亲·煤油灯》

开头：

有一束火光一直摇曳在我在我年少的记忆中，那样的温暖，那样的柔和，又那样的光明。即使是在梦里，我也能感觉到它带给我的安定感，虽然那只是一盏再普通不过的煤油灯所发出的亮光。

主要内容：

1. 小学时迷恋上了武侠小说，每每看到阴森恐怖、悬念迭起处而心惊胆寒时，扭头看到对面房中母亲在煤油灯下安详地纳着鞋底，心中顿觉有了安全感。

2. 读初中时，因为学校离家远，自己又不会骑自行车，每个周一去学校时，都要在天还没亮时就出发。母亲就提着煤油灯送我到村口。

3. 读师范时，常搭开往邻县的顺路车回家，回到村公路旁已是夜里了。母亲便提着煤油灯穿过寂静的小树林，穿过大片大片的田野来到公路上等候我。

结尾：

十几年过去了，那盏煤油灯早已作为古物被束之高阁。然而被它的光芒温柔过的时光却永远沉淀在了我的心底。现在，我也如同母亲待我般温柔地呵护我的孩子。我相信每个被温柔的母爱浸润过的孩子，都会长成真正的天使，无论何时何地，心中永远有一束暖暖的光！

3. 同学们拟写提纲，写好后小组内展示、交流。
4. 投屏展示一份学生写的提纲，全班一起交流、评点。
5. 请同学们修改完善自己的提纲。

(六)整篇写作与评价交流

1. 课后请同学们结合情境任务将自己的提纲完善成一篇 600 字以上的以物为线索的记叙文，写完后，对照"自评清单"进行自评，再请同学对照"他评清单"进行他评。然后结合自评和他评意见修改作文。最后将修改好的作文以适当的方式送给与该物线紧密相关的当事人。

表 5.3.2　　　　　　　　　　　　　评价清单表

评价项目	自评		他评	
	是的	没有	是的	没有
① 物线醒目，在标题、开头、中间、结尾均有出现。	☺	☹	☺	☹
② 线索之物和所写之人之事紧密相关。	☺	☹	☺	☹
③ 有对线索之物进行一些细节上的刻画。	☺	☹	☺	☹
④线索之物能传递情感，有助于体现文章的主旨。	☺	☹	☺	☹
⑤我的作文能激发当事人的情感，唤醒他/她对这段往事的回忆。（自评项目） 他/她的作文打动了我。（他评项目）	☺	☹	☺	☹

附台阶式教学设计

任务情境：叙说物品背后的难忘的人与事。

学习元素：（1）明确线索的概念及作用，掌握设置物线的方法；（2）以物为线索写人记事，传达内心情感。

步骤3：选择合适的方式送给当事人。

步骤5：学生修改完善提纲。

步骤4：选取一份提纲，全班交流评点。

步骤2：自评、他评后修改好。

步骤3：小组内展示交流提纲。

步骤1：将提纲完善成一篇完整的作文。

步骤3：学生讲述物品与人物的故事。

步骤2：教师示范拟写提纲。

步骤3：小结从范文中学到的设置物线的方法。

步骤2：教师讲述物品与人物的故事。

步骤1：提出纲列要求，学生拟写提纲。

环节六：整篇写作与评价交流

步骤4：引出要用物线完成本次写作的要求。

步骤2：填写表格，思考作者如何设置物线。

步骤1：举例，唤醒记忆。

步骤3：展示课文，思考其线索的共同点。

环节五：构思"物线"故事

步骤1：出示范文，寻找物线。

环节四：讲述"物线"故事

步骤2：回忆学过的课文中的线索。

步骤3：引出线索。

步骤1：明确线索的概念及作用。

环节三：跟名家学设"物线"

步骤2：学生简要讲述难断舍离的物品及理由。

步骤1：出示任务情境。

环节二：明确线索概念及作用

有记叙文写作经验，但谋篇布局、前后关联的能力不足。

环节一：出示情境与任务

教学起点

第三部分　《记叙的线索——以物为线索写人记事》教学实录

一、出示写作情境与任务

师：日本有部小说叫《断舍离》，很多现代人崇尚"断舍离"的生活态度，即将生活中不必需、不合适、过时的东西统统断绝、舍弃，并切断对它们的眷恋。在你的记忆中，有没有不想、不忍断舍离的物品，因为这些物品关系着一个忘不了的人，勾连着一段抹不去的往事，牵系着一段斩不断的情……在你的生活中有没有这样的物品，会让你一看见它就睹物思人，心潮起伏呢？请用文字讲述物品背后的难忘的人与事，抒发你心中的情感，不少于600字。

（学生思索）

师：哪些同学愿意跟我们简要地说一说自己不想、不忍断舍离的物品及理由？

生：我有一个旧娃娃不舍得丢弃，那是小学三年级时一个好朋友临走时送的，后来她去了上海读书，再也没回来过。

生：我有一支钢笔不舍得丢弃，虽然我不用它写字。因为它是表哥考上大学后送我的，看着这支钢笔，我就会想到表哥，我要像他那样努力学习，以后也考上大学。

生：我有一把玩具小手枪不舍得丢弃。这把玩具小手枪我小时候从表弟那儿偷来的，虽然后来我后悔了，但出于面子，我不好意思承认是自己偷了，把小手枪还给表弟。

师：感谢同学们的分享。由一件物品，想起一个人，牵出一段往事，唤醒一段情感，这真的是一件很有意思的事情。要写好这样一篇文章，将物、人、事和情组合在一起，又不至于杂乱无章，我们就得有一条线索。

二、明确线索及作用

师：什么是线索呢？同学们看看老师手中的这串项链，好看吗？

生：好看。

师：这串美丽的项链是由什么组成的？

生：珠子。

师：还有什么？

生：线。

师：是的。如果现在我用剪刀把这根线剪断，结果会怎么样？

生：珠子会散掉。

师：是的，珠子会散落一地，再也成不了一根项链。由此可见，那根线虽不起眼，可是对项链来说非常重要。文章也是如此，需要有内在的将一则则的材料串连起来的那根线。文章中的那根线，就叫线索。看到大屏幕，我们一起把线索的概念及其作用来读一遍。

生：线索，是贯穿文章始终的脉络。它的作用是将表现中心的材料联珠缀玉般地贯串起来，使文章条理清晰，结构严谨。

师：回忆一下我们过去学过课文中，哪些有明显的线索？

生：《藤野先生》的线索有两条，一条是明线，一条是暗线。明线是"我"与藤野先生的交往，暗线是"我"的感情变化。

生：《背影》的线索是背影。

生：《从百草园到三味书屋》是以空间的转换为线索。

师：是的，同学们说得很准确。可以作为线索的有情感，有时间，有空间，有事件，有物品，甚至还有人物。刚才同学们举到的这几个例子都是我们初中阶段学过的课文，下面老师要考考同学们对小学阶段学过的课文还有没有印象。看到屏幕上的这三篇课文标题，能回想起它们的线索是什么吗？

生：《灯光》的线索是灯光，《一件运动衫》的线索是运动衫，《卖火柴的小女孩》的线索是……

师：嗯，前面二篇课文的线索判断得很准确，后面这一篇呢？想想看是什么贯穿了文章的始终？

生：是小女孩吗？

师：不是哦，小女孩是文章的主人公，主人公就像珍珠项链里的珍珠，而不是线。文章里那根线是什么？把小女孩的遭遇串联在了一起？

生：老师，我知道了，是小女孩卖的火柴。

师：聪明！同学们再观察一下，这三篇文章的线索有什么共同点？

（学生观察思考）

生：都是具体的物品。

师：是的，这三篇课文的线索都是物品。这一类线索就叫：物线。这次写作任务，就要借助物线来完成。

三、跟名家学设物线

师：如何借助物线来写人记事呢？下面我们来学习台湾著名作家席慕蓉的作品《外婆和鞋》。认真看，边看边寻找文章的线索。

（学生阅读，用笔圈画）

师：看完了吗？有没有找到文章的线索？

生：鞋。

师：你怎么知道鞋是文章的线索呢？

生：因为它在文章中处处出现，串起了我与外婆的故事。

师：说得真好。明确了本文的行文线索是"鞋"后，请同学们思考作者是如何设置物线的，将表格填写好。

（学生填表）

师：填完表了吗？我们先看鞋出现在哪些位置，说说相关的内容。

生：鞋出现在标题中，标题《外婆与鞋》就提到了鞋；鞋出现在开头，第一段全部都是写鞋的内容；鞋出现在中间，4—7自然段写外婆为我洗鞋；鞋还出现在结尾，外婆去世后，我珍藏她为我洗过的那双拖鞋。

师：说得很全面。再找找作为线索的这双拖鞋有何特点？

生：第一段写道："平底、浅蓝色，前端镂空成六个圆带子，中间用一个结把它连起"，"穿了五六年后，已经由浅蓝色变成浅灰，鞋底也磨得一边高一边低了"。

师：还有吗？

生：第四段写道："走着走着，我的新拖鞋就不像样了"，"隔着矮矮的石墙，看见我的拖鞋被整整齐齐地摆在花园里的水泥小路上"。

生：第六段写道："脏的鞋"。

生：第七段有："我常常会在穿上拖鞋时，觉得有一股暖和与舒适的感觉"。还有第八段有"灰旧的表面"。

师：同学群策群力，将线索的特点找得很全面。下面，我们再来思考一下，拖鞋这个线索之物，在文章的各个部分分别起了怎样的作用。按顺序来说。

生：线索在标题中出现，点明了线索与人物的关系。

生：线索在开头中出现，没有直接说与外婆有何关系，但却设置了悬念：究竟是一双怎样的鞋让作者舍不得丢掉它呢？带给作者的感受是"喜欢""不舍"。

生：线索在中间部分起到的作用是：外婆是帮我洗拖鞋、晒拖鞋的人，带给作者"暖和与舒适的感觉"。

生：线索在结尾部分与外婆的联系是："接触到拖鞋，如同接触到曾洗过它的外婆的手、想到外婆"；带给作者的感受是"一直留在身边，舍不得丢"。

师：分析得很好，线索的出现，引出了人物，串起了对往事的回忆，体现了外婆勤劳、慈爱的特点，表达了"我"的情感。不难看出，这篇文章的主旨是表达了外婆对我的爱，以及我对外婆的怀念。那线索拖鞋对表现这个主旨有作用吗？

生：有，因为外婆是帮我洗拖鞋、晒拖鞋的人，从中可以体现外婆对我的爱；而"我"收藏拖鞋，不舍得丢，则表达了我对外婆的怀念。

师：很好。可见线索在文中处处出现，处处有作用。下面，我们一起来小结一下从席慕蓉的《外婆与鞋》中学到的设置物线的方法。先小组中相互讨论交流一下，注意每个小组要有一位成员负责对本组的发言做好记录。

（小组讨论交流）

师：讨论交流好了吗？请小组派出一名代表来说说你们小组的发现。

生：我们小组的意见是：既然是线索，就要让它在文中处处出现。还有，文章要有对作为线索的物品进行的细节描写。

生：我们小组从《外婆与鞋》这篇文章中学到了设置的物线要与人物紧密相关，能体现人物形象，传递作者情感，表现文章的主旨。

师：看得出这两个小组都很用心地研究了文章的线索，说出的这些设置线索的方法也是真知灼见。还有其他小组要补充的吗？第四大组的最后一个小组来说说。

第四组代表摇头：都被他们说完了。（生笑）

师：很诚实的娃！老师再补充一点：为了让线索更醒目，最好标题中就出现线索，让开头结尾处的线索之物首尾呼应。老师把设置物线的方法提炼出来了，同学们看到屏幕，一起来读一下。

四、讲述"物线"故事

（播放轻音乐）

师：在老师的人生经历中，也有一件物品永远地沉淀在我的心底，每每看到或是想到它，都会勾起我对一个人，一段往事的回忆。同学们有兴趣听听吗？

生：想听。

师：这样物品是一盏带玻璃灯罩的煤油灯。小学时迷恋上了武侠小说，每每看到阴森恐怖、悬念迭起处而心惊胆寒之时，扭头看到对面房中母亲正在煤油灯下安详地纳着鞋底时，心中顿觉有了安全感。读初中时，因为学校离家远，自己又不会骑自行车，每个星期一去学校时，都要在天还没亮时就出发，母亲就提着煤油灯送我到村口。后来读师范了，常搭开往邻县的顺路车回家，回到村口公路边已是夜里了，母亲就提着煤油灯穿过寂静的小树林，穿过大片大片的田野来到公路上等候我。在我的心目中，灯就是母亲，母亲就是灯，给我以无限温暖与安全感。老师的物品与人物的故事分享完了，接下来，老师想听听你们的故事。准备好了吗？

生：我珍藏的一样物品是一件妈妈亲手织的毛衣，虽然现在毛衣旧了，小得我穿不了了，但我一直不舍得扔，每次当我想妈妈了或是受了委屈，我就把它抱在怀中，贴在脸上，这样我就感觉妈妈又回到了我身边……（啜泣）

（师走过去，将该生抱了一抱）

师：没事，后面如果不方便讲了，就不讲了。

生：我可以讲下去。我爸爸妈妈的关系不好，老是吵，老是吵，后来他们就分开了。妈妈去了外地打工，一开始她经常会打电话回来，后来就很少了。听姑姑说，她后来和别人结了婚。最后一次接到妈妈的电话时，一开始妈妈还对我嘘寒问暖，后来电话里就传出一个婴儿的哭声，又传出一个男人很大声的问话声，后来妈妈就再也没有给过我电话了。但我不怪她，也许她也很难。

师：感谢你真诚的分享。我能问问你几个问题吗？第一，这件毛衣是什么样式什么颜色的，有什么花纹或图案？第二，你见过妈妈织毛衣的情景吗？是怎样的，还能回想起来吗？第三，由这件毛衣你还能想到哪些与妈妈有关的往事？这三个问题你不用回答老师，你仔细想想，把它们写进你的作文中去，会对你的作文有帮助。还有谁愿意跟大家分享的？

生：我们家有一根红色的背带，被我锁进我的"百宝箱"中珍藏着。那是一根红色的，长长的布条背带，现在大概找不着这种背带了。每次看到它，我就会想起奶奶小时候将我背在背上的情景——当然，这是听堂哥堂姐她们说的。我小时候体弱多病，2、3岁走路还不稳，奶奶就经常把我背在背上，下地干活也把我背在背上，用的就是这根红背带。补充一下，我是个留守孩子，我和堂哥堂姐一伙孩子都是奶奶带大的。看到这根背带，我还会想起七岁那年，我发高烧了，奶奶见我烧得走不动路了，就找出那根久已不用的背带将我背去镇里看医生。那时奶奶年龄已经很大了，我现在依然清楚地记得她背着我走得有好艰难。前年，吃完年夜晚，大家说起奶奶对这个家的贡献，我说了背带的故事，并抢着说我要收藏这根老背带。

师：也感谢你的分享，思路清晰，感情真挚，把它写下来，会是一篇很好的作文。因为时间的原因，其他同学的就写成作文与大家分享，好不好？

五、构思"物线"故事

师：请同学们拿出纸和笔，把你想写的作文的提纲列出来。要求：

(1)线索之物必须和所写之人、事紧密相关；能传递作者情感；有助于体现文章的主旨。

（2）线索之物贯穿在标题、开头、中间和结尾中。并要对它进行一些细节上的刻画。

（3）至少要有一处对线索之物进行细节上的刻画。

（学生写提纲）

师：在同学们拟写提纲时，老师也写了一份，现在请允许老师先来展示一下我的作文提纲，请看屏幕。

（屏幕展示作文提纲）

题目：《母亲·煤油灯》

开头：

有一束火光一直摇曳在我在我年少的记忆中，那样的温暖，那样的柔和，又那样的光明。即使是在梦里，我也能感觉到它带给我的安定感虽然，那只是一盏再普通不过的煤油灯所发出的亮光。

主要内容：

1. 小学时迷恋上了武侠小说，每每看到阴森恐怖、悬念迭起处而心惊胆寒时，扭头看到对面房中母亲在煤油灯下安详地纳着鞋底，心中顿觉有了安全感。

2. 读初中时，因为学校离家远，自己又不会骑自行车，每个周一去学校时，都要在天还没亮时就出发。母亲就提着煤油灯送我到村口。

3. 读师范时，常搭开往邻县的顺路车回家，回到村公路旁已是夜里了。母亲便提着煤油灯穿过寂静的小树林，穿过大片大片的田野来到公路上等候我。

结尾：

十几年过去了，那盏煤油灯早已作为古物被束之高阁。然而被它的光芒温柔过的时光却永远沉淀在了我的心底。现在，我也如同母亲待我般温柔地呵护我的孩子。我相信每个被温柔的母爱浸润过的孩子，都会长成真正的天使，无论何时何地，心中永远有一束暖暖的光！

师：同学们觉得老师这个提纲怎么样？

生：很好，标题处就出现了线索。标题和结尾都有线索，并且能首尾呼应。中间每个部分的人物和事件都是用"煤油灯"这个线索串联起来的。

生：光看提纲就觉得思路很清晰。我发现老师这篇文章不仅以物为线索，还以时间为线索，"小学时""读初中时""读师范时"这是不是也是时间线索？

师：是的，你的眼光很敏锐。

生：在物线"煤油灯"上还倾注了深情。开头对灯光的细节描写，让人觉得很温暖；中间的每一处写"煤油灯"也都体现的母亲的温暖和慈爱；结尾出现"煤油灯"让人感受到母爱对孩子的巨大影响。

师：谢谢同学们的表扬。接下来也请大家来展示一下你们写的提纲，先小组内展示分享吧，写得好的，记得不要吝啬你的表扬；不足的，也请同学们要开诚布公提出自己的看法和建议。

（学生小组展示、交流）

师：同学们刚才小组内展示交流的过程中，老师随机选了一位同学的提纲，现在我把它投影出来，请看屏幕。

（屏幕展示该生作文提纲）

题目：《手机》

开头：

那是一款黑色的老人机，厚而沉重，小小的屏幕，大大的按键。大部分的按键都已磨得掉了漆皮，中间的四个按键磨损得尤其厉害，漆皮完全磨光了，露出原本金属的颜色——那是被我的手指磨掉的。每当我看见它，就情不自禁地想起康老师。

主要内容：

1. 爸妈在外地工作，为了方便联系到我，给我买了一个老人机。然而我却经常用它玩些贪吃蛇、俄罗斯方块类的游戏，以致成绩一退再退。
2. 后来，有一次我把手机带到了学校，上地理课时偷偷拿出来玩游戏，被在教室外巡视的班主任康老师发现了。他没收了我的手机，他说我期末考试如果能考回之前的排位（班上前十）就会将手机还给我。
3. 为了拿回手机，我努力学习。期末考试完后，我的成绩真的上了前十，康老师也真的把手机还给我了。

结尾：

拿回了失而复得的手机，我激动万分，我以后一定再不把手机带去学校了！

师：同学们觉得这份提纲写的怎么样？优缺点都说说。

生：我觉得他的思路很清晰，事情的起因、经过和结果都交代了。

生：我觉得他开头对手机的细节刻画很好。

生：我有点分不清他是将手机当作线索来写，还是当作主人公来写。

师：如何说？

生：因为如果把手机当作线索来写，就应该把康老师当作主人公来写，突出康老师对我的影响和改变，表达对康老师的感激之情，可是他的结尾居然是拿回了手机很激动，表示以后一定不将手机带到学校去了。

生：我也觉得这份提纲没有突出康老师是主人公，表达出对老师的感情。

生：还有我觉得他对手机的态度也很含糊。中学生玩手机游戏是不好的，虽然他的手机被老师没收了，可他却没有好好反思老师为什么没收他的手机，后面他的努力学习也只是为了拿回手机。最后也没有看出他认识到自己过分玩手机游戏的害处。

师：感谢同学们的点评，我觉得都说得挺好。希望这份提纲的写作者能好好采纳同学们的意见。其他同学的作文是否也存在线索与主人公混淆、对某件事认识不清、对主人公情感表达不到位等问题呢？再次审视自己的提纲，结合刚才小组内同伴的意见，修改完善自己的提纲。

（同学们修改完善自己的提纲）

六、整篇写作与评价交流

师：课后请同学们结合情境任务将自己的提纲完善成一篇 600 字以上的以物为线索的记叙文。写完后，对照"评价清单"先进行自评，再请同学他评。然后结合自评和他评意见修改好作文，交给语文老师。最后将老师评改完的作文装进一个漂亮的信封里作为礼物送给与该物线紧密相关的当事人。如果当事人在外地，你可以用邮件的方式发给他/她；如果当事人不在了，你就将作文有感情地朗读给天堂的他/她听。下课！

第六章　阐释文写作教学设计

第一节　《热爱生活，热爱写作》写作课例

第一部分　"热爱生活，热爱写作"写作单元教学解读

一、教材写作单元分析

部编教材语文教材七年级上册第一单元所选课文描绘了多姿多彩的四季美景，抒发了亲近自然、热爱生活的情怀。本单元的写作主题是"热爱生活、热爱写作"。教学目标是激发学生对生活、对写作的热情，明了写作与生活的关系，增强用语言文字表达思想感情的信心。引导学生用心感受家庭生活和校园生活，捕捉美好有趣，有意义的瞬间，记录自己的感受和体验。

二、写作学情分析

很多学生不喜欢写作，拿起笔来觉得无话可写，翻开学生的作文，笼统空乏的描写比比皆是。学生不善于描写有很多原因，其中主要原因是不知道描写的目的是什么，应该在什么地方展开描写，以及缺少写好描写语言的知识。

三、教学设想

1. 通过"描写要具体"，指导学生热爱写作，热爱生活。让学生热爱写作是写作教学中一个老大难的问题，教学指导的关键不在于"叫"学生应当热爱写作，而是让学生掌握"写具体"的方法，"教"学生在"写具体"的过程中热爱写作，热爱生活。

2. 好的写作教学要能激发学生的写作兴趣，创设"内在的欲望和外在的表达"相一致的写作任务。具体做法：先播放美食视频导入，以激活学生的生活经验；然后请学生选择自己最喜欢的美食作为写作对象，激发学生的表达欲望。

3. 写作教学的核心是根据写作任务和学情特点选择学习元素。本节课的写作学习元

素主要体现在写作内容选择和语言表达方面：根据写作目的选择描写点，运用恰当的修辞和描写色香味的词语进行具体细致的描述。

4. 在学习过程中，根据需要选择写作内容，搭设必要的学习支架。如：运用头脑风暴法选择写作内容，提供样例支架指导学生设计拍摄的脚本，提供修改清单帮助学生评价修改等。

第二部分 《描写要具体》教学设计

一、情境与任务

中央电视台纪录片《舌尖上的中国》将播出《中学生最喜爱的美食》，围绕中学生对美食和生活的美好追求，用具体的人物故事讲述中国各地中学生的美食生态。作为江西中学生的一员，请你向该栏目组推荐一道自己爱吃的江西美食，并为这道美食配上解说词。

二、写作学习元素

1. 根据写作目的选择写作点。
2. 运用恰当的修辞和描写色香味的词语进行具体细致的描述。

三、教学过程

(一)播放《东北炖鱼》视频引出任务情境

1. 播放《东北炖鱼》视频。提问：这是中央电视台出品的美食类纪录片《舌尖上的中国》中的一集，请用一句话概括这则视频的主要内容，你喜欢这道美食吗？说说理由。(学生自主交流，具体内容略)

2. 出示任务情境：中央电视台纪录片《舌尖上的中国》将播出《中学生最喜爱的美食》，围绕中学生对美食和生活的美好追求，用具体的人物故事讲述中国各地中学生的美食生态。作为江西中学生的一员，请你向该栏目组推荐一道自己爱吃的江西美食，并为这道美食配上解说词。

(二)选择写作对象

1. 写作解说词之前，首先要选择写作的对象：自己最喜欢的一道美食。先请同学们拿出纸和笔，写出你喜爱吃的三道菜。

2. 确定其中自己最喜欢的一道菜。出示美食达人评判美食的五个标准：颜色、香气、味道、造型、营养。

(三)选择写作内容要点

1. 美食选好了，就可以写解说词了吗？不可以，要先设计视频的脚本。再次播放《东北炖鱼》视频，提取相关内容，以小组合作的方式根据字幕填写下表中《东北炖鱼》视频脚本：

表 6.1.1 《东北炖鱼》视频脚本构思表

序号	主要内容	景别(全景、中景、近景、特写和显微)	拍摄时间	字幕(解说词)
1	概括介绍东北炖鱼	近景、特写	30秒	在东北,一桌好菜离不开鱼。炖鱼的同时,可以在四周贴上玉米饼,鱼肉飘香之际,正是饼子焦酥之时。
2	制作冻豆腐的环境、过程、冻豆腐的形状	全景、特写、显微	30秒	三月的夜晚,零下15度,是制作冻豆腐最适宜的温度,低温让豆腐中的蛋白质与水分子继续分离,冰冻后的水,把豆腐均匀的质地变得像海绵一样。这是李树国最喜爱的食物。
3	打来炖鱼最好的水——活水	全景、中景	10秒	七八公里之外,有条溪流从不封冻,当地人称为"活水",用它炖鱼最好。
4	呈现干货的浸泡方法、干货浸泡后的样子	近景、特写	20秒	干货,放入热水,曾经的色泽和风味瞬间复活,这不仅是炖鱼的配菜,也是冬季里最主要的维生素来源。
5	详细描写美食的制作过程、菜品特色	近景、特写、显微	50秒	油烧热鱼很快焦黄成形,加入干货、大葱、姜片、蒜瓣、麻辣调味料等,加入溪水慢炖。半小时后,豆腐出场,蜂窝状的冻豆腐,充分吸收汤汁,饱胀丰满,鱼肉鲜嫩无比,口感爽滑,风味独特。

2. 学生填完表后,讨论脚本设计的重点:(1)内容要点:美食名称和特点,制作过程,菜肴的特色和人物故事;(2)镜头是全景、近景和特写等相结合;(3)拍摄时间安排,突出制的过程;(4)字幕与视频内容紧密结合(匹配、互补、深化和升华)。

3. 学生以小组为单位,选择一种美食,设计并完成一个美食视频脚本。

表 6.1.2 《三杯鸡》视频脚本构思表

序号	视频主要内容	景别(全景、中景、近景、特写和显微)	拍摄时间
1	概括介绍三杯鸡	全景、特写	10秒
2	三杯鸡相关的历史典故	全景	30秒
3	三杯鸡的营养价值	中景	10秒
4	三杯鸡的制作过程及菜品特色	特写、显微	50秒
5	一家人品尝三杯鸡的画面	全景	10秒

4. 学生填写完成后，教师出示修改清单，小组修改自己的设计。修改清单：（1）脚本内容选择至少应包括三个部分：美食名称和特点，制作过程，菜肴特色和人物故事；（2）选择的镜头是否是全景、近景和特写等相结合，在你认为重要的地方应多设计几个特写镜头；（3）拍摄时间安排应突出美食制作过程。

（四）写作解说词

1. 小组成员为选择的美食写解说词。写之前，同学们先学习一下《东北炖鱼》的解说词是怎么写的。读一读，请画出吸引你的词语和句子，并简要说明理由。（屏幕出示《东北炖鱼》解说词略）

（学生交流自己找到的词句，教师反馈并梳理归纳，略）

2.《东北炖鱼》解说词中有这样一句话"这是李树国最喜爱的食物"，下面两组句子，哪一组能突出这句话，从中任选两句做简要点评。

序号	A组	B组	理由
1	鱼肉熟了，饼子也熟了	鱼肉飘香之际，正是饼子焦酥之时。	
2	在零下15度情况下，把豆腐放在空气中自然冷冻，冻豆腐就制作完成了。	三月的夜晚，零下15度，是制作冻豆腐最适宜的温度。低温让豆腐中的蛋白质与水分子继续分离，冰冻后的水，把豆腐均匀的质地变得像海绵一样。	
3	油烧热，放入鱼，加入干货、葱、姜、麻辣调味料等，加入溪水	油烧热鱼很快焦黄成形，加入干货、大葱、姜片、蒜瓣、麻辣调味料等，加入溪水慢炖。	
4	半小时后加入冻豆腐，豆腐熟了即可	半小时后，豆腐出场，蜂窝状的冻豆腐，充分吸收汤汁，饱胀丰满。	
5	这道菜色香味俱全	鱼肉鲜嫩无比，口感爽滑，风味独特。	

3. 教师带领学生归纳这则解说词在语言表达上的特点。
4. 学生根据小组设计的视频脚本，完成解说词的写作。
5. 小组交流，推出写得最好的解说词向全班展示交流。

（五）修改解说词

1. 小组展示解说词，教师出示评价清单，组织学生点评，并提出修改建议。
评价清单：
（1）解说词至少应包括以下三个部分：美食名称和特点，制作过程，菜肴的特色和人物故事。

参考用语：

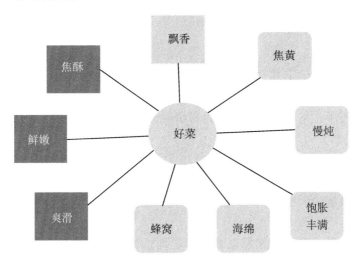

（2）解说词应详写美食制作的过程。

（3）解说词要选择特写镜头，准确对颜色形状、香气、味道展开较为详细的描写。

（4）表达出对美食的喜爱之情。

2. 每位同学根据评价清单、同学的建议，修改自己的解说词。

（六）布置作业

课后，请同学们将自己修改好的解说词，交到老师这里，我们一起寄给《舌尖上的中国》栏目组，建议他们推出《中学生最喜爱的美食》节目，并希望能选择我们的作品。

第三部分　《描写要具体》教学实录

（播放《东北炖鱼》视频）

师：同学们看完视频，能不能用一句话概括视频的主要内容？

生：东北炖鱼的制作过程。

师：同学们，你喜欢这道美食吗？说说理由。

生：我很喜欢这道美食，因为看起来很好吃。

生：隔着屏幕看得我流口水，看起来色香味俱全。

生：炖鱼的时候还可以贴玉米饼，鱼肉看起来鲜美，饼子是金黄色的很诱人。

师：这是中央电视台纪录片《舌尖上的中国》"东北炖鱼"的视频，《舌尖上的中国》将播出《中学生最喜爱的美食》，围绕中学生对美食和生活的美好追求，用具体的人物故事讲述中国各地中学生的美食生态。作为江西中学生的一员，请你向该栏目组推荐一道自己爱吃的江西美食，并为这道美食配上解说词。

生：哇，太好了！

师：写作解说词之前，首先要选择写作的对象：自己最喜欢的一道美食。先请同学们拿出纸和笔，写出你喜爱吃的三道菜。

（学生开始写）

师：同学们都写好了吗？

生：写好了。

师：好的，接下来确定其中自己最喜欢的一道菜。请看多媒体，这是美食达人评判美食的五个标准：颜色、香气、味道、造型、营养。

师：美食选好了，是不是就可以开始写解说词了呢？

（学生有点茫然）

师：同学们写过解说词吗？

生：没有。

师：会不会写解说词呢？

生：不会。

师：不会没关系，老师教你们怎么写解说词。写解说词之前呢，要先设计视频的脚本。请同学们再次观看《东北炖鱼》的视频，提取相关内容，以小组合作的方式根据字幕填写下表中《东北炖鱼》视频脚本，老师给了一个示例。

序号	主要内容	景别（全景、中景、近景、特写和显微）	拍摄时间	字幕（解说词）
1	概括介绍《东北炖鱼》	近景、特写	30秒	在东北，一桌好菜离不开鱼。炖鱼的同时，可以在四周贴上玉米饼，鱼肉飘香之际，正是饼子焦酥之时。
2				三月的夜晚，零下15度，是制作冻豆腐最适宜的温度，低温让豆腐中的蛋白质与水分子继续分离，冰冻后的水，把豆腐均匀的质地变得像海绵一样。这是李树国最喜爱的食物。
3				七八公里之外，有条溪流从不封冻，当地人称为"活水"，用它炖鱼最好。
4				干货，放入热水，曾经的色泽和风味瞬间复活，这不仅是炖鱼的配菜，也是冬季里最主要的维生素来源。
5				油烧热，鱼很快焦黄成形，加入干货、大葱、姜片、蒜瓣、麻辣调味料等，加入溪水慢炖。半小时后，豆腐出场，蜂窝状的冻豆腐，充分吸收汤汁，饱胀丰满，鱼肉鲜嫩无比，口感爽滑，风味独特。

（小组合作交流，设计视频脚本，填写表格，教师巡视指导）

师：老师看到每个小组基本都完成了，哪个小组来展示一下你们的视频脚本。

（生举手）

师：请这个刚刚完成得最快的小组。

（学生展示视频脚本）

师：请同学们来点评一下这个小组设计的视频脚本。

生：我觉得设计的很好，有各种镜头结合。

生：拍摄时间填得很准确。

生：详细介绍了东北炖鱼的制作过程。

师：这个小组设计的视频脚本得到了同学们的一致认可。脚本设计的重点是什么呢？

生：美食的制作过程用时应该最长。

师：是的，应该突出美食的制作过程。

生：还要突出美食的特色。

生：字幕和视频内容相互配合。

生：要不断变换镜头。

师：非常好，老师明白你的意思，镜头应该是全景、近景和特写等互相结合。

师：刚刚和同学们一起讨论了脚本设计的重点，老师归纳成了以下四点。

（屏幕出示脚本设计的重点）

脚本设计的重点：(1)内容要点：美食名称和特点，制作过程，菜肴的特色和人物故事；(2)镜头是全景、近景和特写等相结合；(3)拍摄时间安排，突出制作过程；(4)字幕与视频内容紧密结合(匹配、互补、深化和升华)。

师：接下来，请同学们以小组为单位，选择一种美食，设计完成一个美食视频脚本。

（小组合作，设计视频脚本）

师：好的，所有小组都已经完成了。请同学们对照修改清单，修改自己的设计。

（屏幕展示修改清单）

修改清单：(1)脚本内容选择至少应包括三个部分：美食名称和特点，制作过程，菜肴特色和人物故事；(2)选择的镜头是否是全景、近景和特写等相结合，在你认为重要的地方应多设计几个特写镜头；(3)拍摄时间安排应突出美食制作过程。

师：都修改好了吗？

生：好了。

师：老规矩，还是请一个小组来展示你们组修改后的视频脚本。我看到有一个小组是选择我们江西赣州的美食三杯鸡来设计的视频脚本。请这个小组展示你们的视频脚本。

（小组展示）

序号	视频主要内容	景别(全景、中景、近景、特写和显微)	拍摄时间
1	概括介绍三杯鸡	全景、特写	10秒
2	三杯鸡相关的历史典故	全景	30秒
3	三杯鸡的营养价值	中景	10秒
4	三杯鸡的制作过程及菜品特色	特写、显微	50秒
5	一家人品尝三杯鸡的画面	全景	10秒

师：老师来点评一下这个小组的视频脚本。脚本内容完整，包含了三杯鸡的特点、三杯鸡的制作过程、三杯鸡的营养价值和历史故事。各种镜头相结合，用特写和显微镜头重点突出了三杯鸡的制作过程。最后还用一个全景镜头展示一家人品尝三杯鸡的温馨画面。堪称完美！

师：视频脚本已经设计好了，接下来就要写解说词了，写之前，我们一起来学习一下《东北炖鱼》的解说词是怎么写的。读一读，请画出吸引你的词语和句子，并说明理由。

（屏幕展示《东北炖鱼》解说词，发放事先打印好的解说词，方便学生阅读）

在东北，一桌好菜离不开鱼。炖鱼的同时，可以在四周贴上玉米饼，鱼肉飘香之际，正是饼子焦酥之时。三月的夜晚，零下15度，是制作冻豆腐最适宜的温度，低温让豆腐中的蛋白质与水分子继续分离，冰冻后的水，把豆腐均匀的质地变得像海绵一样。这是李树国最喜爱的食物。七八公里之外，有条溪流从不封冻，当地人称为"活水"，用它炖鱼最好。干货，放入热水，曾经的色泽和风味瞬间复活，这不仅是炖鱼的配菜，也是冬季里最主要的维生素来源。油烧热，鱼很快焦黄成形，加入干货、大葱、姜片、蒜瓣、麻辣调味料等，加入溪水慢炖。半小时后，豆腐出场，蜂窝状的冻豆腐，充分吸收汤汁，饱胀丰满，鱼肉鲜嫩无比，口感爽滑，风味独特。

生：我喜欢"焦酥"这个词语，它把玉米饼的颜色、口感写出来了。

生：我喜欢"冰冻后的水，把豆腐均匀的质地变得像海绵一样"。这句话用比喻的修辞手法把冻豆腐的外形、质地写出来了。

生：我喜欢"豆腐出场，蜂窝状的冻豆腐，充分吸收汤汁，饱胀丰满，鱼肉鲜嫩无比，口感爽滑，风味独特"。这句话把豆腐的形状，鱼肉的口感写出来了。

生：我喜欢"飘香"这个词语，从嗅觉上写出了鱼的香味。

师：感谢这些同学分享他们喜欢的词语和句子。《东北炖鱼》解说词中有这样一句话

"这是李树国最喜爱的食物"，下面两组句子，哪一组能突出这句话，从中任选两句作简要点评。

（屏幕展示表格）

序号	A 组	B 组	理由
1	鱼肉熟了，饼子也熟了	鱼肉飘香之际，正是饼子焦酥之时。	
2	在零下 15 度情况下，把豆腐放在空气中自然冷冻，冻豆腐就制作完成了。	三月的夜晚，零下 15 度，是制作冻豆腐最适宜的温度。低温让豆腐中的蛋白质与水分子继续分离，冰冻后的水，把豆腐均匀的质地变得像海绵一样。	
3	油烧热，放入鱼，加入干货、葱、姜、麻辣调味料等，加入溪水	油烧热鱼很快焦黄成形，加入干货、大葱、姜片、蒜瓣、麻辣调味料等，加入溪水慢炖。	
4	半小时后加入冻豆腐，豆腐熟了即可	半小时后，豆腐出场，蜂窝状的冻豆腐，充分吸收汤汁，饱胀丰满。	
5	这道菜色香味俱全	鱼肉鲜嫩无比，口感爽滑，风味独特。	

生：第 1 组句子中，我觉得 B 组更好，因为 B 组描写更具体，"飘香"从嗅觉上描写了鱼肉的香味，"焦酥"从味觉上描写了饼子的口感。

生：第 2 组句子中，我觉得 B 组更好，因为 B 组详细描写了冻豆腐的制作过程，还运用了比喻的修辞手法，描写了冻豆腐的形状。

生：第 3 组句子中，我觉得 B 组更好，以为 B 组详细地介绍了东北炖鱼的制作过程。

……

师：通过同学们对这几组句子的对比赏析，我们可以看到《东北炖鱼》解说词在语言表达上有什么特点呢？

生：运用了很多描写形状、香味、颜色、味道的词语。

生：运用了比喻的修辞手法，比如"蜂窝""海绵"来形容豆腐的形状。

师：是的，所以这个解说词才如此的生动、形象、具体。

师：接下来到了同学们大显身手的时候了，请根据你们小组设计的视频脚本，完成解说词的写作。小组交流，推选出写得最好的解说词向全班展示交流。

（学生开始写解说词）

师：老师看到大部分同学都写完了。哪个小组展示你们的解说词呢？

生：三杯鸡。

师：同学们受到我的影响，刚刚老师夸奖他们的视频脚本设计得很好。那我们就继续看一下他们的解说词写得怎么样。

（展示三杯鸡解说词）

三杯鸡是江西的传统名菜，是赣菜的一道经典制作，2008 年入选奥运会主菜单。它的来历与民族英雄文天祥有关，南宋末期，民族英雄文天祥抗元被俘。一位江西的老人得知文天祥即将被杀，就带了一只鸡和一壶酒来狱中探望他。她把带的鸡收拾好切成块，在瓦钵中倒上酒，用小火煨制。文天祥感慨"三悲"：一悲豺狼当道；二悲有心不能救国；三悲江山危在旦夕。后人以"三悲"为"杯"的烹饪方法注解：一杯酒酿，一杯茶油，一杯酱油。每逢文天祥祭日，都用三杯鸡祭奠。

鸡斩成块状，取一只砂钵（bō），下茶油、投姜块、炒香，放入鸡块煸炒，炒至色泽金黄。在炭火的加热下，植物油开始升温，溶出鸡皮下的鲜美油脂，酱油带着咸味和色泽渗透进鸡肉里，米酒和肉中的脂肪进行反应，渐渐生出独特的芳香。这道菜色泽金红、汤汁稠亮、肉质鲜美、酒香四溢、入口难忘，温中益气、补精添髓、补虚益智、通神、令人聪慧。食物让人们的情感得以释放，心理诉求得以满足。在寒冷的冬天，一家人围坐在一起吃一顿三杯鸡，是多么幸福的事！

师：非常感谢这个小组为我们展示的解说词，这个解说词写得怎么样呢？请同学们对照评价清单进行点评并提出修改建议。

（出示评价清单）

（1）解说词至少应包括以下三个部分：美食名称和特点，制作过程，菜肴的特色和人物故事。

（2）解说词应详写美食制作的过程。

（3）解说词要选择特写镜头，准确运用颜色、形状、香气、味道展开较为详细的描写。

（4）表达出对美食的喜爱之情。

生：我觉得这段解说词最精彩的地方在结尾部分，非常温馨，表达了对美食的喜爱之情。

生：我觉得这段解说词详细地描写了美食的颜色、香气、味道。

生：我觉得这段解说词介绍三杯鸡的历史典故太长了，重点应该突出三杯鸡的制作过程。

师：这几位同学的点评非常精彩，还提出了修改建议。老师觉得这段解说词整体来说是写得比较成功的，包括了美食名称和特点、制作过程、菜肴的特色和人物故事，详细描写了美食制作的过程，准确运用颜色、形状、香气、味道展开较为详细的描写，表达出对美食的喜爱之情。刚刚这位同学提到相关的历史典故太长了，我觉得这个建议提得很好。但是，并不是每一道美食都会有历史典故，这道菜呢，比较特殊，和民族英雄文天祥有关，所以历史典故这部分详写了。接下来请同学们根据评价清单、同学的建议，修改自己的解说词。课后，请同学们将自己修改好的解说词交到老师这里，我们一起寄给《舌尖上的中国》栏目组，建议他们推出《中学生最喜爱的美食》节目，并希望能选择我们的作品。

第四部分　《描写要具体》课例点评

不用说亲自完成这样一个高难度的写作实验了，单说我阅读了这一案例之后，就觉得课例作者方文娟老师真心不容易。写作教学实验的意义并不在于是否成功，而在于实践的勇气和精神，在于为研究者们奉献了宝贵的研究资料和丰富的研究资源，更何况是关于任务写作教学的大胆尝试。从这个实验出发，我想到了任务写作中的"情境"，引发了对任务写作中"情境"的简要思考与浅陋研究，借此机会抛砖引玉，就教方家。

一、认识情境内涵，让任务写作更具情境性

我们完全可以这样说，如果没有写作情境，那么就不可能有任务写作。情境的存在决定了写作的任务，更驱动了写作任务的完成。这就是写作情境存在的意义与作用。正如方老师的实验，首先呈现的就是"情境与任务"，而且是"情境"在前，"任务"在后。

什么是写作情境呢？首先，它不同于一般意义上的情境，它是为了实现某种写作意义出现的情境，它是能够满足某种情况下的写作教学活动的顺利开展所选择和创设的情境，它又是能够影响和推动写作任务编制与写作支架的提供的情境。简单地说，就是指向任务写作的情境，是写作任务所以发生的环境、背景、前提、原因等。

因而，一般意义上的写作情境，或常常有时间和空间元素，或有场景和氛围，或有目的与意图，或有对象与受众，或有现象与本质，或有争辩与碰撞，甚至包含着任务的暗示和路径的引导。

比如，上述实验课例中的写作情境，严格意义上来说是第一句话"中央电视台美食纪录片《舌尖上的中国》将播出《中学生最喜爱的美食》，围绕中学生对美食和生活的美好追求，用具体的人物故事讲述中国各地中学生的美食生态"。第一分句中，"中央电视台"就是情境的主体对象，写作任务的施加者和写作成果的接受者；《舌尖上的中国》不只是一部纪录片的总名称，而且已经成为一个品牌栏目的代名词，它暗含了写作任务的部分要求，属于电视专题片的写作样式；《中学生最喜爱的美食》明确了最喜爱美食的人群——中学生，而不能混同于其他人群；"中学生对美食和生活的美好追求"，是情境写作的意

图和目的，甚至可以看作写作的主题；"用具体的人物故事讲述中国各地中学生的美食生态"，这里的"用具体的人物故事讲述"，暗示了写作任务（人物故事）和完成任务的路径与方式，"而中国各地中学生的美食生态"就是中央电视台征集和播放这档剧目所达到的目的和效果。

这就是写作情境，这就是方老师这次写作实验的情境。或许是真有央视《舌尖上的中国》即将播出《中学生最喜爱的美食》这样的计划安排、征集要求的具体情境，或许是方老师在《舌尖上的中国》这一品牌栏目的启发下，根据写作需要所设计的模拟情境。但我们需要注意的，写作情境和写作任务有时是很难截然分开的，二者之间往往有着密切关联。方老师的这次实验的情境，就是与写作任务合并在一起加以表述的。为什么呢？因为情境中有任务，而任务中又有情境。"作为江西中学生的一员，请你向该栏目组推荐一道自己爱吃的江西美食，并为这道美食配上解说词。"其中"作为江西中学生的一员"就是一个展开的对象情境，即必须明确写作者的身份，当然，也就自然而然地想到，写作成果最后的享用与受众对象。

二、研究情境外延，让任务写作分类更细化

更多情况下，写作情境并不是原模原样的生活情境，而是经过选择、剪辑、重新加工和设计后，用来激发与落实写作任务的情境。这里分为两种：一种是用于教师实施写作教学的情境，另一种是用于学生完成书面性质的写作任务的情境。

第一种情形，用于教师的任务写作的教学，一般包括如下几种情境类型：

1. 原生情境。即组织学生走进大自然，或参与某项活动之类，让学生全身心地观察、参与、体验、调研，然后完成某种写作任务。

2. 再现情境。即根据已经发生的事件、活动等内容，借助文字或媒体重新回放，让学生入情入境然后完成写作任务。

3. 模拟情境。即教师根据写作教学的需要结合某种自然、社会、人生现象和热点话题，自行编制并呈现的写作情境，以便更好地落实写作任务。

4. 偶发情境。这是随着写作课堂教学的推进，在师生、环境的共同作用下，因某一契机的出现，现场生成的写作任务情境。

第二种情形，通常指具体的写作情境，常常是作文命题中的一个重要部分。这里的类型比较复杂：

1. 事件类情境。往往用非常简要的文字，概括事件情境，多以有争议、多角度的事件为主。比如2015年全国高考语文Ⅰ卷作文题，女儿举报父亲经常在高速公路上开车打电话不改并被警方处罚教育的事件即是如此。其实，2014年全国高考语文1卷作文题材料中的"山羊过独木桥"比赛就已经非常接近这种情境化任务驱动型材料作文的命题样态。上述实验课例中方老师设计的作文情境，就属于事件类情境。只不过这是电视台征集中学生喜爱美食的特殊事件。这种征文、比赛、评比之类的事件往往是学生生活中常有的

情境。

2. 漫画类情境。用夸张、变形的艺术方式创造的有一定寓意的漫画常常成为首选。写作者必须能够读懂画面情境，并能准确把握画面情境背后的深刻意义，然后，结合情境、联系生活，完成作文。比如 2016 年全国高考语文 I 卷的作文，阅读《奖惩之后》就是如此。

3. 思辨类情境。这类情境内容的提供往往是需要通过比较的，或者路径、方法是多元选择的，需要理性思维，自我选择与确定材料，完成情境中的写作。比如，2015 年全国高考语文 II 卷作文题，当代人物风采评比；2016 年全高考语文 II 卷作文，语文素养提升三条路径之比较等，更为典型的是以"有人说……""还有人说……"，呈现出不同立场、观点或看法，让学生完成有自己主见的写作任务。

4. 海选类情境。这一点，在 2017 年全国高考语文作文命题上表现得尤为突出。2017 年 I 卷是在 12 个"中国关键词"中选择两到三个，II 卷是在从《周易》到毛泽东的 6 句名言警语中选择两三句。选择是幸福的，更是艰苦的，它伴随着解析、分类、重组、提取、归纳等复杂的思维，然后根据任务指令完成相关写作。这种写作的难度系数不同一般，一不小心，就会在眼花缭乱的选择中迷失自己。

5. 史料类情境。某种意义上是过去的、历史上的特殊情境以及特殊情境中的特殊意义，提供给写作者，表面上看，只是一则具有史料意义的写作材料。其实，写作任务包含或隐藏其中。2018 年全国考语文 II 卷中"幸存者偏差"便是非常典型的代表。如果写作者不能回答沃德何以能"力排众议"或最后的事实为什么能够证明"沃德的结论是正确的"这样的问题，也就不能算是真正体现任务写作的意义。

6. 穿越想象类情境。2015 年全国高考北京卷作文题"假如我与心中的英雄生活一天"，就是如此。

7. 大背景类情境。2017 年全国高考语文 III 卷作文题，以恢复高考 40 年为大背景，激发写作者怀想昨天，畅想未来，以"我看高考或我的高考"为副标题，完成写作任务；又如 2018 年全国高考语文 I 卷作文题，从 2000 年开始，列举到 2035 年，不仅题目文字较多，而且背后存在着海量信息，还要根据写作指令完成写作任务；2018 年还有浙江高考作文题，其时间跨度的背景简直就是惊人，要求浙江学子，从浙江的历史到浙江的今天中梳理一个个体现浙江精神的故事和浙江传奇，然后完成写作。为了区别，姑且把这一类写作情景单独列出，称之为大背景类情境。大背景类情境的出现，对于培养关注国家发展、民生、时代的一代青年人来说，其育人意义是无可估量的。

以上简要整理，或许相互间可能有交叉，从学术研究层面看并不严谨，但肯定有助于我们认识各种写作情境，进而便于我们分门别类地研究不同情境下的任务写作之要义。

三、从写作情境出发，明确写作任务，提供写作支架

我们仍以方老师的"情境任务"为例：第一句"情境"语中包含写作任务，第二句"任务"语中更有具体的写作任务。分解一下，我们便会发现：

	文本样式	主要表达方式	主要内容	主题
情境	人物故事	讲述	中学生喜爱的美食（可一人一道，也可多人多道）	中学生对美食和生活的美好追求
任务	电视解说词	描述	自己喜爱的江西美食（一人一道）	亲情、习俗、文化、环境等均可

如果从写作情境中的任务来看，其实写作任务是写一篇人物故事，是写中学生自己喜爱的一道美食的相关人物故事，主要的表达方式是讲述，而不一定要描写。如果这一写作情境是真实的，那么我们不妨就把人物故事的写作任务细化，或许更契合初一新同学的写作实际，也能体现方老师在学情分析中所说的那样，使学生"热爱生活，热爱写作"。

但方老师的学生可能比较优秀，所以方老师没有止于情境中的要求，而是在写作情境的基础上做了适当的提高，布置学生写一篇电视解说词，以学习描写为主，整个教学过程以设计视频脚本为主要任务，最后形成解说词。

这两种写作任务都是明确的，也都是可以尝试的，只要适合学生的具体写作实际，能够达成写作目标，就是值得肯定的。

这里需要说明的是，根据写作情境生成的写作任务，在实际教学与落实过程中，不妨分层处理。我以为，对大多数学生来说，能完成一篇关于自己与喜爱的一道美食之间的故事，而不是写成别人喜欢的就相当不错了。对于少数写作能力较好的学生，可以在故事基础上尝试写一篇电视解说词；对于特别喜欢影视作品且有创作天赋的极个别学生，可以尝试写作电视脚本，甚至可以利用课余时间，利用智能手机拍摄、制作一个视频短片。这样分层设计，既顾及全体，又兼顾个体，既符合任务写作的要求，又切合学生写作和学生素养发展的实际，真正让写作教学变得"摸得到"，或者"跳一跳"，能够"摘得到"。

如果要让学生去编制电视脚本，完成电视片解说词的写作，那么我们就需要像方老师那样，为达成任务提供更多的写作支架。

比如，在选择写作对象时，方老师及时提供美食达人评判美食的五个标准，这就从美食的颜色、香气、味道、造型、营养等维度给学生打开了言说的思路，使选择变得丰富而又理性。在为自己选择的美食设计电视脚本这一环节中，方老师又一次使用了导入时所放映的《东北炖鱼》视频，并组织学生对照提供的脚本表格支架，完成摘录填写工作，最后当学生初步完成视频脚本表格后，又提供了修改清单。在这一环节中，方老师为学生的写作，先后提供了三个支架：一是视频脚本样本支架，二是如何完成视频脚本设计的表格支架，三是修改完善自己视频脚本的清单支架。在写作解说词这一环节中，方老师继续以《东北炖鱼》为例，呈现与分析电视解说词的文本与表达，并进行比较，最后提供解说词写作中的一道好菜的"词语特点"的示意图支架，这就为学生的写作提供了非常好的示范与引导。最后一个环节中，方老师非常明确地给出了评价解说词的四条标准，再一次提供了写作支架，为保证大多数同学的写作能够达标提供了帮助。

在写作支架提供这一点上，上述实验课例是做得比较突出的。教师不只是把导入激趣的《东北炖鱼》这一视频充分地运用好，更在于充分挖掘其中的写作支架资源，并一以贯之。同时还根据不同的写作环节，分别提供了评价支架、语言选择支架、修改支架、比较支架、范本支架。从呈现形式上来说有视频支架、文字支架、表格支架。正是因为有了如此多元的写作支架的提供，才保证了这样复杂的写作活动变得丰富多彩，使得如此高难度的写作任务完成有了一定的可能性。

第二节　《写人要抓住特点》写作课例

第一部分　"写人要抓住特点"写作单元教学解读

一、课程标准解读

《义务教育语文课程标准》(2021年版)中指出："写作是运用语言文字进行表达和交流的重要方式，是认识世界、认识自我、创造性表述的过程。"写作能力是语文素养的综合体现。

部编初中语文教材七年级上册第三单元的写作任务是："写人要抓住特点"。2021年版《义务教育语文课程标准》在7—9年级写作要求中指出："多角度观察生活，发现生活的丰富多彩，能抓住事物特征，有自己的感受和认识，表达力求有创意。"本单元学习如何生动具体地抓住人物特点进行写作，这也是课程标准的要求之一。

二、教材写作单元分析

本单元选择的课文主要是写学习生活的，从中我们可以了解不同时代少年儿童的学习状况和成长经历，感受到永恒的童真、童趣、友谊和爱。单元的几篇课文均是经典之作，在叙事中，塑造出一个个让人印象深刻的人物形象。我们说记叙文写作除了记事，也常常写人。每个人都有不同的特点。有的头发浓密，有的头发散乱；有的眼窝深陷，目光深沉，有的目光清澈平和；这是外貌的差异。有的好动，有的老成持重；有的沉默木讷，有的幽默风趣；这是性格的差异。要写好一个人物，首先要学会细心观察，抓住人物的特点。

三、写作学情分析

七年级是初中的起始年级，第一单元的写作训练从激发学生对写作的热情出发，积极引导学生，使其明白写作不是什么"高难度动作"，而是生活中与人沟通、交流、分享信息的一种方式，就像我们平时说话一样。学生们从身边的最熟悉的事写起，克服自身的畏难情绪。"写人要抓住特点"是七年级的第三次写作训练，我们在简单叙事的基础上学习将人物刻画得具体形象。这对于不善于观察的学生来讲比较困难。

四、确定单元写作目标和内容

写好一个人，要学会细心观察，从而抓住人物的特点，凸显人物鲜活的个性。本单元的写作目标和内容为引导学生学会抓住特征刻画人物，通过细节描写塑造人物，培养学生养成善于观察的好习惯。

第二部分　《写人要抓住特点》教学设计

一、情境与任务

第十一届厦门国际动漫节，将举行动漫"最佳动漫人物"评选活动，此活动的目的在评选出"最美动漫人物"。现活动组委会邀请你引荐你心目中最美的动漫人物。请为你所爱的动漫人物疯狂打 call！为喜欢的动漫人物写一篇引荐词。要求：抓住动漫人物的特点；字数 200 字左右。

二、学情分析

本课程的学习内容是部编本语文教材七年级上册第三单元的写作"写人要抓住特点"。很多学生在面对写人物的习作时，往往不知道如何细心观察人物，抓住人物哪些特点，凸显人物鲜活的个性。

三、学习元素

1. 学会选择最具特点的动漫人物。
2. 通过外在形象与内在气质、品质表现动漫人物的特点。

四、教学设想

1. 中高考作文命题不管如何变化，但大多内容都离不开写人。如何把人物写活？那就要善于抓住人物特征。教学中要注重培养学生养成善于观察、积累的习惯；引导学生学会抓住特征刻画人物。

2. 优秀的写作教学要能激发学生强烈的表达欲望，为了达到这一目的，成功创设写作情境尤为重要。本次教学的具体做法是从孩子们比较熟悉和喜欢的动漫人物入手，设计拟真的情境，播放各类动漫人物的视频，引发学生对动漫人物的回忆，从而激发学生的写作兴趣。

3. 在整个的教学过程中，要根据教学的进程搭设人物观察、习作结构、提供范例等必要的学习支架，指导学生展开写作，并提供修改清单帮助学生进行必要的修改，最后提供校对清单，对文本进行最后校审等。

五、教学过程

(一)由动漫图片引出情境任务

1. 以一张圣斗士星矢的图片引出动漫话题，找到与孩子们交流的共同话题，询问同学们谈谈自己喜欢哪个动漫人物？

2. 学生自由发言。

3. 出示情境与任务。

(二)选择动漫人物，概括人物的特点

1. 观看动漫视频、提供国内外优秀动漫作品，小组讨论找到最喜欢的人物，点燃自己写作的激情。

2. 选择动漫人物后，每个小组在表格中任意增加一个观察人物的视角，在选择人物后，删去一到两个不能突出人物特点的观察角度。

出示观察角度支架，帮助学生找到动漫人物的特点，并运用准确的词语概括出来。

表 6.2.1　　　　　　　　　　　**动漫人物观察角度表**

观察角度	人物特点
动漫人物及身份	
动漫人物的相貌	
动漫人物的衣着	
动漫人物的习惯动作	
动漫人物的性格	
……	

3. 出示动漫形象白细胞 U-1146 号的观察表，指导学生选择动漫人物的主要特点。

表 6.2.2　　　　　　　　　　**动漫形象 U-1146 号观察表**

白细胞 U-1146 号		
观察角度	人物特点	主要特点
身份	无色、球形、有核的血细胞，是人体与疾病斗争的卫士	
外貌	穿着白色制服，戴着带有感应器的运动帽，大腿外侧佩带短刀，高大、英俊、身体强壮	英俊冷酷
习惯动作	手持短刀奋力刺向病菌	勇敢
语言	"听好了，一个细菌都不要放走。""我们在同一个世界工作，总有一天会见面的。"	爱憎分明
性格		英俊冷酷、勇敢、爱憎分明

学生增、删角度完成表格后，小组讨论完成人物特点的填写。这个部分应重点关注观察后所得出的特点与动漫人物形象的一致性的问题。

（三）根据人物的特点，完成构思和选材

1. 讨论明确作文的结构和选材。出示人物描写构思支架

表 6.2.3　　　　　　　　　　　　　　**动漫人物描写构思表**

第一部分	概括介绍人物身份	
第二部分	具体描述人物特点	外形特点（长相、衣着、配饰）
		内在品质（典型事件）
第三部分	概括动漫人物的独特之处	

2. 出示白细胞 U-1146 号动漫人物推荐词的构思图，指导小组修改动漫人物构思图表。

表 6.2.4　　　　　　　　　　　**白细胞 U-1146 号动漫人物推荐词构思表**

第一部分	概括介绍人物身份：《工作细胞》中的男主角。他因英俊冷酷的外形和无畏认真的工作态度而深受观众喜爱。	
第二部分	具体描述人物特点	外形特点（长相、衣着、配饰）：略长的男性短发遮盖住清冷的右脸，压低的帽檐抵挡住眼神的凛冽，整洁的白色制服包裹着训练有素的强壮体魄，锋利的短刀插在大腿外侧的刀鞘里，白色运动帽上清晰明了的"白血球"与其身份完美融合。
		内在品质（典型事件）：（1）寻找并杀死病菌；（2）救助红细胞。
第三部分	概括动漫人物的独特之处	

（四）例文引领，写推荐词

1. 研读例文，明确人物特点的选择与表达。
下面我们开始给小组选择的动漫人物写引荐词了，在写之前看一个例文。

白细胞 U-1146 号

——人物源于日本动漫《工作细胞》

大家好，今天我介绍的动漫人物是《工作细胞》中的白血球 U-1146 号。其以倜傥

的外形和无畏认真的工作态度而深受观众喜爱。

略长的男性短发遮盖住清冷的右脸，压低的帽檐抵挡住眼神的凛冽。整洁的白色制服包裹着训练有素的强壮体魄，锋利的短刀插入在大腿外侧的刀鞘里，白色运动帽上清晰明了的"白血球"与其身份完美融合。

在危险来临之际，他总是奋勇当先，高高举起杀敌的利刃，向细菌奋力刺去，嘴边总是大声宣告着"听好了，一个细菌都不要放走"。面对红细胞，他又充满爱心，总是无微不至地呵护他们。在告别之际，他会满怀深情地说："我们在同一个世界工作，总有一天会见面的。"

健壮的体魄，青年男子特有的坚强、勇敢稳重与成熟，是白细胞战士独特的人格魅力和生命气质。他与病菌战斗不息的精神，对红细胞无微不至呵护的形象，既生动地介绍了科学知识，也谱写了一曲生命的赞歌。

2. 学生交流讨论，推荐词写作的两个特点：（1）围绕人物特点的关键词展开描写；（2）选取典型的细节予以呈现。

3. 小组合作完成一篇引荐词。

（五）出示修改清单，修改完善推荐词

修改清单：
1. 语句要通顺，标点要正确。
2. 要围绕人物鲜明特点的关键词展开描述。
3. 人物特点通过选择典型细节从外在形象和内在品质两个方面体现出来。
4. 文章结尾总结人物特点并点明推荐理由。

（六）布置作业

课堂上我们以小组为单位完成了一篇推荐词，课后同学们可以自己根据老师今天这堂课，包括给你们提供的一些表格，去完成属于自己的动漫人物介绍。

（七）备课反思

在最初准备"写人要抓住特点"这节研讨课时，我对情境式支架写作教学的理论知识理解得并不深入。这导致我对写作任务情境的设置不够科学，无法激发学生的写作兴趣。而且，我对这节课要教给学生什么知识其实并不清楚。为了解决这个情境问题，我设计了一份学生喜欢的人物调查表，通过调查发现七年级的孩子普遍喜欢动漫人物。于是，我就从动漫入手，设置动漫节的这样一个拟真情境，从而激发学生的写作兴趣。

在接下来的教学设计中，这节课到底教什么依然是我最大的困惑。经过反复思考，我最终确定的教学内容是：教会孩子写出动漫人物的内在品质。教学过程中，引导学生概括人物气质、品质特点是这节课的难点，需要设置学习支架予以突破。于是，我先为学生提供若干个体现人物气质、品质的词语，用以打开学生的思维。学生以此跟进，挑选并补充若干个词语，用来概括自己选择的动漫人物的特点。当学生选定词语后，我再出示句式支架，运用多种句式围绕中心词展开，从而达到突破难点的教学目标。这个教学难点的突破为整堂写作教学课的完成打下了坚实的基础。

通过这次尝试，我对情境式支架写作教学理论有了更深刻的理解。写作教学的情境设置的科学性与趣味性，是值得我们思考的一个问题。只有真实的或拟真的且有趣的情境才能激发学生的写作热情。写作学习支架的合理化设置，是突破写作难点的关键。如何更加合理有效地设置学习支架，也要不断地探索。

第三部分　《写人要抓住特点》教学实录

师：同学好！

生：老师好！

师：大家请坐。

师：同学们，站在讲台上的我非常羡慕你们，因为你们个个都是 00 后，我是一个 80 后。然后呢，我想 80 后与 00 后有什么话题可以共同探讨吗？苦思冥想，终于找到了一个共同的话题——动漫。大家看看下面这个人物，你们认识吗？有人说是大熊，有人说不认识。好，我最喜欢的一句是"燃烧我的小宇宙，天马流星拳"。童年的时候，下课，我们这些男孩子最喜欢玩的游戏就是把自己变成圣斗士。

一、情境与任务

第十一届厦门国际动漫节，将举行动漫"最佳动漫人物"评选活动，此活动的目的在评选出"最美动漫人物"。现活动组委会邀请你引荐你心目中最美的动漫人物。请为你所爱的动漫人物疯狂打 Call 吧！

二、选好人物，完成构思

（屏幕显示）

国 外 动 漫	动 漫 人 物
《哆啦 A 梦》	静香、大雄
《灌篮高手》	流川枫、樱木花道
《海贼王》	路飞、罗宾
《火影忍者》	漩涡鸣人、宇智波佐助
《名侦探柯南》	江户川柯南、怪盗基德
《我的英雄学院》	轰炎司、爆豪胜己
《工作细胞》	白细胞、红细胞

国 外 动 漫	动 漫 人 物
《魔卡少女樱》	木之本桃矢、木之本樱
《秦时明月》	高明、荆天明、少司命
《镇魂街》	曹焱兵、曹玄亮
《全职高手》	黄少天、苏沐橙
《灵笼》	冉冰、马克
《一人之下》	诸葛青、徐三
《画江湖之不良人》	李星云、陆林轩、张子凡

师：观看动漫视频，找到自己最喜欢的人物，点燃自己写作的激情，填写下表。
（屏幕显示）

观 察 角 度	人 物 特 点
动漫人物及身份	
动漫人物的相貌	
动漫人物的衣着	
动漫人物的习惯动作	
动漫人物的性格	
……	

师：请大家看着这份导学案，空了两行，下面还打了省略号。各个组长要开始讨论我想写哪个动漫人物。每个小组任加一个观察视角，我看哪个小组完成得最快。

生：柯南。观察角度：口头禅。

生：怪盗基德，增加了爱好。

生：千寻，动漫人物的兴趣爱好。

生：蜘蛛侠，动漫人物的能力。

生：功夫熊猫，增加主要事例。

生：写人物除了集中于直观可以看到的外在，还需要有内在。

师：增加内在的观察角度。什么品质？这是可以选择的观察角度之一。

师：这些全写吗？接下来做一件事——删。确定了人物，确定很多的观察角度，接下来确定最有意义的观察角度。

（学生讨论）

生：我们小组认为可以删去蜘蛛侠的相貌和声音，因为没有什么特点。

师：说说你们删除的理由，好吗？你认为蜘蛛侠的相貌比较大众，然后声音也没有什么特点。是这样吗？这是你们组里共同的意见吗？同学们，这是他们小组对蜘蛛侠的一个理解。

生：怪盗基德，相貌和声音没有什么特点。也可以删去。

师：好，现在你留下来的观察角度，是否要把这个人物的特点一一写在对应的表格中。那么这样一个活动环节，是否可以进行完成。

（学生讨论）

师：这位同学写的是小偷，然后他最后的动漫人物的品质定位是小偷很善良。非常期待这个小组怎么把小偷写出了善良。刚才，我们对写作对象进行一个全身的扫描，然后把品质列出来了，那么接下来，我们怎么把这些碎片化的信息进行分类、总结呢？这就是我们接下来要做的事情。

师：同学们可以看到我们下面那张表格。怎么做呢？

（讨论明确作文的结构和选材。屏幕出示人物描写构思支架）

第一部分	概括介绍人物身份	
第二部分	具体描述人物特点	外形特点（长相、衣着、配饰）
		内在品质（典型事件）
第三部分	概括动漫人物的独特之处	

通过构思支架，将碎片化的信息进行分类整理，有利于写作思路的清晰。

（出示白细胞 U-1146 号动漫人物推荐词的构思图，指导小组修改动漫人物构思图表）

第一部分	概括介绍人物身份：《工作细胞》中的男主角。他以英俊冷概括介绍人物身份酷的外形和无畏认真的工作态度而深受观众喜爱。	
第二部分	具体描述人物特点	外形特点（长相、衣着、配饰）：略长的男性短发遮盖住清冷的右脸，压低的帽檐抵挡住眼神的凛冽，整洁的白色制服包裹着训练有素的强壮体魄，锋利的短刀插在大腿外侧的刀鞘里，白色运动帽上清晰明了的"白血球"与其身份完美融合。
		内在品质（典型事件）：（1）寻找并杀死病菌；（2）救助红细胞。
第三部分	概括动漫人物的独特之处	

三、例文引领，写推荐词

师：下面我们开始给小组选择的动漫人物写引荐词了，在写之前看一个例文。

（屏幕显示）

白细胞 U-1146 号
——人物源于日本动漫《工作细胞》

大家好，今天我介绍的动漫人物是《工作细胞》中的白血球 U-1146 号。其以倜傥的外形和无畏认真的工作态度而深受观众喜爱。

略长的男性短发遮盖住清冷的右脸，压低的帽檐抵挡住眼神的凛冽。整洁的白色制服包裹着训练有素的强壮体魄，锋利的短刀插入在大腿外侧的刀鞘里，白色运动帽上清晰明了的"白血球"与其身份完美融合。

在危险来临之际，他总是奋勇当先，高高举起杀敌的利刃，向细菌奋力刺去，嘴边总是大声宣告着"听好了，一个细菌都不要放走"。面对红细胞，他又充满爱心，总是无微不至地呵护他们。在告别之际，他会满怀深情地说："我们在同一个世界工作，总有一天会见面的。"

健壮的体魄，青年男子特有的坚强、勇敢稳重与成熟，是白细胞战士独特的人格魅力和生命气质。他与病菌战斗不息的精神，对红细胞无微不至呵护的形象，既生动地介绍了科学知识，也谱写了一曲生命的赞歌。

师：好，在大家写之前，我们可以根据这个，来看看老师给你的这样的一个例文的支架，重点关注什么呢？

生：我觉得应该重点关注一下内在品质——使命。

师：使命，因为我们在短篇中看到他的使命，才没有放过一个病菌。另外一个词——奋勇当先。文章非常精练地通过几句话就把人物的品质进行了概括。接下来，我们的小组的力量就要发挥出每个同学的作用了。现在，要每位同学立刻写出来是有一点困难的。那么怎么办呢？我们组长的作用就要体现出来了。你要开始对小组进行分工，大家共同完成。老师给你们定个时间：我们大概在 10 分钟到 15 分钟，好吗？够不够？同学们迅速地行动起来，我想看看，最后你们能写出什么成果。

四、根据清单，完善作品

（屏幕出示修改清单）

1. 语句要通顺，标点要正确。
2. 要围绕人物鲜明特点的关键词展开描述。
3. 人物特点通过选择典型细节从外在形象和内在品质两个方面体现出来。
4. 文章结尾总结人物特点并点明推荐理由。

师：同学们根据修改清单，自主修改推荐词。

七、布置作业

师：课堂上我们以小组为单位完成了一篇推荐词，课后同学们可以自己根据老师今天这堂课，包括给你们提供的一些表格，去完成属于自己的动漫人物介绍。

第七章 劝说文写作教学设计

第一节 《观点要明确》写作课例

第一部分 "观点要明确"写作单元教学解读

一、相关的课程标准解读

《义务教育语文课程标准》(2011年版)对初中生议论文写作目标的定位是："写简单的议论性文章，做到观点明确，有理有据。"对初中阶段写作上的具体建议是："写作教学应贴近学生实际，让学生易于动笔，乐于表达，应引导学生关注现实，热爱生活，积极向上，表达真情实感。""写作教学应抓住取材、构思、起草、加工等环节，指导学生在写作实践中学会写作。重视引导学生在自我修改和相互修改的过程中提高写作能力。"由此可见，在初中阶段，对学生的议论文写作要求不宜过高，能做到观点明确，有理有据就可以了。要注重学生写作兴趣的激发，让学生易于动笔，乐于表达，关注学生从取材到修改整个的写作过程。

二、本单元写作教材分析

"观点要明确"是九年级上册第二单元的写作实践。第二单元所选的文章都是议论性文章，它们有的谈论人生与职业，有的揭露和批判暴行，有的论述教养，有的阐释精神，都鲜明地表述了作者的观点，绽放着思想的光芒。单元学习目标为：了解议论性文章的特点，把握作者的观点，区分观点和材料，理清论证的思路，学习论证的方法。

为此，本单元的写作目标可以定为：①以鲜明的态度和立场看待事物，并能提出自己的观点。②认真思考生活和社会现象，有针对性地提出观点。③学会明晰、简明地提炼观点，提高思辨力。教科书编者提出观点明确的两点方法：首先，把问题想清楚，形成旗帜鲜明的观点，并用一个明确的句子将观点表述出来。其次，在文章中把它凸显出来。接下来，编者还指出了观点不明确的几种情况。最后是写作实践。编者提供了三则写作实践，从选择观点列提纲，到写一段议论性文字，到写一篇议论性文章，并均有写作提示。但是怎样做到观点明确，书中并没有给出明确的方法和路径，这一块需要教师在教学中自行去钻研和完善。写作实践一中，编者列出关于"好奇"的几个观点，让学生先从表达观点是否清楚的角度进行判断、评价，再选定其中一个观点，列出作文提纲。这里存在矛盾和不严谨之处：如果这四个观点句中，有的观点不够清楚，那选定它来列提纲，岂不是个错误的导向？另外，完整写作任务中应当包含的情境、读者要素也缺失。

三、学情分析

九年级的学生思维力和辨别力有了长足的发展，对事物充满好奇心，进入青春期后，变得更有个性，喜欢与人论辩，表达自己不同的观点。此时介入议论文的学习和写作是十分合适的。但九年级上册的他们刚刚进行议论文的学习，"观点要明确"也是教科书中第一次安排的议论文的写作。初学议论文写作的学生，容易混淆文体，论述时面面俱到、泛泛而谈，观点模糊。因此，在写作教学中，教师要注意降低写作的难度，以激发学生写作兴趣为主，为学生的顺畅写作搭建好支架，将评价原则细化。

第二部分 《观点要明确》教学设计

一、情境与任务

电子游戏，在很多家长的眼里都是洪水猛兽，是绝对不能让自家孩子沾染上的，然而不少青少年对电子游戏却十分热衷，甚至有的沉迷其中，无力自拔。同学们对电子游戏怎么看？如果你赞同青少年玩电子游戏而你的家长又反对，请写一篇论电子游戏好处的文章给家长看，让他们感受到青少年玩电子游戏并不可怕。如果你反对青少年玩电子游戏，请写一篇论电子游戏危害的文章来警醒身边沉迷于电子游戏的人，让他们早日从游戏的沼泽中抽身出来。当然，你还也可以有别的对电子游戏的态度，请把它写下来，让你心中的读者有机会能看到。

二、写作学习元素

1. 能认识和区分观点，并简洁明确、立场鲜明地提出自己的观点。
2. 能够围绕中心论点从不同角度设置分论点，并在文中凸显观点。

三、教学过程

（一）出示情境与任务

1. 调查班上玩过电子游戏的人有多少，请学生举手表示。
2. 出示任务情境，让学生口头表达自己对电子游戏的态度，并简述理由。
3. 思考怎样才能把这篇文章写好。明确要把这篇文章写好，首先得有一个好的观点。

（二）认识观点

1. 认识什么是观点。

（1）认识观点的重要性，它是议论文的灵魂。

（2）通过一组句子，认识观点。

辨析下面几个句子，哪个是观点，哪个不是。

① 我认为玩电子游戏不好。

② 我们班有许多人都玩过电子游戏。

③ 同桌，你怎么看待电子游戏？

明确：①是观点句，②③不是（②是在陈述一个事实，③是在征寻别人意见，都不是观点）。

达成共识：观点，是对某一问题或某一现象的看法。在表现形式上，它是一个表意完整的陈述或判断句。

（3）教师再举几个课文中的观点句，加深学生对观点的印象。

①我们中国人是有骨气的。（《谈骨气》）

②但我确信"敬业乐业"四个字，是人类生活的不二法门。（《敬业乐业》）

③一个有教养的人，必定从心里愿意尊重别人，也善于尊重别人。（《论教养》）

（4）练习：下面哪些句子是观点句，哪些不是。

① 咬文嚼字。　　　　　　　　　　✗（短语不是观点句）

② 强盗的行为是可耻的。　　　　　　✓

③ 人要敬畏自然。　　　　　　　　　✓

④ 啊，精神的世界多么的辽阔啊！　　✗（抒情句不是观点句）

⑤ 什么是真正的教养？　　　　　　　✗（疑问句不是观点句）

⑥ 你征求我对远征中国的意见。　　　✗（陈述事实而无观点）

⑦ 脸上常带微笑，能够让你更美丽。　✓

⑧ 勇于尝试，将会开创新天地。　　　✓

（5）认识观点句的几种常用句式。

"……是……"　　　　　如：诚实是做人的基本品格。

"……要……"　　　　　如：面对困难，我们要勇往直前。

"……应当……"　　　　如：人应当敬业、乐业。

"……必须……"　　　　如：毒瘾必须戒。

"……能够……"　　　　如：坚持，能够创造奇迹。

"……将会……"　　　　如：半途而废，将会一事无成。

2. 练习写观点句。

（1）请用一个表意完整的陈述句或判断句，写下你对电子游戏的观点。

（2）小组内展示，相互评一评小组成员谁写的观点好。

3. 认识好观点的要素。

下面几组观点句，仔细比较辨析上下二句，看看哪个观点句好。

（1）A. 出卖国家的利益是可耻的。

　　　B. 出卖国家的利益是不好的，但也有好的方面，那就是可以为自己带来利益。

明确：A 句好，立场鲜明，肯定什么、否定什么，支持什么、反对什么，毫不含糊；B 句不好，立场含糊，思想有错误。

由此可见，好的观点应当：立场鲜明，思想正确。

（2）A. 万载是一座美丽的城市。

　　　B. 万载是一座集自然景观与人文景观于一体的美丽城市。

明确：B 句好，它具体有针对性；A 句过于宽泛、笼统。

因此，好的观点应当：有针对性，看法集中。

（3）A. 凡职业没有不是神圣的，所以凡职业没有不是可敬的。

　　　B. 凡正当的职业没有不是神圣的，所以凡正当的职业没有不是可敬的。

明确：B 句好，更准确；A 句能让人找到漏洞，有的职业并不神圣，也不可敬。

因此，好的观点应是：准确。

（4）A. 生命因为有梦想而精彩。

　　　B. 生命是宝贵的，它对每个人来说都只有一次，怎样让生命更精彩？我们要心怀梦想，为梦想的实现而努力奋斗，在奋斗的过程中，生命必将变得更精彩！

明确：A 句好，它简洁凝练；A 句拖泥带水，啰嗦。

可见，好的观点还必须：语言简练。

达成共识：好观点的特征——立场鲜明、思想正确、有针对性、表述准确、语言简练。

4. 依据好观点的要素去修改自己之前写下的对电子游戏的观点。

5. 展示与交流。

（三）凸显观点

1. 向范文学习如何凸显观点。

（1）阅读范文《抛开伪装，坚持自我》和《嫉妒是万恶之源》，边读边把它们的观点句划出来，同时思考：这两篇文章是如何凸显观点的？

（2）完成对表格的填写。

表 7.1.1　　　　　　　　　　　《抛开伪装，坚持自我》观点图表

观点位置	观点内容	观点间的关系
标题	抛开伪装，坚持自我	
开头	我们要抛开伪装，坚持本真的自己	中心论点
中间 （每一段的首句）	抛开伪装，他们成就人生	分论点 1（正面）
	抛开伪装，让他们星光熠熠	分论点 2（正面）
	精心伪装，让他们遗臭万年	分论点 3（反面）
结尾	人只有抛开伪装，才能活得最真	与开头相呼应，再次强化中心论点

表 7.1.2　　　　　　　　　　　　**《嫉妒是万恶之源》观点图表**

观点位置	观点内容	观点间的关系
标题	嫉妒是万恶之源	中心论点
开头	嫉妒既显出了众鸟道德的缺憾，也令可怜的寒鸦失尽了脸面	证明中心论点
中间 （在 2，4，6 段中 单独成段）	因为嫉妒之心，他们一个个走向失败的深渊	分论点 1（正面）
	因为嫉妒之心，他们失去了最真诚的朋友	分论点 2（正面）
	因为没有嫉妒，他们收获了荣誉与成功	分论点 3（反面）
结尾	嫉妒是万恶之源，有了嫉妒之心就如同胸口悬着一把尖刀，时刻会危害自己	呼应开头，再次强化中心论点

（3）这两篇文章在凸显观点上有什么共同点？

明确：

① 都是在标题、开头、结尾、中间处处设置观点。

② 为了让观点更显眼，开头段或是标题就出现中心论点，中间的分论点置于段首或是单独成段，结尾呼应开头，再次强化中心论点。

③ 中心论点与分论点，分论点与分论点之间关系紧密。

2. 认识中心论点与分论点，分论点与分论点之间的关系。

（1）分论点是对中心论点的追问与阐释。即在中心论点拟好后，可以问一个"为什么"，然后分论点就从不同的角度来阐释这个为什么。

（2）分论点与分论点在句式上基本一致；在内容上常体现为三种关系：并列关系、递进关系和正反关系。

并列关系：围绕中心论点，平行地从不同角度进行阐释。

如：《贫困也是一笔财富》

中心论点：贫困也是一笔财富。

分论点：

①贫困能催人发奋图强，改变命运。

②贫困能培养人的意志，助人成功。

③贫困能增长人的能力，战胜困难。

递进关系：几个分论点间是层层递进的关系。

如：《生活需要道德》

中心论点：我们的生活缺不了道德。

分论点：

①生活有了道德，才能继承尊老爱幼的美德。

②生活有了道德，才能构建和谐的社会。

③生活有了道德，才能营造良好的国际环境。

正反关系：几个分论点从一正一反的角度来阐释中心论点。

如：《抛开伪装，坚持自我》

中心论点：我们要抛开伪装，坚持本真的自己。

分论点 {
正面：抛开伪装，他们成就人生。
　　　抛开伪装，让他们星光熠熠。
反面：精心伪装，让他们遗臭万年。
}

如：《嫉妒是万恶之源》

中心论点：嫉妒是万恶之源。

分论点 {
正面：因为嫉妒之心，他们一个个走向失败的深渊。
　　　因为嫉妒之心，他们失去了最真诚的朋友。
反面：因为没有嫉妒，他们收获了荣誉与成功。
}

（四）列写提纲

1. 接下来请你就"青少年玩电子游戏"这个写作任务，列出你作文的提纲。

温馨提示：

（1）提纲应包含标题，开头、中间与结尾的主要观点。

（2）请在标题或开头明确提出中心论点，中间分别用三个分论点进行阐释，结尾呼应开头，再次强化中心论点。

（3）每个观点均要做到立场鲜明、思想正确，有针对性、表意准确、语言简练。

2. 交流与展示。

3. 修改提纲。

（五）整篇写作与评价

1. 有了中心论点，就有了文章的灵魂；刚才，我们又列好了提纲，就意味文章的骨架也有了。我们距离一篇完整的文章，就只差"血肉"了。什么是议论文的"血肉"？对，就是材料，即事实论据和道理论据。这些，老师打包送你们："素材一筐"。当然，如果你有了本次作文的素材，就用你自己的；如果你的素材不够，你就从这一筐素材中任选需要的用上。

2. 写好后，对照自评清单进行自评，再请同学对照他评清单进行他评。然后结合自评和他评意见修改作文。最后将修改好的作文送给你希望能看到它的人，达成写作目的。

评价清单：

评价项目	自评		他评	
	是的	没有	是的	没有
①标题，开头、中间与结尾均有观点。	☺	☹	☺	☹
②每个观点均做到了立场鲜明、思想正确，有针对性、表意准确、语言简练。	☺	☹	☺	☹
③在标题或开头就明确提出中心论点，结尾呼应开头，再次强化中心论点。	☺	☹	☺	☹
④几个分论点从不同的角度阐释了中心论点，且句式基本一致。	☺	☹	☺	☹
⑤有典型材料支撑观点。	☺	☹	☺	☹

附台阶式教学设计

任务情境：

就青少年玩电子游戏的利弊，写篇议论性文章给你心目中的读者看，让他们接受你的观点。

学习元素：

1. 能用一个表意完整的陈述句或判断句表达自己的观点，并做到立场鲜明、思想正确、有针对性、表述准确、语言简练。

2. 能够围绕中心论点从不同角度设置分论点，并在文中凸显观点。

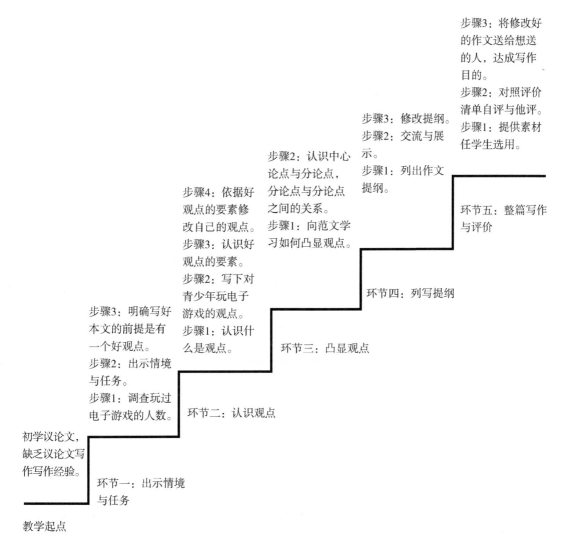

步骤3：将修改好的作文送给想送的人，达成写作目的。
步骤2：对照评价清单自评与他评。
步骤1：提供素材任学生选用。

环节五：整篇写作与评价

步骤3：修改提纲。
步骤2：交流与展示。
步骤1：列出作文提纲。

环节四：列写提纲

步骤2：认识中心论点与分论点，分论点与分论点之间的关系。
步骤1：向范文学习如何凸显观点。

环节三：凸显观点

步骤4：依据好观点的要素修改自己的观点。
步骤3：认识好观点的要素。
步骤2：写下对青少年玩电子游戏的观点。
步骤1：认识什么是观点。

环节二：认识观点

步骤3：明确写好本文的前提是有一个好观点。
步骤2：出示情境与任务。
步骤1：调查玩过电子游戏的人数。

环节一：出示情境与任务

初学议论文，缺乏议论文写作写作经验。

教学起点

第三部分　《观点要明确》教学实录

一、出示情境与任务

师：同学们，上次来咱们学校上课的时候，有好几个同学提到他们最大的爱好是玩电子游戏。咱们的同学喜欢玩电子游戏吗？老师现在调查一下，玩过电子游戏的请举手。我们这里说的电子游戏就是电脑里、iPad 和手机等电子设备里的游戏。玩过的请举手？

（学生举手）

师：百分之百都玩过呀。谢谢同学们的坦诚！电子游戏在很多家长的眼里是洪水猛兽，是绝对绝对不能让自家孩子沾染上的，然而不少青少年对电子游戏却十分欢迎，甚至有的沉迷其中，无法自拔。同学们对电子游戏怎么看？

生：我是赞同青少年玩电子游戏的。我认为电子游戏能让我们获得轻松，现在我们学生的压力都很大，回到家里玩玩电子游戏放松一下，缓解一下压力，这没什么不好。

生：我也赞同青少年玩电子游戏。很多同学周末或寒暑假都喜欢宅在家里，玩电子游戏可以让我们交到更多的朋友，有些电子游戏还可以培养我们团结协作的能力。

生：我反对青少年玩电子游戏。我身边就有同学因为玩电子游戏而导致成绩直线下降的，还有我的一个表哥，因为玩电子游戏，最后休学了。

生：我认为青少年玩电子游戏要适度。如果能控制好时间，偶尔玩一会儿，放松一下，也没有什么；但如果管不住自己玩电子游戏的时间，就会影响视力，影响学习了。

生：我补充一点，有些电子游戏很暴力，这种青少年也不能玩。

师：感谢同学们的积极发言。对于电子游戏，我想你们每个人都有自己的一番看法，因为时间的原因，我就不请你们一一来说了。如果你赞同青少年玩电子游戏而你的家长又反对，请写一篇论电子游戏好处的文章给家长看，让他们感受到青少年玩电子游戏并不可怕；如果你反对青少年玩电子游戏，请写一篇论电子游戏危害的文章来警醒身边沉迷于电子游戏的人，让他们早日从游戏的沼泽中抽身出来。当然，你还可以有别的对电子游戏的态度，请把它写下来，让你心中的读者有机会能看到。

师：同学们，我们怎么样才能把这篇文章写好？

生：要有亲身体验和感受。

生：要有好的素材。

生：要有好的观点。

师：同学们提的建议都很不错，尤其是最后一位同学说的——要有好的观点。

二、认识观点

师：对于议论性的文章来说，最重要的就是观点，因为观点是一篇议论文的灵魂和统帅。那什么叫观点呢？我们来看一组句子，辨析下面的几个句子，哪个是观点，哪个不是。

（屏幕显示）

①我认为玩电子游戏不好。
②我们班有许多人都玩过电子游戏。
③同桌，你怎么看待电子游戏？

师：请同学们作出自己的判断。
生：①是观点句，②和③不是。
师：请问你判断的依据是什么？
生：②"我们班有许多人都玩过电子游戏"是在陈述一个事实，不是观点。③" 同桌，你怎么看待电子游戏"是疑问句，是在征寻别人的意见，也不是观点。
师：你分析的真好，有理有据。通过刚才的辨析，我们不难发现：观点，是对某一问题或某一现象的看法。在句子表现形式上，它是一个表意完整的陈述或判断句。
师：同学们是否真正掌握了什么是观点呢？老师要从一些例子中来检测一下大家了。
（屏幕显示）

①咬文爵字。
②强盗的行为是可耻的。
③人要敬畏自然。
④啊，精神的世界多么的辽阔啊！
⑤什么是真正的教养？
⑥你征求我对远征中国的意见。
⑦脸上常带微笑，能够让你更美丽。
⑧勇于尝试，将会开创新天地。

师：哪些是观点句，哪些不是？先看第一个" 咬文嚼字 "。
生：不是，它不是句子，是短语。
师：第二个。
生：是。
师：第三个。
生：是。
师：第四个。第五个，第六个。
生：不是。"啊，精神的世界多么的辽阔啊！"它是一个感叹句，在抒发感情，没有观点。
师：第五个。
生：不是。"什么是真正的教养？"这是一个疑问句，不是表达观点的判断句或陈述句。
师：后面三个呢？
生：第六个不是观点句，它是在陈述事实，没有观点。第七个和第八个都是观点句。
师：判断正确。再次强调一下：观点是对某一问题或某一现象的看法，在表现形式上，是一个表意完整的陈述或判断句。请同学们看一组观点句，看一看观点句在句式上常常会呈现的特点。

（屏幕显示）

①诚实是做人的基本品格。

②面对困难，我们要勇往直前。

③人应当敬业、乐业。

④毒瘾必须戒。

⑤坚持，能够创造奇迹。

⑥半途而废，将会一事无成。

师：同学们发现了没有，观点句常常会用"……是……""……要……""……应当……""……必须……""……能够……""……将会……"这样的句式来呈现。明白了什么是观点句以及它常用的句式后，请同学们也来写一个观点句，表达你对青少年玩电子游戏的看法。

（学生写句子）

师：写完之先自己看一下，思考一下你写的这个句子是不是一个观点句。

学生思考、判断。

师：确定自己写的是一个观点句，是吧？那它是不是一个好的观点句呢？

（学生思考）

师：我们来看看下面几组观点句，仔细比较辨析上下二句，看看哪个观点句好。

（屏幕显示）

第一组：

A. 出卖国家的利益是可耻的。

B. 出卖国家的利益是不好的，但也有好的方面，那就是可以为自己带来利益。

第二组：

A. 万载是一座美丽的城市。

B. 万载是一座集自然景观与人文景观于一体的美丽城市。

第三组：

A. 凡职业没有不是神圣的，所以凡职业没有不是可敬的。

B. 凡正当的职业没有不是神圣的，所以凡正当的职业没有不是可敬的。

第四组：

A. 生命因为有梦想而精彩。

B. 生命是宝贵的，它对每个人来说都只有一次，怎样让生命更精彩？我们要心怀梦想，为梦想的实现而努力奋斗，在奋斗的过程中，生命必将变得更精彩！

生：第一组句子中，我觉得 A 更好，它简短，表达的观点又明确；B 句太长了。

师：是不是写得长的句子就不是观点句呢？

生：也不是，关键是 B 句的思想有问题。

师：什么问题？

生：对于出卖国家利益的观点模棱两可，又说不好，又说也有好的方面。

师：是的。好的观点，必须立场明确，赞成什么、反对什么，要旗帜鲜明，同时，思想一定要正确。再来看下一组。

生：我觉得 B 句"万载是一座集自然景观与人文景观于一体的美丽城市"好，它写得更具体。

师：是吗？

生：老师，我也觉得 B 句好，但不是因为它具体，而是因为它更有针对性。

师：掌声送给他。观点的胜出不在于具体，而在于有针对性。记叙性的文字具体生动是有优势的，但观点不追求这个。A 句"万载是一座美丽的城市"，只是笼统地说美丽，但美丽在哪个方面，没有聚焦。再看第三组句子。上下两句哪个好？

生：A 句好。

师：为什么？

生：它是书上的原句。

师：书上的原句就一定好吗？古人可是说过"尽信书不如无书"哦。无产阶级老革命家陈云曾说过这样一句话："不唯书，不唯上，只唯实。"

生：我觉得 B 句好。A 句不够严谨，能让人找到漏洞，有的职业就不神圣、不可敬，比如赌博职业、放高利贷职业等。

师：说得好，敢于向书本质疑。确实，在我们如今看来 A 句不够严谨，说得不够正确。可见，一个好的观点，还得是准确的。看第四组句子。

生：A 句好，概括性强。B 句啰啰嗦嗦的，不简洁。

师：确实，啰啰嗦嗦的一长串话反而会分散观点的聚焦。好的观点，还得是语言简洁的。我们汇总一下，一个好的观点需要具备哪些要素呢？

生：立场鲜明、思想正确、有针对性、表述准确、语言简练。

师：把这些好观点应具备的要素写下来，然后对照这些要素去修改你们之前写下的对青少年玩电子游戏的观点。

（学生修改，老师巡回指导）

师：在同学们修改的过程中，老师拍了两个同学写的，现在我把它们传屏到一体机中，大家看一看，他们的观点写得好不好。

（手机传屏展示两位学生所写的观点）

生：我觉得上面那位同学写的观点好。"青少年过分沉迷电子游戏是有害的。"观点鲜明，语言简洁，"过分沉迷"这几个词尤其使用准确。

生：我觉得下面这位同学写的观点有点不太好。"沉浸于电子游戏有好也有坏"，首先"沉浸"这个词就用得不太好，感觉……

师：是的，"沉浸"用在这确实是用词不当，"沉浸"一般用于处于某种境界或思想活动中，用在电子游戏中不恰当，可以改为"沉迷""沉溺"。

生："沉浸于电子游戏有好也有坏"这个观点也不太对。过分地、无节制地玩电子游戏肯定是不好的，适当地玩电子游戏是可以的。

师：那同学们能不能改一改，把这个有点问题的观点变成一个好观点？

生：我觉得可以这样改："电子游戏是把双刃剑"。

生：也可是这样改："青少年玩电子游戏弊大于利"。

生：还可以这样改："青少年适度玩电子游戏是有益的"。

师：特别棒，改后的这几个观点都具备好观点"立场鲜明、思想正确、有针对性、表述准确、语言简练"的要素。

三、凸显观点

师：有了好观点后，接下来我们要思考就是如何把好观点凸显出来。来看一则写作材料，请咱们班语文课代表来给我们读一下，其他同学思考：假如你们在考场上碰到这样一段写作材料，你们会怎样去立意？

（语文课代表朗读《抛开伪装，坚持自我》，其他学生思考）

师：感谢课代表的朗读。同学们，面对这样一则材料，你会如何确立观点？

（学生思考）

师：老师提醒一下，站在不同的角度你会得出不同的观点。站在寒鸦的角度，你会产生怎样的观点？先想一想寒鸦有什么特点，它做了什么事。

生：我觉得寒鸦是虚伪的，它的美丽不是因为自己有美丽的羽毛，而是捡别的鸟的羽毛来伪装起来的。

师：嗯，所以你的观点可以是批判寒鸦的虚伪和伪装。如果是站在众鸟的角度呢，众鸟有什么特点，它们做了什么？

生：众鸟丢弃了自己不要的羽毛，可看到寒鸦用它们丢弃的羽毛把自己伪装得十分美丽，就要被宙斯选为众鸟之王后，它们又纷纷去啄寒鸦，我觉得众鸟应该是嫉妒了。

师：那这样你可以从嫉妒这个点去确立自己的观点。初步确立了这一则写作材料的观点后，怎样在作文中让观点得到凸显呢？请同学们来看看这两篇文章。

（老师下发材料《嫉妒是万恶之源》）

师：请同学们边阅读边把文章中的观点划出来。

学生阅读材料，边读边划。

师：阅读并且圈划完了吗？接下来请同学们完成这两篇文章背后表格的填写。表格中需要同学们填写的内容是"观点位置""观点的内容"和"观点间的关系"。

（学生填表）

师：填好了表吗？哪位同学告诉我第一篇范文《抛开伪装，坚持自我》都有哪些观点。

学生陆续发言，相互补充。

师：这些观点，同学都是在哪些地方找到的？

生：标题、开头、中间和结尾。

师：为什么藏在中间的观点，同学们也那么快就找到了？

生：它们没有藏呀，不但没有藏，作者还故意放在中间这几段的段首，让读者一下就能读到它的观点。

师：观点与观点间有什么关系吗？

（学生露出疑惑的表情）

师：或许老师应该这样问：这些观点之中，有没有轻重主次之分，也就是中心论点与分论点的关系？

生：标题"抛开伪装，坚持自我"只要加上主语变成一个句子，就是中心论点了。开头"我们要抛开伪装，坚持本真的自己"这个观点也就是中心论点。其余的"抛开伪装，他们成就人生""抛开伪装，让他们星光熠熠""精心伪装，让他们遗臭万年"是三个分论点，从不同角度去支撑中心论点。

师：你刚才说到三个分论点从不同角度去支撑中心论点，是哪些角度？

生：分论点 1 和 2 是正面的角度，分论点 3 是反面的角度。

师：那结尾的观点句与之前的观点句又有什么关系？

生：它与开头的观点句相呼应，能起到强化中心论点的作用。

师：分析得很好。再看到第二篇范文《嫉妒是万恶之源》，谁来像我们刚才那样来分析一番？

生：第二篇范文也是在标题、开头、中间和结尾都出现了观点。标题就是中心论点，中间也是有三个分论点，二个分论点从正面证明中心论点，第三个分论点从反面证明中心论点。结尾段的观点也与开头相呼应，再次强调了中心论点。

师：有不一样的地方吗？

生：三个分论点出现的位置不一样。第一篇文章是中间段每一段的第一句话就是一个分论点，第二篇文章是将分论点一句话单独成一个段落。

师：的确是这样的。但不论是将分论点置于段首还是让它们单独成段，都起到了什么作用？

生：引人注目的作用。

师：对的，这就是"凸显观点"。好了，现在我们归纳一下文章在凸显观点上值得我们学习的方法。

（屏幕呈现凸显观点的方法）

①都是在标题、开头、结尾、中间处处设置观点。

②为了让观点更显眼，开头段或是标题就出现了中心论点，中间的分论点置于段首或是单独成段，结尾呼应开头，再次强化中心论点。

③中心论点与分论点，分论点与分论点之间的关系紧密。

师：我们一起把方法来齐读一遍。

师：中心论点与分论点之间要关系紧密，刚才我们分析过了，分论点是对中心论点的支撑。老师问一下，有了中心论点后，该怎么样拟写分论点呢？

（学生思考）

师：分论点其实是对中心论点的追问与阐释。那么在中心论点拟好后，可以问一个"为什么"，然后分论点就从不同的角度来阐释这个为什么。这个不同的角度刚才我们从两篇范文中发现有正反关系，除了正反关系，分论点与分论点之间还存在着并列关系、递进关系。而且同学们发现没有，几个分论点间的角度是不同的，但什么却是基本相同的？

生：分论点在句式上基本相同的。

师：是的，这也是让观点凸显的一个好方法。下面我们花点时间来稍稍了解一下分论点之间常见的三种关系。并列关系，是指围绕中心论点，平行地从不同角度进行阐释；递进关系，是指几个分论点间是层层递进的关系；正反关系，是指几个分论点从一正一反的角度来阐释中心论点。

（屏幕展示几篇文章的标题、中心论点与分论点）

四、列写提纲

师：同学们有了一个好的观点，通过刚才这个学习环节我们又知道了凸显观点的方法，接下来请同学们就"青少年玩电子游戏"这个写作任务，列出作文的提纲。写之前老师温馨提示一下：首先，提纲应包含标题，开头、中间与结尾的主要观点。其次，请在标题或开头就明确提出中心论点，中间分别用三个分论点进行阐释，结尾呼应开头，再次强化中心论点。最后，每个观点均要做到立场鲜明、思想正确，有针对性、表意准确、语言简练。

（学生列写提纲）

师：列好提纲了吗？下面请同学们就自己列的提纲在小组内与同伴分享探讨一下，请同伴为你的提纲提提意见。

（学生展示与交流）

师：下面请同学们看屏幕，这是我刚才拍了一位同学的提纲。大家一起来评一评他的提纲列得好不好。

生：他的中心论点很好。"我认为青少年适当玩电子游戏是有好处的"很鲜明表明了自己的观点，而且好他的观点我也很认同。

生：但我觉得他的标题拟得不太好。"论电子游戏"，这个标题太宽泛了，也有点不准确，因为我们的话题是针对青少年玩电子游戏，而并非是对所有人。老师刚才也温馨提示了"在标题或开头明确提出中心论点"。

师：是的。以后同学们给议论文拟标题尽量不要拟"论……"的标题，这样的表述既宽泛又老套。那针对他拟出的中心论点与分论点，要怎样改一改这个标题会变得更好呢？

生：青少年适当玩电子游戏有好处。

生：老师，我还想到一个更好的标题：青少年玩电子游戏利大于弊。

师：有自信，我喜欢！只是我挺好奇的，你为什么那么自信自己想出的这个标题比前面那位同学的更好？

生：因为他的三个分论点中，有一个是讲青少年玩电子游戏的害处。

师：其他同学觉得怎么样，哪个标题更好？

生（齐声）：第二个标题好。

师：针对这个提纲还有优、缺点要说吗？

生：我觉得他的分论点"青少年适当玩电子游戏有利于身心健康""青少年适当玩电子游戏能缓解压力""青少年过度玩电子游戏影响学习"句式上很整齐，而且从正面反面进行了论述，更有利于人们全面看待电子游戏。

生：我发现他的前两个分论点是不是有点意思上的重复？缓解压力是不是也是有利于身心健康的一个方面？

师：是的，前两个分论点在意思上确实是重复了。你观察得很仔细。那这样，我们把包含范围更宽的第一个分论点留下，将包含范围更窄的第二个分论点去掉，请同学们再给他补上一个分论点。

生：青少年适当玩电子游戏能缓和亲子关系。

师：如何这样说？

生：现在很多家庭因为孩子玩电子游戏搞得亲子关系紧张，父母亲一天到晚数落孩子，孩子心里很烦父母亲，有的家长还会因为玩电子游戏这事打骂孩子，有的孩子与父母对打对骂，有的孩子离家出走，甚至自杀。假如父母与孩子达成共识，规定每周就周末玩一个还是二个小时，那这样适当玩电子游戏，父母也不批评孩子，孩子也自觉地不过分玩，亲子关系不就好了吗？

师：嗯，挺有道理的。三个分论点的顺序同学们觉得需要调整一下吗？

生：我觉得把第三个分论点"青少年过度玩电子游戏影响学习"放前面会更好。

师：为什么？

生：因为标题若改为"青少年玩电子游戏利大于弊"，主要是讲益处的，先讲讲弊端，再重点讲益处，这样能形成对比，而且突出益处。

师：通过刚才评点这份提纲，我们学到了很多。我请一个同学来小结一下。

生：标题不能太宽泛，要有针对性，最好标题就是中心论点；分论点不能重复，要从不同角度展开论述；还有就是几个分论点也要注意顺度。

师：感谢为我们提供提纲的同学，感谢其他同学的评点和献计献策。下面请同学按照老师的提示和同学的意见来修改一下自己的提纲。

（学生修改提纲）

五、整篇写作与评价

师：有了中心论点，就有了议论文的灵魂。刚才，我们又列好了提纲，就意味着文章的骨架也有了。我们距离一篇完整的文章，就只差"血肉"了。什么是议论文的"血肉"？

生：材料。

师：对，就是材料。也就是有了中心论点和写作提纲后，我们还需要给文章加上事实论据和道理论据。这些写作材料老师打包送你们。当然，如果你有了本次作文的材料，就用你自己的；如果你的材料不够，就从这些素材中任选需要的用上。写好后，对照自评清单进行自评，再请同学对照他评清单进行他评。然后结合自评和他评意见修改作文。最后将修改好的作文送给你希望能看到它的人，达成你的写作目的。下课。

第二节　《学写劝说信》写作课例

第一部分　《学写劝说信》教学设计

一、任务情境

为传承长征精神，振华中学高一年级拟组织一次远足活动。征求家长意见时，班级有位孩子的父母不同意他参加，认为孩子比较瘦弱，怕他不能坚持下来；高考又不考体育，课业又那么繁重，参加远足就是浪费时间。

请你以班级同学的身份，给他父母写一封信，说服他们让孩子参加远足活动。

二、学习要素

1. 以读促写，认识体育锻炼强身健体的重要性。
2. 学会"动之以情，晓之以理"的劝说艺术。

三、教学过程

活动一：选择合适的理由，以理服人

1. 你支持孩子参加远足活动吗？如果支持，应该从哪些方面说服他的父母呢？议一议：文章陈述以下理由是否能说动孩子父母？

(1)远足活动可以增长见识；(2)远足活动可以交友，提高社交能力；

(3)远足活动可以放松心情；(4)远足活动可以锻炼身体，增强体质；

(5)远足活动可以磨炼意志。

2. 说服他人要"晓之以理"，说服孩子父母好理由的标准应该是怎样的？

(1)目标一致：对孩子有益

(2)有理有据，角度多元

(3)有针对性，打消其后顾之忧

3. 提问：孩子父母不支持他参加远足活动的原因有哪些？如果要解决孩子父母的顾虑，应提出怎样的理由或建议来进行有针对性的劝说？

明确：(1)孩子比较瘦弱；(2)怕他不能坚持下来；(3)高考不考体育；(4)课业繁重，影响学习；(5)浪费时间。

4. 小组讨论，仿照示例填表：

表 7.2.1　　　　　　　　　　　　　　　　劝说理由构思表

父母顾虑因素	相对应的劝说理由
(1)孩子比较瘦弱	
(2)怕他不能坚持下来	
(3)高考不考体育	
(4)课业繁重，影响学习	
(5)浪费时间	

5. 教师指导填表

父母顾虑因素	相对应的劝说理由
(1)孩子比较瘦弱	示例：如果不积极参加锻炼，瘦弱的身体素质难以改变，参加远足利于磨炼意志，如奥运冠军。
(2)怕他不能坚持下来	示例：坚持不懈的品格从磨砺中来，如红军二万五千里长征故事。
(3)高考不考体育	
(4)课业繁重，影响学习	示例：体育锻炼如弓，学习如箭，没有弓发不出箭，以弓发力，为射击助力，如钟南山。
(5)浪费时间	

活动二：以读促写，构思写作

1. 借助经典，回顾《触龙说赵太后》《烛之武退秦师》，研读其劝说目的和思路，归纳其中的劝说范式。

文本	劝说目的	劝说思路	劝说范式
《触龙说赵太后》	赵太后同意长安君为质，以求救于齐	话家常，缓冲情绪—为少子谋职，引起爱子共鸣—旁击法，请君入瓮—援引历史佐证—放眼未来，论证为质重要性	请君入瓮→引发共鸣→历史规律→解决现实问题
《烛之武退秦师》	退秦师，解秦晋之围	坦言知亡，避其锐气—亡郑无益于秦—存郑无害于秦—亡郑有害于秦	分析事实(现实)→开始假设→走入逻辑

2. 尝试构思，拟写提纲

根据自己选择的劝说理由，借助《烛之武退秦师》《触龙说赵太后》的劝说范式，填写构思图表。

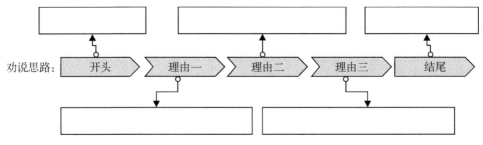

图 7.2.1 劝说理由构思图

3. 指导构思

(1)请填写任务单有困难的同学，说出自己的问题，师生共同提建议。

(2)学生修改完善任务单。

(3)请个别学生汇报修改任务单的情况，其余同学根据评价标准讨论：修改得合理吗？

文章思路层层深入
理由设置角度多元
理由是否有针对性

活动三：起草劝说信，以情动人

1. 选择角度，片段练写

(1)引导学生选择其中一个角度来写，注意以理服人。

(2)学生独立写作，教师巡视指导。

2. 分析例文，提炼方法

(1)请一两位同学展示习作片段，启发其他同学边听边思考：

你在听的时候，试想如果你是孩子父母，你会受其打动让孩子参加远足活动吗？

(2)出示《触龙说赵太后》节选，研读触龙劝说语言的魅力(尤其关注口吻和语气)。

例文展示：

左师触龙言：愿见太后。太后盛气而揖之。入而徐趋，至而自谢，曰："老臣病足，曾不能疾走，不得见久矣。窃(用语礼貌谦卑)自恕，而恐太后玉体之有所郄也(关爱对方身体)，故愿望见太后。"太后曰："老妇恃辇而行。"曰："日食饮得无衰乎?"曰："恃粥耳。"曰："老臣今者殊不欲食，乃自强步，日三四里，少益耆食，和于身。"太后曰："老妇不能。"太后之色少解。(舒缓对方情绪)

左师公曰："老臣贱息舒祺，最少，不肖;而臣衰，窃爱怜之。愿令得补黑衣之数，以卫王宫。没死以闻。"太后曰："敬诺。年几何矣?"对曰："十五岁矣。虽少，愿及未填沟壑而托之。"太后曰："丈夫亦爱怜其少子乎?"对曰："甚于妇人。"太后笑曰："妇人异甚。"（找到对方关注点，引起共鸣）对曰："老臣窃以为媪之爱燕后贤于长安君。"曰："君过矣! 不若长安君之甚。"左师公曰："父母之爱子，则为之计深远。媪之送燕后也，持其踵，为之泣，念悲其远也，亦哀之矣。已行，非弗思也，祭祀必祝之，祝曰：'必勿使反。'岂非计久长，有子孙相继为王也哉?"太后曰："然。"

左师公曰："今三世以前，至于赵之为赵，赵王之子孙侯者，其继有在者乎?"曰："无有。"曰："微独赵，诸侯有在者乎?"曰："老妇不闻也。""此其近者祸及身，远者及其子孙。岂人主之子孙则必不善哉? （连续发问，发人深省）位尊而无功，奉厚而无劳，而挟重器多也。今媪尊长安君之位，而封之以膏腴之地，多予之重器，而不及今令有功于国，一旦山陵崩，长安君何以自托于赵? 老臣以媪为长安君计短也，故以为其爱不若燕后。"太后曰："诺，恣君之所使之。"（提出建议，解决对方顾虑问题）

3. 完成初稿

劝说要达到以情动人的效果，需考虑以下因素：

(1)用词礼貌，考虑与劝说对象的关系；用语得体，注意劝说对象的身份、性别、年龄、经历、文化背景等。

(2)站在对方角度思考：考虑对方的情绪、核心关注点。

(3)多采用建议或商量语气，不用指责或命令式口吻，可借助反问、排比、比喻等说理形式增加说服力。

活动四：交流与评价

小组内交换阅读作文，根据以下评价标准评出"心动指数"。

表7.2.2 评价标准表

评价标准		自我评价 （满分5颗星）	他人评价 （满分5颗星）
晓之以理	劝说理由多元，有说服力		
	有理有据，逻辑推理严密		
	针对问题要害有效说理		
动之以情	用语得体		
	站在对方角度思考		
	语气口吻得当		

4. 互相推荐好文，说清推荐理由。老师挑选一两篇，与全班分享。

四、布置作业

因父亲总是在高速路上开车时接电话，家人屡劝不改，小陈迫于无奈，更出于生命安全的考虑，通过微博私信向警方举报了自己的父亲。警方查实后，依法对老陈进行了教育和处罚，并将这起举报发在官方微博上。老林表示以后不会再犯，但他对儿子报警的行为恼怒不已，认为儿子是小题大做，没有孝心，成心让自己出丑，你作为老林的朋友，请你给他写一封劝说信，纾解一下他的情绪，缓解父子关系。

附台阶式教学设计

任务情境：以班级同学的身份，给他父母写一封信，说服他们让孩子参加远足活动。

学习元素：（1）以读促写，认识体育锻炼强身健体的重要性；（2）学会"动之以情，晓之以理"的劝说艺术。

步骤4：布置作业，完成整篇文章写作。

步骤3：交流点评习作。
步骤2：评议修改。

步骤2：再次修改初稿，把场面写生动。
步骤1：指名展示交流。

步骤2：展示交流，修改构思图表。
步骤1：通过范文支架，掌握劝说语言的要点。

步骤1：运用范文支架，填写构思图表。
环节四：交流修改核心写作知识：（1）文章结构清晰，晓之以理；（2）语言得体，动之以情

步骤3：结合标准给出相应劝说理由。
环节三：起草劝说信，以情动人
写作知识：劝说用词、站在对方角度考虑、劝说语气

步骤2：议一议给出理由的说服力度。
步骤1：出示任务情境，明确写作任务。
环节二：以读促写，构思写作
写作知识：劝说思路、结合证据和论证过程等要素完成构思

学生缺少劝说信的写作经验
环节一：选择合适的理由，以理服人
核心知识：劝说好理由的标准

教学起点

第二部分　《学写劝说信》教学实录

一、出示写作任务情境

师：为传承长征精神，振华中学高一年级拟组织一次远足活动。征求家长意见时，班

级有位孩子的父母不同意他参加，认为孩子比较瘦弱，怕他不能坚持下来；高考又不考体育，课业又那么繁重，参加远足就是浪费时间。

请你以班级同学的身份，给他父母写一封信，说服他们让孩子参加远足活动。

活动一：选择合适的理由，以理服人

师：你支持孩子参加远足活动吗？如果支持，应该从哪些方面说服他的父母呢？

生：我完全支持，因为我也很喜欢户外活动，如果让我说服他父母的话，我会告诉他父母远足活动有很多好处，比如我们需要释放一些压力，出去能散散心。

师：你的思路很清晰，和老师这张投影的观点不谋而合，那大家一起来议一议：文章陈述就以下理由是否能说动孩子父母？

（出示清单）

> (1)远足活动可以增长见识；
> (2)远足活动可以交友，提高社交能力；
> (3)远足活动可以放松心情；
> (4)远足活动可以锻炼身体，增强体质；
> (5)远足活动可以磨炼意志。

生：老师，我觉得没毛病，理由看起来很充分了。

师：同学们仔细想想，我们一般说服他人要"晓之以理"，那么说服孩子父母好理由的标准应该是怎样的？第一，站在父母的角度考虑，是不是应该和父母保持目标一致：对孩子有益？这是父母最为关心的一个问题；第二，既然说服人是不是应该有理有据，角度多元？第三，材料中的父母有很多担心，那我们提出的理由应该要有针对性，打消其后顾之忧，根据三个好理由的标准，同学们再审视清单上的理由，它们能说服孩子父母吗？

生：不能，角度也不是很多元，而且没有针对性，有一种隔空喊话的感觉。

师：非常好，同学们看到了其中的端倪，也是平时写作文常陷入的问题，自说自话。那么如果要解决孩子父母的顾虑，应提出怎样的理由或建议来进行有针对性的劝说？我们可以先从孩子父母不支持他参加远足活动的原因入手。

生：(1)孩子比较瘦弱；(2)怕他不能坚持下来；(3)高考不考体育；(4)课业繁重，影响学习；(5)浪费时间。

师：好，原因找到了，请同学们对准其中某一条原因，找出相对应的劝说理由。小组合作，将表格填好。

（师指导填表，可利用议论文常用的论证方法进行说理，如假设法、因果分析、例证法、喻证法或引证法等方法。屏幕显示）

父母顾虑因素	相对应的劝说理由
(1)孩子比较瘦弱	示例：如果不积极参加锻炼，瘦弱的身体素质难以改变，参加远足利于磨炼意志，如奥运冠军。
(2)怕他不能坚持下来	示例：坚持不懈的品格从磨砺中来，如红军二万五千里长征故事。
(3)高考不考体育	
(4)课业繁重，影响学习	示例：体育锻炼如弓，学习如箭，没有弓发不出箭，以弓发力，为射击助力，如钟南山。
(5)浪费时间	

（小组合作，交流展示）

活动二：以读促写，构思写作

师：好，同学们找到了很丰富的理由，已经知道以理服人是劝说效果好坏的关键，其实，劝说的思路也很重要，思路清晰明了就可以更好地说服对方。其实，劝说的例子在我们学过的课本中就有，我们一起回顾《触龙说赵太后》《烛之武退秦师》，同学们，触龙和烛之武劝说的对象是谁？都成功了吗？

生：触龙劝说赵太后同意长安君为质，以求救于齐，他成功了。

生：烛之武劝说对象是秦君，目的是退秦师，解秦晋之围，他也成功了。

师：对他们都成功了，但都不是在生硬地说理，那他们是如何成功劝说的呢？思路是怎样的？小组交流讨论。

生：我们组发现触龙真是太厉害了，知道赵太后不愿谈论长安君为质的话题，触龙就先和赵太后话家常，缓解了她的情绪，接着讲他想为小儿子谋职务的事情，一下子就谈到了两个人关于爱子的话题，接着用赵太后爱燕后甚过爱长安君来刺激赵太后，说到关键之处要父母爱子得为孩子考虑长远，然后大量举例，并分析当下的形势，那么于情于理长安君都应该为质。

师：很棒！你们小组研究文本很透彻，我们可以将触龙说服对方的思路概括为"请君入瓮→引发共鸣→历史规律→解决现实问题"。那烛之武是如何说服秦伯的？哪个小组发现了。

生：我们组研究的是烛之武的话，他向秦伯坦言知亡，避其锐气，接着从亡郑无益于秦，亡郑有害于秦，挑拨秦晋关系，顺利救下了自己的国家。

师：你们组也看懂了烛之武的劝说思路，我们概括为"分析事实（现实）→开始假设→走入逻辑"。我们回到远足活动这个情境，是否可以借鉴两位历史名人的成功经验将孩子父母说服呢？请同学们看课件上的思维导图。

二、尝试构思，拟写提纲

师：请根据自己选择的劝说理由，借助烛之武、触龙的劝说范式，填写构思图表。

（屏幕显示）

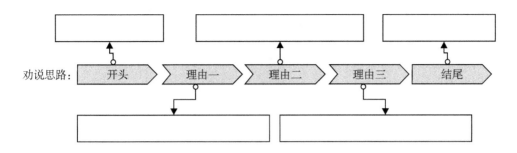

劝说思路：开头 → 理由一 → 理由二 → 理由三 → 结尾

师：请个别学生汇报修改任务单的情况，其余同学根据评价标准讨论：修改的合理吗？标准：(1)文章思路层层深入；(2)理由设置角度多元；(3)理由是否有针对性。

活动三：起草劝说信，以情动人

师：请同学们生选择其中一个角度来写，注意以理服人。

师：请一位同学展示你的习作片段。

生：孩子妈妈，我们全班同学都会去远足，你确定要让你家孩子留在教室或者家里闭门造车吗？你就因为他瘦弱，怕他坚持不下来就不让他去，这是因噎废食的做法，请把眼光长远一点，正是因为瘦弱，难道不应该更督促他锻炼吗？不用担心他坚持不了，我们会好好监督和照顾他的，真心希望你成全他。（全班哄笑）

师：好，这位同学很有代入感，但是请问其他同学：你在听的时候，试想如果你是孩子父母，你会受其打动让孩子参加远足活动吗？

生：老师，他用反问句逼问我留下孩子的后果，而且确实解决了我的后顾之忧，最起码我不会很担心，挺有说服力的。

师：好，你用到了"逼问"这个词，你觉得这里逼问合适吗？那我们和劝说对象是什么关系？

生：晚辈和长辈。

师：对，那我们说话的语气应该是怎样的？

生：礼貌、谦逊。

师：也就是说我们说理的时候要注意语言的表达，才能以情动人。请看一看下面两段对话。

（屏幕显示）

(1)学生表演1：

甲：乙同学，快去把水龙头关掉，水在那里哗哗地流，太浪费了！

乙：关你什么事。

(2)学生表演2：

丙：乙同学，你刚才水龙头忘了关了，水哗哗地流，我觉得很可惜。

乙：噢，对不起，我忘了。

师：比一比甲和丙的劝说，说说你的想法。

生：丙和甲比，他的劝说是有效的，甲同学命令式的口吻，"太浪费了"这个责怪的语气很明显让乙接受不了，而丙同学不一样，他的说法有点类似触龙，试图用"我觉得很可惜"让乙产生共鸣，从而启发他主动去关水龙头。

师：你分析得很到位，我们劝说的时候不能用命令式的口吻和责备的语气，提到了触龙，我们再来看看触龙的用语，小组交流研读，说说他用语的魅力，尤其关注口吻和语气。

（屏幕出示《触龙说赵太后》节选）

> 左师触龙言：愿见太后。太后盛气而揖之。入而徐趋，至而自谢，曰："老臣病足，曾不能疾走，不得见久矣。窃自恕，而恐太后玉体之有所郄也，故愿望见太后。"太后曰："老妇恃辇而行。"曰："日食饮得无衰乎？"曰："恃粥耳。"曰："老臣今者殊不欲食，乃自强步，日三四里，少益耆食，和于身。"太后曰："老妇不能。"太后之色少解。
>
> 左师公曰："老臣贱息舒祺，最少，不肖；而臣衰，窃爱怜之。愿令得补黑衣之数，以卫王宫。没死以闻。"太后曰："敬诺。年几何矣？"对曰："十五岁矣。虽少，愿及未填沟壑而托之。"太后曰："丈夫亦爱怜其少子乎？"对曰："甚于妇人。"太后笑曰："妇人异甚。"对曰："老臣窃以为媪之爱燕后贤于长安君。"曰："君过矣！不若长安君之甚。"左师公曰："父母之爱子，则为之计深远。媪之送燕后也，持其踵，为之泣，念悲其远也，亦哀之矣。已行，非弗思也，祭祀必祝之，祝曰：'必勿使反。'岂非计久长，有子孙相继为王也哉？"太后曰："然。"
>
> 左师公曰："今三世以前，至于赵之为赵，赵王之子孙侯者，其继有在者乎？"曰："无有。"曰："微独赵，诸侯有在者乎？"曰："老妇不闻也。""此其近者祸及身，远者及其子孙。岂人主之子孙则必不善哉？位尊而无功，奉厚而无劳，而挟重器多也。今媪尊长安君之位，而封之以膏腴之地，多予之重器，而不及今令有功于国，一旦山陵崩，长安君何以自托于赵？老臣以媪为长安君计短也，故以为其爱不若燕后。"太后曰："诺，恣君之所使之。"

生：老师，我发现他用词很礼貌，比如"老臣""窃""贱息"这样的词让人感觉他很谦卑。

师：对，你的观察细致。我们在劝说的时候用词礼貌，用语要得体，考虑与劝说对象的关系，注意劝说对象的身份、性别、年龄、经历、文化背景。

生："恐太后玉体之有所郄也"这句话赵太后应该听了很舒服，感觉他很关心她的身体，然后那个话家常对疏解太后情绪帮助很大。

师：站在对方角度，考虑对方的情绪，可以助力我们说服对方。

生："丈夫亦爱怜其少子乎？"这句话成功找到赵太后的关注点，引起了情感的共鸣。

师：考虑对方的情绪、核心关注点，这就是站在对方角度思考。

生："今三世以前，至于赵之为赵，赵王之子孙侯者，其继有在者乎？""微独赵，诸侯有在者乎？""此其近者祸及身，远者及其子孙。岂人主之子孙则必不善哉？"触龙这几个连续的发问，非常有说服力。

师：对，借助反问、排比、比喻等说理形式增加说服力，最后还给赵太后提出了建议，解决了关于长安君为质的顾虑。

师：我们小结一下，劝说要达到以情动人的效果，需考虑以下因素：(1)用词礼貌，考虑与劝说对象的关系；用语得体，注意劝说对象的身份、性别、年龄、经历、文化背景等；(2)站在对方角度思考：考虑对方的情绪、核心关注点；(3)多采用建议或商量语气，不用指责或命令式口吻，可借助反问、排比、比喻等说理形式增加说服力。

师：请同学们修改完善片段，学生独立写作 10 分钟。

三、交流与评价

师：我看大部分同学已经写完了，现在我们一起来看啊，我对小组进行评价，并提出建议。怎么评价呢？根据以下评价标准给自己习作打分。

评价标准：

评价标准		自我评价	他人评价
晓之以理	劝说理由多元有说服力		
	有理有据，逻辑推理严密		
	针对问题要害有效说理		
动之以情	用语得体		
	站在对方角度思考		
	语气口吻得当		

师：请你读一下你的劝说片段。

生：××妈妈，您担心他比较瘦弱，会坚持不下来，这种担忧是可以理解的，说明您很爱您的孩子，我非常理解您这种作为父母的心情。但是我们不是每个人生来就有强健的体魄，马龙、石志勇，年龄小的全红婵，哪一个奥运冠军不是经过一点一滴的训练才在竞技赛场上绽放光芒？可能您会说，不要求孩子像冠军那样艰辛和突出，但是请允许我们有一个磨炼意志的机会。请相信您的孩子，他坚持不下来的时候还有我们，我们可以像红军那样互帮互助，纵使艰难险阻，荆棘丛丛，只要我们意志坚定，我们一定可以完成远足的！

师：你给自己打几分？

生：80 分。

师：为什么？

生：我学习了触龙先站在对方角度思考，对孩子父母表示理解，而且后面的说理基本针对了要害，也有理有据吧，然后语言也算得体。

师：好，同桌怎么评价？有没有哪里可以更完美的？

生：我也觉得可以有 80 分以上，如果要追求更完美的话，可以建议孩子父母准备一些干粮，以备不时之需，这样就可以解决他的后顾之忧。

师：非常好，老师给你们完善的作品打 95 分，请其他同学们给这两位同学掌声，还有要展示的吗？

生：××妈妈，感谢您百忙之中读我这封信，您对孩子的关心让人感动，但是您说因为高考不考体育就不让孩子参加远足活动，我不是很能理解。虽然体育没有作为硬性的科目加以选拔，但是高考也在或多或少考察我们的体能。您知道我们的课业繁重，没有时间参加体育锻炼，这次学校举办的远足活动正是我们检验体能和锻炼身体的机会，何乐而不为呢？这不是浪费时间，提高了体能，我们能更高效投入学习，对吗？让孩子参加这次的远足活动可以吗？再次感谢您！

师：你自己打多少分？

生：打 60 分吧。

师：为什么？

生：个人感觉用语还好，就是感觉说理好像没有很大说服力。

师：60 分比较谦虚，不过你说到了问题的症结所在，那怎样改善比较好？

生：有理有据，加一些例子去说理可能更好。

师：好的，再加入丰富论证方法，你的文章可以更出彩，请你课后继续完善。

这节课我们学习了劝说信的写作，生活中处处有劝说，我们尽量做到"以理服人，以情动人"，那人与人的相处将更加美好和谐。这节课上到这里，课后请同学们根据所学完成 800 字的全文习作。

第八章　创意文写作教学设计

第一节　《学习描写景物》写作课例

第一部分　"学习描写景物"写作单元教学解读

一、联系课程标准，确定单元学科"大概念"

(一)教材单元主题与语文学习分析

本单元为八年级上册第三单元，主要选定的是以"山水"主题的古诗文，从教材的选文来看，教科书编者选择了郦道元的《三峡》、陶弘景的《答谢中书书》、苏轼的《记承天诗夜游》和《唐诗五首》，它们共同的聚焦点是通过歌咏山水，表达作者的独特情感和精神境界。从语文学习的要素来看，本单元学习的阅读要点是"通过阅读这些歌咏山水的优美篇章，获得美的享受，净化心灵，陶冶情操"，具体包括"借助注释和工具书，整体感知内容大意，积累常见的文言实词和虚词；反复诵读，借助联想和想象，进入诗文的意境，感受山川风物的灵秀，体会作者寄寓其中的情怀"；写作要点是"学习描写景物"。关于描写景物，教科书有一段写作知识提示：描写景物，首先要抓住景物的特征，而景物的特征，常常表现在形状、色彩、声音等方面；描写景物的特征，既可以描述人的视觉感受，还可以描述听觉、嗅觉、触觉等多种感受；为了使景物描写更加丰满、生动，对某一个景物，可以俯视、仰视、近观、远望，可以写静态、动态，还可以写不同时段中的不同形态；写景时还要注意融入情感。但对于"如何多角度进行展开描述"，教科书中没有进行具体说明，角度不够完整，对于如何抓核心景物，教材中甚至没有提及。

（二）写作学情分析

从八年级学生的学习和生活经验来看，学生已经掌握了在写景的过程中融入修辞手法，调动各种感官等写作技巧，这些知识在课堂教学中只要点一下就可以了，学生对于抓住核心景物（元素）进行多角度描述的能力非常欠缺，描写景物的角度比较单一。

（三）确定单元"大概念"

本单元人文主题是"通过品读山水美文，获得美的享受，净化心灵，陶冶情操"，语文要素比较具体明确，鉴赏的要点是"美感享受、审美情趣、思想内涵、艺术特点"，鉴赏的层级在"综合""感受"层面。基于此，本单元的"大概念"择定为写作方法指导，即体会景物之美，学习写景的方法。

二、围绕"大概念"，提取写作学习元素

本单元的"大概念"重在写作方法指导：体会景物之美，学习写景的方法。在教学时注意引导学生调动联想和想象，还原作者观景时的情境和视角，在头脑中再现文中描绘的景物，体会景物的特点和神韵；在写作技法上，要注意引导学生关注课文写景的方法，努力用语言营造画面感，讲究结构布局、色彩处理，通过远近、明暗、虚实、浓淡、藏露、疏密等对立关系的和谐统一表现景物的立体感、层次感，达到一种直觉体悟的审美效果。综合学情和单元文本特点，本单元的核心写作学习元素定为：围绕核心景物展开多角度描写。

三、预估学习结果，写作表现性评价任务

根据学生年龄特点和知识掌握程度，拟定表现性评价的要求，在真实的任务情境中，运用评分规则对学生完成的习作作出判断。评价的要点集中在三个方面：（1）用到两种以上的写景角度；（2）以一种写景角度为主安排写作顺序；（3）突出景物的特征。

第二部分　《多角度展开景物描写》教学设计

一、情境任务

司各特说："春天的太阳甚至给那最卑微的小花也注入了新的生命"早春三月，北方的冰雪刚刚融化，花草树木刚刚吐露出新芽，而南国的深圳早已是春意盎然了。请你写一段描写春天的文字，分享给目前春意并不明显的北方朋友，让他们能够从中感受到深圳春天景物的独特与美丽。

二、学情分析

1. 深圳四季的景物变化不大，大部分学生不知道抓哪些春天的景物。
2. 大部分学生缺少关于深圳春天的百科知识，描写景物的角度比较单一。

三、学习元素

围绕核心景物展开多角度描写。

四、教学过程

导入：让同学们展示并交流带来的图片。一句话介绍你的图片。

环节一：点评学生习作，引出多角度描写

1. 课件呈现任务情境：准备一张和深圳春天有关的照片，把它转化成不少于 100 字的写景文字，分享给目前春意并不明显的北方朋友，让他们能够通过你的文字感受到深圳春天的独特与美丽。
2. 老师解释任务情境。
3. 出示学生准备的图片和文字。

图 8.1.1　深圳春天

　　雨才下过，花却早已盛开。唯有几点雨滴仍轻轻地滴落在花瓣上，却给这片姹紫嫣红，多了份可爱。绿色的叶子多了份青，令得这片花海，更艳，更嫩了——仿佛轻轻触下，便会打碎。由这片花海，抬头看，行人匆匆，仿佛无心赏花，却不然，丝丝青雨倒不似薄雾，反倒令人打起了伞，这几把伞，倒也给这份春意，添了份娇媚。游客也被这春所震撼吧！

　　春光美，春色惹人醉。此时此刻，何尝不令人醉其中？薄薄的雨，红红的花——如此意境，简单，而又美丽——我也沉醉其中了！

135

4. 默读上面文字。写出以上文字的优点和不足。

优点：_____

不足：_____

(学情预设：学生可能容易找出优点，但很难找到不足)

5. 和朱自清的"春花图"进行比较，发现有什么不一样呢？

(1)引出"多角度描写"。

(2)出示名家范例。

　　桃树、杏树、梨树，你不让我，我不让你，都开满了花赶趟儿。红的像火，粉的像霞，白的像雪。花里带着甜味儿；闭了眼，树上仿佛已经满是桃儿、杏儿、梨儿。花下成千成百的蜜蜂嗡嗡地闹着，大小的蝴蝶飞来飞去。野花遍地是：杂样儿，有名字的，没名字的，散在草丛里，像眼睛，像星星，还眨呀眨的。(朱自清《春》)

(3)运用多角度描写知识填写下面的构思图。

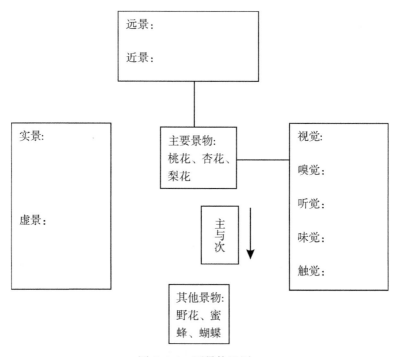

图 8.1.2　写景构思图 1

环节二：运用所学知识构思写景片段

1. 运用多角度描写知识填写以下构思图表。

小组合作完成一个片段的构思

A. 小组推选出最能体现深圳独特美丽的图片；B. 小组合作完成图片的构思。

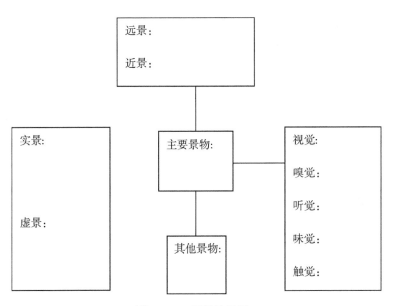

图 8.1.3　写景构思图 2

2. 小组展示交流，明确顺序。

3. 运用图表构思写作片段。

多角度描写景物任务清单表：

任 务 清 单
至少用到两种以上的写景角度
以一种写景角度为主安排写作顺序
突出深圳春天的独特与美丽
字数不少于 100

环节三：依据构思图表，完成语段写作

1. 每位同学根据自己的构思图表，完成不少于 100 字的片段写作(要求两种以上的写作角度，以一种写作角度为主的写作顺序，突出深圳春天的独特与美丽)。

2. 同学展示，自愿为主。(3 位同学展示)

串联成文：

　　文章的开头：也许，在很多人的眼中，深圳的春天并没有什么特别之处，可是在我的眼中，深圳的春天是别具一格的。

　　(同学们添加上去的段落)

　　……

　　文章的结尾：亲爱的朋友，当你看完我的分享后，想来深圳和我一起感受春天的美好吗？深圳欢迎你！

3. 评价量表

表 8.1.1　　　　　　　　　　　　**多角度描写景物评价表**

评价指标	好三颗星；中两颗星；差一颗星		
用到了两种以上的写景角度	★	★	★
以一种写景角度为主安排写作顺序	★	★	★
突出了深圳春天的独特与美丽	★	★	★
字数不少于 100	★	★	★

环节四：小结所学知识

1. 多角度描写景物

2. 以一个角度为主来安排描写顺序。

第三部分　《多角度展开景物描写》教学实录

一、情境导入

师：昨天我给大家布置了一个任务，让大家准备一张和深圳春天有关的照片，并将它用不少于 100 字的文字描述出来，分享给目前春意并不明显的北方朋友，让他们能够通过你的文字感受到深圳春天的独特与美丽。现在大家准备得怎样了呢？

生：准备好了！

师：接下来我请几位同学用简短的话来概括自己的图片。

(生出示照片和描写文字)

　　雨才下过，花却早已盛开。唯有几点雨滴仍轻轻地滴落在花瓣上，却给这片姹紫嫣红，多了份可爱。绿色的叶子多了份青，令这片花海，更艳，更嫩了——仿佛轻轻触下，便会打碎。站在这片花海中，抬头看，行人匆匆，仿佛无心赏花，然而，丝丝青雨不似薄雾，反倒令人打起了伞，这几把伞，也给这份春意，添了丝娇媚。游客也被这春震撼了吧！

　　春光美，春色惹人醉。此时此刻，何尝不令人醉其中？薄薄的雨，红红的花——如此意境，简单，而又美丽——我也沉醉其中了！

（生出示照片和描写文字）

　　远处，有水云覆盖着那丘陵，如那轻柔的纱巾装饰着即将嫁出去的姑娘。过来些，可以看见有一百多户人家——羡慕他们，那凡俗的生活——整齐地排列成一条队伍。再靠近点，电线杆挺立依旧，那电线上，也栖息了一两只小麻雀。最吸引人的是那金黄的油菜花，那可不是秋的号召，而是春的呼唤。春，美得很！

（生出示照片和描写文字）

你在北方看飘雪，我在南方赏花海！北方的春天，也许还飘着雪花，而深圳的春天已经很温暖了！

虽说深圳是个四季常绿城市，没有多大的变化，可是路边有些树木还是要应景的，在冬日时早把绿"衣裳"脱得干干净净；现在春天来了，又不厌其烦地换上新装，公园里的许多花儿也迫不及待地绽放，忙于点缀这松软的地毯……

广东有句俗话：木棉花开，冬天不再来！意思是只要看到木棉花开了，温暖的春天也就来临了。早春2月，木棉花儿，等不及披上绿衣裳，就抢先绽放她的笑脸，远远望去，一树的橙红，像一支支燃烧的火炬，格外引人注目！

深圳的春天就如同深圳城市的快节奏，各种各样的花热情地开放着，有条不紊，精彩纷呈，美轮美奂！

师：请同学们对以上三段文字作简要点评。

二、范文引领，明确多角度描写的手法

师：同学们都是生活中的有心人，善于发现生活中的美好。回到我们的写作任务，反思一下，你们描写的语段有没有真正体现深圳春天的独特性呢？有没有找到图片中最核心最主要的景物呢？（生沉默）接下来，我们看一看朱自清先生的《春》，跟以上三位同学的文段相比，你们有怎样的发现呢？

（屏幕显示）

桃树、杏树、梨树，你不让我，我不让你，都开满了花赶趟儿。红的像火，粉的像霞，白的像雪。花里带着甜味儿；闭了眼，树上仿佛已经满是桃儿、杏儿、梨儿。花下成千成百的蜜蜂嗡嗡地闹着，大小的蝴蝶飞来飞去。野花遍地是：杂样儿，有名字的，没名字的，散在草丛里，像眼睛，像星星，还眨呀眨的。

——朱自清《春》

（学生讨论，教师指导点拨）

师：和以上三位同学的习作相比，朱自清的"春花图"在写法上具有以下四个方面的特点：（1）景物描写虚实结合，有眼前所见，有合理的想象；（2）通过视觉、味觉等感官描写景物；（3）突出主要景物桃花、杏花和梨花；（4）按照空间的变化安排描写的顺序。请同学们根据例文，填写学案上景物描写构思图。

（学生填写，老师边巡视边指导。此环节 5 分钟）

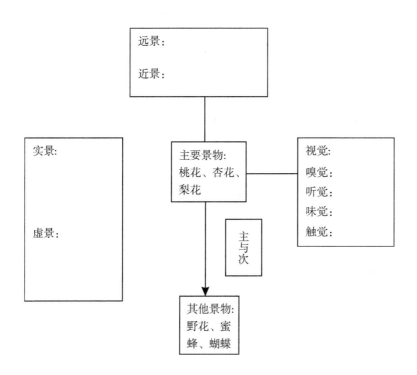

三、运用所学知识，填写景物描写片段构思图

1. 小组推选出最能体现深圳春天特征的图片。（有些小组能够快速选定，也有的小组一直在纠结，此时老师帮小组选定）

2. 小组合作完成图片的构思。（此环节 5 分钟）

3. 同学们在填写的过程中合作分工，发挥集体的作用，快速完成构思图表的填写。也有个别小组因为所带照片没有深圳特色或者主要景物不明显，所以写作迟迟难以展开。

4. 填写好构思图后，教师指定第一小组展示交流。

（1）主要景物：醉蝶花。（2）视觉：灰蒙蒙的天空、五颜六色的醉蝶花；嗅觉：花的香味。（3）远景：雨景、春笋楼；近景：盛开的醉蝶花。（4）实景：春雨绵绵、开放的醉蝶花、鲜花掩映的春笋楼；虚景：想象中的仙花。（5）其他景物：雨、春笋楼。

5. 各小组修改完善构思图。

四、依据构思图表，完成景物片段的写作

师：请同学们根据构思图表，完成不少于100字的片段写作，要求两种以上的写作角度，以一种写作角度为主的写作顺序，突出深圳春天的独特与美丽。（10分钟）

师：同学们把自己写的那个片段和本组的成员一起分享，同时根据评价量表互查有没有未完成的任务清单，并根据评价指标勾上对应的星级。（同学讨论，点评。2分钟）

（屏幕显示）

评价指标	好三颗星；中两颗星；差一颗星，完全没有无星		
用到了两种以上的写景角度	★	★	★
以一种写景角度为主安排写作顺序	★	★	★
突出了深圳春天的独特与美丽	★	★	★
字数不少于100	★	★	★

师：累加超过10颗星的同学举手，在此特别提出表扬。接下来组长和同学们一起商讨，把所写的文字串联成文，然后由组长念出来和全班同学一起分享。建议选出能体现深圳春天独特性和美丽的文字，重复的删除，然后排一个顺序，组长在合适的位置加上衔接词，最后把那些文字串联成文。

大家可以参考借用老师提供的开头和结尾，也可以根据文章需要自己写上开头和结尾。

（屏幕显示）

开头：也许，在很多人的眼中，深圳的春天并没有什么特别之处，可是在我的眼中，深圳的春天是别具一格的。

……

结尾：亲爱的朋友，当你看完我的分享后，想来深圳和我一起感受春天的美好吗？深圳欢迎你！

五、教学小结

师：通过今天的学习，我们学会了什么写法？

生：多角度描写景物；以一个角度为主来安排描写顺序。

师：大家都掌握了吗？

生：掌握了！

师：希望大家学习过后，能够在以后的写作中灵活运用。不仅在写景中可以多角度描写，在写人的时候也可以试着围绕主要人物展开多角度描写。好！今天的课就上到这里，

谢谢大家！下课！

（例文展示）

生：第一小组组长汇总本小组文章，然后串联成文。展示如下：

深圳的春天

二月，北方也许还是冰天雪地，但改革开放的第一站——深圳的冬天却早已离去。跟北方的寒冷和阴沉对比，深圳的春天，给人一种格外清新的感觉。

深圳的春天是多雨的。你看，天空灰蒙蒙的，正淅淅沥沥地下着小雨。那雨，像牛毛，像细丝，像花针。

在一个下着雨的日子里，我撑着伞，去到深圳湾的公园。

先映入眼帘的是一大片粉红的醉蝶花，那娇嫩的花瓣令人心生爱怜，像是十六七岁的少女。在嫩绿草叶的衬托下，艳丽的醉蝶花更是惊艳。哗啦啦，雨落在花上，花上的雨珠如断了线的珍珠一般，嘀嗒嘀嗒地落下，落在地上碎成了一滩泡沫，一会儿就消失不见了。

放下伞，仰起头，清凉的雨丝打在脸上。闭上眼睛，仿佛置身于仙境，雨滴落在地上发出清脆的声响，净化了心灵。在细细的春雨中，春天万物的颜色越来越鲜妍，春天清甜的味道被轻柔的春风带着散入全城。

雨后，花朵别样的鲜艳，粉色的花瓣上留着晶莹的"珍珠"。微风拂过，花儿翩翩起舞，一阵花的芳香与雨后的青草味散发出来，终于明白了"醉蝶花"名字的由来。

抬头远眺，一栋设计新颖的春笋楼耸入云层，那尖尖的"竹笋头"直插云霄。在花丛的衬托下，这座高楼更是展现出了深圳独特的魅力，展示了雨后春笋般，无限的生命力和活力。与远处的天空和花丛及点缀在花丛中的行人共同组成了一幅美丽的画卷。

这就是深圳的春天。它是一个多雨的季节，是一个花开的季节，更是一个充满活力的季节。

生：第二小组组长汇总本小组文章，然后串联成文，展示如下：

又是一年木棉开

最是人间留不住，朱颜辞镜花辞树。

恍惚间春天已经在不知不觉中悄无声息地露出了一丝踪迹，在阳光明媚的三月天，我慢慢走进了深圳的春天。

清晨漫步在空无一人的天桥上，向下看是四季不同的色彩和表情，向上看是阴晴不定广袤的天空，川流不息的人和车也让人不由得赏心悦目。慢慢往前走却被一棵高大的树挡住了去路，抬头一看，树枝上大大小小的木棉占据了整片天空，自私地据为己有，每朵花都争相地想要享受那一抹暖阳的关怀。木棉花散发着淡淡的花香，火红的花蕊，使整个城市都显得红红火火。

早几日的春雨已经过去，深圳的路边常常有几棵木棉树，春雨过后，树上便开满了木棉花，大多是红的，橙的，末端带点黄色。木棉花喜庆地像一个个小小的火红铃铛，仿佛充斥着如火的热情，那样的饱满，那样的精神。

远看树枝上跳动的火焰，连远山都似乎被映成了红霞，再走近一点，被风雨打落下来的木棉散落了一地，小心翼翼地拾起，上面残留了几滴雨露，使木棉显得更加红艳，真不愧是"英雄花"，即使卑微地掉进尘埃，也依旧如军人一般挺拔笔直，这浴血的红就是它奋勇作战后取得的胜利，给人以坚韧不拔的雄心壮志，这或许就是所谓的"外刚内柔"吧！

站在树下，我不由得张开双臂，闭上眼睛，呼吸里全是木棉的清香，一时间仿佛自己也变成了一朵迷人的木棉。睁开眼，直面人间世事，一切无言，那偶然闪过的红红绿绿突然泛滥成一种时尚，一如那泛滥的感情和思想……

带着这样一种浪漫，去捕捉深圳春天特有的气息，连带着春天一起邂逅在这样的景色里。

师：我们的同学能够在如此短的时间里，通过集体的力量写出如此好的文章，让我感到非常的欣喜和佩服，相信我们通过不断的学习，不断的交流，可以在写作的路上变得越来越优秀。因时间关系，其他小组的成果我们就无法在这里一一展示了，留待下节课再来分享交流。

第四部分　《多角度展开景物描写》课例点评

一、回归真实的写作任务情境

王策山先生提出"恢复全面发展教育的权威"，走科学化的道路。依据王策山先生的观点，我们教写作不能光盯着写作。孩子以全人的身份进入课堂。光盯着那点写作知识，是远远不够的。

这次的课让我眼前一亮的是任务情境的创设，充分关注了学生的生活。我发现教师们开始关注学生，开始关注他们的生活，找他们的兴趣点，能够回到真实的写作任务情境了。

没有无缘无故的写作，教师要回到学生的生命经历当中，找到他愿意表达的话题。虽然教的是写作，但是写作的材料来自学生的生活，不能不关注他，不能不了解他。任务情境的创设特别关注学生的生活和兴趣，但是任务情境也有值得我们反思的地方，写作的任务情境要完整，让学生明确知道自己要做什么。荣维东教授指出，任务情境包含五个基本要素：话题、读者、作者、目的和语言表达。因此，教师在创设任务情境时，要把这几个要素表达清楚，以谁的身份写（大多是学生），读者是谁（有时不特定，可以模糊一些，有些文章还是要明确清晰一些）。课例作者赖毓康老师创设的任务情境是：向"北方的朋友"分享深圳春天的独特和美丽，相对来说读者、话题、写作目的都是具体的，也是学生熟悉的话题，应该有话可写，问题是这个任务很难激发学生写作的欲望。因此，任务情境的创设可以在"为什么写"方面增加一些条件，进而激发学生创作的欲望。

二、核心写作知识的开发与整合

常态的写作教学是先有确定的写作知识，再有写作任务情境的创设。教学最终要把知识转化为学生的经验，或通过文本呈现出来。很多教师的知识大多是鱼龙混杂，关于知识的量，一堂课只有45分钟，教好几招，把知识转化为技能，需要很久。一般一节课学习一个知识点就够了，最多加一个密切相关联的小知识。

我们的知识从哪里来的？从学情中来。很多教师恨不得把所有知识都交给学生，但很容易让学生知识开发得不足，或者太难开发。知识可以专业地表达，也可以操作性地表达。开发写作知识是我们写作教学的难点，通过教学活动转化为学生的能力。

开发合理的知识只有两条路：一是把任务情境创设清楚，二是有充分的学情调查（分析学生文本/老师下水作文）。首先解决学生写不出来的问题，再解决学生写得怎么样的问题。当确定了任务情境，又了解了学情，就要确定写作知识是否蕴含在写作任务当中。

我们的很多课都给了学生知识锦囊。《三国演义》中诸葛亮留给王平的锦囊：当你看到魏延说第三声"谁敢杀我"，你就冲过去一刀把他的头砍下来。这就是程序性知识，比较明确，容易操作。但是我们给的锦囊知识是策略性知识，百搭的，甚至不是任务情境中特有的。

赖毓康老师在教学过程中，逐渐领悟到仅仅给学生几条锦囊是解决不了学生写作的困难的，于是把这些锦囊统整起来，把知识关联起来，形成一整套可操作的程序性或策略性知识。通过对论文"春花图"的分析，发现朱自清这一段景物描写的知识集中体现在四个方面：①景物描写虚实结合，有眼前所见，有合理的想象；②通过视觉、味觉等感官描写景物；③突出主要景物桃花、杏花和梨花；④按照空间的变化安排描写的顺序。这些知识还处于零散状态，每一条学生都能理解，并具备了运用能力，但从学生的习作可以看出，他们在一个景物描写的片段中，难于综合运用这些知识解决问题。因此，对这些知识整合以后，就形成了新的写作知识——围绕核心景物多角度展开描写。从学生最终完成的习作来看，新的知识学习确实提高了学生的写作能力，体现了较高的写作水平，从《深圳的春天》的三四段，《又是一年木棉开》三到五段都可以找到佐证。

三、要把写作知识嵌入学习支架，指导学生学会运用

核心知识确定之后，教学设计的难点就是把知识嵌入到学习支架中，用什么样的支架，设计几个支架，如何使用支架都要系统考量。支架要略高于学生的水平，不能高太多。大作家的水平太高，作品无法模仿。所谓支架就是一脚能跨上去的。在充分分析学生习作的基础上，赖老师大胆创设了构思流程图支架，分成四个步骤，分别从主次、远近、感官和虚实四个角度综合描写景物的特点，达到了较好的教学效果。

写作和育人的关系十分密切，学生知识的习得、能力的提高和情感的丰富是相互关联的。写作教学要走科学化的道路，仅凭教师一时的热情和直觉化的经验是很难实现的。学生写作能力的提升需要兴趣的激发和精要知识的支撑，语文教师要充分考虑学情特点，创设能激发学生写作欲望的任务情境，开发精要、有用的写作知识并转化为学习支架，是写作教学亟待解决的课题。因此，写作教学的改革与语文教师的专业化是同步进行的，需要走科学化的实证研究道路，才有可能做出成效。

第二节　《学写故事》写作课例一

第一部分　"学写故事"写作单元教学解读一

一、联系课程标准，确定单元学科"大概念"

(一)课程标准解读

《义务教育语文课程标准》(2011 年版)在"写作"中对"写记叙性文章"提出了具体要求。统编教材八年级下册第六单元写作部分设置了"学写故事"专题。对于初中生而言，

写故事是初中语文课程的基本要求，其中包括真实或虚构的故事。

2011 年版《义务教育语文课程标准》对"写作"的要求如下："写作要有真情实感，力求表达自己对自然、社会、人生的感受、体验和思考"；"多角度观察生活，发现生活的丰富多彩，能抓住事物特征，有自己的感受和认识，表达力求有创意"；"注重写作过程中搜集素材、构思立意、列纲起草、修改加工等环节，提高独立写作能力"；"写作时考虑不同的目的和对象。根据表达的需要，围绕表达中心，选择恰当的表达方式。合理安排内容的先后和详略，条理清楚地表达自己的意思。运用联想和想象，丰富表达的内容"；"写记叙性文章，表达意图明确，内容具体充实"；"能从文章中提取主要信息，进行缩写；能根据文章的基本内容和自己的合理想象，进行扩写；能变换文章的文体或表达方式等，进行改写"；"根据表达的需要，借助语感和语文常识，修改自己的作文，做到文从字顺。能与他人交流写作心得，互相评改作文，以分享感受，沟通见解"。①

2022 年版《义务教育语文课程标准》再次强调以上要求，同时在"文学阅读与创意表达"中提出"尝试写诗歌、小小说等"②，在课程实施教学建议中提出"创设真实而富有意义的学习环境，凸显语文学习的实践性"③。

(二)教材写作单元分析

部编教材八年级下册第六单元所选的课文都是传统名家名篇：《〈庄子〉二则》(《北冥有鱼》《庄子与惠子游于濠梁之上》)、《〈礼记〉二则》(《虽有嘉肴》《大道之行也》)、《马说》、《唐诗三首》(《石壕吏》《茅屋为秋风所破歌》《卖炭翁》)。

关于"学习故事"，教科书有一段写作知识提示："写故事一定要有头有尾，完整地叙述一件事。当然，这件事不能太简单，看了开头就能猜出结局；也不能平铺直叙，平淡无奇，否则无法引起读者的阅读兴趣。在情节发展中设置一些小悬念，增加一些波折，结尾能出人意料，等等，都是增加故事趣味性的好办法"；"故事中的人物要有血有肉；形象丰满，有趣味"；"故事允许有联想、想象的成分。设定故事情节后，可以通过适当的联想和想象去丰富细节，使情节更加曲折，人物更加生动"。

教科书虽然给出了"学写故事"的一般方法，但只是以学过的课文如《狼》《孙权劝学》《卖炭翁》等为例。写作任务也多以传统的自叙文为主，并没有设置特别吸引人的写作情境，特别是虚构故事并未提及。

(三)写作学情分析

八年级学生已经掌握了基本的写作技巧，写过一定数量的记叙文，但是没有专门学习

---

① 中华人民共和国教育部.义务教育语文课程标准(2011 年版)[M].北京：北京师范大学出版社，2017：16-17.

② 中华人民共和国教育部.义务教育语文课程标准(2022 年版)[M].北京：北京师范大学出版社，2022：28.

③ 中华人民共和国教育部.义务教育语文课程标准(2022 年版)[M].北京：北京师范大学出版社，2022：45.

过故事写作。七年级上册训练过"热爱生活，热爱写作""学会记事""写人要抓住特点""思路要清晰""如何突出中心""发挥联想和想象"；七年级下册训练过"写出人物的精神""学习抒情""抓住细节""怎样选材""文从字顺""语言简明"；八年级上册训练过"新闻写作""学写传记""学习描写景物""语言要连贯""说明事物要抓住特征""表达要得体"；八年级下册训练过"学习仿写""说明的顺序""学写读后感""撰写演讲稿""学写游记"。

（四）确定单元大概念

本单元所选篇目均为文言经典，其人文主题不太聚焦，而且与后面的写作主题"学写故事"没有直接联系。只是在课后习题的设置上略有提及：《唐诗三首》课后习题第五题这样要求："任选一首诗，发挥想象，增加一些细节，改写成一则小故事。"

二、围绕大概念，提取写作学习元素

参考教师教学用书对"学写故事"写作专题的表述，我们设定了本单元的写作教学目标。

1. 能够将故事叙述完整，并通过故事刻画出人物的特点。
2. 发挥联想与想象，丰富故事情节，写出情节波澜，增加故事的吸引力。
3. 写故事在突出情趣的同时，能够给人以启迪，引发读者对于生活、生命的思考。

三、预估学习结果，写作表现性评价任务

故事写作近年来为初中写作教学所关注。故事包括真实的故事和虚构的故事两类，其中写自己真实故事的自叙文受到较多人关注，而虚构故事很少被搬进课堂。近年来，不少西方编剧理论译作引入国内，关于人物、冲突、愿望、障碍等知识不断刷新着大家的认知。以往教师常用的记叙文六要素和小说三要素已经无法指导学生进行故事写作。因此，我尝试把故事最核心的概念——冲突引入课堂，帮助学生理解什么是有吸引力的好故事。

教学生什么是冲突，应避免干巴巴地讲述，同样，漫无边际地举例只会让学生更加糊涂。之前我尝试过用一连串的故事（文学作品及影视作品）为例阐释冲突，但是学生并未读过、看过所有故事，所以效果也不太理想。

后来我们选择借用老少皆宜的动画电影《疯狂动物城》，教学生如何讲故事，学习关于人物、冲突、愿望、障碍的知识。

学情调查时发现，这部电影在初中生之间的受欢迎程度远超我的想象。班级绝大多数学生看过这部电影而且非常喜欢，他们对主角兔子朱迪和配角狐狸尼克的印象十分深刻。

有了合适的材料，应该如何设置写作任务情境，让学生有兴趣动笔？我想应降低难度，确定人物和愿望，让学生先尝试设置一个冲突，即写出"障碍+行动"。电影的主要事件是兔子朱迪入职动物城警察局后破获一起大案的经历，对进入警局之前的事件描述很少，只是简单用几个场景展现朱迪的愿望。从小时候确定梦想到入读警校，电影只用了"15年后"的字幕迅速带过。让学生想象15年间兔子朱迪想当警察可能遇到的障碍，这也非常符合初中生的年龄特点。他们能够将自己的人生经历迁移到兔子朱迪身上，更容易共情。

根据表现性评价的要求，写作学习的结果要在合乎真实的任务情境中，运用评分规则对学生完成的写作产品作出判断。评价的要点集中在四个方面：（1）设置的障碍与主人公的优秀品质不产生冲突；（2）符合主人公的外在特点；（3）符合主人公的心理特点；（4）故事新颖，有吸引力。

第二部分　《看〈疯狂动物城〉，写创意好故事》教学设计

一、情境与任务

2016 年动画电影《疯狂动物城》风靡全球，深受各个年龄段观众的喜欢。现在这部动画电影打算拍续集《警察朱迪前传》，正在征集剧本。要求讲述朱迪进入警校之前的经历，写一个不少于 500 字的小故事。这个故事是写给电影编剧看的，向他推荐你的故事，丰富电影内容。

二、写作学习元素

1. 设置合理、有趣的冲突（愿望、障碍、行动）。
2. 掌握对话描写的基本方法。

三、教学过程

（一）出示任务情境

1. 播放视频《电影简介》
内容简介：身材弱小的兔子朱迪从小就梦想能成为动物城市的警察，后来她通过自己的努力，入职动物城警察局，成了第一个兔子警官。为了证明自己，她决心侦破一桩神秘的失踪案件。追寻真相的路上，朱迪迫使在动物城里以坑蒙拐骗为生的狐狸尼克帮助自己，却发现这桩案件背后隐藏着一个巨大阴谋：羊秘书策划了一系列恶性事件，企图挑起食草动物和食肉动物的矛盾，意图颠覆动物城，赢得统治权。

（1）请你用一句话概括故事
（2）你喜欢这部电影吗？请从人物和故事情节两个方面说一说
2. 出示情境与任务

（二）认识冲突

关于冲突的公式：冲突 = 愿望 + 障碍 + 行动
问题　行为
困难　策略
困境　方法
观看视频《警校考验》，了解朱迪在警校的障碍和采取的行动，完成表 8.2.1。

表8.2.1 《警校考验》冲突表

主角		兔子朱迪
特征		身形弱小、善良、正直、勇敢
愿望		顺利完成警校训练
《警校考验》冲突	障碍	
	行动	

（三）描述冲突

观看朱迪进入警校学习之前的两段视频《朱迪父母》和《狐狸吉丁》，填写表8.2.2的两次障碍和行动。

表8.2.2 《朱迪父母》和《狐狸吉丁》障碍、行动构思表

主角		兔子朱迪
特征		身形弱小、善良、正直、勇敢
愿望		当警察
"朱迪父母"冲突1	障碍1	
	行动1	
"狐狸吉丁"冲突2	障碍2	
	行动2	

（四）构思冲突

朱迪的警察梦遭到了父母和同伴的反对，后来她进入警校学习。电影出于整体时长考虑，并没有对这15年展开叙述，仅用字幕一笔带过。请合理发挥想象，为朱迪小时候产生警察梦到入读警校这15年间设置一个冲突，填写表8.2.4。

表8.2.3 "创作滑栏"支架表

时间	地点	冲突的人物		事件
		与我的关系	职业与身份	
毕业前夕	菜市场	自我	商贩	与诚实有关
圣诞节	公交车上	老师	警察	与维护公平正义有关
胡萝卜收获节	电影院	同学	罪犯	与乐于助人有关
夏天	湖边	陌生人	面包师	与坚持不懈有关
……	……	……	……	……

表 8.2.4 　　　　　　　　　　　　　　　　　**我构思的冲突表**

主角		兔子朱迪
特征		身形弱小、善良、正直、勇敢
愿望		入读警校，顺利毕业，当上警察
我构思的冲突	障碍	
	行动	

(五)评价修改

各小组讨论，根据表 8.2.5 选出优秀的冲突(障碍和行动)在班上展示。然后再对照修改自己的设计。

表 8.2.5 　　　　　　　　　　　　　　　　　**冲突设置评价表**

	评 价 项 目	评 价 等 次			
1	障碍与警察的优秀品质不产生冲突 (诚实、乐于助人、坚持不懈、维护公平正义……)	优	良	中	差
2	符合兔子身形弱小(外形)的特点	优	良	中	差
3	符合兔子坚持(心理)的特点	优	良	中	差
4	故事合理新颖，有吸引力	优	良	中	差

(六)技法点拨

1. 再次播放《狐狸吉丁》片段，讨论电影是怎样表现冲突的

(1)狐狸吉丁做了什么让朱迪挺身而出

(2)朱迪做了什么，说了什么？表情有何变化

(3)吉丁又做了什么，说了什么，表情有何变化

(4)结局是怎样的？

2. 讨论写作的重点和难点

请阅读文章《我就是不知道死心》(根据《狐狸吉丁》片段改写，文段附在篇末)，梳理朱迪的心理变化(见表 8.2.6)。

表 8.2.6 朱迪的心理变化过程表

	情境	朱迪的心理	动作/神态	语言
1	父母反对	信心满满	蹦蹦跳跳	我将成为第一个兔子警察。
2	看到吉丁鬼鬼祟祟	好奇, 疑惑	跟过去, 躲在大树后, 仔细观察	无
3	狐狸吉丁欺负小动物	义愤填膺	上前制止	不许你这样, 快住手!
4	看到吉丁身形高大	紧张	身体本能地往后缩	你把票还给他们。
5	吉丁一把推倒朱迪	害怕	朱迪的鼻尖快速地翕动	无
6	吉丁被激怒伸出利爪	勇敢	趁其不备, 一脚踹在吉丁脸上; 趁吉丁威胁时拿走他口袋里的票	无
7	朱迪成功拿回票, 吉丁离开	自信	戴上"警察帽", 眼神坚定地望着前方	我就是不知道死心!

总结方法: 利用动作、神态和语言描写反映人物心理变化, 推进冲突的发展和解决。具体如下:

(1) 动词的选用指向冲突

(2) 对话描写针锋相对

(3) 神态变化写出心理的变化和人物之间的冲突

(七) 相关写作知识

1. 表示动作行为的词

如: 看、走、听、跑、唱、喝、敲、锤、坐、吆喝、盯、踢、闻、摸、批评、宣传、保卫、学习、研究、进行、开始、停止、禁止……

2. 表示"说"的词

如: 唱道、嚷嚷、嘀咕、喊、咆哮、嘟囔、讲、叫、呼、吟、读、问、答、训斥、吼、劝、骂、评议、赞、夸、颂、畅谈、表一表、介绍、陈述、复述、申述、说明、评说、声明、讲明、怒斥、批驳、驳斥、诅咒、辱骂、谈论、辩论、议论、讨论、商谈、洽谈、商量、口若悬河、语无伦次、滔滔不绝、口吐莲花……

3. 各种情绪词

表 8.2.7 情绪词列表

情绪	词 语
喜悦	欣喜、开心、愉悦、惬意、惊喜、高兴、欢喜、开心、愉快、狂喜、眉飞色舞、眉开眼笑、破涕为笑、欣喜若狂、称心如意、踌躇满志、春风得意、得意洋洋、得意忘形、满面春风、眉飞色舞、怡然自得

情绪	词　语
愤怒	愤怒、气恼、恼怒、怒吼、气愤、恼羞成怒、怒不可遏、怒气冲天、怒火中烧、怒发冲冠、怒形于色、勃然大怒
哀伤	哀痛、伤心、沮丧、悲痛、悲凉、垂头丧气、泣不成声、欲哭无泪
惊讶	呆若木鸡、目瞪口呆、大惊小怪、大惊失色、张口结舌、张皇失措
怀疑	将信将疑、大惑不解、半信半疑、狐疑不决、若有所思、坠云雾中
害怕	毛骨悚然、六神无主、噤若寒蝉、胆战心惊、惶恐不安、心有余悸

4. 人物的语言描写一般有五种形式

(1)提示语在前面

例句：朱迪鼓起勇气，往前走了一小步，睁大眼睛说："你吓不到我的，吉丁。"

(2)提示语在后面

例句："呃，我记得那个词叫DNA⋯⋯"一旁的小动物好心提醒。

(3)提示语在中间

例句："现在怕了吧？看看她的兔鼻子!"吉丁看到朱迪的鼻尖快速地翕动，"她害怕了。哭吧! 小兔崽子，哭吧——"

(4)提示语在两边

例句：吉丁这下真的被激怒了，"你是不到黄河不死心呀?"他的声音低沉而恐怖。

(5)没有提示语

例句："朱迪，你没事吧?"

(八)表达冲突

请你根据之前设置的冲突，为朱迪小时候产生警察梦到入读警校这15年间创作一个故事，构思合理，不少于500字，故事相对完整。

表 8.2.8　　　　　　　　　　　冲突表达评价表

评价维度	具体描述	评价结果(1~5分)
动作	动词的选用指向冲突	
语言	对话描写针锋相对	
神态	神态变化写出心理的变化和人物之间的冲突	

我的创作：请为朱迪小时候产生警察梦到入读警校15年间写一个合理的故事，500字以上。

(附教师下水作文，根据电影片段《狐狸吉丁》改写)

我就是不知道死心！

演出结束，兔子朱迪仍然沉浸在她扮演的警察角色中。走出剧场时她还穿着警服，戴着警帽，腰间别着一把道具枪。

兔子爸爸和妈妈小心翼翼地和朱迪谈起未来职业，他们很希望孩子能换个更适合兔子、安全点的梦想。朱迪没心思听爸妈纠正她的"警察梦"，正无聊地左顾右盼。集市上热闹极了，各种瓜果蔬菜新鲜诱人。

忽然，她看到狐狸吉丁给小跟班递了个眼色，然后鬼鬼祟祟地跟着小羊她们，绕到集市后面去了。朱迪有一种预感：这个霸道的吉丁肯定又在打什么坏主意。

她偷偷藏到一棵大树后面，果然看到了她最痛恨的场景：吉丁恶狠狠地冲着小羊吼叫，还一把抢过小羊手里的票。朱迪义愤填膺，她深吸一口气，说："不许你这样，快住手！"这是朱迪第一次正式"出警"，面对小坏蛋吉丁，她有点紧张。

"制服不错哦！"吉丁挑衅地迎过来，"你脑袋是不是被门给挤瘪了，以为兔子也能当警察？"看来吉丁刚才也看了朱迪的演出。他的身材又高又壮，朱迪在他面前显得又矮又小。

面对小山一样壮实的吉丁，朱迪的身体本能地往后缩，但她还是控制住自己，镇定地说："你把票还给她们！"

吉丁拍拍胸脯，嘴角往上挑："你别忘了我是只狐狸，就像你那个愚蠢的舞台剧里说的，我们食肉动物是吃兔子的！杀戮的本能还在 DAN 里。"

"呃，我记得那个词叫 DNA……"一旁的小动物好心提醒。

"我知道叫什么，小催巴儿！"吉丁又羞又恼，似乎这样的提醒有损自己的威名。

朱迪鼓起勇气，往前走了一小步："你吓不到我的，吉丁。"

话音刚落，吉丁伸出双臂用力一推，朱迪被推翻在地，旁边的小动物们惊叫着跑开了。

"现在怕了吧？看看她的兔鼻子！"吉丁对这次的突然袭击很满意，他看到朱迪的鼻尖快速地翕动，"她害怕了。哭吧！小兔崽子，哭吧——"

朱迪的心里很难受，这是她第一次以警察的身份伸张正义，碰到的第一个对手就让她这么狼狈，得想点办法。她知道自己的体力明显不如狐狸吉丁，只能智取。

她看到了吉丁胸前的口袋里插着从小羊那里抢来的票，票一端露在口袋外面，松松的，很容易就会掉出来，于是心生一计。

朱迪趁吉丁没有准备提起一脚踹过去，正好踢在吉丁的脸上。

吉丁这下真的被激怒了："你是不到黄河不死心呀？"他的声音低沉得像只老虎。

吉丁伸出尖利的爪子，一巴掌扇过去，朱迪的左脸立刻被抓出了几道血印。他用力把朱迪的头按在地上，警告说："你给我好好记着：你就是一只该死的只会种萝卜的兔子，除此以外你什么都干不了！"说完用力一推，朱迪疼得闭上了眼。

等吉丁走后，小动物们纷纷围到朱迪身边。

"你伤得好重啊！"

"朱迪，你没事吧？"

154

......

"没事，我不要紧，"朱迪咬紧嘴唇，勉强用胳膊撑着坐起身，她的右手紧紧攥着一把东西，对小羊说，"这个给你！"

"哇！你把票抢回来了？"小羊又惊又喜。原来吉丁把朱迪按在地上时，朱迪利用近距离顺手"偷"走了吉丁口袋里的票，真是太机智了。

"你太棒了，朱迪！"小猴惊呼。

朱迪站起身，脸上感觉火辣辣的，屁股也在地上摔得生疼，但是她反而更轻松了，拍拍身上的泥土，眼睛盯着吉丁离开的方向。

"对，我看那只臭狐狸就是在胡说八道！"小羊特别感激自己的朋友，也为朋友的梦想被吉丁践踏感到不服气。

"不过，他倒是说对了一件事，"朱迪戴上"警察帽"，眼神坚定地望着前方说，"我就是不知道死心。"

朱迪知道，无论未来发生什么都不能改变她的初心——当一名惩恶扬善的警察。

第三部分 《看〈疯狂动物城〉，写创意好故事》教学实录

一、设置任务情境

(学生提前观看动画电影《疯狂动物城》，时长 104 分钟)

师：请你用一句话概括电影《疯狂动物城》讲述的故事。

生：兔子朱迪如愿当上警察并破获一起神秘大案。

师：你喜欢这部电影吗？请从人物和故事情节两个方面说一说。

生：我喜欢兔子朱迪，她看起来很弱小，但是他坚持不懈，实现了自己的梦想。

生：我对狐狸尼克的印象很深刻，电影刚开始用几个镜头将狐狸狡猾的性格充分展现出来。但是后来当朱迪查案被警局同事排挤、遇到困难时，尼克为她打抱不平，还帮助了她。看到这里我才知道，原来尼克也曾经有个警察梦。

师：刚才两位同学说的都是人物，有没有人能谈一谈故事情节？

生：我看朱迪破案很过瘾，感觉环环相扣，案件的复杂程度出人意料。

师：2016 年电影《疯狂动物城》在全球上映取得很高的票房，成为年度最佳动画电影。为什么这个故事这么吸引人？就是因为编剧设置了很多冲突，环环相扣。由于情节设置的需要，电影主要讲述了朱迪入职动物城警局后的故事，对之前的经历较少描述。接下来要考考大家的想象力：请你为朱迪进入警校前补充一个冲突，将障碍和行动设置清楚。(屏幕展示"情境与任务")为了完成这个任务，我们有必要回顾一下影片，探索冲突设置的奥秘，研究如何才能把电影拍得扣人心弦。

二、认识冲突

师：美国写作研究者杰里·克利弗主张：写一个好故事，关键看能否写好"冲突"，

一个人遇到一个难题(冲突)，他就必须努力奋斗，采取行动，解决一个又一个冲突。当冲突结束，整个故事也就结束了。给大家介绍一个公式——

冲突 = 愿望 + 障碍 + 行动
　　　　 问题　　行为
　　　　 困难　　策略
　　　　 困境　　方法

师：兔子朱迪从小立志当警察，让世界变得更美好，终于有一天她有机会进入警校学习。请大家看视频《警校考验》，了解朱迪在警校具体遇到了哪些障碍，采取了哪些行动。请把这些信息填在表格里，可以用词语描述。

(屏幕显示表格《警校考验》冲突表)

生：朱迪在警校遇到的障碍有"模拟沙尘暴""高空云梯""冰山攀岩""打击大型罪犯"。

生：还有"尾巴被车门夹""掉进马桶""警校师生的嘲笑"。

师：你们看得很仔细，几乎每一帧电影画面都观察到了。大家思考一下：这些障碍属于哪一类？

生：都是由于兔子朱迪身材矮小造成的。

生：都是朱迪与外界发生的冲突，都属于外在障碍。

师："外在障碍"，说得很好！言下之意还有"内在障碍"吗？

生：有"内在障碍"，画外音里有个声音在说朱迪"死了，死了""你就是一只会种胡萝卜的兔子"，这些话让朱迪很痛苦，她在夕阳下奋力奔跑，好像要挣脱这种质疑。

师：大家猜一猜，这些话有可能是谁说的？

生：警校教官，还有其他学员。

师：大家再来说说，朱迪采取了哪些行动克服了这些障碍？

生：朱迪晚上一边做仰卧起坐一边看书。

师：边做仰卧起坐边看书是为了什么？

生：训练体能，增长知识。

师：对，体能和智慧都很重要。还采取了什么行动？

生：朱迪在冰山攀岩的时候利用自己身体灵活的优势，跳起来，踩到高大的动物肩上，再跳到冰山上。

生：打击大型罪犯时，朱迪本来不是高大动物的对手，但是她跳跃起来，灵活地一脚踢在对方的手上，借力打力，用对方的手猛揍对方的脸。

师：朱迪勤练体力，克服兔子体力的弱点，同时加强学习，充分运用智慧，成功完成训练任务。她终于毕业了，成为历史上第一个兔子警官。

三、描述冲突

师：刚才我们非常直观地看到了兔子朱迪在警校学习期间遇到的障碍，感受到了她坚毅勇敢、机智聪颖的个性。其实，在进入警校学习之前，朱迪的追梦之路就不太顺利，除了遭遇外在的压力，还遭遇了自我内在的冲突。我们来看两段视频了解一下。同学们看完后用语言描述这两次障碍和行为，完成以下表格。(播放电影片段《朱迪父母》和《狐狸吉丁》，并显示《朱迪父母》和《狐狸吉丁》障碍、行动构思表)

生：障碍 1 是朱迪的父母反对她当警察，希望她以后能成为种萝卜的农民，过平淡安稳的生活。

生：行动 1 是朱迪没有听父母的建议，坚信自己能当第一个兔子警察。

生：障碍 2 是狐狸吉丁欺负小动物，并且嘲笑朱迪的警察梦想。

生：行动 2 是朱迪勇敢地拿回了小动物的票，并且更加坚定理想不放弃。

四、构思冲突

师：看了刚才的几个片段，我们深深感受到，朱迪的追梦之路并非坦途。就像我们每个人的成长一样，总是需要经历数不清的坎坷。朱迪从小立志做警察，直到进入警校学习，这期间一定也遇到了很多障碍和困难。但是电影出于时长考虑，主要讲述了朱迪入职动物城警局后的故事，对之前的经历较少描述。请你为朱迪进入警校前补充一个冲突，将障碍和行动设置清楚。

(屏幕显示"我构思的冲突"表格)

师：同学们要写清楚时间、地点、冲突的人物和事件，老师给的只是参考，是为了帮助同学们打开思路。重要的不是这个滑栏里有什么，而是下面省略号里展示的无穷创意，老师非常期待你们的表现，开始写吧！

(屏幕显示"创作滑栏"支架)

五、评价修改

师：各小组讨论，根据冲突设置评价表选出优秀的冲突(障碍和行动)在班上展示。然后再对照修改自己的设计。

(屏幕显示冲突设置评价表)

师：请同学们说说自己设置的冲突。

生：障碍——一个炎热的夏天，还在读小学的朱迪在街上看到警察在抓小偷，那个警察看起来又高又壮，训练有素，但是面对狡猾善变的小偷却毫无办法。不一会儿，小偷就混入人群不见了。朱迪看到这么高大的警察都搞不定小偷，心想着自己身体这么弱小，以后还怎么当警察……她越想越沮丧。

生：行动——朱迪站到天桥上，认真查看过马路的人流，她发现有个人与上班族的走动方向不一致，而且手上拿了个女士挎包，与他的打扮完全不搭。朱迪立刻发现这个人就是刚脱掉外套的小偷，她示意警察，顺利抓捕。警察临走时对她说："你真聪明！说不定以后你会成为最机智的兔子警察。"朱迪心里乐开了花，她那个遥远的警察梦又苏醒了。

生：障碍——朱迪和狐狸吉丁发生冲突后回到家里，父母发现她的脸上有三道很深的血痕，关心地问是怎么回事。朱迪支支吾吾地告诉了他们原因，全家人都开始紧张起来：虽然狐狸现在已经变得文明，不再吃肉类了，但是大家还是很担心朱迪再次出去行侠仗义，不自量力，会被狐狸"教训"。家里人把朱迪"软禁"在家里，不让她出去，还号召亲戚们轮流来当说客，劝说朱迪放弃当警察的梦想。

生：行动——朱迪出不了门，于是她有更多的时间冷静考虑问题，也更有时间去读书，增长知识。她在这段时间里读了很多犯罪心理学相关书籍，研究了不少案例，还偷偷报名参加警校考试。

师：同学们设置的障碍很具体，也很有意思。我还见过有人这样设置冲突——障碍是朱迪因为身高太矮没法报考警校，行动是她潜入报考系统，修改了自己的身高数据。大家对照评价表说一说，这样的安排合理吗？

生：不合理。首先，修改身高不同于修改其他数据，这是非常明显的，一进警校就会穿帮被开除；其次，作为一个警察，诚实是必要的品质。如果兔子朱迪这么狡猾，她还是兔子吗？有了这样的黑历史还配当警察吗？

师：同学们的点评很到位，现在就请大家对照评价表，进一步完善自己的设计。

六、技法点拨

师：大家学习了怎样设置合理的障碍，你知道接下来怎么写成文章吗？

生：编故事谁都可以说几句，但我还是不太会写。

师：确实，设置障碍只是写好故事的第一步，我们还需要组织语言，把故事讲出来。接下来我们还以电影《疯狂动物城》里的一个片段为例。

（再次播放《狐狸吉丁》片段，讨论电影是怎样表现冲突的）

师：狐狸吉丁做了什么让朱迪挺身而出？

生：他欺负小动物，抢了人家的票。

师：朱迪做了什么，说了什么？表情有什么变化？

生：朱迪鼓起勇气制止了狐狸吉丁的行为，表情从胆怯到坚定。

师：吉丁又做了什么，说了什么，表情有什么变化？

生：吉丁对他很不客气，表情越来越凶狠。

师：结局是怎样的？

生：朱迪很机智，巧妙地抢回了票。

（讨论写作的重点和难点）

师：同学们，一个几分钟的片段可以表现出这么多的变化，用语言描述出来就是一个情节跌宕起伏的好故事。我们离成功越来越近了。现在请大家阅读文章《我就是不知道死心！》，详细梳理朱迪的心理变化。（填写朱迪的心理变化过程表）

师：我们总结一下方法，可以利用动作、神态和语言描写反映人物心理变化，推进冲突的发展和解决。具体有：（1）动词的选用指向冲突；（2）对话描写针锋相对；（3）神态变化写出心理的变化和人物之间的冲突。

七、相关写作知识

师：刚才我们请同学梳理朱迪心理变化的时候有人感叹，原来同样是说话，表达的方式有千差万别。今天展示几组资料：表示动作行为的词、表示"说"的词、表示各种情绪的词、人物的语言描写的五种形式，大家要认真阅读，画出自己需要的词语。

八、表达冲突

师：请你根据之前设置的冲突，为朱迪小时候产生警察梦到入读警校这 15 年间创作一个故事，构思合理，不少于 500 字，故事相对完整。（屏幕显示冲突表达评价表）

第三节　《学写故事》写作课例二

第一部分　"学写故事"写作单元教学解读二

语文教材编撰的核心，是运用合适的编撰策略实现课程内容教材化、教材内容教学化。"课程内容教材化"指的是"要有课程内容，对'一般应该教什么'给出切实的回答"，"'通常可以用什么去教'有建设性的回答，使语文课程内容通过种种资源的运用得以具体呈现"。"教材内容教学化"指的是"要勾勒出一个点的教学的主要步骤"，"完成一个大单元的设计，也就是将一堂课的几个点的教学连贯起来"。① 但在我国，语文课程具体形态研制一直是个空白点，语文教材一直事实地顶替着语文课程，由语文教材所传布的"语文知识"，实际上构成了语文课程内容。② 因此，对"课程内容教材化"转移到教材内容的分析。下面，从"教什么""用什么教"对统编版八年级下册第六单元"学写故事"进行分析。

一、教什么

"学写故事"这一写作单元涉及的教学内容有：①写故事一定要有头有尾，完整地叙述一件事；②在情节发展中设置悬念、波折，结尾要出人意料，以增加故事的趣味性；③故事中的人物要有血有肉，形象丰满，有趣味；④通过适当的联想和想象去丰富细节，使情节更加曲折，人物更加生动。

这些教学内容可分成两个维度写作知识：第一个教学内容属于是故事结构的知识；后三个属于写好故事的技巧知识，这里面又涉及两类的内容：一是通过设置悬念、波折，出人意料的结尾以及有血有肉、形象丰满的人物，使故事有趣味性；二是通过适当的联想和想象丰富故事中的细节描写。

对于这些写作知识，需要从"正确性、有效性、适用性"进行审议：

（一）提供的写作知识正确吗？

1. 关于故事结构的知识

故事的结构指的是我们为叙事搭建的框架。亚里士多德认为一件完整的事情"要有开

---

① 王荣生，李海林．语文课程与教学理论新探·学理基础［M］．上海：上海教育出版社，2008：97-98.

② 王荣生，李海林．语文课程与教学理论新探·学理基础［M］．上海：上海教育出版社，2008：29.

头、中间和结尾"。"所谓开头，是指事情没有必要一定承接在某件事情之后，尽管某件事情已经存在，或者在它之前发生。所谓结尾，与此相反，是指事情自然地跟随着某件事情，作为必然的结论，或通常的推理结果，但它本身没有其他事件跟随其后。所谓中间，是承前启后的部分。"①此后，许多的研究者在亚里士多德理论基础上将故事的结构要素细化。McCartney 把故事分为开始、中间和结束三部分，开始即背景包含谁、在哪、什么时候三方面；中间部分由开始事件、内在反应、有计划、行动、结果五部分，结束是故事的尾声。② 台湾学者王琼珠将故事结构划分为主角及其特征；包括时间、地点的情境、主要问题或冲突、事情发展的经过、主角的反应、故事的结局六要素。③

2. 关于写好故事技巧的知识

（1）关于故事有趣味性的知识

"有趣"在《新编现代汉语词典》中的解释是："能引起人的兴趣或好奇心。"④统编版教材编者对写有趣故事提供的技巧是：在情节发展上"设置一些小的悬念，增加一些波折，结尾能出人意料"以及人物的设计要有血有肉、形象丰满。其中，"设置悬念、波折和出人意料的结尾"，从内涵的本身就可以看出它们是增强读者情感体验的重要策略。"悬念"在《现代汉语词典》中的解释是："欣赏戏剧、电影或者其他文艺作品时的一种心理活动，即关切故事发展和人物命运的紧张心情。作家和导演为体现作品中的矛盾冲突，在处理情节结构时常用各种手法引起观众或读者的悬念以加强作品的思想、艺术感染力。"而"出人意料的结尾"则是故事的最后未按读者心中所期待的发展，而是出现了意外的转变。这些都是有趣的故事创作技巧。

这里重点讨论有关人物设计的写作知识，编者提供的词语是"有血有肉、形象丰满"，但这是有趣的故事的技巧吗？美国作家詹姆斯·斯科特·贝尔提出："稳固的情节永远始于有趣的主角。最好的情节中，主角必须引人注目，迫使我们从头到尾都盯着他瞧。"⑤他认为可通过"认同、同情、喜爱和内心冲突"⑥四种情绪，建立起主角与读者情感上的联结，从而将读者一步步拉进故事中。"有血有肉、形象丰满的人物"能引起读者的这四种情绪吗？这需回到"有血有肉、形象丰满"的内涵上。教材编者并未对这两个词语给出具体明确的解释，只是结合前面的阅读课文《孙权劝学》中孙权志趣的发展变化、人物的成长来具体解释"形象丰满"内涵。笔者通过查阅其他资料，并未看到对"形象丰满"更为具体权威的阐释，只看到"有血有肉"在汉典中的解释是："比喻富有生命的活力和内容。多

① ［古希腊］亚里士多德，［古罗马］贺拉斯. 诗学·诗艺［M］. 郝久新，译. 南昌：江西教育出版社，2014：19.

② Elspeth McCartney. Principles of Oral Narrative Development：for Teacher［R］. England：University of Strathclyde，2006.

③ 王琼珠. 故事结构教学与分享阅读［M］. 台北：心理出版社股份有限公司，2010：18.

④ 字词语辞书编研组. 新编现代汉语词典［M］. 长沙：湖南教育出版社，2016：1550.

⑤ ［美］詹姆斯·斯科特·贝尔. 这样写出好故事［M］. 苏雅薇，译. 长沙：湖南文艺出版社，2017：7.

⑥ ［美］詹姆斯·斯科特·贝尔. 这样写出好故事［M］. 苏雅薇，译. 长沙：湖南文艺出版社，2017：85-89.

用来形容文艺作品中人物形象生动。"而在一套由美国的霍顿·米夫林公司出版的《写作资源》教材中，对于故事中有趣人物的特征，编者是这样介绍的："一个强大的决策故事始于一个有趣的角色。创造一个令读者关心的角色的方法之一就是写出角色的主要优点和缺点。坚强的性格让人钦佩，而软弱的性格让人做出艰难的决定。"①并且设计了一张组织结构图②来具体说明：

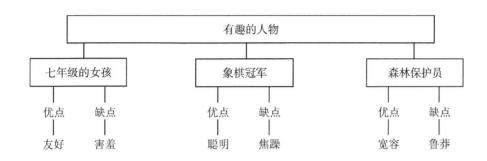

"金无足赤，人无完人"，通过写出人物的优缺点，这能引起读者的"认同、同情、喜爱和内心冲突"的情绪，使读者对人物进行情感投资。

（2）关于丰富细节描写的知识

何为"细节描写"？有学者认为"细节描写对人物的性格、肖像、语言、行动、心理以及周围环境等所作的细腻、具体的描绘"③。"所谓细节描写，就是对某些细小而又能很好地表现人物思想性格的环节和情节，加以具体描写。"④这实际上把细节描写等同于具体描写、细致描写。但具体描写和细节描写有相同之处，也有不同的地方。"具体描写和细节描写的共同点，是都具有一定程度的典型意义，因而'是形成富于特征性的形象的重要条件。'它们的不同之处在于，具体描写虽然详细，但着眼宽阔，是'大而全'；细节描写'焦点'集中，描绘一点、一小片、一小节，是'小而精'。"⑤从中我们可以看出，细节描写并不等同于"具体、细致的描写"，它是要抓住人物、环境某一局部、某一特征进行描写，具有"典型性""典型意义"。"细节描写是刻画人物的重要方法，具有典型意义的细小动作或细微的生活情节的描写，往往可以深刻地表现人物精神面貌和人物的性格特征。"⑥"细节描写是对生活中具有典型意义的细枝末节的描写，它是记叙性文章的最小描写单位。无论是在人物性格的刻画，还是故事情节的展开、典型环境的描绘，都需要真实生动的细节描写，把它们最细微、最本质的情状特点，鲜明而又逼真地呈现在

①　Dave Kemper, Patricia Reigel , and Patrick Sebranek. "write source"Student Edition 7[M]. Houghton Mifflin Harcourt Publishing Company, 2012：346.

②　Dave Kemper, Patricia Reigel , and Patrick Sebranek. "write source"Student Edition 7[M]. Houghton Mifflin Harcourt Publishing Company, 2012：346.

③　许嘉璐. 中国中学教学百科全书(语文卷)[M]. 沈阳：沈阳出版社，1991：585.

④　杨铭朝. 妙笔生花分类作文指导(初中第1集)[M]. 广州：广东人民出版社，2015：13.

⑤　左人. 细节描写技巧[M]. 成都：四川文艺出版社，1986：17.

⑥　刘大公. 作文描写手册[M]. 北京：电力工业出版社，1981：117.

读者的面前。"①

那么如何进行细节描写呢？艺术的创作都是来源于生活，又高于生活。故事中的细节描写也不例外。因此，有学者提出细节描写的前提是先对生活进行体验、观察与发现，继而再是对细节提炼、典型化。②"选择和虚构，是细节典型化的两种方法。""作家在客观世界千姿百态的现象中，'发现'了具有典型意义的细节，将其抽取出来，此谓选择；生活中的细节还具有可塑性和可溶性，作家对摄入心灵的意象可以进行千变万化的组合、杂糅，以至重新构造，将自己的情思蕴蓄期间，产生出生活中不曾有却可能有的细节，这叫虚构。"③而"选择"和"虚构"都是通过想象进行创造的。"文学创作的艺术，创造人物与'典型'的艺术，需要想象、推测和'虚构'。这想象、推测和'虚构'贯穿在细节的典型化过程中，并起着非常重要的作用。"④

因此，从这一层面上来说，统编版教材编者提出"通过适当的联想和想象去丰富细节"这个写作知识是正确的。但教材编者对"细节描写"的解释却模糊不清。比如，在《卖炭翁》中，作者对卖炭老人的外貌和心理作了细致的描绘，在配套的教师参考用书中，编者也解释为"写故事要善于运用多种描写方法刻画人物。人物外貌、神态描写，是读者认识人物的窗口。动作描写，能推动整个故事情节的发展，也能体现人物的性格。心理描写要符合情境，可以增加故事的细腻程度。语言描写要符合人物身份与个性，塑造人物性格。"⑤可见，教材编者并未把握住"细节描写"的本质特征，易让人把"细节描写"等同于具体描写来理解。这样，概念上的模糊、混淆就会使原本正确的写作知识变得有问题。

(二)提供的写作知识有效吗？

判断写作知识是否有效，主要考虑是否能达成教学目标。这可分为两个层面：一是写作知识与教学目标是否一致；二是提供的写作知识是否足以达成教学目标。

1. 写作知识与教学目标是否一致

(1)关于达成"完整有趣的故事"目标的写作知识。教材只提供了完整故事结构的写作知识"开头、中间、结尾"，但本单元的目标不仅仅是写一个完整的故事，更为重要的是"有趣的故事"。美国写作研究者杰里·克利弗认为"写作叙事作品的关键在于能够写好故事。好的故事包含三个要素：冲突(愿望+障碍)、行动、结果"，其中"冲突推动了许多事

① 王光祖，杨荫浒. 全国高等教学自学考试教材·写作[M]. 上海：华东师范大学出版社，1989：116-117.

② 左人. 细节描写技巧[M]. 成都：四川文艺出版社，1986：186.

③ 左人. 细节描写技巧[M]. 成都：四川文艺出版社，1986：186.

④ 中国社会科学院外国文学研究所. 外国理论家作家论形象思维[M]. 北京：中国社会科学出版社，1979：145.

⑤ 人民教育出版社课程教材研究所中学语文课程教材研究开发中心. 义务教育教科书教师教学用书语文八年级下册[M]. 北京：人民教育出版社，2017：360.

情的发生，是冲突让故事发生种种变化"①美国畅销书作家詹姆斯·斯科特·贝尔通过分析几百种故事情节后，提出有趣的故事应遵循"LOCK"系统。"LOCK 代表主角(Lead)、目标(Objective)、冲突(Confrontation)和冲击结尾(Knockout)"，"情节主要由主角和对手的冲突组成，双方对主角的目标进行争斗。最后的冲击结局会了结冲突，提出满足故事问题和读者的结果"。② 从两位研究者的观点，可以看出有趣故事的核心是冲突，结构要素应该是由目标(愿望)、障碍、结果组成。(2)关于达成"刻画一个形象丰满、有趣的人物"目标的写作知识。这一方面的目标，教材并未给出相应的写作知识。(3)关于达成"细节描写生动"目标的写作知识。前面提到，在配套的八年级教师参考用书中，编者提供的写作知识是"外貌、语言、动作、神态、心理、景物描写"，这属于具体、细致描写的写作知识，也是属于细节描写的具体方面，但达成"细节描写生动"的教学目标，应提供细节描写相应的方法。有趣的是，统编版七年级下册《抓住细节》配套的教师参考用书，编者就提供是一致的写作知识。"我们可以遵循'聚焦、分解、还原、放大'的原则，把脑海中留存的印象、记录的素材加工创造为可感的画面。"③

2. 提供的写作知识是否足以达成教学目标

真实情境中的写作是一种过程写作，具体包括预写、起草、修改、校对和发布等阶段，每个阶段需解决如下问题："预写"阶段应考虑"写作材料、组织结构和写作口吻"；"起草"阶段是"写作材料、组织结构、写作口吻和词汇的选择"；"修改"阶段是"写作材料、组织结构、写作口吻、词汇的选择和句子的流畅性"；"校订"阶段是"书写、标点和语法"；"发布"阶段是"设计、格式、排演、上交定稿"。④ 围绕每一个阶段的问题应提供相应的写作知识，而这里的写作知识包括了陈述性知识、程序性知识、策略性知识。

因此，每一个写作阶段应围绕这些教学目标提供一致、足够的写作知识。如，教材在"预写"阶段应提供有关有趣人物形象、故事结构的陈述性知识；在"起草"阶段应提供写好有趣故事、丰富故事细节描写的程序性知识和策略性知识。

在本单元中，教材提供了以下写作知识：一是选择人物的策略性知识。"我们熟悉的各种事物，都可能引发故事，比如眼睛、头发、嘴巴，比如校服、手机；又比如军训、旅游、社会实践活动，等等。"但这里面暗含着两种故事类型：童话故事、真实故事。不同类型的故事应有不同的写作知识。究竟是哪种类型故事，相应的写作知识有哪些，编者并未区分、提供。二是搭建故事结构的程序性知识、策略性知识。在"写作实践"部分，教材先在第一题中设计了一个围绕话题故事接龙活动，并提示了操作的步骤，在第二题中提

① ［美］杰里·克利弗. 小说写作教程：虚构文学速成全攻略[M]. 王著定，译. 北京：中国人民大学出版社，2011：28-29.

② ［美］詹姆斯·斯科特·贝尔. 这样写出好故事[M]. 苏雅薇，译. 长沙：湖南文艺出版社，2017：7、41.

③ 人民教育出版社课程教材研究所中学语文课程教材研究开发中心. 义务教育教科书教师教学用书语文七年级下册[M]. 北京：人民教育出版社，2017：167.

④ 周子房. 写作过程与写作学习过程[J]. 语文教学通讯·小学，2019(7-8)：13.

供了根据人物特点展开故事情节的策略性知识。三是写有趣故事的策略性知识。如"设置一些小的悬念""增加一些波折""结尾能出人意料"。

在美国《写作资源》版本中的八年级教材①中是这样设计"学写故事"的。教材先提供了一个任务情境：

> 在生活中，有的时候你可能会对大人说"我不再是小孩了"。当你从青春期到成人时期，这是一个渐进的过程。在这个过程中，有时你察觉不到这个变化。尽管如此，在某个时刻你会突然意识到你已经长大了。有关成长的故事称为成长型故事。在这种类型的故事中，主人公会有一段或大或小有意义的经历，这段经历会使主人公变得成熟。在这一章节，你将会阅读一个成长型的故事，同时，你也可以分享你的成长故事。

相对应写作任务，教材提供了"写作指南"：主题是成长、形式是短故事、目的是娱乐、读者是同学。接下来围绕写作任务，教材在每一写作阶段，都提供了相应的写作知识。如在"预写"阶段，提供了选择主人公的程序性知识：当你写故事的时候，你应该首先选择一个主人公。下面列出该主人公在故事开始时可能拥有的品质。"换挡齿轮"的作者选择了一个十几岁的男孩作为他故事的主人公，并做了下面的快速列表。他在决定写主人公某些品质的词语下面画了横线作为标记。另外，也提供相应的策略性知识："做一个快速列表。从各种各样的人开始，列出这些人可能拥有的品质。选择你想要使用的一个并画上下画线。"

主人公：一个 13 岁的男孩，泰德

品质：<u>活泼</u>的，勇敢的，<u>自私</u>的，<u>不实在</u>的，<u>热心</u>的，乐于助人，险恶的，快乐的

从中可以发现，美国《写作资源》教材是依据写作任务选择核心写作知识并且能根据不同的写作阶段提供对应的不同类型的写作知识。统编版教材由于没有设置写作任务情境，以至于写哪一种类型的故事是模糊不清的。围绕本单元"学写故事"的教学目标需提供的相应写作知识缺失。

(三)提供的写作知识适用吗？

"适用性"考察的是教材提供的相关写作知识适用这一学段的学生吗？这需要考虑学生已有的写作基础。八年级的学生在之前的学习中已接受一些写人、记事的训练。如统编版七年级"学会记事"的写作单元要求学生按照"起因、经过、结果"完整地写一件事；"抓住细节"单元训练学生学习如何捕捉生活中的细节，描写生动的细节，运用细节描写刻画

---

① Dave Kemper, Patricia Reigel , and Patrick Sebranek. "write source" Student Edition 8[M]. Houghton Mifflin Harcourt Publishing Company. 2012：344-353.

人物、传达情感；"怎样选材"指导学生从生活中选材，围绕中心选材；"写人要抓住特点""写出人物的精神"引导学生把握人物外在特点与内在精神关系，写人物不仅要写出外在特点，也要注意写出内在精神。因此，在本次习作三个教学目标中，对于"刻画一个有趣生动的人物""细节描写生动"这两个，学生是有写作基础了，重点应是指导学生通过设置悬念、增加波折来增加故事的趣味性。这样的写作知识训练符合学生的"最近发展区"。

二、用什么教

用什么教学生"学写故事"？统编版教材将相关的教学建议放在配套的教师参考用书中。编者先通过提供两位作家的言论以及引导学生联系生活和阅读经验这两个概念支架来帮助学生理解"故事"的概念。接下来通过故事接龙游戏，小组讨论活动支架呈现故事的基本要素，再是结合《墙的故事》例文支架、构思故事的程序性支架指导学生习作。从中可以看出，教材提供的支架形式较为多样，且有结合写作过程提供相应的支架意识，但不够全面、细致，仍有残缺。支架的残缺主要体现在以下方面：（1）没有提供写作阶段全过程的支架。前面提到写作阶段可分为预写、起草、修改、校订、发表，教材中没有涉及修改、校订、发表的支架。（2）教材关于预写、起草阶段提供的支架不全面。如，预写阶段，除提供故事基本要素的程序性支架外，还应紧扣教学目标，提供"选择人物"的策略支架、程序支架。起草阶段需围绕核心写作知识"设置悬念"提供相应的概念支架、程序支架、策略支架。（3）没有策略支架、元认知支架。写作学习支架依据功能标准，可分为程序支架、概念支架、策略支架与元认知支架四种类型。其中，策略支架在于为写作学习者完成某一任务，解决某一问题提供多样化的方法、途径，呈现形式可以是建议、向导、图表、解释、提示和问题等。元认知支架的功能在于支持个体管理自己的思维和学习过程，引导学习者进行反思。如在《写作资源》教材中，编者通过提供问题形式呈现元认知支架："想法。我是否清楚地表达了冲突？我是否通过对话、思想和行动来展现刻画的角色"；"结构。我是否为成长的那一刻做好铺垫吗？我是否在高潮之后很快结束故事"。①

第二部分 《学写故事》教学设计

一、任务情境

小明是某中学的初二学生。一天晚上，他（她）像往常一样，做完作业，看了一会儿书后，进入梦乡，他（她）梦见……请你展开想象，创作一个生动有趣的故事，与同学分享。

二、学习要素

1. 根据人物特点合理想象，构思一个有波折的故事。

---

① Dave Kemper, Patricia Reigel , and Patrick Sebranek. "write source" Student Edition 8[M]. Houghton Mifflin Harcourt Publishing Company，2012：349.

2. 从"设置紧张的场面""拉长人物的反应"两方面设置悬念，写好事件。

三、教学过程

1. 播放《白日梦想家》片段，请学生谈感受。
2. 出示任务情境。

环节一：明确特点，选准目标

（一）选好角色

1. 填空交流：小明是一个（　）的人。
2. 选出一个能吸引读者的角色
（1）提问：你喜欢什么样的主角？
（2）扩宽思路：丰富对主人公特点的认识。

课件呈现：

> 塑造出引人注目的主角后，你必须更进一步，思考如何与读者建立情感上的联结。想做到这一点，你需要掌控四种情绪：认同、同情、喜爱和内心冲突。
>
> ——［美］詹姆斯·斯科特《这样写出好故事》

解　释	举　例
认同：让读者认为主角与自己类似	胆小怕事、相貌普通
同情：让读者对他人的不幸、苦难会产生理解、关怀	身体有缺陷、贫穷
喜爱：主角通常会做讨人喜欢的事	乐于助人、能说会道、开朗自信
内心冲突：难于选择确定，陷于困惑	优柔寡断、畏首畏尾

（二）锁定目标

1. 举例理解，设定目标
（1）出示例子，发现规律

《白日梦想家》的主人公沃尔特是一个胆怯的人，幻想成为一名英雄。

《叫我第一名》的主人公布莱德患有先天性的妥瑞氏症，会不自觉地扭动脖子和发出奇怪的声音，梦想成为一名教师。

《寻梦环游记》的主人公米格生活在世代不允许接触音乐的家庭，但他的梦想是当世界知名的音乐家。

《鲁滨孙漂流记》的主人公鲁滨孙在一次去非洲航海的途中遇到风暴，只身漂流到一个无人的荒岛上，开始了一段与世隔绝的生活。他凭着强韧的意志与不懈的努力，在荒岛上顽强地生存下来，28年后返回故乡。

(2)小结：目标通常分成两种形式：想取得某种事物，或逃离某样事物。

(3)填写任务单：小明的目标是什么？

2. 判断以下例子，哪一种的目标是合理的？

(1)出示例子：一个仙女想把5G技术推向全世界；一个中国学生想体验美国的中餐馆。

(2)小结：根据人物的性格特点合理设定目标；目标能吸引读者的兴趣。

3. 同桌交流评价，修改任务单中的目标。

环节二：设计情节，填写故事

(一)学习例文，知晓情节

1. 出示例文《鸡笼里的女孩》，引导学生思考填写：故事发生在哪里？桃乐茜是一个怎样的人？她的目标是什么？中途经历了什么？如何克服这些困难？

主人公：(　　　　)的桃乐茜　　　　　目标：(　　　　　　　　　　　)

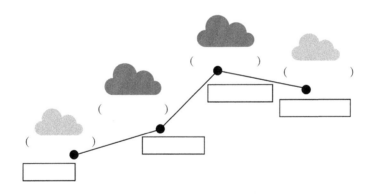

主人公：(勇于挑战)的桃乐茜　　　　　目标：(和叔叔一起。去澳洲拜访亲戚)

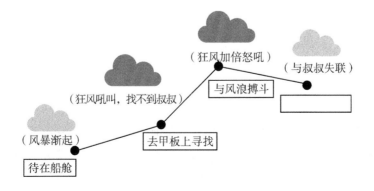

2. 小结：有趣的故事＝目标＋障碍＋方法。

（二）尝试构思，设计情节

1. 引导学生根据选取的材料，尝试填写任务单。

主人公：（　　　　　）的小明　　　　目标：（　　　　　　　　　　）

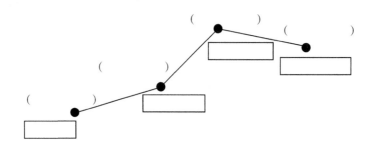

2. 指导构思

(1) 请填写任务单有困难的同学，说出自己的问题，师生共同提提建议。

(2) 学生修改完善任务单。

(3) 请个别学生汇报修改任务单的情况，其余同学根据评价标准讨论：修改得合理吗？

评价标准：

①障碍的设置符合所选定的地点、人物背景

②障碍之间有一定的逻辑

③解决障碍的方法符合人物

环节三：写好故事

（一）选择事件，片段练写

1. 引导学生选择其中一个障碍来写，写清楚过程。

2. 学生独立写作，教师巡视指导。

（二）分析例文，提炼方法

1. 请一两位同学展示习作片段，启发其他同学边听边思考：

你在听的时候，替里面的主人公紧张、担心吗？

哪些句子让你有紧张、担心的感觉？

2. 出示《鸡笼里的女孩》片段，提炼写作方法。

　　桃乐茜决定去看看。因此，她趁着暴风雨停歇的间隙，一个箭步朝前冲过去，冲到了一个用绳子捆在甲板上的四方的鸡笼边上。她刚刚抓住鸡笼上的绳子，风就加倍地怒吼起来，仿佛因为这个小姑娘居然敢挑战它的威力，而被激怒了。发怒的巨人尖叫着，撕断了捆着鸡笼的绳索，把鸡笼高高地卷到空中(强大的障碍)，桃乐茜却还紧紧地抓着鸡笼的板条。鸡笼在空中旋转着，没一会儿，就被抛进了远处的海里。一个大浪卷起鸡笼，一会儿把鸡笼推到高高的浪尖，一会儿又把鸡笼抛到深深的浪底，好像风觉得没有什么比这更好玩了(其他事物衬托)。【设置紧张的场面】

　　桃乐茜浑身都湿透了(反应，生理的)，你大概能猜到这一点，但她一秒钟也没有失去镇定(反应，内心的)。她紧紧地抓住鸡笼的板条，等她能从水中探出脑袋睁开眼睛的时候(反应，生理的)，她看到风已经掀翻了鸡笼盖，可怜的鸡被大风吹着，四处乱漂，就像没有把儿的鸡毛掸子。鸡笼的底部是用厚厚的木板做的，桃乐茜觉得它就像一个小木筏(反应，内心的)，于是就紧紧地贴在上边，这个板条做成的鸡笼，足以承受她的重量。一阵咳嗽，她咳出了胸腔里的水，又能顺畅呼吸了(反应，生理的)。她想办法翻过板条，站在鸡笼结实的木底上。【拉长人物的反应】

3. 小结：从"设置紧张的场面""拉长人物的反应"这两个角度思考，两者组合起来，就可以把紧张、担心写得真实、具体。

(三)运用方法，修改习作

1. 请学生运用所学方法，修改习作片段。
2. 请个别学生上台展示，教师出示评价标准，其他同学点评。
能能结合"设置紧张的场面""拉长人物的反应"两种方法吸引读者，人物的行动、反应符合人物的特点。
3. 修改片段，完成其他事件。
环节四：交流评改，分享故事

(一)完成初稿

1. 出示开头和结尾例子
(1)开头
①对话开场，带出氛围

　　"这就是我的方式！我就是虎妈！"妈妈眼睛瞪着爸爸，眼神像要射出火花一样。爸爸憋得满脸通红，半晌喃喃地说道："你疯了。你会把我儿子逼疯的！"

②动作开场，引发期待

　　只见，小明望了望窗外，扯开书包，掏出笔，眼泪不自觉地流下，滴在前几日摘抄的句子上："时间就是生命，人生何其短暂，请珍惜有限岁月，活出自己，活出生命"。

③环境开场，渲染氛围

　　一轮橘红色的阳光从地平线上升起，驱散雾气蒙蒙的早晨。起初阳光羞涩地只散发出淡淡的黄，淡得难以觉察。不久，阳光有些试探性地把颜色点点加深，黄、深黄，最后终于大胆地变成了金黄。窗外，行人的欢声笑语，汽车"嘀嘀"的喇叭声交织在这一片阳光之中。这一切，预示着新一天的开始。

(2)结尾

　　①"小明，醒醒，上学都快迟到了！"妈妈边说边撩开被子，"早餐已经弄好了，快点起来。"唉，原来只是一个梦。
　　②"铃铃铃……"，小明努力地睁开双眼，爬起来，按掉闹钟。"接下来会发生什么呢……"嘴里边念边穿起放在旁边椅子上的校服。
　　③早晨，小明懵懵地醒了，努力回忆昨晚做的梦，但竟然一样都记不清了。在去上学的路上，小明突然听到了一个声音，回头一看竟然是……

2. 学生根据提示，增加故事的开头和结尾，完成习作。

(二)交流评改

1. 小组内交换阅读作文，根据以下评价标准评出"心动指数"。

评价标准	心动指数(满分5颗星)
故事中人物表现与人物的特点一致	
情节设置合理，有曲折	
能从两个角度把事件写具体，有紧张感	

2. 互相推荐好文，说清推荐理由。老师挑选一两篇，与全班分享。

第三部分　《学写故事》课例综述

　　语文教材内容应解决"一般应该教什么""通常可以用什么教"的问题，一线教师则考虑"实际上需要教什么""实际上最好怎么教"。但"遗憾的是，我们的语文教材对此往往含混其事乃至似是而非"①。在前面的"学写故事"写作单元教材解读板块，我们可以看到，虽然统编版教材对学写故事"应该教什么""可以用什么教"作出了回答，但仍存在写作知识概念的模糊混淆、没有提供足够有效的写作知识等问题。因此，落实到具体的写作教学中，一线教师仍需辨析相关概念、分析学生完成这一次写作任务的困难点，提供帮助学生完成写作任务足够有效的"写作知识"。

本书收集了 2017 年以来公开发表的 4 则《学写故事》课例，围绕"写作知识的选择和呈现方式"梳理课例中一线教师在课堂教学是如何指导学生写作的，并从"任务情境的创设、写作知识的开发和写作学习支架的设计"三个角度展开研讨。

表 8.3.1　　　　　　**2017 年以来公开发表的 4 则《学写故事》课例情况表**

课例	执教者	写作知识	呈 现 方 式
课例 1	巩英莉②	写故事的方法：用一句话概括故事的寓意；注意观察、积累素材；要有人物动作、对话描写；人物形象丰满；要有联想、想象；情节完整有波折；突出矛盾；设置悬念，结尾出人意料，又在情理之中。	(1)讲故事。以莫言讲的三个故事引入写作课，总结莫言讲故事的规律：会用一句话概括故事的寓意。 (2)听故事。学生自由说说听过哪些故事。 (3)编故事。出示学生将学过的古诗文改编成故事的作品。师生点评其中的问题。 (4)演故事。把《卖炭翁》改编成剧本，并用方言来表演。 (5)写故事。①呈现之前所教优秀学生的图片及编写的影视作品剧照；②出示四大名著及《聊斋志异》中故事章节；③结合之前的"作家见面会"，总结作家的写作经验；④出示写作要求：情节要相对完整，最好能多点波折，吸引人，如《狼》；人物形象要丰满，最好个性鲜明有趣，如吕蒙、阿长；要有联想、想象。如卖炭翁的外貌、心理等；⑤学生上传自己的作品，师生互评。 (6)改故事。①出示例文，教师示范修改，总结：要慧眼慧心，善于抓素材，尽量让你的故事突出社会尖锐矛盾，更能吸引人；② 播放电影，中间四次暂停，让学生想象下面的情节。总结：奔跑的镜头扣人心弦，设置悬念，结尾出人意料，又在情理之中。

①　王荣生. 语文课程与教学内容[M]. 北京：教育科学出版社，2019：229.
②　巩英莉，贾玲.《学写故事》教学案例及观察[J]. 中学语文教学参考，2018(17).

续表

课例	执教者	写作知识	呈 现 方 式
课例2	张慧慧①	(1)情节波折的概念。 (2)情节要有波澜的方法：层层深入法、制造障碍法、制造误会法。 (3)故事的结构：故事＝起因＋波澜×N＋结局。	(1)播放视频《被狮子追杀的小熊》片段，猜故事情节；总结视频中故事情节的特点：比较紧张，一波三折。 (2)阅读《狼》、《社戏》、纪晓岚祝寿词，学生填写图表。 (3)分析三则故事，总结制造波澜的方法和故事结构。 (4)出示训练题目：很多事物或情境都可能引发故事，比如眼睛、头发、嘴巴，比如校服、手机，又比如军训、旅游、社会实践等。小组讨论，以'_____的故事'为题，先将题目补充完整，再设定几个情节，使故事有波澜。列出情节即可。 (5)小组交流汇报，教师点评。
课例3	王清②	(1)写故事要有读者意识。 (2)有趣的故事结构要素：合理的愿望＋合理的障碍＋合理的克服。	(1)出示写作任务：给老师的小侄女讲故事，要讲得好玩、有意思。 (2)对比两个版本的《散步》(简化版和原版)，明确有趣的故事的结构要素，还要有读者意识。 (3)结合写作任务，运用故事结构，编写《仙女下凡》故事。 (4)选出有问题的作品，教师点评指导，补充好的故事结构要素，学生再次修改。
课例4	王佑军 梁吴芬③	情节波澜起伏的几种方法：三复法、两难法、反转法、巧合法、插叙法。	(1)研读《三只小猪》和《散步》，用线条画出情节示意图，总结让情节波澜起伏的三复、两难法。 (2)研读《小站歌声》，提炼出了反转法。 (3)学生运用方法，改写例文《修鞋》。 (4)组织学生交流修改创意，及时捕捉并板书学生自发使用的巧合、插叙方法。

---

① 张慧慧.文似看山不喜平——"学写情节有波澜的故事"教学设计及反思[J].初中生世界，2019，（32）.

② 王清.简化头绪，显性可教——"学写故事"教学谈[J].语文建设，2020，（01）.

③ 王佑军，梁吴芬.学写故事[J].新作文，2021，（Z2）.

一、《学写故事》课例概要

(一)写作知识的选择

从上述的课例来看，选择的写作知识可分为以下几类：(1)写故事要有读者意识，这只有课例1涉及了。(2)有趣故事的结构。课例2和课例3都教了，课例2的表述是"故事=起因+波澜×N+结局"；课例3是"合理的愿望+合理的障碍+合理的克服"。(3)写故事的方法。在这一类中，课例1呈现的写作知识多且杂乱。课例2和课例4都只教制造情节波澜的方法，较为集中，但是两个课例关于情节波澜具体的写作知识却是不一样的。课例2是层层深入法、制造障碍法、制造误会法，课例4是三复法、两难法、反转法、巧合法、插叙法。

从中，可以明显地看出，同样教"故事的结构""情节波澜的方法"，但里面的写作知识却是不一样的。为何会出现这种情况？这主要跟教材编者没有提供正确、有效、足够的写作知识有关。究竟哪一种是正确有效的？还是全部正确有效或都不是？这是需要讨论的。

关于"故事的结构"的写作知识。课例3选择的写作知识，准确来说，应该是属于故事结构要素，而不是故事结构。课例2教的是结构，但里面的要素不清晰。在美国《写作资源》教材中，编者对故事结构和因素都作了清晰的说明。"故事中发生的动作构成了故事的主线。故事情节的每一部分在全剧中都扮演着重要的角色。"①

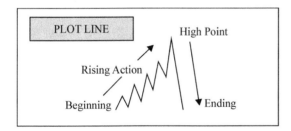

图8.3.1　美国《写作资源》教材中"学写故事"部分故事结构图

关于"情节波澜的方法"的写作知识。所谓的"情节波澜"，是指在故事的发展过程中，一个矛盾冲突解决了，又出现一个新的矛盾冲突。这就是通常大家所说的一波未平，一波又起。情节要有波澜可以从三个方面来考虑：一是事件本身比较曲折、复杂。二是使用一些方法使故事的情节变得曲折。如悬念法，在文章合适的位置设置疑团，在适当的时机揭开谜底，使读者关心故事中的事件发展或人物命运；反转法，用在故事中的中间或结尾，事件突然发生变化，出乎读者的意料；除此之外，还有巧合法、误会法、铺垫法等。另外，这些方法有时会配合使用，如铺垫法和反转法。三是人物内心的起起落落。课例2和课例4的方法都属于作者使情节变得曲折的维度。

---

① Dave Kemper, Patricia Reigel , and Patrick Sebranek. "write source" Student Edition 7[M]. Houghton Mifflin Harcourt Publishing Company. 2012：347.

（二）写作知识的呈现方式

课例 1 的执教者尝试通过读写结合的形式来指导写作，原本的意图是"在阅读、体味的基础上，再指导学生学写故事，'源头'便有了活水，文思泉涌也有了可能"。换句话说，执教者是想在写故事之前能激发学生写的兴趣或引导学生积累故事素材。在课例 1 中，执教者采取"听故事、讲故事、演故事"活动支架来呈现相关的写作知识。问题是所呈现的写作知识并非原本所想，还杂乱无序。在具体的"写故事、改故事"环节中，课例 1 通过提供例文支架和播放视频活动支架来呈现策略性知识。但相关的策略性知识过多，相应提供的写作支架明显不足。课例 2、3、4 的老师教的内容都相对集中，呈现写作知识的方式值得借鉴。课例 2 的老师先是通过播放视频、猜想情节的活动支架呈现"情节的特点"陈述性知识，再是出示例文、表格策略支架和教师点评元认知支架来呈现"情节波澜方法"策略性知识。课例 3 则先出示写作任务，接着提供例文支架从中对比发现"有趣故事的结构"策略性知识，再运用学生习作这一例文支架归纳出好的故事要素策略性知识。课例 4 和课例 3 老师的做法基本相同，都基本通过例文支架提炼策略性知识。除此之外，课例 4 还增加了情节折线图支架和教师点评元认知支架。以上三个课例在写作知识方式也都存在支架类型、形式较为单一的问题。

二、《学写故事》课例的研讨与分析

（一）关于写作任务情境的设计

"写作是特定语境中的书面表达，写作活动是在特定语境中构造语篇。"[①]真实的写作是在具体的语境中面对特定的读者进行某种目的的交流。真实生活中的写作，一般具有两种功能，即与人交流和自我表达。写作任务情境也相应地分为与人交流的情境和自我表达的情境。写作任务情境应具备作者、读者、话题、交流目的、语篇形式等要素。

四个课例中，课例 1 和课例 4 没有设置写作任务情境。课例 2 的写作任务是在教材中"写作实践"的第 3 题的基础上稍微改变，"很多事物或情境都可能引发故事，比如眼睛、头发、嘴巴，比如校服、手机，又比如军训、旅游、社会实践等。小组讨论，以'＿＿的故事'为题，先将题目补充完整，再设定几个情节，使故事有波澜"。在这个任务中，"＿＿的故事"算是交流的话题，"设定几个情节，使故事有波澜"属于语篇的要求。作者是隐含的"我"，即写作者。读者、目的两个关键因素是缺失的。课例 4 的任务设计值得学习。执教者结合真实的生活实际，创设任务情境。在这个情境中，有明确的话题（讲"仙女下凡"的故事），明确的作者（大伯）、读者（小侄女）和交流目的（让小侄女感到好玩、有意思）。这是一个完整的写作任务情境，但一个任务情境并非仅仅创设出来就可以，有时需要考虑这究竟是不是一个好的任务情境。周子房博士根据王鼎钧的"胎生""卵生"写作理论，认为情境的类型也可以分为"胎生""卵生"。"胎生"指的是"由内而外"，"卵生"指的是"由外而内"。好的情境应是"胎生"的，让学生有内在的表达欲望。换句话

[①] 王荣生，邓彤. 写作教学教什么[M]. 上海：华东师范大学出版社，2014：11.

而言，这个任务情境是学生感兴趣的吗？他们会有写的冲动吗？在美国的《写作资源》教材中，任务情境是：

> 在生活中，有的时候你可能会对大人说"我不再是小孩了"。当你从青春期到成人时期，这是一个渐进的过程。在这个过程中，有时你察觉不到这个变化。尽管如此，在某个时刻你会突然意识到你已经长大了。有关成长的故事称为成长型故事。在这种类型的故事中，主人公会有一段或大或小有意义的经历，这段经历会使主人公变得成熟。在这一章节，你将会阅读一个成长型的故事，同时，你也可以分享你的成长故事。

这个写作任务不仅有话题、作者、读者、目的等语境要素，关键是契合学生的内心，能让每个学生有写的欲望。

（二）关于核心写作知识的选择

1. 根据写作任务选择

核心写作知识本应是教材编者根据设置写作任务情境来提供。如前面反复提到的美国《写作资源》教材中，7—9年级每一册教材都有一个"学写故事"单元，不仅有写作任务情境，也会提供相应的核心写作知识。如：七年级围绕写一个"关于自己做决定的故事"任务情境，提供的核心写作知识是"选择主题"；"制造一场冲突""设置冲突场景，收集细节"；八年级相对应写作任务，教材提供的核心写作知识是"寻找一个主人公"；"选择一对矛盾""主人公的变化"。而在目前的统编版初中语文教材中，编者仅提供写作知识，写作任务情境缺失甚至没有。换而言之，我国一线教师则先自己创设一个写作任务情境，再根据任务情境选择相应的核心写作知识。任务情境的创设和核心写作知识的选择都落在了一线教师肩上。

在收集到的4个课例中，只有课例4设计了一个完整的写作任务情境。在这个情境中，写作的任务是创作一个能让小侄女感觉好玩、有意思的"仙女下凡"的故事。前面提到，真实的写作是一种过程写作，具体包括预写、起草、修改、校订、发表等阶段，核心写作知识应该贯穿整个写作过程，特别是预写与起草阶段。因此，根据课例4的写作任务，预写阶段应提供"选出仙女形象""选择仙女下凡的目标、障碍"的策略性知识和程序性知识；起草阶段则是"写出一个好玩、有意思的故事结构"和"写好一个好玩、有意思故事"的策略性知识和程序性知识。

2. 依据学情特征

写作教学的任务是"要填补'学生现有经验'与'这次写作任务所需经验'两者之间的落差。这些需要填补的经验，填补的过程、方法、策略等构成了写作教学的核心内容"①。

对于本单元的习作，从学生的生活经验来看，大部分中学生对家里、学校寝室、班级发生的事情较为熟悉，如写与此相关的事件，生活经验是足够的。对于课例4来说，中学生在小时候可能看过或听过"仙女下凡"的故事，有一定的生活积累，但跟小孩讲故事，

---

① 王荣生，邓彤. 写作教学教什么[M]. 上海：华东师范大学出版社，2014：51.

大部分学生这种生活经验应该是不足的。教师应提供相应的策略弥补学生这方面的缺失。另一方面，从学生现有的语文经验来看，八年级的学生学过许多故事类的课文，也接受过一些人物描写、事件描写和细节描写的训练，但是面对不同文体、写作目的、读者需要什么样的"故事"，如何根据上述需求运用语言展开描写，这些是学生面临的困难。根据课例4的写作任务，学生面临的困难有：如何选出一个有趣的仙女形象；仙女下凡的目标、障碍分别是什么，跟之前小侄女听过的仙女下凡故事是否一样；在"仙女下凡"故事的开头、中间、结尾各写什么；怎么描写仙女下凡中的冲突，使得情节曲折，能吸引小侄女；我要以什么口吻向小侄女讲述这个故事；仙女解决障碍的行为能否反映出她的个性特征；语句过渡是否自然；等等。可见，学生遇到的写作困难不是在一次写作教学中就能解决的，需要从学生的"最近发展区"来考虑。就课例4而言，学生最大的困难是如何描写故事中的冲突，这应该成为本课例的核心写作知识。

（三）关于写作知识的呈现方式

在写作教学中，核心写作知识往往以"学习支架"的形式呈现出来，"写作学习支架的分类标准大致有两种，一种是表现形式，一种是功能。学习支架根据表现形式可以分为范例、提示、建议、向导、图表和解释等类型。依据功能标准，支架分为概念支架、程序支架、策略支架与元认知支架四种类型"①。教师应将写作过程中不同阶段的相关概念、方法、技巧等知识转化为相应的学习支架，解决学生在写作过程中存在的困难。

1. 利用"构思"支架，选好素材

预写阶段主要解决写作材料和组织结构的问题。本单元写作任务是写一个有趣的故事，在这一阶段需解决三个主要问题：人物的选择、目标和障碍的确定、故事结构的构思。可先通过"头脑风暴"支架选出有趣人物，接着围绕人物的特点，提供"图表"等支架设计目标、障碍和行动，再出示"例文"支架，提炼出有趣的故事结构。在这个构思阶段，"目标和障碍"的设计和选择是这次写作的核心知识，需要提供充足多样的支架。如，可通过"视频"等概念支架理解"冲突"，"头脑风暴"或"创作滑栏"等策略支架和"提示"或"问题"形式的元认知支架选择冲突。在上述课例中，课例3是属于一个构思阶段的写作指导课，核心写作知识是"通过设置合理的愿望、障碍、克服，写一个有趣的故事"。执教者主要通过例文支架呈现策略性知识，仅仅这样做还不够，还需搭设相应的策略性支架帮助学生选择冲突，才能达成目标。

2. 搭设程序支架、策略支架，写好内容

构思阶段完成之后，接下来需要考虑的是起草阶段，即运用哪些写作技法、选择怎样的词语或口吻等方面来行文。教师通常提供例文支架来呈现写作技法，这一做法是可行的，但问题的关键，还应对范文的程序化知识进行转化，帮助学生写作。换而言之，教师应示范如何在具体的语境中有效运用写作技法。如根据情境，从语言、动作、心理等细节描写中突出人物。教师可出示"图表"支架，引导学生结合"例文"支架填写图表，理解例文作者是如何描写人物，再撤掉"例文"支架，学生依据前面的构思内容重新填写自己的

---

① 周子房. 写作学习支架的设计[J]. 语文教学通讯, 2015(Z3)：11.

"图表"程序支架。这样，学生在两次填写的过程中不断内化运用方法的具体过程。除此之外，教师可提供"资料包"策略支架呈现不同情境中描写人物语言、动作、心理的词语或表达方式，帮助学生根据不同的情境选择相应的人物描写方法。

3. 提供程序支架、元认知支架，改好文章

"文章不厌百回改，反复推敲佳句来"，"修改"也是写作过程重要的阶段。在这一阶段，主要解决写作知识的掌握情况以及词汇的选择、句子的流畅性等方面。对于"学写故事"这一课，教师可提供"图表""问题清单""师生互评"等元认知支架帮助学生反思、修改习作。在具体的修改过程中，设计"例文"程序支架。

第四节　《学习改写》写作课例

第一部分　"学习改写"写作单元教学解读

一、课程标准解读

《义务教育语文课程标准》(2011年版)在7—9年级写作要求中指出：能变换文章的文体或表达方式等，进行改写。部编初中语文教材九年级上册第六单元的写作任务是：学习改写。对于九年级的学生文言，学习改写也是课程标准的要求之一。

2011年版课程标准对写作提出了如下要求："写作教学应贴近学生实际，让学生易于动笔，乐于表达"，"在写作教学中，应注重培养学生观察、思考、表达和创造的能力"，"鼓励自由表达和有创意的表达"。学习改写正是一种培养学生创造力的写作训练。

二、教材写作单元分析

本单元选择了中国明清白话小说中的精彩章节，目的是引发学生阅读此类小说的兴趣，感受中国古典小说的魅力，了解其思想和艺术成就，加深对中华优秀传统文化的认同感。了解明清白话小说的特点，积累相关的文学文化常识，感受古今语言的变化，熟悉一定数量的古代白话词汇。学习运用小说要素分析方法，联系全书，分析人物形象，提高古典小说的赏析能力。

三、写作学情分析

九年级学生在第一单元中学习了诗歌创作，初步感受了用凝练的语言来表情达意；并完成了第四单元的写作任务：学习缩写，将长篇的小说，影视剧本，学术论文等在保持中心思想不变的前提下，压缩文章的篇幅。诗歌创作训练让同学们提升了意象的选取能力，语言的组织能力。缩写训练则提升了同学们对文章要点、思路进行理解的能力，及概括综合能力。在这一系列能力的培养下再来学习改写，培养学生在忠于原作内容的基础上，通过改变文体、语体和叙事角度的能力有梯度，但是对于从来没有接触过改写的同学来说就

显得有很大的难度。

四、确定单元写作目标和内容

改写的形式有：一是改变语体，如将诗歌改写成散文，将小说改写成剧本；二是改变语体，如将文言文改写成白话文，将书面语改变成口语；三是改变叙事角度，如第一人称改写成第三人称等。改写原则上要以原作为基础，不能背离原作"戏说"，还要注意行文的协调。结合本单元古典小说的学习，学校话剧活动的开展和功能性写作教学理念的指导，本课把教学目标设定为学习把小说改写成剧本。

第二部分　《学习改写：小说改写成剧本》教学设计

一、教学目标

1. 学习剧本的概念，剧本和小说之间的区别。
2. 学习小说改写成剧本的基本策略。
3. 激发孩子们对剧本创作的兴趣。

二、教学重点

学习剧本和小说之间的区别，以及小说改写成剧本的方法策略。

三、教学难点

小说改写成剧本的方法和策略。

教学课时：1课时。

教学工具：多媒体PPT、希沃教学助手。

教学方法：讨论法、小组合作、课堂中评改等方法。

四、教学过程

（一）创设情境，引出课题

1. 出示任务情境

第九届校园话剧艺术节活动方案（节选）

时间：2018年12月28日14：30—16：30

地点：学校礼堂

参加对象：七、八、九年级全体师生

要求：每个班精心准备一个话剧参赛，主题积极，内容健康，演出效果好。每个节目时间控制在五分钟以内。

2. 引出课题

同学们，这次话剧艺术节为了让我们班能够取得一个好一点的成绩，我们班很多同学提出想演一出课本剧。那么大家想一想演课本剧大家会遇到什么难题呢？在这些难题中我们最先解决哪个问题呢？（学生交流，举手发言）我们要先解决剧本问题，创作剧本有一定的难度，但是我们可以通过改写剧本来获得一个相对比较好的剧本。请大家一起来看第六单元作文，学习改写。今天我们就以学过的课文《范进中举》为例，一起来学习如何把小说改写成剧本。

（二）依葫芦画瓢，模仿剧本格式，认识剧本

1. 教师出示《熊出没》剧本，并要求学生仿照《熊出没》的剧本格式，依葫芦画瓢，把《范进中举》中第一个情节"范进中秀才，胡屠户贺喜"这一情节改写成剧本的格式。（提示：为了节约时间，如果同学们用的是原文原话，可以写前面几个字，中间用省略号，再加最后几个字的形式）

《熊出没》第一集剧本（节选）

人　　物　熊大、熊二、光头强
时　　间　白天
地　　点　光头强小木屋
　　　　　（熊大、熊二鬼鬼祟祟地从窗口往里瞧）
熊　　二　呀？光头强今天咋没出去砍树呢？
熊　　大　（小声）这么大声干嘛？想让光头强发现咱们啊？
熊　　二　……
熊　　大　……
光头强　……

2. 教师展示学生作品，并请同学们评价格式是否正确、完整。
3. 出示教师剧本范本 1.0 版，并区分出哪些内容是"对话台词"，哪些内容是"舞台提示"。

《〈范进中举〉之屠户贺喜》1.0 版

人　　物　胡屠户、范进、范母、范妻
时　　间　中午
地　　点　范进家
　　　　　（范进进学回家……范进向他作揖。坐下）
胡屠户　我自倒运，把女儿……我所以带个酒来贺你。
　　　　　（范进唯唯连声……母亲自和媳妇在厨造饭）
胡屠户　你如今即中了相公，凡事……免得惹人笑话。

范　进　　岳父见教的是。

胡屠户　　亲家母也来这里坐着吃饭。老人家……可怜！可怜！

（说罢，婆媳两个……千恩万谢。屠户横披了衣服，腆着肚子去了）

4. 总结出示剧本概念：剧本是一种文学形式，是戏剧艺术创作的文本基础，编导与演员根据剧本进行演出。剧本主要由人物对话（或唱词）和舞台提示组成。舞台提示一般指出人物说话的语气、说话时的动作，或人物上下场时，指出场景或其他效果变换等。

5. 引导学生根据学过的小说的知识和概念从表现手法、塑造人物方法、情节、时空限制、节奏等角度分析小说和剧本之间的区别。

表 8.4.1　　　　　　　　　　　　　小说和剧本之间的区别表

	表现手法	塑造人物	情节	时空限制	节奏
小说	记叙	方法多样	复杂铺展	没有限制	缓慢
剧本	对白	台词+动作	简单集中	一时一地一幕	快速

6. 教师总结：要把小说改写成剧本，第一步应该在文本的格式上把小说的格式改写成剧本的格式。出示小说改写成剧本的策略一。

改写策略一：改变文体

①根据场景的变化，把小说的情节划分成剧本的若干幕。

②把小说的内容分成人物对白和舞台提示。

③人物对白按照"说话人+说话内容"的格式，以对话方式呈现。舞台提示在对话之前、之中、之后单独交代。

（三）剧本升级，完善剧本

1. 增加提示

(1) 提问：剧本 1.0 版现在可以用来表演了吗？如果不能，还缺少哪些内容？

(2) 每个同学在剧本中选择一个地方，添加一些舞台提示，添加的舞台提示可以是动作、神态、语气、人物的上下场等。（学生添加舞台提示，教师稍加巡视）

(3) 学生展示添加的舞台提示，教师总结点评并出示添加了舞台提示的剧本 2.0 版。

《〈范进中举〉之屠户贺喜》2.0 版

人　物　胡屠户、范进、范母、范妻

时　间　中午

地　点　范进家

（范进进学回家……范进向他作揖。坐下）

胡屠户　（叹了一口气）我自倒运，把……我所以带个酒来贺你。

　　　　（范进唯唯连声……母亲自和媳妇在厨造饭）

胡屠户　（傲慢语气）你如今即中了相公……（拍拍胸脯）比如我这行事里都是些正经有脸面的人……惹人笑话。

　　　　（范妻上菜，范进倒酒）

范　进　（不住地点头哈腰）岳父见教的是。

胡屠户　（提上一只脚来搭在板凳上，用手招呼）亲家母也来这里坐着吃饭。老人家……可怜！可怜！

　　　　（说罢，婆媳两个……千恩万谢。屠户横披了衣服，腆着肚子去了）

（4）同学们评价 2.0 版本当中添加的舞台提示，把自己觉得加得最好的一个找出来（重点引导学生评价舞台提示符合人物的性格特征）。教师根据同学们的评价总结并出示小说改写成剧本的策略二。

　　改写策略二：增加提示

　　①舞台提示主要包括舞台场面说明和人物语言说明。舞台提示可以是词语、短语，也可以是句子。

　　②舞台场面说明包括剧情发生的时间、地点、环境，灯光效果、道具运用，人物的上下场以及幕的启闭等，一般独立于对白之外。

　　③人物语言说明放在台词中，用括号表示，提示说话的语气、神态、动作等。

　　④舞台提示要利于塑造人物性格，推动情节发展，同时有利于排练和表演。

2. 改变语体

（1）出示艺术节活动方案，请大家再次认真阅读，看看哪些细节还提示我们剧本需要升级完善？（学生观察并回答）

（2）从活动方案的参加对象为七、八、九三个年级的全体师生这一细节中，你认为我们的剧本还需要在哪些地方升级？（教师根据学生回答总结：剧本的人物用的是文言语体，九年级的学生学过这篇课文，他们能够听得懂，七、八年级的学生就未必听得懂，所以要把语言变得通俗易懂）引导学生解释文中的一些生僻字，比如：倒运、累、甚么、带挈、相公、行事、见教等。

（3）在舞台上演出，人物的对白仅仅通俗易懂就可以吗？（生思考并回答，还应该风趣幽默）

（4）同学们根据刚刚提到的把语言变得通俗易懂、风趣幽默等要求选择其中一处人物对话进行改写。

（5）展示学生改写成果。教师总结并出示剧本 3.0 版。并引导学生重点分析"爸爸说得对，我一定虚心改正。"和"忍饥挨饿"改得是否合适。

《〈范进中举〉之屠户贺喜》3.0 版

胡屠户　（叹了一口气）是我自己倒霉，才会把我的女儿嫁给你这个现世宝，这么多年来，我都一直受你们拖累。现如今，我也不知道是积了什么德，竟让你沾了光考上了秀才。

胡屠户　你今天既然考上秀才了，凡事都要有点规矩。(拍拍胸脯)就像我这个行业里，都是一些正经有脸面的人，又都是你的长辈，你怎么敢在我们面前装模作样？还有家里那些种田挑粪的，不过就是个平民百姓，你和他们平起平坐，对他们揖手行礼，就是坏了读书人的规矩，连我都觉得害臊。你就是个老实巴交的人，所以这些话我不得不教你，免得你以后出去闹笑话。

范　进　(不住地点头哈腰)爸爸说得对，我一定虚心改正。

胡屠户　(提上一只脚来搭在凳板上，用手招呼)亲家母，你也快点来坐下吃饭。你老人家每天吃这点饭菜，想想就替你难过。女儿啊，你也来吃点。自从你嫁过来，十几年了，忍饥挨饿，可怜！可怜啊！

出示小说改写成剧本策略三：改变语体

改写策略三：改变语体
①剧本的语言要充分考虑观众的年龄、文化水平等因素，追求最佳的舞台效果。
②将文言文改成白话文，将方言变成普通话。
③语言风格要符合原作中人物的形象定位，要保持整体统一。

3. 增删内容

(1)教师提示：活动方案中有一个小细节，就是节目表演时间是5分钟左右，改写的这一幕剧本无法达到5分钟的表演时间，所以要适当地增加内容。教师出示《范进中举》故事时间轴如下：

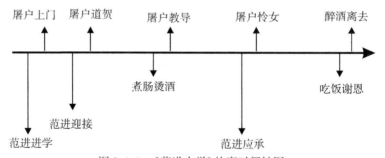

图 8.4.1　《范进中举》故事时间轴图

(2)同学们选取其中任意一个细节，在这个细节上增加人物对话、动作等。(学生创作，教师巡视)
(3)展示学生作品。
教师总结并出示小说改写成剧本的策略四。

改写策略四：增删内容

①在不改变原文主题思想和主要人物形象的基础上，合理想象，在原有的内容架构中适当扩充。

②扩充的内容要与原文中的上下文自然衔接，语言风格保持统一。

③扩充的内容应该是原文的有益补充，不能喧宾夺主。

④可以适当删除与主要人物不太相关的情节。

（四）总结

这节课主要学习了如何将小说改写成剧本，主要有四点策略：改变文体、增加提示、改变语体、增删内容。

请同学们根据本课所学方法，以小组为单位，把《范进中举》剩下的情节改写成剧本，挑选最精彩的一幕，认真排练，闪亮登台！

附台阶式教学设计

任务情境：学校举行话剧艺术节，为活动改写课本剧。

学习元素：(1)认识剧本，明确小说和剧本的区别；(2)从改变文体、增加提示，改变语体，增删内容四个方面改写和完善剧本。

步骤4：小结。

步骤3：展示成果。

步骤2：根据时间轴和内容提示增删内容，形成4.0版。

步骤1：回归情境。

步骤4：展示评价写作成果总结概括策略三，改变语体。

步骤3：任选一句台词进行改写，形成3.0版。

步骤2：将古白话改成现代汉语表达。

步骤1：回归情境。

步骤4：出示教师增加的提示，请学生评价，总结概括策略二，增加提示。

步骤3：展示评价学生写作成果。

步骤2：给剧本增加提示：动作，神态等形成2.0版。

步骤1：回归情境，1.0版能否演出。

步骤3：明确剧本概念内涵，小说和剧本的区别，总结剧本改写的第一个策略：改变文体。

步骤2：依葫芦画瓢，将《范进中举》部分内容改写成剧本格式，展示学生成果，形成剧本1.0版。

步骤1：出示任务情境。

环节四：3.0版剧本升级至4.0版

核心知识：改写剧本策略四，增删内容

环节三：2.0版剧本升级至3.0版

核心知识：改写剧本策略三，改变语体

环节二：1.0版剧本升级至2.0版

核心知识：改写剧本策略二，增加提示

环节一：依葫芦画瓢改剧本

核心知识：改写剧本策略一，改变文体

学生没有创作过剧本，不知道如果改写剧本

教学起点

第三部分 《学习改写：小说改写成剧本》教学实录

一、创设写作任务情景

师：同学们好，大家都知道每年到了 12 月底的时候，我们学校都要举办话剧艺术节。今年也不例外，你们瞧，学校第九届校园话剧艺术节方案都已经出来了。(教师 PPT 出示第九届校园话剧艺术节的活动方案节选部分，生看)

师：同学们，你们喜欢演话剧吗？

生：喜欢!

师：我们有些同学提出想演课本剧。那演出课本剧，你们需要提前做好哪些准备呢？

生：要选好演员，准备好道具。

生：要准备好服装，还要有一个导演。

生：要写好剧本。

师：同学们，刚刚这几位同学提到的工作中，我们应该最先完成哪项工作？

生：(齐声答)要先准备好剧本!

师：课本剧，顾名思义就是由课文改编而成的剧本。今天我们就一起来学习第六单元的写作：改写中的把小说改写成剧本，就以第六单元我们学过的课文《范进中举》为例。

(教师出示本节课课题)

二、指导改写剧本

师：同学们，你们见过剧本吗？

生：没有见过。(有部分说，见过)

师：见过没见过都没关系，老师现在给你看一个你们小时候非常熟悉的动画片的剧本。(PPT 展示《熊出没》的剧本)现在请同学们先看看剧本，然后翻到课文《范进中举》，并拿出纸和笔依葫芦画瓢把《范进中举》中的第一个情节《胡屠户贺喜》改写成剧本的格式。大家引用原文原话时，为了节约时间，可以采用截取前几个字中间用省略号最后再选几个字的方式来写。

(生改写剧本，教师稍加巡视)

(教师用希沃授课助手展示学生作品，并提醒同学们评价学生剧本格式对不对，完整不完整)

师：刚才展示的几位同学的剧本格式写得都算合格。现在请大家看大屏幕，结合大家的改写，老师把《范进中举》第一段的内容进行变形(展示教师改编的剧本 1.0 版)。

师：这部分有的交代剧情，叫作舞台提示。所以剧本主要包括……

生：(齐声说)包括对话台词和舞台提示。

师：一起看剧本的概念。(PPT 出示剧本的概念)请同学们一起来把剧本的概念读一读。

生：(齐读)剧本是一种文学形式，是戏剧艺术创作的文本基础，编导与演员根据剧本进行演出。剧本主要由人物对话（或唱词）和舞台提示组成。舞台提示一般指出人物说话的语气、说话时的动作，或人物上下场、指出场景或其他效果变换等。

师：请大家看大屏幕上的表格，根据表格提示的几个方面说说小说和剧本的区别。

（根据 PPT 中的表格，学生回答问题）

生：从表现手法上看，小说主要是叙事、讲故事。而剧本则主要是对话。

生：从塑造人物上看，小说可以从语言、动作、心理、外貌等方面来塑造人物；而小说则主要是通过人物的语言和动作来塑造人物。

生：从情节上看，小说的情节比较复杂，而剧本的情节比较简单。

生：时空限制上，小说的时空比较宽广，剧本的时空主要集中在舞台上。

生：节奏上，小说比较慢，剧本比较快。

师：同学们都说得非常好，所以如果要把小说改写成剧本，首先要在形式上把小说的形式改成剧本的形式。请大家一起看大屏幕读一读：小说改写成剧本改写策略一：改变文体。

生齐读：①根据场景的变化，把小说的情节划分成剧本的若干幕。②把小说的内容分成人物对白和舞台提示。③人物对白按照"说话人+说话内容"的格式，以对话方式呈现。舞台提示在对话之前、之中、之后单独交代。

师：同学们再一次看到我们刚改写好的剧本 1.0 版，大家觉得 1.0 版可以用来排练了吗？或者说可以用来表演了吗？

生：不可以！

师：这位同学你说说看为什么不可以。

生：因为这个剧本目前只有对话和一些简单的剧情提示。

师：如果我们的演员在舞台上只是你说一句，我说一句，这是一种什么形式的表演？

生：这叫相声！

师，在舞台表演，除了要说话还应该要有什么？

生：还要有动作。

师：还可以有别的什么？

生：还有语气、神态！

师：请每个同学在剧本 1.0 版本中任选一个地方，添加一些合适的动作、语气、神态和人物的上下场等舞台提示。

（生给剧本添加舞台提示，教师等待并巡视）

师：同学们都完成了吗？（教师用希沃授课助手展示学生添加的舞台提示）根据大家添加的提示，我们来给我们的剧本升一下级，请看剧本 2.0 版。剧本 2.0 和剧本 1.0 之间最大的区别是什么？

生：添加了很多的舞台提示！

师：同学们，你认为哪一个舞台提示加得最好？

生：我觉得范进不住地点头哈腰这里加得最好，因为它反映出了范进那种唯唯诺诺的性格。

生：我认为胡屠户提上一只脚来搭在板凳上，用手招呼加得最好，胡屠户就是一个杀猪的，是一个很粗俗的人，没有什么素质。

师：所以这个提示特别符合他的性格，身份是吗？

生：是的。

师：所以我们添加舞台提示一定要符合剧中人物的……

生：身份，性格特征。

师：我们总结小说改写成剧本的改写策略二：增加提示。

生：(齐读)舞台提示主要包括舞台场面说明和人物语言说明。舞台提示可以是词语、短语，也可以是句子。舞台场面说明包括剧情发生的时间、地点、环境、灯光效果、道具运用，人物的上下场以及幕的启闭等，一般独立于对白之外。人物语言说明放在台词中，用括号表示，提示说话的语气、神态、动作等。舞台提示要有利于塑造人物性格，推动情节发展，同时有利于排练和表演。

师：(出示第九届校园话剧节活动方案)大家再好好看看活动方案，看看我们的剧本还有哪些细节需要再升级。

生：时间！

生：参加对象，七、八、九年级全体师生！

师：很多同学都发现了这两个细节！我们先看到第一个细节，参加对象为七、八、九年级全体师生。这一点提示我们要做什么？

生：有很多人参加，表演的时候要说大声一点。

师：有话筒，声音适中就可以。同学们，我们回想一下《范进中举》是清代的文言小说，这篇课文是在九年级课本的，七、八年级的学生没有学过……

生：他们可能会听不懂。

师：这位同学说得没错，这篇课文里面有很多大家不太熟悉的词。比如说大屏幕上的这些词(出示PPT)，我们请一组同学来说说看这些词语是什么意思。第一个开始……

生：倒霉。

师：下一个同学接下去……

生：连累。

生：什么。

生：提携。

生：秀才。

生：行业。

生：指教。

师：这些词大家不太听得懂，所以我们要改一改把它变得……

生：通俗易懂。

师：在舞台上表演，演员的舞台语言除了通俗易懂还应该达到哪些要求？

生：还应该引人发笑。

师：引人发笑，换一个词就叫……

生：风趣幽默。

生：搞笑。

师：好，同学们接下来以小组合作的形式挑选剧本当中的一句人物对话并把它变得通俗易懂、风趣幽默、搞笑……

（生改写，师巡视）

师：同学们，你们都改好了吗？哪个小组的同学先来展示一下。来，这边的同学……

生：我们选的是胡屠户的第一句。

师：你来表演并展示一下。

生：我倒了八辈子霉！把我的宝贝女儿嫁给你这个不三不四的穷鬼，这么多年来，不知连累了我多少！如今也不知道我上辈子做了什么好事，积了什么德，所以带个酒来祝贺你！

（同学们鼓掌）

师：同学们用掌声表示了对你的认可！还有其他组吗？

生：我们也选了胡屠户的这句。我们改的是这样的：是我自己倒了大霉！把一个这么宝贝的女儿嫁给你这个阿达宝穷鬼！这么多年了，就知道拖累我。现在不知道是不是我最近少杀了几头猪，积了德，竟然让你沾我的光考上了秀才，所以带个酒来祝贺祝贺你！

（同学们哈哈大笑）

师：这个同学改得非常有赣州特色，阿达宝是我们赣州方言。其他小组呢？

生：我们改的是胡屠户的最后一句：亲家母啊，你别忙了，快点来吃饭。你看你瘦得像杆子似的，每天腌菜拌米汤，还没有我的猪吃得好！我可怜的女儿啊，当初就不该把你嫁过来，你看看他们家养你比养猪还省！

生：我们也改的是这句，我们写的是：亲家母你也快来吃饭。女儿啊，你看看，你都成什么样了，这脸哪有什么正经人家夫人有的样儿，这衣裙，这发饰，比街上的乞丐好得了多少啊？到时候人家一看，哪里还看得出是我家女儿，哪里像我这么丰腴这么饱满！

（生边鼓掌边哈哈大笑）

师：用夸张的语言制造出搞笑的结果！其他的句子哪些小组来展示展示？

生：我们选的是胡屠户的第二句：你如今既然考中了秀才，凡事都要像点样子，有点规矩。比如像我这些杀猪的老板们，都是有头有脸的人物，你怎么敢在我面前装老大？你怎么也要给我留点面子吧？你家门口这些作田的、扒粪的，不过就是个普通百姓，你跟他们同穿一条裤子，平起平坐，就是坏了学校的规矩啊！连我都觉得丢死人了，你就是个老实死有用的家伙，我今天说得这些话都是为了教你，免得你出去丢人现眼，惹人笑话！

（生鼓掌）

师：其他小组？

生：我们选的是最简单的一句，"岳父大人，你说得是，说得是，说得是，说得是……"

师：各个小组的同学都表现得非常棒！而且还表现出了我们赣州的特色。根据大家的改写，现在一起来给我们的剧本来一个升级，剧本3.0版请看！（PPT展示剧本3.0版）。PPT上的3.0版还没有同学们改写得好呢，但是PPT上有两句红色字体的句子，老师想请大家一起看看这两个地方改得合适吗？

生：我觉得不合适，爸爸说得对，这句话好亲切，范进对他老丈人不会这么亲切吧。

生：我觉得忍饥挨饿这个词用得不合适，还不至于过得这么苦吧，饭还是有的吃吧！

师：大家想一想忍饥挨饿这是一个什么词？什么样的人才想得到用这个词？

生：忍饥挨饿是一个成语，一般是比较有文化的人才会用这个词吧。胡屠户他就是一个杀猪卖猪肉的，他么什么文化，他说不出这样的话！

师：胡屠户没有文化，这个词的使用和他的身份不相符。同学们再看到前面那句："爸爸说得对，我一定改正"，我们分析过课文知道，范进在中举之前在他老丈人面前一直是忍气吞声的，他从内心里并不是真正地认同胡屠户。第一句也不合适。我们总结一下，改写对话也要符合……

生：人物的性格特征！

师：(出示小说改写成剧本策略三：改变语体)请同学们一起读一读小说改写成剧本策略三。一二开始！

生：剧本的语言要充分考虑观众的年龄、文化水平等因素，追求最佳的舞台效果。将文言文改成白话文，将方言变成普通话。语言风格要符合原作中人物的形象定位，要保持整体统一。

师：刚才细心的同学还发现了我们这次演出的时间为五分钟左右。可是我们改写的这一幕剧本根本无法演五分钟。那怎么办呢？

生：增加内容！

师：没错，我们可以扩充内容。请大家看大屏幕，老师把范进进学，胡屠户贺喜这一事件的全部细节都标注在时间轴上了，请大家任选一个细节来扩充内容。当然有的同学要提问了：扩充什么内容啊？

生：增加对话啊，动作啊之类的。

师：那就任选一个细节，增加对话和动作吧！

(生创作，教师巡视)

三、教学小结

师：同学们，简单总结小说改写成剧本的第四个策略：增删内容。一起回顾一下我们今天学的四个小说改写成剧本的策略……

生：1. 改变文体；2. 增加提示；3. 改变语体；4. 增删内容。

师：根据本课所学方法，以小组为单位，把《范进中举》剩下的情节改写成剧本，挑选最精彩的一幕，认真排练，闪亮登台！谢谢大家，辛苦了！

第九章 大单元整体教学设计

第一节 《新闻写作》写作课例

第一部分 部编教材八年级语文上册第一单元 "新闻写作"教学解读

一、联系课程标准，确定单元学科"大概念"

(一)课程标准解读

《义务教育语文课程标准》(2011 年版)指出："语文课程是一门学习语言文字运用的综合性、实践性课程。"作为一门实践性课程，"应着重培养学生的语文实践能力，而培养这种能力的主要途径也应是语文实践"①。

本套语文教材的语文实践，主要在八、九年级设置了四个"活动·探究"单元。每册教材安排一个，分别学习新闻(八上)、演讲(八下)、诗歌(九上)和戏剧(九下)，它们给教师的教学提供了更大空间，也提出了新的要求。

(二)关于设置新闻"活动·探究"单元的解读

1. 符合语文课程的本质属性，有利于学生语文学习方式的转变。

设置"活动·探究"单元，有利于改变过于偏重阅读、理解、赏析的语文学习(特别是阅读学习)方式，使学生的语文学习从平面走向立体，从静态走向动态，在综合、多维、连续的语文活动中"领悟文化内涵和语文应用规律"。"活动·探究"单元的学习主要依靠学生主动参与，亲身实践，他们或经历文本的形成过程(新闻)，或体验文本的应用与二

---

① 中华人民共和国教育部.义务教育语文课程标准(2011 版)[S]. 北京：北京师范大学出版社，2011：2.

189

度创作(演讲、戏剧)，或以多种方式体会文本的艺术魅力(诗歌)，通过这些活动，他们可以发挥自己的创造力，建构属于自己的、有机的知识结构，获取较多的直接知识，并形成相应的语文能力。在"活动·探究"单元的学习过程中，学生将有较多的机会根据自己的特长与兴趣选择活动，并与同学一起自行组织学习活动，进行自主评价。这将有助于学生形成自主学习、合作学习的意识和能力，并迁移到其他内容的学习中去。

2. 促成教师语文教学方式的转变，与传统教学方式形成互补。

"活动·探究"单元需要教师改变以教师授课、学生听课为主的传统语文教学方式，突破原有学科教学在时空、内容、手段等方面的封闭状态，将学习的自主权真正还给学生，变当堂教授为全程指导，变掌控课堂为帮助自学，变关注成果为关注过程，但是，这并不等于否定以接受为主的传统语文教学方式。这种教学方式能够让学生在有限的时间内学习大量的间接知识，如果运用得当，也能培养学生的思考能力。这都为学生的"做中学"提供了重要的知识基础和必要的思考方法，使学生的自主学习活动更有效率，少走弯路。因此，通过设置"活动·探究"单元，促使教师在教学过程中重新思考、调整师生双方在语文教学中的角色。这样能缓解教师在理智上认同"让学生在语文实践中学习语文"的理念，在实践中却缺少相应教学内容和较大教学空间的矛盾，帮助教师弥补传统教学方式的不足，通过两种教学方式的互补，较好地平衡语文教学中讲授与生成、知识与能力、理论与实践，效率与质量的关系。

3. 体现学习内容本身的特点，突出其特有的教学重点。

本"活动·探究"单元的学习内容都具有比较强的"活动性"；新闻作品的背后，是复杂的选题、采编活动；如果仍采用一般的单元组织形式，容易导致教师忽视学习内容的"活动性"，一味采用传统教学方式，主要对文本作静态的理解、赏析，这样就很难把这些内容真正教到位。进而言之，"活动·探究"单元的部分文本并不适宜当作一般的"文章"来教学。例如，教学一般课文时，常常要对文章的语言作文学性的赏析，或揣摩一些词句的深层意蕴，但这样的教学点与新闻(特别是消息)"快速准确地将信息传递给具有一般文化水平的受众"的本质属性并不完全合拍。

4. 适应初中语文的教学实情，凝聚一线教师的教学智慧。

在教学实践中，很多教师敏锐地发现了新闻本身具有的"活动性"，并采用了与之适应的教学方法，如校园新闻采编、办班报班刊等，受到了学生的欢迎。"活动·探究"单元的设置，适应了初中语文的教学实情，便于师生共同设计、组织语文学习活动。

(三)教材写作单元分析

新闻"活动·探究"单元内容由两部分组成：一部分是学生自主学习所需要的基本材料，包括课文、注释、旁批、补白和技巧点拨；另一部分是学生自主学习所要完成的任务，以及各项学习活动的要求，包括活动任务单和任务说明。学生组成学习小组，依托单元内容，在教师的指导下自主展开学习活动，完成学习任务。"活动·探究"单元采用任务驱动的方式组织教学内容，在活动任务单中对整个单元的任务作概要说明，以方便学生总体把握。每个单元均安排三个任务，分别设置任务说明进行具体解说。本单元的三个学习任务分别是新闻阅读、新闻采访和新闻写作。

（四）写作学情分析

新闻阅读是本单元的第一个任务，也是基础任务。本单元共选入六篇新闻作品，综合考虑新闻体裁和国别，编为五课。它们都是典范的新闻作品，都秉持"用事实说话"的原则，不仅能够体现消息、新闻特写、通讯和新闻评论在结构、写法、语言等方面的不同特点，且自身具有较高的写作水平和鲜明的风格特征。《我三十万大军胜利南渡长江》《人民解放军百万大军横渡长江》结构清晰、事实准确、行文精粹、言简意丰，同时又恰当地体现出作者的态度。《首届诺贝尔奖颁发》堪称"倒金字塔结构"的样本，平实而严谨。《"飞天"凌空——跳水姑娘吕伟夺魁记》是新闻特写中的佳作，它将跳水运动员从起跳到入水的瞬间定格为三个画面，语言生动，笔触细腻。《一着惊海天——目击我国航母舰载战斗机首架次成功着舰》报道我国航母舰载战斗机的首次成功着舰，叙述详尽，描写生动，既有全球视野，又有历史维度，充分显示了通讯的特长。《国行公祭，为佑世界和平》就第四个南京大屠杀死难者国家公祭日发表评论，引述大量新闻事实，阐述"牢记历史，维护和平"的观点，道理充足，辞气充沛，说服力强。从整体写法的角度来看，教材所选的新闻作品所采用的多为经典写法，这样有助于学生把握不同新闻体裁的特点，但也有像《一着惊海天——目击我国航母舰载战斗机首架次成功着舰》这样在写法上有一定创新的作品，在一定程度上体现了新闻自身的发展。除了课文，旁批、补白和技巧点拨也是学生自主学习的重要资料，学生可以利用它们自学课文，学习常见新闻体裁的有关知识、消息的结构特点和写法等。本单元课文的旁批主要有三种功能：介绍新闻基础知识、提示学生注意课文的重要内容和写法特点、提醒学生思考课文作者的主观倾向与表达意图。补白以对比的方式说明新闻特写的特点，既是知识介绍，也是思维方式和学习方法的提示。技巧点拨突出消息这一学习重点，集中介绍其常见结构、各部分的写作要求和总体的语言特点。这部分内容功能多样，既帮助学生"写"，也帮助学生"读"，既提供具体的知识，又解说相关的技能，可以在不同的学习活动中反复使用。

新闻采访是本单元的第二个任务，也是活动性最强的任务，其主要设计意图有三个方面。第一，新闻是报道事实的，而采访则是发现和全面了解事实的过程，在新闻采编过程中占有重要地位。采访获得的新闻事实的质量，在很大程度上决定了新闻作品的质量。第二，采访有一套常见的流程与做法，也有相关的要求，学生要各显其能，在活动中摸索最适合自己的采访方式。第三，表面上看，新闻采访主要是学生的活动，但实际上教师的指导工作更要做细做实。一方面，教师需要通过集中指导为学生活动打下基础，在学生活动遇到各种一时难以克服的障碍时，教师要及时介入，提供建议和帮助。另一方面，新闻采访活动能发展学生策划、沟通、合作等多种能力，在自主学习活动中，学生思维方面的优势与不足也会得到充分展示，这就需要教师密切关注，适时指导，并进行过程评价。

新闻写作是本单元的第三个任务，既是前两个任务的结合与落实，也具有成果展示的功能，其主要设计意图有两个方面，第一，新闻阅读解决"知识""方法"的问题，新闻采访解决"内容"的问题，新闻写作将它们结合起来，突出"新闻写作"而非一般写作。因此，教师在评价学生的作品时，应该按照新闻写作的标准而非套用一般写作的标准。第二，这部分任务的选择性较强，为不同学生提供了不同选项，照顾了学生之间的差异。其中，必做任务保证共同基础，选做任务体现学生个性，拓展任务则更进一步，从新闻写作引向"新闻产品"制作，强调学习成果呈现方式的丰富性和真实感。本单元的学生自主学习活动具有比较明显的"拟真"性质，增强活动的真实感，有利于调动并保持学生的学习兴趣。

（五）确定单元"大概念"

"任务三"是新闻写作，它将"任务一"的"知"和"任务二"的"行"结合起来，落实为具体的写作和"制作"，在保证共同基础的前提下，给学生提供了较多的选择机会。与一般的作文不同，新闻写作（特别是消息写作）有着比较明显的程式化特征，其格式、结构和各部分的基本特点都有比较明确的要求。除了写作，"任务三"的另一个"重头戏"是制作报纸或新闻网页。这当然是一种学习成果的呈现方式，同时也是学生采访、写作活动的自我检测方式。只有进行编辑制作，才能真正发现先前的分工是否合理，采写的消息、新闻特写、通讯等是否足以支撑一个版面、一张报纸或一个网页，也才能发现拍摄的图片、视频质量究竟如何。这种自我检测是柔性的、自省式的、内嵌于活动过程中的，因为学生的学习活动需要评价，但"活动·探究"单元的目标毕竟不是培养真正的记者、编辑，所以不必用比较硬性的方式来评价上述学习活动的质量。学生制作的报纸版面或新闻网页，也最好用展示评比的方式进行评价，而不是像平时那样比较严格地分层、分等级。

二、围绕"大概念"，提取写作学习元素

本单元的大概念在于在秉承掌握新闻解读的基本原则"用事实说话"和新闻采访活动尊重事实的基础上，迅速简要地写发生在身边生活中的新闻。要求学生将"任务一"的"知"和"任务二"的"行"结合起来，落实为具体的写作和"制作"。

因此学习元素确定为：在主体部分运用准确的语言写清楚时间、地点、人物、事件起因、经过、结果；按照主体、导语和标题的倒金字塔顺序写作消息。

运用消息最基本的文章结构和段式结构完成写作任务。具体表述如下：

1. 拟定准确、简洁、新颖的标题。
2. 写导语要突出重点，言之有物，简明扼要，事实说话，吸引读者。
3. 新闻主体要素较全，采用倒金字塔结构。
4. 新闻语言准确简练易懂。
5. 建立自主新闻评价标准。

三、预估学习结果，写作表现性评价任务

根据表现性评价的要求，写作学习的结果要在合乎真实的任务情境中，运用评分规则对学生完成的写作产品作出判断。

评价的要点集中在以下三个方面：

1. 标题准确简洁新颖，写导语突出重点，言之有物，简明扼要，事实说话，吸引读者。
2. 新闻主体要素较全，采用倒金字塔结构。
3. 新闻语言准确简练易懂。

第二部分　《新闻/消息写作》教学设计

一、情境与任务

学校电视台小记者招募令

初二年级同学们：

你们好！

我校电视台新闻社小记者团纳新了。你想通过采访开拓自己的眼界吗？你想用语言去记录多彩的世界吗？"透新闻之窗，观多彩生活"，小记者招募会正在进行，快来参加吧！请你依据刚结束的学校第49届校运动会你班体育获奖事件，写一则消息，就有可能成为小记者哦！

二、写作学习元素

1. 在主体部分运用准确的语言写清楚时间、地点、人物、事件起因、经过、结果。
2. 按照主体、导语和标题的倒金字塔顺序写作新闻。

三、教学教程

（一）出示视频《小记者采访名人名家》

（二）出示任务情境，选择消息写作切入点

活动一：出示本节课的消息写作任务情境（学校电视台小记者招募令）。

1. 找出本班参加学校运动会的运动员。
2. 依据运动员的口述，分组写出获奖运动员的材料。
3. 确定要写的消息主体中的运动员事迹。

学习任务一：写作单个运动员事迹。

1. 小组讨论确定：分成自然的四个小组，每组确定单个运动员事迹3~5个。
2. 出示写作支架。

表9.1.1　　　　　　　**新闻主体写作锦囊——新闻六要素对照表**

要素名称	人物	时间	地点	事情	原因	结果	补充
要素的理解	Who 谁？	When 什么时候？	Where 在哪里发生？	What 什么事？	Why 为什么？	How 怎么样？	

要素名称	人物	时间	地点	事情	原因	结果	补充
新闻要素的要点							
学生填写							
学生概括							

3. 学生依据确定的运动员，填写上表。

4. 依据上表概括出每个运动员在运动会上的事迹。

(三) 完成新闻主体的构思

学习任务二：每组根据写下的单个事迹，合成段落，组成新闻的主体。

活动二：评价单个的运动员事迹是否符合新闻的要求。

1. 从新闻的六要素的内容和形式两个方面来梳理确定要写的新闻主体。

新闻六要素构思表：

表 9.1.2 　　　　　　　　　　　　　**新闻六要素构思表**

要素名称	要素理解	新闻要素的要点	是否达到？
时间	When 什么时候？	时间	
地点	Where 在哪里发生？	地点	
人物	Who 谁？	表述对象	
事情	What 什么事？	动作行为	
原因	Why 为什么？	原因	
结果	How 怎么样？	结果	

(1) 小组讨论确定符合条件的 3~5 个运动员事迹。

(2) 把事迹组合成段。

(3) 讨论：找到关联的词句，把段落写得流畅。

(4) 讨论：插入几个词语，把段落写得生动。

　　记者闻嘉宸报道：25 日，东京奥运会第二个比赛日，在跳水女子双人 3 米板决赛中，中国队选手施廷懋/王涵以 326.40 分的总成绩夺得金牌，让中国跳水队在这一项目实现奥运五连冠。

　　记者辛均旺报道：25 日，举重赛场连传佳音。在男子 61 公斤级比赛中，中国队选手李发彬以抓举 141 公斤、挺举 172 公斤、总成绩 313 公斤夺得金牌。在男子 67

公斤级比赛中，中国队选手谌利军以抓举 145 公斤、挺举 187 公斤、总成绩 332 公斤再添一金。

　　记者彭金凤报道：25 日，在射击男子 10 米气步枪决赛中，中国队选手盛李豪获得银牌，杨皓然获得铜牌。姜冉馨获得女子 10 米气手枪铜牌。赵帅在跆拳道男子 68 公斤级比赛中夺得铜牌。

2. 结合教师提供的写作范例，看是否符合新闻的六要素。

表 9.1.3　　　　　　　　　　　　　东京奥运会新闻六要素对照表

要素名称	要素理解	新闻要素的要点	是否达到?
时间	When 什么时候?	时间	25 日
地点	Where 在哪里发生?	地点	东京奥运会
人物	Who 谁?	表述对象	施廷懋/王涵
事情	What 什么事?	动作行为	跳水女子双人 3 米板决赛
原因	Why 为什么?	原因	以 326.40 分的总成绩夺得金牌
结果	How 怎么样?	结果	中国跳水队在这一项目实现奥运五连冠

　　3. 讨论分析第二、三段的人物。
　　4. 个人朗读，小组朗读，整体朗读后，小组讨论感受此写作语言。特别感受语言是如何排列的。
　　5. 返回自己本组的确定的写作段落，认真修改确定。
　　6. 小组展示。

（四）完成新闻导语的写作

学习任务三：完成新闻导语的写作
1. 思考：如果你是报道组的组长，要组成一个完整的消息，还要添加什么?
确定：还要有标题和导语。
出示消息范例：

　　记者闻嘉宸报道：25 日，东京奥运会第二个比赛日，在跳水女子双人 3 米板决赛中，中国队选手施廷懋/王涵以 326.40 分的总成绩夺得金牌，让中国跳水队在这一项目实现奥运五连冠。

　　记者辛均旺报道：25 日，举重赛场连传佳音。在男子 61 公斤级比赛中，中国队选手李发彬以抓举 141 公斤、挺举 172 公斤、总成绩 313 公斤夺得金牌。在男子 67 公斤级比赛中，中国队选手谌利军以抓举 145 公斤、挺举 187 公斤、总成绩 332 公斤再添一金。

　　记者彭金凤报道：25 日，在射击男子 10 米气步枪决赛中，中国队选手盛李豪获得银牌，杨皓然获得铜牌。姜冉馨获得女子 10 米气手枪铜牌。赵帅在跆拳道男子 68 公斤级比赛中夺得铜牌。

2. 思考：假设报道组组长刘婧想把这几个记者的消息，归结成一个消息的主体，然后写出这则消息的导语和标题。怎么办？

3. 观看：老师呈现第二个锦囊：提炼信息，聚焦关键词。

记者闻嘉宸报道：<u>25 日，东京奥运会第二个比赛日，在跳水女子双人 3 米板决赛中，中国队选手施廷懋/王涵以 326.40 分的总成绩夺得金牌</u>，让中国跳水队在这一项目实现奥运五连冠。

4. 展示第二条和第三条的提炼信息：

男子 61 公斤级李发彬夺得金牌；男子 67 公斤级谌利军再添一金。

射击男子 10 米气步枪盛李豪获得银牌，杨皓然获得铜牌；姜冉馨获得女子 10 米气手枪铜牌；赵帅在跆拳道男子 68 公斤级比赛中夺得铜牌。

5. 合并三条信息，完成体育比赛的简要概括表：

跳水女子双人 3 米板施廷懋/王涵夺得金牌；男子 61 公斤级李发彬夺得金牌；男子 67 公斤级谌利军再添一金；射击男子 10 米气步枪盛李豪获得银牌，杨皓然获得铜牌；姜冉馨获得女子 10 米气手枪铜牌；赵帅在跆拳道男子 68 公斤级比赛中夺得铜牌。

表 9.1.4 　　　　　　　　　　　　　**体育比赛的简要概括表**

体育比赛的事迹	简要概括	最简要
25 日，东京奥运会第二个比赛日，在跳水女子双人 3 米板决赛中，中国队选手施廷懋/王涵以 326.40 分的总成绩夺得金牌，让中国跳水队在这一项目实现奥运五连冠。	跳水女子双人 3 米金牌	1 金

6. 讨论其余两条的简要概括和最简要概括：

体育比赛的事迹	简要概括	最简要概括
25 日，东京奥运会第二个比赛日，在跳水女子双人 3 米板决赛中，中国队选手施廷懋/王涵以 326.40 分的总成绩夺得金牌，让中国跳水队在这一项目实现奥运五连冠。	跳水女子双人 3 米板金牌	1 金

续表

体育比赛的事迹	简要概括	最简要概括
25 日，举重赛场连传佳音。在男子 61 公斤级比赛中，中国队选手李发彬以抓举 141 公斤、挺举 172 公斤、总成绩 313 公斤夺得金牌。在男子 67 公斤级比赛中，中国队选手谌利军以抓举 145 公斤、挺举 187 公斤、总成绩 332 公斤再添一金。	男子 61 公斤级金牌；67 公斤级金牌	2 金
25 日，在射击男子 10 米气步枪决赛中，中国队选手盛李豪获得银牌，杨皓然获得铜牌。姜冉馨获得女子 10 米气手枪铜牌。赵帅在跆拳道男子 68 公斤级比赛中夺得铜牌。	射击男子 10 米气步枪 1 银 1 铜；女子 10 米气手枪 1 铜；跆拳道男子 68 公斤级 1 铜	1 银 3 铜

得出导语：25 日，东京奥运会结束第二个比赛日的争夺，中国体育代表团共获得 3 金 1 银 3 铜。

7. 展示报纸上这个消息完整的导语和主体：

本报东京 7 月 25 日电(记者刘婧、闻嘉宸、辛均旺、彭金凤)当地时间 25 日，东京奥运会结束第二个比赛日的争夺，中国体育代表团延续出色发挥，共获得 3 金 1 银 3 铜。

25 日，东京奥运会第二个比赛日，在跳水女子双人 3 米板决赛中，中国队选手施廷懋/王涵以 326.40 分的总成绩夺得金牌，让中国跳水队在这一项目实现奥运五连冠。

举重赛场连传佳音。在男子 61 公斤级比赛中，中国队选手李发彬以抓举 141 公斤、挺举 172 公斤、总成绩 313 公斤夺得金牌。在男子 67 公斤级比赛中，中国队选手谌利军以抓举 145 公斤、挺举 187 公斤、总成绩 332 公斤再添一金。

此外，在射击男子 10 米气步枪决赛中，中国队选手盛李豪获得银牌，杨皓然获得铜牌。姜冉馨获得女子 10 米气手枪铜牌。赵帅在跆拳道男子 68 公斤级比赛中夺得铜牌。

8. 依据写作支架，小组讨论修改展示本小组的导语。
9. 老师指导得第三名以后的和没有得奖的导语写法。
10. 同学们讨论得出写导语的方法。

(五)拟写标题

学习任务四：撰写消息标题。
1. 出示课文的标题，讨论标题和导语之间的关系。

课文《我三十万大军胜利南渡长江》：

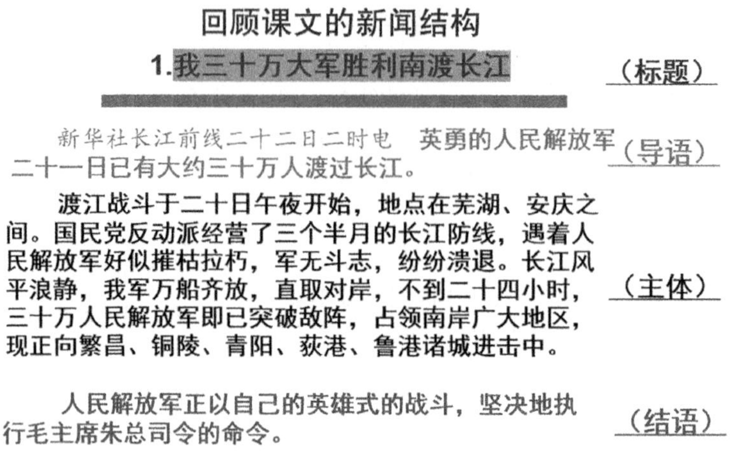

回顾课文的新闻结构

1.我三十万大军胜利南渡长江 （标题）

新华社长江前线二十二日二时电　英勇的人民解放军 （导语）
二十一日已有大约三十万人渡过长江。

渡江战斗于二十日午夜开始，地点在芜湖、安庆之
间。国民党反动派经营了三个半月的长江防线，遇着人
民解放军好似摧枯拉朽，军无斗志，纷纷溃退。长江风
平浪静，我军万船齐放，直取对岸，不到二十四小时，　（主体）
三十万人民解放军即已突破敌阵，占领南岸广大地区，
现正向繁昌、铜陵、青阳、荻港、鲁港诸城进击中。

人民解放军正以自己的英雄式的战斗，坚决地执 （结语）
行毛主席朱总司令的命令。

课文《人民解放军百万大军横渡长江》：

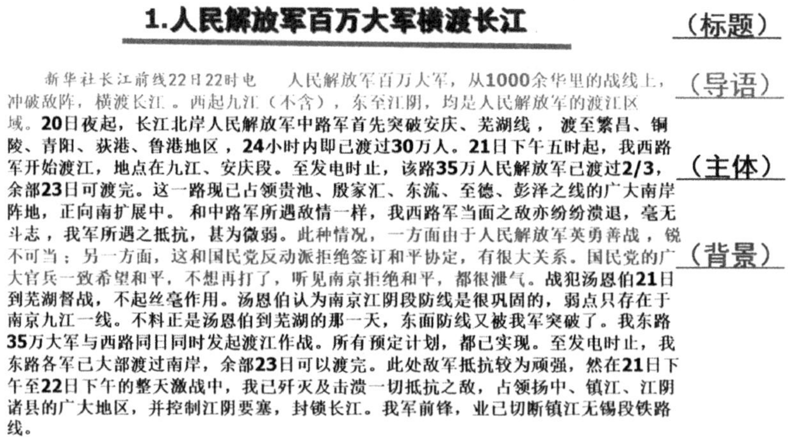

1.人民解放军百万大军横渡长江 （标题）

新华社长江前线22日22时电　人民解放军百万大军，从1000余华里的战线上，（导语）
冲破敌阵，横渡长江。西起九江（不含），东至江阴，均是人民解放军的渡江区
域。**20**日夜起，长江北岸人民解放军中路军首先突破安庆、芜湖线，　渡至繁昌、铜 （主体）
陵、青阳、荻港、鲁港地区，**24**小时内即已渡过30万人。**21**日下午五时起，我西路
军开始渡江，地点在九江、安庆段。至发电时止，该路35万人民解放军已渡过2/3，
余部23日可渡完。这一路现已占领贵池、殷家汇、东流、至德、彭泽之线的广大南岸
阵地，正向南扩展中。和中路军所遇敌情一样，我西路军当面之敌亦纷纷溃退，毫无
斗志，我军所遇之抵抗，甚为微弱。此种情况，一方面由于人民解放军英勇善战，锐 （背景）
不可当；另一方面，这和国民党反动派拒绝签订和平协定，有很大关系。国民党的广
大官兵一致希望和平，不想再打了，听见南京拒绝和平，都很泄气。战犯汤恩伯21日
到芜湖督战，不起丝毫作用。汤恩伯认为南京江阴段防线是很巩固的，弱点只存在于
南京九江一线。不料正是汤恩伯到芜湖的那一天，东面防线又被我军突破了。我东路
35万大军与西路同日同时发起渡江作战。所有预定计划，都已实现。至发电时止，我
东路各军已大部渡过南岸，余部23日可以渡完。此处敌军抵抗较为顽强，然在21日下
午至22日下午的整天激战中，我已歼灭及击溃一切抵抗之敌，占领扬中、镇江、江阴
诸县的广大地区，并控制江阴要塞，封锁长江。我军前锋，业已切断镇江无锡段铁路
线。

图 9.1.1　新闻结构图

2. 概括东京奥运会标题。看看与记者概括的有什么区别？

3. 出示三个消息的标题，归纳标题的写法。

4. 小组讨论，完成这则新闻的写作。

5. 小组展示交流，教师梳理小结。

（六）交流与评价

活动三：消息写作评价。

1. 出示评价标准，组织学生展示、评价和修改。

表 9.1.5　　　　　　　　　　　　　　**结构评价表**

项目	目标与要求	项目分值	得分	修改建议
标题	简洁、明确、凝练、醒目	20 分		
导语	突出重点、言之有物、简明扼要、事实说话	30 分		
主体	新闻要素较全，采用倒金字塔结构	50 分		
结构修改意见				

表 9.1.6　　　　　　　　　　　　　　**整体评价表**

项目	目标与要求	项目分值	得分	修改建议
结构	标题、导语、主体完整呈现	40 分		
内容	主体部分交代清楚了"六 W"	40 分		
语言表达	准确、清楚、简练、易懂	20 分		
两项总得分	修改重点			

2. 评选最佳小组

3. 每组评选一位最佳小记者(最佳小组评选 2 人)，共 5 人，填写学校小记者招聘表。

(七)课后拓展，领悟生活

基础篇：课外作业 1：星期一，学校进行了升国旗仪式，请你写一则 200 字左右的新闻，交到学校广播站。

提高篇：课外作业 2：7 月 1 日，庆祝中国共产党成立 100 周年大会在北京天安门广场隆重举行，共青团员和少先队员代表集体致献词。请你写一篇新闻特写或一篇评论(300 字)，寄给《中国青年报》。

附台阶式教学设计

任务情境：请你依据刚结束的学校第 49 届校运动会你班体育获奖事件，写一则消息，就有可能成为小记者哦！

学习元素：(1)在主体部分运用准确的语言写清楚时间、地点、人物、事件起因、经过、结果；(2)按照主体、导语和标题的倒金字塔顺序写新闻。

步骤4：布置拓展作业。
步骤3：评选最佳小组，评选5位小记者。
步骤2：小组展示。
步骤1：完成新闻的全部内容写作。

环节四：组合完成消息的全部内容写作并评价
核心写作知识：
（1）按照主体、导语和标题的倒金字塔顺序写作新闻；（2）学会简单的新闻评价

步骤3：交流点评习作。
步骤2：再次修改初稿，把场面写生动。
步骤1：分析《安塞腰鼓》例文，学习运用恰当修辞描写场面。

环节三：完成新闻导语和标题的写作
写作知识：根据新闻主体，提炼信息，聚焦关键词，简要概括新闻导语，最简要概括新闻标题

步骤3：把单个新闻组合成新闻主体。
步骤2：选择三个符合条件的单个新闻。
步骤1：新闻的单个事迹，是否符合新闻六要素。

步骤3：展示交流，按消息六要素修改完善。
步骤2：依据运动员口述写作单个新闻素材。
步骤1：学生找出本组参加校运会运动员。

环节二：完成新闻主体的写作
写作知识：根据写下的单个事迹，合成段落，组成新闻的主体

学生缺乏新闻（消息）写作经验。

环节一：阅读任务情境，写作消息的单个素材
核心知识：依据新闻的六个要素写作几个单体新闻

教学起点

第三部分 《新闻/消息写作》教学实录

师：同学们，请大家看一段视频。

（出示视频《小记者采访名人名家》）

师：大家看了视频有什么感想。

生：这个小记者好厉害！

生：他们的胆子可真大！

生：小记者的嘴啊，真能说。我也想当这样的小记者。

生：……

师：你们想不想成为记者啊？

生：想。

师：想成为记者啊，就先要试试你能不能成为小记者。

（出示任务情境，选择消息写作切入点）

（屏幕显示）

学校电视台小记者招募令

初二年级同学们：

你们好！

我校电视台新闻社小记者团纳新了。你想通过采访开拓自己的眼界吗？你想用语言去记录多彩的世界吗？"透新闻之窗，观多彩生活"，小记者招募会正在进行，快来参加吧！请你依据刚结束的学校第49届校运动会你班体育获奖事件，写一则消息，就有可能成为小记者哦！

师：为了未来的记者梦，为了观时事消息，写身边新闻，悟人生百态，今天，老师带领你们一起去争当小记者。

师：那么，你们要过的第一关，就是根据以上情境，写一篇消息！写得好的，就有可能成为学校电视台的小记者哦！

师：你们说，先要写什么东西？

生：要写初二(4)班的同学如何取得冠军。

师：亚军和季军就不要写吗？

生：要。

生：要写清楚是哪个学生取得的好成绩？

师：对！要写清楚是初二(4)的哪个学生取得的，是冠军或是亚军或是第几名。如果说，初二(4)班张三取得了季军。这句话，说清楚了没有？

生：没有，要写清楚是在哪个体育项目。

师：非常好！大家掌声鼓励一下！现在，我们来看，有谁，在什么项目上，取得了什么成绩。

生：张三在男子100米竞赛中获得亚军。

师：张三在男子100米竞赛中获得亚军。这句话好像还不对啊？

生：初二(4)班张三在男子100米竞赛中获得亚军。

生：老师，前面情境里，不是有10月28日，学校的秋季运动会上吗？这句话可以这样说了：10月28日，初二(4)班张三，在学校举行的秋季运动会上，获得男子100米短路项目的冠军。

师：大家给这个同学掌声！

活动一：写作消息的单个素材。

(学生分成四个自然小组，找到本小组的运动员，采访学生的运动成绩)

师：同学们，两人一组讨论一下各自写的主体，推敲推敲，看看有没有哪个地方还可以写得更好！

生：我的同桌写人物时，写的是××，这样，不就不真实了吗？

师：好！这个问题提得好。请在刚刚结束的运动会上，得了奖的同学告之你的同桌！

师：同学们还有要推敲的吗？

生：老师，我的同桌是把消息的所有要素都写进去了，但是文章没有文采，干巴巴的。

师：大家发表一下意见？

生：我觉得可以没有文采。消息写作不能带有主观色彩，太生动了，不如去写新闻特写哦！

生：我觉得可以有文采，但要适中，在关键的地方有那么一句，或者一个词都行。

生：……

（学生采访活动三分钟）

学习任务一：写作单个运动员事迹

依据运动员的口述，分组写出获奖运动员的材料，每组确定单个运动员事迹 3~5 个。

（学生写作 5 分钟）

师：写完了吧，每个组抽两个同学念一念。

生：初二(4)班刘佳乐同学获得男子铅球比赛第一名。

生：易世爵获得 100 米金牌。

生：初二(4)班辛缘同学在女子 800 米决赛中，稳拿第一，取得冠军。

生：我班李林坤，在最艰难的 800 米比赛中，以 2 分 40 秒 78 的成绩为我班添第一金。

师：这个同学写了比赛的时间，很具体真实！

生：在学校第 49 届校运会上，我班同学李正骁在男子跳高比赛中，力压群雄，摘得桂冠。他还获得了 200 米比赛的第二名。

（学生热烈鼓掌）

师：这个同学用了一个生动的词语，力压群雄！好！

生：老师，我也补充一下我们组的，易世爵同学还获得了跳远的第一名。

师：好！你这句话也可以加入刚才你们那个组的单个的消息，就更完整，也更准确。

师：请继续……

生：我们组没有冠军，也没有银牌。可以说吗？

师：当然！体育比赛重在参与啊！是不是？

生：我班龙杰和辛子政，在男子 400 米比赛中，分别荣获第五名和第六名。

生：我班最厉害，包揽了男子和女子 4×100 米的亚军！

（学生热烈鼓掌）

师：这个是集体荣誉！更值得报道哦！这是我们这个团队的力量啊！

师：好，刚才同学们写得都很好！但是，要不要选择你准备写的主要短消息呢？你写完的消息，是否符合我们消息的写作规范呢？

师：现在我们小结一下在写消息主体部分时，要交代清楚什么？

（板书：时间，地点，人物，事件，原因，结果）

（学生边念，老师边写，并出示写作支架一）

消息主体写作锦囊——消息六要素对照表：

要素名称	人物	时间	地点	事情	原因	结果	补充
要素的理解	Who 谁？	When 什么时候？	Where 在哪里发生？	What 什么事？	Why 为什么？	How 怎么样？	
根据消息要素的要点							
学生填写							
学生概括							

师：同学们，有了这个表，你就知道，你写的消息是否符合六要素了吧？学生继续分小组确定本组的消息写作。

师：步骤是：依据确定的运动员，填写任务一；依据上表概括出每个运动员在运动会上的事迹；小组讨论确定符合条件的3~5个运动员事迹；把事迹组合成段。

（学生写作10分钟）

（老师逐桌逐组巡查）

师：好！请各小组精彩展示！

第一小组展示：

28—29日举行的学校第49届运动会上，初二(4)班刘佳乐同学获得男子铅球比赛第一名；易世爵获得双金：男子100米和跳远；辛果同学也获得800米第二名和100米第四名；丁思佳同学把女子跳高季军收入囊中。

第二小组展示：

49届校运会上，初二(4)班辛缘同学在女子800米决赛中取得冠军。李林坤同学在最艰难的800米决赛中，以2分40秒78的成绩为我班添第一金。女同学彭凯玲获得200米季军；刘婧获得两个第五名，分别是200米和跳高。

第三小组展示：

在刚刚结束的学校第49届校运会上，我班同学李正骁在男子跳高比赛中，力压群雄，摘得桂冠。同时他还获得了200米比赛的亚军。王亦扬同学拿到了男子跳高亚军和男子铅球季军。辛诗敏同学分别得到了女子400米和女子跳远的第四名。刘艳拿到了铅球的第六名，实属不易。

第四小组展示：

　　我班女子的第二冠军产生于铅球项目，得主就是美女彭凤同学，她还得到 400 米的第五名。同桌龙杰和辛子政，在男子 400 米比赛中，分别荣获第五名和第六名。这对同桌佳绩不断：龙杰 100 米决赛季军，辛子政跳远也是季军。我班就数团队最厉害，包揽了男子和女子 4×100 米的亚军！

活动二：完成消息主体的构思、写作。
学习任务二：合成段落，组成新闻主体
评价活动一：评价单个运动员的事迹是否符合消息的要求。
（屏幕显示）

要素名称	要素理解	根据消息要素的要点	是否达到？
时间	When 什么时候？	时间	
地点	Where 在哪里发生？	地点	
人物	Who 谁？	表述对象	
事情	What 什么事？	动作行为	
原因	Why 为什么？	原因	
结果	How 怎么样？	结果	

写作锦囊一：出示新闻写作范例。

　　记者闻嘉宸报道：25 日，东京奥运会第二个比赛日，在跳水女子双人 3 米板决赛中，中国队选手施廷懋/王涵以 326.40 分的总成绩夺得金牌，让中国跳水队在这一项目实现奥运五连冠。
　　记者辛均旺报道：25 日，举重赛场连传佳音。在男子 61 公斤级比赛中，中国队选手李发彬以抓举 141 公斤、挺举 172 公斤、总成绩 313 公斤夺得金牌。在男子 67 公斤级比赛中，中国队选手谌利军以抓举 145 公斤、挺举 187 公斤、总成绩 332 公斤再添一金。
　　记者彭金凤报道：25 日，在射击男子 10 米气步枪决赛中，中国队选手盛李豪获得银牌，杨皓然获得铜牌。姜冉馨获得女子 10 米气手枪铜牌。赵帅在跆拳道男子 68 公斤级比赛中夺得铜牌。

（老师引导分析第一段运动人物。回到上述表格，看是否符合新闻的六要素）

要素名称	要素理解	根据消息要素的要点	是否达到?
时间	When 什么时候?	时间	25 日
地点	Where 在哪里发生?	地点	东京奥运会
人物	Who 谁?	表述对象	施廷懋/王涵
事情	What 什么事?	动作行为	跳水女子双人 3 米板决赛
原因	Why 为什么?	原因	以 326.40 分的总成绩夺得金牌
结果	How 怎么样?	结果	中国跳水队在这一项目实现奥运五连冠

（学生讨论分析第二、三段的人物）

（个人朗读，小组朗读，整体朗读后，小组讨论感受此写作语言。特别感受语言是如何排列的）

师：同学们！现在你们找到了一些要点吧？就是把消息中的六个要素写清楚，写明白，不要拖泥带水，不要重复啰嗦。语言要准确、简练、易懂。也可以适当地加入几个生动的词语。请同学们再分组再讨论找到关联的词句，要删除的坚决删除，可以增加的果断增加，把消息的主体段落写得流畅。

师：先看第一组的：第一句："28—29 日举行的学校第 49 届运动会上"，时间交代得很清楚明白。应该把"校"字，放在"届"字的后面，去掉"动"字，读起就顺畅了。再看：男子铅球有分年级吧，那么第二句子就要写成："刘佳乐同学获得初二年级男子铅球比赛第一名"，再加一句："实现开门红"，语言就更生动了！生动的地方有很多，比如：丁思佳是年级学霸吧？可以怎么写呢？同时，还要准确正确使用标点。

（学生写作 10 分钟，老师逐组巡查并参加指导）

老师：我们再次展示吧！哇！期待出现多小记者哦！

（学生最后展示）

第一小组：

28—29 日举行的学校第 49 届校运会上，初二(4)班喜事连连。刘佳乐同学获得初二男子铅球比赛第一名，开门红。易世爵珠联璧合分别获得初二男子 100 米和跳远金牌。辛果同学获得初二女子 800 米第二名和 100 米第四名。学霸丁思佳同学锦上添花，初二女子跳高季军收入囊中。

第二小组：

49 届校运会上，初二(4)班辛缘同学在初二女子 800 米决赛中夺冠。李林坤同学在初二男子 800 米决赛中，于最艰难的最后圈反超逆袭，以 2 分 40 秒 78 的成绩为我班再添一金。女同学彭凯玲获得初二女子 200 米季军；刘婧获得初二女子 200 米和跳高两个第五名。

第三小组：

　　在 29 日刚刚结束的学校第 49 届校运会上，初二(4)班同学李正骁在初二男子跳高比赛中，力压群雄，摘得桂冠。同时他还获得了 200 米比赛的亚军。王亦扬同学拿到了男子跳高亚军和男子铅球季军。辛诗敏同学分别得到了女子 400 米和女子跳远的第四名。文质彬彬的刘艳很惊艳：拿到了铅球的第六名，实属不易。

第四小组：

　　××中学校运会上，初二(4)班女子的第二个冠军产生于初二女子铅球项目，得主是美女彭凤同学，她还得到 400 米的第五名。同桌龙杰和辛子政佳绩不断：龙杰是初二男子 100 米季军，辛子政的初二男子跳远也是季军，初二男子 400 米比赛中，他哥俩分别荣获第五名和第六名。高淳同学也获得初二男子 800 米季军。我班最最最兴奋的是，包揽了初二男子和初二女子 4×100 米的亚军！

　　师：我们初二(4)班厉害了！不但体育好，语文写作也好！我们班产生的小记者肯定也会很多！快乐的"小记者们"，你们刚完成的，可以算是一篇消息了吗？
　　生：不能！
　　师：为什么？
　　生：还缺少了什么东西。
　　生：老师，它没有标题。
　　生：老师，它导语也没有。
　　师：对，四个小组四则消息，都没有标题和导语。要不要写呢？
　　生：要，消息的主要部分就是标题、导语和主体。怎么能缺少标题和导语呢？
　　师：怎么办？
　　生：写啊！盘它！
　　（大家笑声不断）
　　师：好！盘它！我们小记者个个都是能人。我们就开始消息的导语和标题写作吧！
　　学习任务三：完成新闻导语的写作
　　师：老师觉得，先写导语更好。
　　（教师出示刚才的消息范例）

　　记者闻嘉宸报道：25 日，东京奥运会第二个比赛日，在跳水女子双人 3 米板决赛中，中国队选手施廷懋/王涵以 326.40 分的总成绩夺得金牌，让中国跳水队在这一项目实现奥运五连冠。
　　记者辛均旺报道：25 日，举重赛场连传佳音。在男子 61 公斤级比赛中，中国队选手李发彬以抓举 141 公斤、挺举 172 公斤、总成绩 313 公斤夺得金牌。在男子 67 公斤级比赛中，中国队选手谌利军以抓举 145 公斤、挺举 187 公斤、总成绩 332 公斤再添一金。

　　记者彭金凤报道：25 日，在射击男子 10 米气步枪决赛中，中国队选手盛李豪获得银牌，杨皓然获得铜牌。姜冉馨获得女子 10 米气手枪铜牌。赵帅在跆拳道男子 68 公斤级比赛中夺得铜牌。

老师：假设报道组组长刘婧：想把这几个记者的消息，归结成一个消息的主体，然后写出这则消息的导语和标题。怎么办？

（老师展示第二个锦囊：提炼信息，聚焦关键词）

　　记者闻嘉宸报道：25 日，东京奥运会第二个比赛日，在跳水女子双人 3 米板决赛中，中国队选手施廷懋/王涵以 326.40 分的总成绩夺得金牌，让中国跳水队在这一项目实现奥运五连冠。

　　记者闻嘉宸报道：<u>25 日</u>，东京奥运会第二个比赛日，<u>在跳水女子双人 3 米板决赛中，中国队选手施廷懋/王涵以 326.40 分的总成绩夺得金牌</u>，让中国跳水队在这一项目实现奥运五连冠。

师：老师把记者闻嘉宸写的报道，进行了缩写：就是"25 日，跳水女子双人 3 米板决赛，施廷懋/王涵以 326.40 分的总成绩夺得金牌"。同学们，你们觉得我把事情说清楚了吗？

生：说清楚了！

师：那么，你们可不可以去概括中央电视台读者的另外两个消息呢？

生：男子 61 公斤级李发彬夺得金牌，男子 67 公斤级谌利军再添一金。

生：射击男子 10 米气步枪盛李豪获得银牌，杨皓然获得铜牌；姜冉馨获得女子 10 米气手枪铜牌；赵帅在跆拳道男子 68 公斤级比赛中夺得铜牌。

师：老师把这三条信息加起来就是：跳水女子双人 3 米板施廷懋/王涵夺得金牌；男子 61 公斤级李发彬夺得金牌；男子 67 公斤级谌利军再添一金；射击男子 10 米气步枪盛李豪获得银牌，杨皓然获得铜牌；姜冉馨获得女子 10 米气手枪铜牌；赵帅在跆拳道男子 68 公斤级比赛中夺得铜牌。

师：同学们，这段话可以做导语吗？

生：不可以！

师：导语是什么？

生：导语是消息的电头后面的第一句话。

师：这个说对，也不对。说对，大多数情况下它确实是消息的电头后面的第一句话。但它一定在主体的前面，请大家翻开课本《怎样写消息》，我们来看第四段第三行："主体是消息的主要部分。它承接导语，具体叙述新闻事实……"

师：说不是，是因为对它的定义是这样的：请大家在课本中往前看。我们来用横线画记并齐读一次。"导语是用简要的文字，集中呈现最重要、最新鲜或最有特点的新闻事实，提示消息的要旨，吸引读者进一步阅读文章。"

师：同学们，我们来找一下关键词。

生：最重要、最新鲜或最有特点的新闻事实。

生：简要。

师：都对。内容上是：最重要、最新鲜或最有特点的新闻事实，语言上却是要简要。我们先来看看怎么做到简要吧！

师：老师给大家一个写作支架。

体育比赛的事迹	简要概括	最简要
25 日，东京奥运会第二个比赛日，在跳水女子双人 3 米板决赛中，中国队选手施廷懋/王涵以 326.40 分的总成绩夺得金牌，让中国跳水队在这一项目实现奥运五连冠。	跳水女子双人 3 米金牌	1 金

师：同学们，现在理解"简要"和"最简要"了吗？

生：理解！

师：那我们一起来看其余两条的简要概括和最简要概括吧！

（屏幕显示）

体育比赛的事迹	简要概括	最简要概括
25 日，举重赛场连传佳音。在男子 61 公斤级比赛中，中国队选手李发彬以抓举 141 公斤、挺举 172 公斤、总成绩 313 公斤夺得金牌。在男子 67 公斤级比赛中，中国队选手谌利军以抓举 145 公斤、挺举 187 公斤、总成绩 332 公斤再添一金。	男子 61 公斤级金牌；67 公斤级金牌	2 金
25 日，在射击男子 10 米气步枪决赛中，中国队选手盛李豪获得银牌，杨皓然获得铜牌。姜冉馨获得女子 10 米气手枪铜牌。赵帅在跆拳道男子 68 公斤级比赛中夺得铜牌。	射击男子 10 米气步枪 1 银 1 铜；女子 10 米气手枪 1 铜；跆拳道男子 68 公斤级 1 铜	1 银 3 铜

（老师和学生一起讨论其余两条的简要概括和最简要概括）

师：现在，老师来写示范的导语。

（板书：25 日，东京奥运会结束第二个比赛日的争夺，中国体育代表团共获得 3 金 1 银 3 铜）

生：原来可以这么简单。

（老师展示报纸上这个消息完整的导语和主体）

本报东京 7 月 25 日电（记者刘婧、闻嘉宸、辛均旺、彭金凤）当地时间 25 日，东京奥运会结束第二个比赛日的争夺，中国体育代表团延续出色发挥，共获得 3 金 1 银 3 铜。

25 日，东京奥运会第二个比赛日，在跳水女子双人 3 米板决赛中，中国队选手施廷懋/王涵以 326.40 分的总成绩夺得金牌，让中国跳水队在这一项目实现奥运五连冠。

举重赛场连传佳音。在男子 61 公斤级比赛中，中国队选手李发彬以抓举 141 公斤、挺举 172 公斤、总成绩 313 公斤夺得金牌。在男子 67 公斤级比赛中，中国队选手谌利军以抓举 145 公斤、挺举 187 公斤、总成绩 332 公斤再添一金。

此外，在射击男子 10 米气步枪决赛中，中国队选手盛李豪获得银牌，杨皓然获得铜牌。姜冉馨获得女子 10 米气手枪铜牌。赵帅在跆拳道男子 68 公斤级比赛中夺得铜牌。

师：同学，那么你们手上刚刚写的消息，可以写导语了吗？
师：请同学依据写作支架，小组讨论、修改，确定、展示本小组的导语。
师：有感觉的同学，也可以试试写标题哦。
学生写作 5 分钟，老师指导得第三名以后的和没有得奖的导语写法。学生展示作品。
第一小组：

本报小记者报道：28—29 日举行的 49 届校运会上，初二(4)班喜事连连，获得 3 金 1 银 1 铜。

刘佳乐同学获得初二男子铅球比赛第一名，开门红。易世爵珠联璧合分别获得初二男子 100 米和跳远金牌。辛果同学获得初二女子 800 米第二名和 100 米第四名。学霸丁思佳同学锦上添花，初二女子跳高季军收入囊中。

第二小组：

本校电视台小记者报道：49 届校运会上，初二(4)班获得 2 金 1 铜。

初二(4)班辛缘同学在初二女子 800 米决赛中夺冠。李林坤同学在初二男子 800 米决赛中，于最艰难的最后圈反超逆袭，以 2 分 40 秒 78 的成绩为我班再添一金。女同学彭凯玲获得初二女子 200 米季军；刘婧获得初二女子 200 米和跳高两个第五名。

第三小组：

校电视台小记者报道：在 29 日刚刚结束的学校第 49 届校运会上，初二(4)班获得 1 金 2 银 1 铜。

初二(4)班同学李正骁在初二男子跳高比赛中，力压群雄，摘得桂冠。同时他还获得了 200 米比赛的亚军。王亦扬同学拿到了男子跳高亚军和男子铅球季军。辛诗敏同学分别得到了女子 400 米和女子跳远的第四名。文质彬彬的刘艳很惊艳：拿到了铅球的第六名，实属不易。

第四小组：

　　××中学电视台小记者报道：在学校49届运动会上，初二(4)班获得个人项目1金3铜，集体项目2银的佳绩。

　　初二(4)班女子的第二个冠军产生于初二女子铅球项目，得主是美女彭凤同学，她还得到400米的第五名。同桌龙杰和辛子政佳绩不断：龙杰是初二男子100米季军，辛子政的初二男子跳远也是季军，初二男子400米比赛中，他哥俩分别荣获第五名和第六名。高淳同学也获得初二男子800米季军。我班最最最兴奋的是，包揽了初二男子和初二女子4×100米的亚军！

师：同学们，你们真的很聪明。个个都可以当小记者了。

师：但还有一样，就是消息的标题。刚才有同学也试着写了一下！我觉得不错。当小记者就只差最后一关了。拟定消息的标题。

学习任务四：撰写消息标题

师：请同学们翻开课本的《怎样写消息》，我们看第三段：写作消息，首先要确定一个恰当的标题。标题要准确概括消息的主要内容，如《首届诺贝尔奖颁发》。此外，标题还要尽可能重点突出，简洁醒目。如《我三十万大军胜利南渡长江》，"三十万""胜利""南渡"这些字眼，突出了消息中最具新闻价值的要素，很容易引起受众的关注。

师：我们再来看看课文，交流讨论标题和导语之间的关系。

(老师展示写作支架三)

课文《我三十万大军胜利南渡长江》：

回顾课文的新闻结构

1.我三十万大军胜利南渡长江　　　　（标题）

新华社长江前线二十二日二时电　英勇的人民解放军二十一日已有大约三十万人渡过长江。　（导语）

　　渡江战斗于二十日午夜开始，地点在芜湖、安庆之间。国民党反动派经营了三个半月的长江防线，遇着人民解放军好似摧枯拉朽，军无斗志，纷纷溃退。长江风平浪静，我军万船齐放，直取对岸，不到二十四小时，三十万人民解放军即已突破敌阵，占领南岸广大地区，现正向繁昌、铜陵、青阳、荻港、鲁港诸城进击中。　（主体）

　　人民解放军正以自己的英雄式的战斗，坚决地执行毛主席朱总司令的命令。　（结语）

师：大家谈谈有什么收获？

生：就是把导语中最关键的词联起来。

生：就是按老师说的："谁+怎么样"

生：就是用简洁、醒目、凝练的语言说清楚发生了一件什么事！

师：都正确！我们再来看看另一篇，印证一下！

（老师展示课文《人民解放军百万大军横渡长江》）

1.人民解放军百万大军横渡长江　（标题）

新华社长江前线22日22时电　人民解放军百万大军，从1000余华里的战线上，（导语）冲破敌阵，横渡长江。西起九江（不含），东至江阴，均是人民解放军的渡江区域。**20**日夜起，长江北岸人民解放军中路军首先突破安庆、芜湖线，渡至繁昌、铜（主体）陵、青阳、获港、鲁港地区，**24**小时内即已渡过**30**万人。**21**日下午五时起，我西路军开始渡江，地点在九江、安庆段。至发电时止，该路**35**万人民解放军已渡过2/3，余部**23**日可渡完。这一路现已占领贵池、殷家汇、东流、至德、彭泽之线的广大南岸阵地，正向南扩展中。和中路军所遇敌情一样，我西路军当面之敌纷纷溃退，毫无（背景）斗志，我军所遇之抵抗，甚为微弱。此种情况，一方面由于人民解放军英勇善战，锐不可当；另一方面，这和国民党反动派拒绝签订和平协定，有很大关系。国民党的广大官兵一致希望和平，不想再打了，听见南京拒绝和平，都很泄气。战犯汤恩伯**21**日到芜湖督战，不起丝毫作用。汤恩伯认为南京江阴段防线是很巩固的，弱点只存在于南京九江一线。不料正是汤恩伯到芜湖的那一天，东面防线又被我军突破了。我东路**35**万大军与西路同日同时发起渡江作战。所有预定计划，都已实现。至发电时止，我东路各军已大部渡过南岸，余部**23**日可以渡完。此处敌抵抗较为顽强，然在**21**日下午至**22**日下午的整天激战中，我已歼灭及击溃一切抵抗之敌，占领扬中、镇江、江阴诸县的广大地区，并控制江阴要塞，封锁长江。我军前锋，业已切断镇江无锡段铁路线。

师：这则消息的标题，直接在导语中提炼出来的"人民解放军百万大军"+"横渡长江"，也就是刚才那位同学按老师常说的公式"谁+怎么样"进行概括。更体现了消息语言的简洁、醒目、凝练。

师：好了！同学们，现要我们已经把消息的三个要素：标题、导语、主体，采用倒过来的方法，进行了写作。

师：请大家再看看课本的《怎样写消息》，我们看第四段：消息正文的结构通常是按照重要性递减的原则安排，即所谓"倒金字塔结构"。其中导语部分集中讲述最重要的新闻事实；此后随文章的展开，事实的重要性正逐渐减弱；如果有相关的背景材料，一般放在新闻事实的后面。

（屏幕显示）

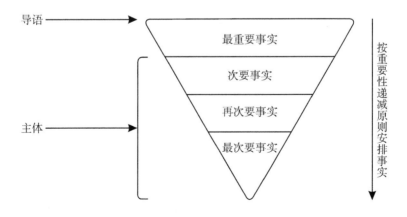

师：先看一下你们概括东京奥运会标题。看看与记者概括的有什么区别？

（出示记者概括）

中国体育代表团再夺三金

本报东京 7 月 25 日电(记者刘婧、闻嘉宸、辛均旺、彭金凤)当地时间 25 日,东京奥运会结束第二个比赛日的争夺,中国体育代表团延续出色发挥,共获得 3 金 1 银 3 铜。

25 日,东京奥运会第二个比赛日,在跳水女子双人 3 米板决赛中,中国队选手施廷懋/王涵以 326.40 分的总成绩夺得金牌,让中国跳水队在这一项目实现奥运五连冠。

举重赛场连传佳音。在男子 61 公斤级比赛中,中国队选手李发彬以抓举 141 公斤、挺举 172 公斤、总成绩 313 公斤夺得金牌。在男子 67 公斤级比赛中,中国队选手谌利军以抓举 145 公斤、挺举 187 公斤、总成绩 332 公斤再添一金。

此外,在射击男子 10 米气步枪决赛中,中国队选手盛李豪获得银牌,杨皓然获得铜牌。姜冉馨获得女子 10 米气手枪铜牌。赵帅在跆拳道男子 68 公斤级比赛中夺得铜牌。

师:统计一下,有多少同学与记者写的相同?有四个!有多少相似?最多的是"中国体育代表团延续出色发挥,共获得 3 金 1 银 3 铜"吧!能概括成这样也不错!大家掌声鼓励鼓励!

(学生掌声)

老师:同学们,去完成你们各小组的标题吧!期待你们的惊艳表现哦。

(学生展示)

第一小组:

初二(4)班校运会第一天获得 3 金

本报小记者报道:28—29 日举行的 49 届校运会上,初二(4)班喜事连连,获得 3 金 1 银 1 铜。

刘佳乐同学获得初二男子铅球比赛第一名,开门红。易世爵珠联璧合分别获得初二男子 100 米和跳远金牌。辛果同学获得初二女子 800 米第二名和 100 米第四名。学霸丁思佳同学锦上添花,初二女子跳高季军收入囊中。

第二小组:

初二(4)班校运会获得 2 金

本校电视台小记者报道:49 届校运会上,初二(4)班获得 2 金 1 铜。

初二(4)班辛缘同学在初二女子 800 米决赛中夺冠。李林坤同学在初二男子 800 米决赛中,于最艰难的最后圈反超逆袭,以 2 分 40 秒 78 的成绩为我班再添一金。女同学彭凯玲获得初二女子 200 米季军;刘婧获得初二女子 200 米和跳高两个第五名。

第三小组：

初二(4)班校运会获得1金2银1铜

校电视台小记者报道：在29日刚刚结束的学校第49届校运会上，初二(4)班获得1金2银1铜。

初二(4)班同学李正骁在初二男子跳高比赛中，力压群雄，摘得桂冠。同时他还获得了200米比赛的亚军。王亦扬同学拿到了男子跳高亚军和男子铅球季军。辛诗敏同学分别得到了女子400米和女子跳远的第四名。文质彬彬的刘艳很惊艳：拿到了铅球的第六名，实属不易。

第四小组：

初二(4)班校运会获得1金3铜

××中学电视台小记者报道：在学校49届运动会上，初二(4)班获得个人项目1金3铜，集体项目2银的佳绩。

初二(4)班女子的第二个冠军产生于初二女子铅球项目，得主是美女彭凤同学，她还得到400米的第五名。同桌龙杰和辛子政佳绩不断：龙杰是初二男子100米季军，辛子政的初二男子跳远也是季军，初二男子400米比赛中，他哥俩分别荣获第五名和第六名。高淳同学也获得初二男子800米季军。我班最最最兴奋的是，包揽了初二男子和初二女子4×100米的亚军！

师：可以把四个组的内容合成一个标题，一个导语，一个主体吗？
生：可以。
师：老师很期待哦！这个就作为课后作业之一吧！
（教师梳理小结）
师：我们小结一下消息写作的方法：
1. 写作消息的单个素材，依据消息的六个要素写作几个单体消息。
2. 完成消息的主体写作，根据写下的单个事迹，合成段落，组成消息的主体。
3. 新闻导语和标题的写作，根据消息主体，提炼信息，聚焦关键词，简要概括消息导语，最简要概括消息标题。
师：同学们，你们都学会了消息的写作，但小记者名额有限，想去的举手？哇，有49人举手了，怎么办？老师想想。这样吧，四个组，评选出一个消息写作最佳组。最佳组推选2名记者。另外三组每个组推选一位最佳小读者。好不好？
生：好！
师：老师这样来评选。
活动三：消息写作评价

（出示评价标准，组织学生展示、评价和修改）
消息写作结构评价：

项目	目标与要求	项目分值	得分	修改建议
标题	简洁、明确、凝练、醒目	20分		
导语	突出重点、言之有物、简明扼要、事实说话	30分		
主体	新闻要素较全，采用倒金字塔结构	50分		
结构修改意见				

消息写作整体评价：

项目	目标与要求	项目分值	得分	修改建议
结构	标题、导语、主体完整呈现	40分		
内容	主体部分交代清楚了六W	40分		
语言表达	准确、清楚、简练、易懂	20分		
两项总得分	修改重点			

师生评选最佳小组。

师：经过评选，最佳小组是第一小组。

师：经过各位评选：最佳消息写作能手是：丁思佳、陈丁赫、温凯乐、喻娜颖、曾维兴。

请你们下课后到我办公室填写学校小记者招聘表，你们将有望成为学校电视台的正式小记者哦！大家掌声祝贺他们吧！

师：好！今天，我们通过活动，学会了消息的写作过程。先写主体，再写导语，再定标题，最后倒过来组合成消息文章。大家想不想牛刀小试一下？

生：想！

师：好！（偷笑）我布置课外后作业。

（屏幕出示作业）

基础篇：把课堂上四个组的消息写作成一个更长一些的消息。一个标题，一个导语，一个主体。

提高篇：下星期一，学校将进行升国旗仪式，请你写一则200字左右的消息，交到学校广播站。看看可否成为广播站的小记者。

第二节　部编教材高中语文必修上第一单元整体教学设计

第一部分　单元整体教学解读

一、联系课程标准，明确所属学习任务群，筛选学科"大概念"

（一）设计说明

学习主题指的是语文课程标准、语文教材、现实生活中的热点问题、学生学习兴趣等。

"大概念"指的是语文学科和特定主题相联系的"微观概念"而形成的"概括"，即学科的核心概括性知识（王荣生），需要用完整的句子来表述。主要表述如下：①从文本（文学作品）主题的角度：《我有一个梦想》其中的词汇和比喻使隐藏在民权运动背后的复杂观点和情感得以具体化。②从作者的角度：诗人往往寥寥数语便能生动地表达有关人类经验的人生教训。③从语篇类型的角度：一个好的故事总能通过遗漏重要事实或提出问题（紧张、神秘、困境和不确定）来使读者想象接下来会发生什么。④从读者的阅读行为角度：避免将读者的"个人反应"和对文本的"理解"相混淆。⑤关于写作：写作的对象和目的（如告知、劝说、娱乐）会影响文学技巧的应用（如风格、语调、用字）。

（二）"大概念"的确定

1. 从课程标准角度看，本单元属于必修"文学阅读与写作"任务群中的第一个学习单元，目标定位为：①精读古今中外优秀的文学作品，感受作品中的艺术形象，理解欣赏作品的语言表达，把握作品的内涵，理解作者的创作意图。结合自己的生活经验和阅读写作经历，发挥想象，加深对作品的理解。②从语言、形象、情感、意蕴等多个角度欣赏作品，获得审美体验。③捕捉创作灵感，用自己喜欢的文体样式和表达方式写作，与同学交流写作体会。

2. 教材分析：①本单元人文主题为"青春的价值"，五首诗歌和两篇小说，都是对青春的吟唱（不同的文学体裁如何围绕"青春"主题表达情感和价值追求）。②结合自己的体验，理解诗歌运用意象抒发情感的方法，把握小说叙事与抒情的特点，体会诗歌与小说的特点；学习从语言、形象、情感等不同角度欣赏文学作品，获得审美体验（如何从语言、形象和情感等不同角度理解和鉴赏诗歌并获得审美体验）；尝试诗歌写作（需要掌握哪些知识才能在诗歌中表达出自己独特的情感）。

3. 学情分析：①生活经验：学生进入青春期，有青春的激情和生命的体验，但体验不丰富、不深刻。②语文经验：有诗歌和小说的阅读经验，但缺少对文学形象浸入式的体验和理解，鉴赏能力较弱，缺少诗歌的写作经验。

4. 单元"大概念"：①学习人文主题——对话青春，吟唱青春(回应教材分析①)；②语文学科"大概念"：感知文学形象，理解作者创作意图、把握作品表达的感情(阅读，回应教材分析②)；③学会用意象传递丰富的感情(写诗，回应教材分析③)。

二、围绕"大概念"，提取学习元素，确定单元学习目标

(一)设计说明

学习元素，指的是语文学科"大概念"下位的语文知识和技能，是学习材料、知识(程序性、策略性和元认知知识)和技能(听说读写等)整合而成的知识状态，聚焦学习主题的关键知识，填补学生语文经验的不足和空白，为学生理解学科"大概念"提供思考的锚点。单元学习目标，指的是预期的学习结果；采用 ABCD 列举方式表述：A 指目标的行为主体是学生。B 要有具体的行为动词。C 描述达成行为结果的条件。D 描述达成行为结果的程度。

(二)单元学习目标

1. 结合自己的经验，精读《沁园春·长沙》《百合花》，自读本单元的其他四首诗歌和一篇小说。诗歌阅读从意象及意象组合入手，感受诗歌形象的魅力，体会其意蕴和情感之丰富。小说从人物形象入手，从情节、环境、叙事等角度领会作者的写作意图和小说的主题表达。在文学作品阅读的审美感受中，不断丰富对青春的理解和体验。

2. 借助摘录、评点、朗读和讨论交流等方法，进行文学形象细读，初步掌握文学形象的知识，形成文学阅读的经验。

3. 结合自己的生活经验和阅读体验，与青春进行对话，创作诗歌，借助意象表达自己的情感。

三、预估学习结果，确定表现性评价任务

(一)设计说明

表现性评价，指的是在尽量合乎真实的情境中，运用评分规则对学生完成复杂任务的过程表现或结果作出判断。表现性评价任务：往往是具有语文学科特点的复杂而又具有挑战性的听读说写的真实任务，包括以下要素：目标和角色、对象、情景、产品或标准。

表现性评价的证据指的是，通过外显的语文行为(听读说写)证明学生已经准确地掌握了语文知识，形成语文技能，并展示出了迁移能力。具体体现在对三个问题的回答：①我们需要什么类型的证据证明学生达到了教学目标(主要类型有非正式检查，如提问、检查预习作业等，观察和对话，随堂测验或考试，问答题，表现性任务)；②在学生的反应、作品和行为中，哪些具体特征和行为可以用来判断他们达到了哪些预期效果(指标和量规)；③我们所计划的证据能使我们推断出学生的知识、技能和理解(反思与调整)。表现性任务。指的是具有语文学科特点的复杂而又具有挑战性的听读说写的真实任务，具体

包括以下要素：目标和角色、对象、情景、产品和标准。

(二)单元评价任务设计

总任务：学校要举办高一年级"喜迎国庆，歌唱青春"为主题的展演活动，你作为班级此项活动的负责人，参与主持、策划和文稿撰写等工作。

子任务1：写一份推荐书(产品)，向学校推荐一首以"青春"为主题的诗歌作为朗读的脚本，或一篇小说"精彩片段"作为课本剧的脚本(情景)，并从语言、形象、情感等角度详细阐释该作品作为学校候选作品的理由(标准)，争取得到老师和同学(对象)们的认同(目标)。(回应单元目标1)

子任务2：为遴选出的参演的诗歌或小说，制作"朗读脚本"(产品)或剧本，提供给学校候选(情景)，尽最大努力满足班级在学校展演中获奖的愿望(目标)。(回应单元目标2)

子任务3：策划"我们的青春宣言"班级诗集展览活动(情景)，联系自己当下的生活，通过与不同时代的"青春宣言"对话，展望未来，写一首表达自己的"青春宣言"的诗(产品)，能借助意象表达自己的情感(标准)，编辑成班级《我的青春宣言》诗歌集(目标)。(回应单元目标3)

第二部分 单元整体教学设计

单元引读课：鼓动青春激情，了解学习任务(1课时)

设计说明：单元导读课的目的是激活学生的先备知识，了解单元学习任务，为大单元学习提供路线图。单元导读主要活动有：创设任务情境、分享对主题"青春"的理解和体验、明确单元学习"大概念"。

1. 创设单元学习任务情境：金秋九月，在美丽的××中学相遇，你们开启了人生的青春之旅。青春，是诗意盎然的。古往今来，无数文人墨客热烈赞颂过青春：有人胸怀天下，高唱着家国情怀(对应《沁园春·长沙》)；有人心怀浪漫，呼喊着毁灭与创造(对应《站在地球的一边》)；有人热爱自由，心灵羽化为云雀的欢歌(对应《致云雀》)；有人心思细腻，用点滴细节传递百合的馨香(对应《百合花》)……今天，风华正茂的我们将迎来一场青春的盛宴，回首过去，与一群曾经拥有过青春的生命开展一场"青春"的对话，展望未来，用我们的激情吟唱出属于自己的"青春宣言"。

2. 学习活动设计

学习活动一

情境与任务："我的青春我作主""世界那么大，我想去看看"，身处美好的青春年华，每个人都有自己的感受和体验，刚刚踏进青春门槛的我们感受到怎样的青春呢？请模仿下列句式，写一段话，表达你的青春感受。

步骤1：学生自主填写学习任务单1。

学习任务单1：

青春是一幅多彩的画，

每个人都是画里的一道风景。

李白的青春是<u>一轮思乡的圆月</u>，

<u>浪漫的忧愁</u>是它的底色。

毛泽东的青春是漫山红遍的枫林，

激昂热烈是它的底色。

我的青春是_____，

_____是它的底色。

步骤2：小组内交流学习成果，根据下表整合学习成果；

序号	风　景	底　色

步骤3：各小组派一位代表来展示交流整合的成果。

步骤4：参照其他同学成果，修改学习任务单1。

学习活动二

情境与任务：本单元我们要学习五首诗词和两篇小说，并学习创作一首诗歌。根据已有的学习经验，请以你学过的一篇课文为例，提出诗歌或小说的阅读建议，完成学习任务单2。

步骤1：学生自主填写学习任务单2。

学习任务单2：

阅读_____一文时，我抓住的关键地方是_____，运用_____（方法），对这些关键地方的理解是_____。

步骤2：分诗歌和小说两种文体，分享自己的阅读建议。

步骤3：阅读朱光潜先生的《慢慢走，请欣赏啊！》（节选）（见后附教学资源1），读完后和小组讨论，以小组为单位，任选一种文体，提出不少于三条阅读建议。

步骤4：以小组为单位展示交流"阅读建议"。

教师小结：联系单元学习内容，明确单元学习"大概念"（本单元核心学习目标）。

单元突破课：单篇精读，在不同文体中理解青春(4课时)

设计说明：单篇精读的课文，需要把这些篇目定位为定篇（彻底透彻的理解课文，领悟作品的伟大之处）或例文（学习语文知识和阅读方法）。精读《沁园春·长沙》，是把这篇课文当作例文，经历浸入式阅读的过程，达成以下教学目标是：①把握抒情主人公的形象，体验、分享作者传递的"昂扬向上的青春激情"；②通过反复诵读、联想和想象，仔细揣摩作者"炼字选词"的精妙之处。其中第二点是教学的重点目标，处在认知的分析和评价层次。

1.《沁园春·长沙》精读课教学活动设计(两课时)

学习活动一

情境与任务：《沁园春·长沙》是 32 岁的毛泽东于 1925 年晚秋所作的词。这一年，他再一次离开故乡韶山，去广州主持农民运动讲习所，途经长沙，重游橘子洲，感慨万千。词作通过对长沙秋景的描绘和对青年时代革命斗争生活的回忆，抒写出革命青年对国家命运的感慨和以天下为己任，蔑视反动统治者，改造旧中国的豪情壮志。时隔近 100 年后的秋天，已步入青春年华的你们读这首词有何感受呢？请用一个词、一句话或一段话写出你的阅读感受。

步骤 1：自由朗读课文，边读边圈画出自己有感觉词语或句子，写出自己的感受。

步骤 2：小组内分享和交流自己的阅读感受。

步骤 3：认真聆听唐国强朗读视频，听完后修改自己的阅读感受。

步骤 4：面向全班交流自己的阅读感受。

步骤 5：阅读连中国《一曲唱在秋天的劲歌》(节选)，第三次修改自己的阅读感受(见后附教学资源 2)。

学习活动二

情境与任务：(词)有"有我"之境，有"无我"之境。"泪眼问花花不语，乱红飞过秋千去"，"可堪孤馆闭春寒，杜鹃声里斜阳暮"，有我之境也。"采菊东篱下，悠然见南山"，"寒波澹澹起，白鸟悠悠下"，无我之境也。有我之境，以我观物，故物我皆著我之色彩。无我之境，以物观物，故不知何者为我，何者为物。古人为词，写有我之境者为多，然未始不能写无我之境，此在豪杰之士能自树立耳。(王国维《人间词话》)你认为这首词是"有我之境"，还是"无我之境"，请找出词中相关词句证明自己的观点。

步骤 1：默读课文，圈画关键词句，填写学习任务单。

我认为这首词是＿＿＿＿＿＿＿＿＿＿，理由是：＿＿＿＿＿＿＿＿＿＿。

步骤 2：小组讨论交流，整合自己的观点，列举相关的证据并作简要说明，准备向全班同学阐述自己的观点，争取得到同学们的认同。

步骤 3：以小组为单位，展示交流。

步骤 4：交流之后，进一步修改完善。

学习活动三

情境与任务：诗歌往往运用意象(诗歌中出现的带有作者主观情感的事物)来表达情感，请你从意象、情感和语言等不同角度与同学分享你阅读这首诗获得的阅读体验。

步骤 1：参照样例，细读课文，选择词中最喜欢的一句话作批注。

例句："看万山红遍，层林尽染"句中"尽染"一词值得玩味。首先，"尽染"是个动词，把静态的"万山""层林"写得富有动感；其次，"尽"字写出"染"的范围之广大，程度之深，渲染了漫山遍野的红色扑面而来的情景，表达出了作者惊叹之情；第三，四面枫林"红色"，象征着烈火、光明和革命，因而又寄寓了作者火热的革命情怀。

步骤2：展示交流关键词句的阅读体验。

步骤3：以小组为单位整理同学的发言，写一段完整的话，向下一届高一同学分享阅读这首诗歌的体验和方法。

学习活动四

情境与任务：唐国强朗读的《沁园春·长沙》很有感染力，打动了很多听众，请你以这个朗读视频为参照，加上自己的理解，为喜欢朗读这首词的高中生制作一个"诵读脚本"，用来指导他们更好地朗读这首词。

步骤1：阅读《沁园春·雪》的"诵读脚本"(见后附教学资源3)，了解"诵读脚本"制作的知识和方法。

常见脚本符号及其作用

(1)(　　)，诵读的方法和技巧说明；

(2)/，短暂停顿；

(3)//，较长时间停顿，换气；

(4)．，着重号，重音，读的时候饱满有力；

(5)〰，波浪线，轻声，读的时候放慢、放低；

(6)〈，渐强，读的声音逐渐增大增强；

(7)〉，渐弱，读的时候声音逐渐变小、减弱；

(8)^，连音，读的时候要连贯而迅速；

(9)↗，上扬音，表示声音由低平转为高昂；

(10)↘，下沉音，表示声音由高昂转为低平；

(11)—，尾音拉长。

步骤2：小组讨论，完成《沁园春·雪》的"朗读脚本"，并依据"朗读脚本"以小组为单位诵读展示。

步骤3：师生点评，并出示"《沁园春·雪》"范本，修改完善自己的"朗读脚本"。

2. 精读《百合花》教学活动设计(两课时)

设计说明：经历浸入式小说阅读过程，达成以下教学目标：(1)围绕人物形象，抓住文本中人物、情节、环境等感人的细节描写的词句，联系战争背景，揣摩人物的心理和作者要传递的情感。(2)通过叙事视角的对比，领悟作者精巧的构思。

预习作业：课前自读课文，用一段简短的文字概述小说的内容。

学习活动一

情境与任务：默读课文，圈画出小说中最能打动你的句子或段落，并作简要点评。

步骤1：学生默读课文、圈画句子或段落，作点评。

步骤2：组内交流的点评，并推荐出写得比较好的3个点评，向全班展示。

步骤3：在展示交流的基础上，每个同学修改完善自己的点评。

学习活动二

情境与任务：这篇小说一共写了三个主要人物：文工团员"我"、通讯员和新媳妇，并且是以"我"的视角来讲述的，表现了通讯员和新媳妇的品格和特点。请按照以下情境，变换视角，复述故事情节。

(1)在革命烈士纪念馆，一群中学生正在听一位老战士讲述。这位老战士是那位通讯员一起战斗过的担架员。请模拟战友的口吻讲述通讯员当年的英雄事迹。

(2)若干年后，文中的"新媳妇"已是白发苍苍的老人。如果她给孙子讲当年那段往事，会怎样讲？

步骤1：学生根据任务情境，自读课文，修改概述文字。

步骤2：从"担架员""新媳妇"视角各选一位代表复述故事，其他同学点评。

学习活动三

情境与任务：这篇小说既可以"女文工团员"视角来讲述故事，也可以从"新媳妇""担架员"的视角来讲故事，那么作者茹志鹃为什么偏偏选择了"女文工团员"的视角呢？请你从人物的身份、经历、性别、性格、对通讯员的称呼和文中的细节描写等角度为作者作辩护。

步骤1：学生自读课文，圈画出文中三个主要人物的身份、经历、性别、性格等信息以及对通讯员的称呼、相关细节描写的句子，填写下表。

人物	身份	经历	性别	性格	称呼	细节
"我"						
新媳妇						
担架员						

步骤2：小组讨论，列举出作者选择"女文工团员"的理由不少于三条，要以文本相关词句作为证据，并作简要阐释。

步骤3：以小组为单位向全班同学展示交流。

步骤4：阅读补充材料《我写〈百合花〉的经过》(节选)，筛选文中的信息，再一次结合课文，修改理由。

群文阅读课：对话青春，完成学习任务(4课时)

设计说明：群文阅读课，是把课文处理成用件，即把精读课文中学到的阅读策略、方法等知识进行迁移运用，解决生活中的问题，进而转化为语文能力。这一环节的教学目标是：(1)运用浸入式阅读的方式阅读诗歌和小说；(2)能抓住课文中的关键词句从形象、情感和语言进行赏析，并转化在"朗读脚本"的制作和"情景剧"的改编中。

以下为《诗歌四首》《哦，香雪》五篇课文教学活动设计(4课时)。

预习作业：(1)自读《诗四首》，选择你最喜欢的一首诗，写一段喜欢的理由；(2)自读《哦！香雪》，向同学推荐你最受触动的一个细节或场景，并说明你被触动的感受。

学习活动一

情境与任务：这首诗写于不同时代，诗人来自不同国家，但是它们都是青春生命的吟唱。请向班级推荐一首你最喜欢的一首诗，并阐明你喜欢的理由。

步骤1：自由朗读自己最喜欢的诗，并从形象、情感和语言表达三个角度作批注。

步骤2：在小组内自由交流自己喜欢的诗歌，然后向全班推荐小组最喜欢的一首诗，并说明理由。

步骤3：师生点评后，小组进一步修改喜欢的理由。

学习活动二

情境与任务：班级举办"歌唱青春"主题的诗歌比赛，以小组为单位参赛，为高一年级组将要在国庆节之前举办"喜迎国庆，歌唱青春"展演活动遴选节目。各小组参考《沁园春·长沙》的诵读脚本，把你们最喜欢的一首诗制作成"诵读脚本"并合作表演，优胜者将代表班级参加高一年级组的展演活动。

步骤1：小组讨论，编写"诵读脚本"和评价标准。

步骤2：小组展示交流"评价标准"，并补充完善。

步骤3：在组长的组织下，根据"诵读脚本"和评价标准，练习诵读。

步骤4：分小组展示，每组派一位代表组成评价小组，对各组的表演进行打分。表演结束后，评价小组作简要点评。

学习活动三

情境与任务：班级举办"歌唱青春"主题的课本剧比赛，以小组为单位参赛，表演时间不超过五分钟，为高一年级组将在国庆之前举办"喜迎国庆，歌唱青春"展演活动遴选节目。各小组从小说《哦！香雪》中选择最感人的一段情节，改编成课本剧，作为班级的候选节目。

步骤1：小组在讨论交流最受感动的场景和细节的基础上，选定一个感人的片段，作为底本。

步骤2：根据参赛主题和要求，每个小组制定一个剧本评价表，分享交流后，形成班级课本比赛评价标准。

步骤3：在组长的组织下，根据评价标准和例文《烛之武退秦师》，编写课本剧。

步骤4：分小组展示，每组派一位代表组成评价小组，对各组的课本剧打分并作简要点评。

写作与交流课：抓取意象，抒写青春(2课时)

以下为诗歌创作《我的青春宣言》写作教学活动设计(2课时)。

设计说明：写作教学要与阅读教学的内容关联，既可以是整合、加工阅读内容的完成写作任务，也可以是迁移运用阅读材料中的写作知识、方法和策略，完成写作任务，还可以二者兼而有之。写作教学要回归真实的任务情境，根据写作任务的要求和学生已有的阅读经验，选择一到两点核心写作知识(内容与思想、组织、句式、用词、口吻、规范六个方面)，通过搭设学习支架，贯穿到整个写作过程(准备、起草、修改、校订和发表五个阶段)，并通过反思内化写作知识，形成写作能力。

任务与情境：高一年级"喜迎国庆，歌唱青春"为主题的展演活动，将举办"我们的青春宣言"班级诗集展览活动，请你联系自己当下的生活，通过与不同时代的"青春宣言"对话，展望未来，以《我的青春之歌》为题写一首表白话诗，能借助意象表达自己的情感，争取被班级《我的青春宣言》诗歌集收录。

学情分析：高一学生没有写诗的经验，不知道诗歌创作是运用意象来表达情感的。

学习元素：①选择意象把情感转换为画面；②能按照眼前画面、回忆中的画面和展望未来的画面这一时空变化的顺序抒发情感。

学习活动一

选择要表达的情感。

步骤1：自由思考，写作此时此刻最想表达的与青春话题有关的三种情感。

步骤2：联想与这三种情感有关的时空、景物，留下画面感最强的一种情感。

步骤3：展开联想，从生活中选择与这种情感相关联的一组生活画面(经历的、想象的)，分别用一句话概括出来，填写学习任务单。

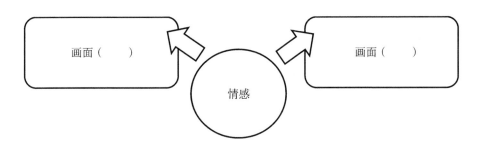

步骤4：参照闻一多的《红烛》的第一节，从太阳、和风、春雨、溪流、树木、花朵、征帆、跑道、书本、画笔等意象中选择一种与你要表达的情感比较契合的意象，用两到三句话，把你想象的画面描述出来。

学习活动二

通过联想和想象，在时空的变化中展开画面的描写。

步骤1：默读《红烛》，从时空变化的角度，明确以下几节诗之间的时空特点。

诗节	时 空 特 点
第一节	眼前的画面
第二节	回忆过去的画面(联想)
第六节	眼前的画面
第七节	展望未来的画面(想象)

步骤2：转化填写表格，把前面联想到的画面，按照一定顺序填写到下表中去。

诗节	时 空 特 点
	眼前的画面
	回忆过去的画面(联想)
	眼前的画面
	展望未来的画面(想象)

步骤3：小组内展示交流，修改自己的构思。

学习活动三

在结尾处，运用直接抒情的方式表达自己的青春礼赞。

步骤1：诗歌的最后一节(结尾句几句)往往直抒胸臆，表达热烈的情感，如《红烛》《沁园春》等。请为自己的诗加上最后一节，可以是一句话，直接表达最想抒发的情感。

步骤2：把全诗连起来多读几遍，修改不顺畅的词语和句子。

步骤3：展示交流，根据诗歌评价清单互相点评后，再一次修改诗作。

评价项目	评价内容	评价等级			
		成熟的	敏感的	可以交流的	难以理解的
用词(意象运用)	用意象呈现画面				
组织(顺序安排)	眼前画面、回忆中的画面和展望未来的画面这一时空变化的顺序				
思想(情感表达)	结尾直抒胸臆，感情充沛				
规范(句式排列)	诗句分行或分节排列，不少于3节/12行				

单元梳理课(1课时)

设计说明：学习是缓慢而复杂的过程，这一过程包括在任务情境中激活已有的经验尝试解决问题、学习新知识(理解与运用)解决问题、反思内化为新经验。"学过了"不等于"学好了"。梳理和探究是重要的语文学习活动，也是任务群学习必要的一环。引导学生通过比较、联系，回顾夯实所学，检测学习效果，落实单元学习目标，强化单元的整体认知，发现并解决单元学习过程中留存的问题，形成自我反思、自我监控的学习策略，培养梳理与探究的学习习惯。

学习活动一

分享文学阅读经验。

情境与任务：文学作品的阅读的目的是"为获得文学体验而阅读"，本单元我们围绕"青春"这一话题，阅读了诗歌和小说两类文学作品，并创作了一首诗歌，来分享自己的文学体验。请简要回顾一下单元学习任务单的完成情况，写一段总结的话，与老师和同学交流本单元获得的阅读经验。

步骤1：学生整理单元学习任务单，独立完成单元总结的写作。

步骤2：学生分组交流，然后推选代表向全班展示交流。

步骤3：修改自己的学习小结。

学习活动二

单元知识整理与反思。

情境与任务：每一个武林高手掌握着一本武林秘笈，每一个学霸也都有自己的学习秘笈……掌握了学习秘笈，每个人都能成为学霸。请根据你本单元学习的体验和收获，制作属于自己的单元学习秘笈。

步骤1：自由交流你认为的单元学习秘笈由哪些内容组成。

步骤2：设计自己的单元学习秘笈的栏目，在组内交流。

步骤3：出示学霸单元学习秘笈，修改学习秘笈栏目。

步骤4：独立完成单元学习秘笈的制作。

附教学资源

1. 朱光潜美文《慢慢走，欣赏啊!》(节选)

一直到现在，我们都是讨论艺术的创造与欣赏。

……

一篇生命史就是一种作品。从伦理的观点看，它有善恶的分别，从艺术的观点看，它有美丑的分别。善恶与美丑的关系究竟如何呢?

就狭义说，伦理的价值是实用的，美感的价值是超实用的，伦理的活动都是有所为而为，美感的活动则是无所为而为。比如仁义忠信等等都是善，问它们何以为善，我们不能不着眼到人群的幸福。美之所以为美，则全在美的形相本身，不在它对于人群的效用(这并不是说它对于人群没有效用)假如世界上只有一个人，他就不能有道德的活动，因为有父子才有慈孝可言，有朋友才有信义可言。但是这个想象的孤零零的人，还可以有艺术的活动，还可以欣赏他所居的世界，还可以创造作品。善有所赖而美无所赖，善的价值是"外在的"，美的价值是"内在的"。

不过这种分别究竟是狭义的。就广义说，善就是一种美，恶就是一种丑。因为伦理的活动也可以引起美感上的欣赏与嫌恶。希腊大哲学家柏拉图和亚里士多德讨论伦理问题时，都以为善有等级，一般的善虽只有外在的价值，而"至高的善"则有内在的价值。这所谓"至高的善"究竟是什么呢? 柏拉图和亚里士多德本来是一走理想主义的极端，一走经验主义的极端，但是对于这个问题，意见却一致。他们都以为"至高的善"在"无所为而为的玩索"。这种见解在西方哲学思潮上影响极大，斯宾诺莎、黑格尔、叔本华的学说都可以参证。从此可知西方哲人心目中的"至高的善"还是一种美，最高的伦理的活动还是一种艺术的活动了。

……

艺术是情趣的活动，艺术的生活也就是情趣丰富的生活。人可以分为两种，一种是情趣丰富的，对于许多事物都觉得有趣味，而且到处寻求享受这种趣味。一种是情趣枯竭的，对于许多事物都觉得没有趣味，也不去寻求趣味，只终日拼命和蝇蛆在一块争温饱。后者是俗人，前者就是艺术家。情趣愈丰富，生活也愈美满，所谓人生的艺术化就是人生的情趣化。

"学得有趣味"就是欣赏。你是否知道生活，就看你对于许多事物能否欣赏。欣赏也就是"无所为而为的玩索"。在欣赏时，人和神仙一样自由，一样有福。

阿尔卑斯山谷中有一条大汽车路，两旁景物极美，路上插着一个标语劝告游人说："慢慢走，欣赏啊！"许多人在这车如流水马如龙的世界过活，恰如在阿尔卑斯山谷中乘汽车兜风，匆匆忙忙地急驰而过，无暇一回首流连风景，于是这丰富华丽的世界便成为一个了无生趣的囚牢。这是一件多么可惋惜的事啊！

朋友，在告别之前，我采用阿尔卑斯山路上的标语，在中国人告别习用语之下加上三个字奉赠："慢慢走，欣赏啊！"

2. 连中国《一曲唱在秋天的劲歌》(节选)

《沁园春·长沙》分上下两阕。上阕从不同的视觉角度(远、近、仰、俯)，着斑斓绚丽之色彩(红遍、碧透)，点面结合，尽态极妍地描绘了一幅生机勃勃的湘江秋景图。整幅画面凝重浓烈，充满强劲的搏击力度。雄丽的大自然猛烈地叩击着诗人的心胸，诗人不禁浮想联翩，眼前现出一幅幅难忘的战斗生活的画面，并由此自然过渡到下阕。在下阕中，诗人极力抒写年轻的革命同学一同读书、一同探索，年富力强、朝气蓬勃的年华之美，极力抒写革命同学奋发向上、慷慨陈词、气宇轩昂的才情之美。最后将所有回忆凝结在"曾记否，到中流击水，浪遏飞舟"之上，艺术地回答了上阕提出的问题。

3. 刘梦晓《沁园春·雪》诵读脚本设计(引自《中学教学参考》2009 年第 12 期)

男领：沁园春·雪
女领：北国风光，(豪迈，高而慢)
男合：千里冰封——(拉长)
　　　万里雪飘↗。(高昂)
男领：望长城内外，
　　　惟余莽莽；
女合：大河上下，
　　　顿失滔滔↘。(慢)
男合：山舞银蛇，
　　　原驰蜡象，
　　　欲与天公试比高。(高昂)

齐：须晴日，

　　　看红装素裹，

　　　分外妖娆，（慢）

齐：江山如此多娇↗，

　　　引无数英雄竞折腰。

女合：惜秦皇汉武↘，（低沉）

　　　　略输文采；（慢）

男合：唐宗宋祖，

　　　　稍逊风骚。（慢）

男领：一代天骄，

女领：成吉思汗，

齐：只识弯弓射大雕↘。（低，慢）

男女领：俱往矣——，（慢，拉长）

齐：数风流人物↗，

　　　还看今朝。（高昂，坚定）

　　　数风流人物——，

　　　还看今朝！（一字一顿）

4.《沁园春·长沙》诵读脚本设计(引自王巧飞：《吟诵青春：举办现代诗歌朗诵会》，《语文教学通讯》2021 年第 7、8 期)

《沁园春·长沙》诵读脚本

独立寒秋，湘江北去，橘子洲头。（前三句慢读，"橘子洲头"这句要稍稍拉长）

看/万山红遍↗，层林尽染——；漫江碧透，〈百舸争流。（语速适中，不快不慢）

鹰击长空↗，鱼翔浅底，万类霜天竞自由。（第一句读出力量感，第二句读出轻松感）

//怅↘寥廓，问苍茫^ 大地〈，谁 〉主沉浮？（"问苍茫大地"的语调要升高，"谁主沉浮"要读得稍微长一些）

（商榷要读出作者乐观积极的情感，以及作者以天下为己任的民族责任感）

携来百侣曾游—，忆往昔/峥/嵘/岁月稠。

恰—/同学少年↗，〈风华正茂；书生意气，挥斥方遒↗。（读出当时那个时代一群革命青年的蓬勃朝气和活力）

↘指点江山，〈激扬文字，粪土/当年万户侯。

曾记否，/到中流击水，浪遏飞舟？↗（快读，和上阕要求基本相同）

（下阕要读出革命者对中国革命必胜的信心）

5. 茹志鹃《我写〈百合花〉的经过》

《百合花》里的人物事件并非来自真人真事，但小说里描写的战斗及战斗的时间地点是真实的。1946年中秋节，总攻海岸之战打响，茹志鹃在总攻团的前线包扎所做战勤工作。她在包扎所的第一个工作就是去借被子。战斗开始后，她负责记录那些牺牲的战士的姓名单位，在这过程中不禁设想他们的家庭亲友、他们生前的愿望，以及他们心中的秘密。当时的情景和想法她一直没有忘记。

1957年前后，茹志鹃的丈夫被错划为"右派"。丈夫处于岌岌可危之时，茹志鹃却无法救他，而且由于她与丈夫在具体的工作问题上常常站在同一战线上，她也不得不回顾自己走过的道路，一遍一遍地检讨自己的思想。在承受着政治氛围和紧张的人际关系所带来的无形压力的同时，她不无感慨地回忆起战争年代的同志关系，回忆起1946年那个中秋夜以及在解放战争中遇到的各种人和事：莱芜战役中，她跟随一个通讯员去前沿，在路上敌人的炮弹不时呼啸而来，通讯员为了减少伤亡有意拉开距离，但她却紧张得不由自主地靠他身边靠近，通讯员一见她走近就加快步子往前跑；某次战斗时，她和汪岁寒到一个班里旁听开班会，听说了一位排长的事迹，那位年轻的排长是战斗英雄，却很害羞，说说话就脸红，说的也平常的家常话，这种反差给她留下深刻印象。回首往事，茹志鹃感到战争使人不能有长谈的机会，但是战争却能使人深交。有时仅几十分钟、几分钟，甚至只来得及瞥一眼，便一闪而过，然而人与人之间，就在这个一刹那里，便能够肝胆相照，生死与共。

6.《烛之武退秦师》课本剧(节选)

第一幕　烛之武临危受命
地点：郑国宫廷内
人物：佚之狐、郑伯、烛之武
事因：郑国被秦、晋两国围攻
幕启
后台台词：晋文公联合秦穆公围攻郑国，这是因为郑文公曾对晋文公无礼，而且还依附楚国。这时晋军驻扎函陵，秦军驻扎汜水之南。
佚之狐：(对郑伯)郑国处于危险之中，如果能派烛之武去见秦伯，一定能说服他们撤军。
郑伯：我看，也只有这样了。唉……
(佚之狐退场，郑伯命人宣烛之武。烛之武上场)
郑伯：(急迫而恳求地)我们郑国正处于危险之中，孤想派你去见秦伯，一定要说服他们撤军。
烛之武：(推辞)我年轻时，尚且不如别人；现在老了，做不成什么了。
郑伯：我早先没有重用您，到现在危急之时才求助您，这是我的过错。然而郑国灭亡了，对您也不利啊。

　　烛之武：（想想看倒也是）那……好吧。

第三节　《人物通讯》写作课例

第一部分　部编教材高中语文必修上第二单元"人物通讯"写作教学解读

一、联系课程标准，确定单元学科"大概念"

（一）课程标准解读

本单元阅读写作的任务为"人物新闻通讯、评论"。《普通高中语文课程标准》（2017年版）在"思辨性阅读与表达""实用性阅读与交流"两个学习任务群中都有关于新闻类阅读、写作的要求。新课标对此类文体的具体学习要求是："阅读实用类文本，能准确、迅速地把握主要内容和关键信息，对文本所涉及的材料有自己的思考和评判。阅读论述类文本，能准确把握和评价作者的观点与态度，辨析观点与材料（道理、事实、数据、图表等）之间的联系。""新闻传媒类内容，在分析与研究当代社会传媒的过程中学习。如自主选择、分析研究一份报纸或一个网站一周的内容。分析其栏目设置、文体构成、内容的价值取向，撰写文字分析报告，多媒体展示交流。""在表达时，讲究逻辑，注重情感，能综合运用多种表达方式，从多个角度、多个方面表达自己的理解和感受，力求做到观点明确，内容丰富，思路清晰，感情真实健康，表达准确、生动。"从中可以看出，新闻类阅读写作应该关注的"观点""态度""材料"等基本概念和概念之间的联系。

（二）教材写作单元分析

1. 单元主题与语文学习分析

本单元的人文主题是"劳动"，围绕主题共安排了三篇从不同岗位以辛勤劳动和创造为社会作贡献的新闻通讯和一篇结合时代特点阐述工匠的新闻评论、两首描写劳动的古诗。从语文学习的要素来看，本单元结合不同的文体，提示的阅读要点会不同。对于"通讯报道"这种文体提示，"关注作者如何通过不同的渠道采集材料，又是怎样多角度、分层次进行报道的"，"注意理解事实与观点的关系，把握作者表达观点的方法"。"新闻评论"的阅读要点是"新闻评论既具有议论性文章的特点，也有新闻作品的属性。注意分析文章事实与观点的关系，学习文章联系社会现实提出观点并合理阐述的写法，体会其有的放矢、直面现实的新闻品格"。学习两首古诗则要求"反复诵读、

229

认真体会"。

本单元给出了两个具体写作任务：一是要求学生从新闻网站中选出优秀的新闻作品，并从新闻价值、报道角度、结构层次、语言表达等方面评选，撰写推荐书；二是写一个熟悉的劳动者。这里面其实涉及三种文体的写作知识：新闻写作、推荐书、记叙文，内容较为驳杂。学习任务后面提示的单元写作要点是"写人要关注事例和细节"，并附上写作知识提示："描写人物，要注意选取典型事例，写出人物特征""和典型事例同样重要的，是真实感人的细节"。但对于如何选择典型事例、感人的细节，怎样写好事例和细节并没有进行具体说明。另外，本单元学习的重要文体是新闻报道和评论，如何依据两种文体的特点选择、描写人物、事例教材也并没有具体介绍，两者似乎是割裂的。换句话说，新闻报道、评论这类文体中人物、事例与自叙文、故事类等文体的人物、事例的选择、描写有何差别呢？可见，编者并未结合大单元学习的具体要求，对相关文体、写作知识作出具体明确的辨析。

（三）写作学情分析

从学生的生活经验来看，大家都会接触到一些人物的新闻报道和评论。但是对于生活中普通人物的典型事件和细节缺少观察、积累。语文经验方面，在初中阶段，学生学过一些新闻报道的文章，如《人民解放军百万大军横渡长江》，了解新闻的结构，也接受过一些写人记事文章的训练，这为本次习作奠定了基础。再加上本单元前面阅读课文的学习，辨析事实与观点的关系，知晓了阐述观点的一些方法。但如何选取评论的角度、独特的观点，选择和描写感人的细节，这是学生遇到的写作困难。

（四）确定单元"大概念"

本单元人文主题和语文要素都比较具体明确，学习的要点是"把握事实与观点的关系""抓住典型事件，把握人物精神"，目标的层级在"分析""运用"层面。基于此，本单元的"大概念"择定为新闻写作方法上，即客观叙述与细节再现。

二、围绕"大概念"，提取写作学习元素

本单元的"大概念"重在新闻类文体读写的基本方法"客观叙述""细节再现"，而在写作方面，则要求学生运用阅读中获得的知识，了解新闻类文体零度写作的特点，并通过大量的查阅资料、访谈、调查的方式获得资料，然后选取典型材料，突出细节描写，突出人物的特点。由于这是高中生第一次学习写人物通讯，教学内容不宜复杂，因此学习元素确定为学习调查、访谈等收集资料的方法，围绕宣传的目的选择典型材料，突出细节描写。具体表述如下：①围绕宣传目的收集、选取典型材料；②抓住典型事件中的细节，写出人物特点。

三、预估学习结果，写作表现性评价任务

根据表现性评价的要求，写作学习的结果要在合乎真实的任务情境中，运用评分规则

对学生完成的写作产品作出判断。评价的要点集中在两个方面：①以具体事件体现人物的特点；②刻画人物的精神。

第二部分　《"班级达人秀"人物通讯写作》教学设计

一、情境与任务

高一(9)班才相处了短短 25 天，大家相互之间都还不太认识，班级打算推出一期"达人秀"，来报道班级普通又不普通的同学，增进同学之间的了解，也展现高一(9)班同学们的风采，我们来办一期人物专刊。同学们愿意提供新闻线索吗？

二、教学目标

1. 围绕宣传目的收集、选取典型材料。
2. 抓住典型事件中的细节，写出人物特点。

三、教学流程

教学环节一：立足学情，引出任务情境

同学们之间有的相互认识了，有的还不太熟悉。我们班级打算推出一期"达人秀"，来报道我们班级普通又不普通的同学，增进同学之间的了解，也展现高一(9)班同学们的风采，我们来办一期人物专刊。你们愿意提供新闻线索吗？

教学环节二：头脑风暴，列举写作对象

1. 请同学们说说在我们身边会出现一些什么样的达人呢？

2. 同学们分成 8 人小组，每个同学在组内作一个自我介绍，介绍的内容要包括我们的特长、爱好。

3. 请同学们填写任务单表一，每个人推荐一位组内的达人，请列举理由，填写完后，在本组内交流。然后小组合作，推荐其中一个人气最高、特点最明显的达人。请填写任务单表二。稍后由组长代表小组向大家作介绍。

表 9.3.1　　　　　　　　　　　　　　　　任务单表一

我推荐的达人	
推荐的理由	

表 9.3.2　　　　　　　　　　　　　　　　任务单表二

小组推荐的达人	
推荐的理由	

4. 学生填写好后，选择若干小组展示。

教学环节三：搭设支架，确定采访提纲

1. 展示例文：《胡大白，安安静静做大事》，思考采访提纲是怎样设计的。

2. 出示采访提纲，指导学生编写采访提纲。

采访提纲主要包含基本信息的提问，包括身份和荣誉等，如下所示。

您的名字很特别，和您的成长经历有什么关系吗？

您是在哪一年开始创办民办高校，是什么激发了您的这个念头？

您在办学过程中，克服了哪些困难，取得了什么样的成就？

您取得今天的成绩，有没有总结一些经验和方法？

采访您之前，您的同事告诉我，简朴和高效是您的两大特点，您怎么看？

3. 请同学们说说这份采访提纲是从哪几个角度设问的？（老师引导学生关注胡大白的其人其事。由此，提出我们又将如何设计达人秀的采访提纲呢？请各小组长组织大家撰写采访提纲，每个人一个问题，讨论后，确定最后的采访提纲再来展示。教师出示采访表。）

表 9.3.3　　　　　　　　　　　　　**人物采访表**

被采访人	
采访人	
基本信息	
问题 1	
问题 2	
问题 3	
问题 4	

4. 选择多组进行发言分享，大家评价采访提纲一定要注意几个问题，一是有没有收集到指向人物突出特点的事件，二是有没有凸显人物背后的精神，请小组长组织大家修改自本小组的访谈提纲。

5. 真实采访，收集相关材料。

访谈提纲确定后，请各组开展真实的采访，对访谈的内容做好记录。

教学环节四：再用支架，指导片段写作

1. 出示例文片段。

　　胡大白的同事们说，身为上亿元资产的拥有者，胡大白十分俭朴，一年四季，总是那几套毫不起眼的服装，如果不是她的气质言行，仅从外表，谁都会以为她是一位普通的城市妇女。"我爱节省，也不太讲究穿着。"听我夸她身上的开衫好看，胡大白柔柔地笑着说，"这是两件套，我花了 200 元在街上买的。"

　　她的笑容，把衣服衬托得很美；她的笑容，让我无法看到岁月沧桑留下的任何痕迹。

"您平常总是这样安静吗?"

"我喜欢的状态是'静若处子,动如脱兔'。"她说。她认为自己首先是一个做学问的人,尽管担任职务多,事也多,但是只要有时间,她仍然会很快静下来。"我的静是休息,也是思考。有了充分的思考,才能够在处理具体工作的时候快速反应,高效运作。"看看她桌上厚厚一叠议案、建议,我想,如果没有平日深入一线的走访调研,没有长时间的深入思考,这些东西是不会有的。难能的是,当选人大代表18个年头,她总是如此。

宁静,却成就惊人事业;简洁,却又多彩———这就是胡大白。

2. 老师引导学生关注具体的事件,又有人物精神的评价。既有别人的间接采访,又有本人的语言摘录。并且引导学生关注组织材料的顺序是可以调整的。

3. 请同学们参照例文,开始写作,每个人可以写一个片段,然后组合到一起。

教学环节五: 引入评价,修改整合片段

1. 老师结合本节课的重点给出评价标准并出示评价表。

表9.3.4　　　　　　　　　　**人物通讯片段写作评价表**

一级指标	二级指标	分值	自评分
以具体事件体现人物的特点	具有具体鲜活的事例	30	
	语言描写	10	
	动作描写	10	
	神态描写	10	
刻画人物的精神	被采访人的评价	20	
	记者的判断与评价	20	

2. 请同学展示习作,列举一组为代表。

3. 课后要求学生再结合胡大白的人物通讯,模仿其开头结尾,再加一个标题,完成一篇完整的文章。

第三部分　《"班级达人秀"人物通讯写作》教学实录

一、立足学情,引出任务情境

师:同学们,我们在高一(9)班才相处了短短25天,大家都相互认识了吗?

生:认识。

生:不认识。(有笑声)

师:同学们之间有的相互认识了,有的还不太熟悉。我们班级打算推出一期"达人秀",来报道我们班级普通又不普通的同学,增进同学之间的了解,也展现高一(9)班同

学们的风采，我们来办一期人物专刊。你们愿意提供新闻线索吗？

生：愿意。

二、头脑风暴，列举写作对象

师：同学们，在我们身边会出现一些什么样的达人呢？大家可以说说吗？

生：钢琴达人。

生：社交达人。

生：劳动达人。

生：睡觉达人。

（学生大笑）

师：睡觉达人，好吗？

生：不太好，因为我们写的人物要展示我们班的风采，应该是比较优秀的人物。

师：对，你抓住了关键。

师：现在，我们分成 8 人小组，每个同学在组内作一个自我介绍，介绍的内容要包括我们的特长、爱好，开始吧。

（学生迅速展开交流，小组内时不时传来欢声笑语）

师：现在我们小组内的同学彼此都有一个比较深刻的印象吧，请同学们填写任务单表一，每个人推荐一位组内的达人，请列举理由，填写完后，在本组内交流。然后小组合作，推荐其中一个人气最高、特点最明显的达人。请填写任务单表二。稍后由组长代表小组向大家做介绍。

（屏幕显示）

任务单表一：

我推荐的达人	
推荐的理由	

任务单表二：

小组推荐的达人	
推荐的理由	

（学生组内交流 10 分钟后汇报成果）

生：我们组推荐的达人是王子欣，他是搞笑达人。推荐的理由如下：他长得有喜感，人人都喜欢看他。他总能让我们在最枯燥的数学课上找到搞笑的点，用他搞笑的语言增添数学课的兴趣。他表情很丰富，是个"表情控"，有他在，我们每天都很快乐。

（学生又笑了）

234

师：通过你的介绍，我在观察你们小组的成员，我已经知道王子欣同学是哪一位了。

（王子欣同学做出胜利的表情，学生们笑得更开心）

生：我们组推荐的达人是李可儿，她是动漫达人。推荐理由是，她爱看动漫书籍，家里也珍藏了300多本漫画书。她还擅长画动漫人物，她经常在笔记本或者书本上画动漫人物，据我们了解，她以前还是学校校报的动漫编辑呢。

（学生露出惊叹神色）

三、搭设支架，确定采访提纲

师：同学们表现非常积极，推荐出来的达人各有特点。接下来，我们将再次发挥集体的力量，设计好达人采访的提纲。这个采访提纲，到底要怎么设计呢？如何发问呢？请看老师给同学们准备的一篇人物通讯例文《胡大白 安安静静做大事》。（例文略）

师：同学们，在这篇通讯撰稿之前，采访提纲是怎样的？请看大屏幕。

（屏幕显示）

> 问：基本信息，包括身份和荣誉等。
>
> 问：您的名字很特别，和您的成长经历有什么关系吗？
>
> 问：您是在哪一年开始创办民办高校，是什么激发了您的这个念头？
>
> 问：您在办学过程中，克服了哪些困难，取得了什么样的成就？
>
> 问：您取得今天的成绩，有没有总结一些经验和方法？
>
> 问：采访您之前，您的同事告诉我，简朴和高效是您的两大特点，您怎么看？

师：这份采访提纲是从哪几个角度设问的呢？

生：不仅有基本信息的采访，还有典型事件的采访。

师：典型事件是什么？

生：创办大学的经过。

生：还有被烫伤的那一场灾难。

师：很好，还有其他的角度吗？

生：总结成功的方法和经验？

生：借同事的视角呈现她的品质。

……

师：看来同学们都有很大的收获。《胡大白　安安静静做大事》的通讯是建立在合理有效的采访基础之上写成的。什么样的采访是有效的呢？以这篇文章为例，简单的名字，却干着不简单的事业；在遭遇灾难时，读书和思考开始酝酿新的人生计划；想国家之所需，开始教育强国之路；克服种种困难，靠教育发展教育。胡大白的形象在一件件事情、一个个场景中得到呈现。采访提纲中的问题都是指向胡大白其人其事。

师：那么，我们即将开始的班级达人秀的采访，又将如何设计采访提纲呢？请各小组长组织大家撰写采访提纲，每个人一个问题，讨论后，确定最后的采访提纲再来展示。

……

（屏幕显示采访提纲表格）

被采访人	
采访人	
基本信息	
问题1	
问题2	
问题3	
问题4	

师：哪个小组愿意来交流展示你们的讨论成果。

生：我们小组是采访劳动达人张晓。采访提纲包括了基本信息，还有以下几个问题：你是怎样学会劳动的？你在劳动的时候觉得辛苦吗，你是如何理解劳动的？你最难忘的一次劳动经历是什么？作为劳动委员，你是如何处理"带头干"和"监督干"的关系？

师：这一组同学紧扣劳动，充分挖掘相关事件和呈现人物的思想。其他组呢？

生：我们小组采访的达人是搞笑达人王子欣，主要有以下几个问题，采访他同桌：王子欣同学搞笑的经典动作和经典语录是什么？他给人留下深刻印象的搞笑场景是什么？采访王子欣本人：搞笑的生活带你最大的收获是什么？

……

师：几个小组都很好地展示了他们的采访提纲，采访提纲一定要注意几个问题，一是有没收集到指向人物突出特点的事件，二是有没有凸显人物背后的精神，有助于展现我们班的优秀风采。接下来，请小组长组织大家修改自己小组的访谈提纲。

四、真实采访，收集相关材料

师：访谈提纲确定后，请各组开展真实的采访，对访谈的内容做好记录。

（学生在进行热烈的访谈。过程略）

五、再用支架，指导片段写作

师：通过刚刚的采访，同学们是否掌握了很多一手的资料？我们是不是有种迫不及待开写的激动，先别忙着写，我们看看怎样写会更加合理。我们再回到胡大白的通讯中，老师选取一个片段。

（屏幕显示片段）

胡大白的同事们说，身为上亿元资产的拥有者，胡大白十分俭朴，一年四季，总是那几套毫不起眼的服装，如果不是她的气质言行，仅从外表，谁都会以为她是一位普通的城市妇女。"我爱节省，也不太讲究穿着。"听我夸她身上的开衫好看，胡大白柔柔地笑着说，"这是两件套，我花了 200 元在街上买的。"

她的笑容，把衣服衬托得很美；她的笑容，让我无法看到岁月沧桑留下的任何痕迹。

"您平常总是这样安静吗？"

"我喜欢的状态是'静若处子，动如脱兔'。"她说。她认为自己首先是一个做学问的人，尽管担任职务多，事也多，但是只要有时间，她仍然会很快静下来。"我的静是休息，也是思考。有了充分的思考，才能够在处理具体工作的时候快速反应，高效运作。"看看她桌上厚厚一叠议案、建议，我想，如果没有平日深入一线的走访调研，没有长时间的深入思考，这些东西是不会有的。难能的是，当选人大代表 18 个年头，她总是如此。

宁静，却成就惊人事业；简洁，却又多彩———这就是胡大白。

师：关于胡大白的这个片段，同学们有没有发现记者是如何组织相关材料的？

生：引入了同事的评价。

生：有胡大白自己的语言描写，直接描写。

生：还有记者的判断和分析、评价。

师：对，同学们看得非常细致，这个片段既有具体的事件，又有人物精神的评价。既有别人的间接采访，又有本人的语言摘录。可谓角度丰富。那么，这些材料组织的顺序可以调整吗？

生：可以吧。

师：是的，材料的先后顺序是可以适当调整的，但是材料的总体指向是反映人物的特征。现在请同学们参照例文，开始写作，每个人可以写一个片段，然后组合到一起。

（老师巡视及时指导，过程略）

六、引入评价，修改整合片段

师：在同学们展示习作之前，老师结合本节课的重点给出评价标准。

（屏幕显示评价表）

人物通讯片段写作评价表：

一级指标	二级指标	分值	自评分
以具体事件体现人物的特点	具有具体鲜活的事例	30	
	语言描写	10	
	动作描写	10	
	神态描写	10	
刻画人物的精神	被采访人的评价	20	
	记者的判断与评价	20	

（学生展示习作，列举一组为代表）

习作展示：

　　在我们班上，胡菁不像一些同学像火一般热烈张扬，对外人来说她像水一般恬静高冷，可许多人不知道的是，胡菁在与人开玩笑，讲她感兴趣的事——动漫时，她白净的脸上会露出两个可爱的小酒窝。

　　当我们问起她是怎样接触到动漫的，她说她在上四年级的时候，姐姐在电脑里看《海贼王》，她不知不觉在一旁看入神，便被动漫里热血有趣冒险旅程所吸引，后来姐姐学《FREE!》里的主题曲，看其他动漫，她才发现动漫世界很大，种类丰富，慢慢地爱上了动漫。

　　后来，胡菁一直有看动漫的习惯，她的热情愈发高涨，也渐渐开始接触起画画。她的同桌小伍和小郭也因此和她熟悉起来。小郭说"自从和胡菁坐同桌后，起初觉得她是一个不好相处的高冷女生，但有时在课间可以看见她在画一些动漫人物，其中恰好有我熟知的动漫人物。于是我们便有了一些共同话题"。小伍与胡菁的熟络也是如此，因为会画画，胡菁向小伍提出给她画头像，据小伍所说："当时，我俩都很激动，后来她完成得十分细节，她简直是画板上的艺术家！"因为动漫，让胡菁真实可爱的一面展现在我们面前。

　　关于为什么我们几个称呼胡菁为"动漫达人"，其具体原因据我同桌小赖同学说："一次英语餐厅主题比赛，她的餐厅主题就是动漫餐厅，给我留下了很深的印象。后来有一回我从我姐那儿拐回了一支笔，因为对动漫涉猎极少，我不太清楚笔上是谁，在询问同桌们后无果，直到一声'绫波丽'，声音的源头就是胡菁，于是乎胡菁便成为了我们眼中的动漫界的'百科全书'。"

　　而动漫于胡菁用她自己的话来说："起初接触动漫纯粹是在无知的情况下，听个响，看个乐子，但直到看完一部又一部的经典，收获一部又一部的欢乐、泪水与感动，看动漫时，无论平淡或激昂，沉郁或悲愤，我总能感受到。我也许会因为一句台词，就联想到整个剧情、画面和初次观看时的感动。而因为动漫我也能找到一些同好让大家了解真正的我，这也是一种意义上的偶然惊喜。"

　　生：他有非常鲜活的例子，语言描写也非常多，让我们很容易感受到胡菁同学是个动漫达人的形象。

　　生：我觉得作者缺少了概括性的评价，我感觉作者可以将文章分成喜欢看动漫、喜欢画动漫两部分，可以让判断和评价更多一点。

　　……

　　师：同学们评价地非常仔细，能把我们学习的重点运用到写作和评价中来，这是非常宝贵的学习品质。课后同学们再加以修改提升。另外，我们再结合胡大白的人物通讯，模仿其开头结尾，再加一个标题，完成一篇完整的文章。这节课就上到这里。谢谢同学们，下课！

第四节　《文学短评》写作课例

第一部分　部编教材高中语文必修上第三单元"文学短评"写作教学解读

一、联系课程标准，确定单元学科"大概念"

(一)课程标准解读

《普通高中语文课程标准》(2017年版)在"文学阅读与写作""中国现当代作家作品专题研讨""思辨性阅读与表达"等多个学习任务群中都有关于文学评论写作的要求。统编教材高中语文必修(上)第三单元写作任务为"学写文学短评"。对高中生而言，撰写文学鉴赏评论是高中语文课程的基本要求。

2017年版《普通高中语文课程标准》，对文学鉴赏的要求是："在阅读鉴赏中，了解诗歌、散文、小说、戏剧等文学体裁的基本特征及主要表现手法。""在鉴赏活动中，能结合作品的具体内容，阐释作品的情感、形象、主题和思想内涵，能对作品的表现手法作出自己的评论。能比较两个以上的文学作品在主题、表现形式、作品风格上的异同，能对同一个文学作品的不同阐释提出自己的看法或质疑。"这里指出了鉴赏写作应该关注的"情感、形象、主题、思想内涵、表现形式、作品风格"等基本概念和基本要求，如"从不同角度""多方比较""阐释清晰""内容具体，依据充分""见解独到"等。本单元是"文学阅读与写作"单元，侧重文学作品的"主题""思想内涵"的解读，初步学习比较、阐释的鉴赏方法。

(二)教材写作单元分析

从教材的选文来看，教科书编者选择了从东汉末年到南宋初期不同时代的诗人和词人的代表作品，风格各异，但有一个聚焦点，就是抒发作者的独特情感和人生状态。从语文学习的要素来看，本单元学习的阅读要点是"掌握古诗词鉴赏的基本方法"，具体包括"在诵读想象中感受诗歌的意境，欣赏其独特的艺术魅力"，"感受诗人的精神世界，体会对社会的思考和人生的感悟"；写作要点是"尝试写作文学短评"。关于文学短评写作，教科书中有一段写作知识提示：要求在认真阅读文学作品的基础上，从作品的情感、形象、思想内涵、艺术特点等方面，选择"感触最深"的地方展开评论。但对于如何选择感触最深的地方、怎么展开评论并没有进行具体说明。

(三)写作学情分析

从学生的生活经验来看，学生对人生有了一些思考和感悟，但是对于古代社会，尤其是对战乱社会中国传统士大夫的情感和生命体验缺少体认。语文经验方面，积累了一些古诗词阅读鉴赏的经验，能够从内容和形式两个角度对作品进行解读，但基本上是碎片化的，且解读的时候基本从个体主观经验出发，不能熟练运用"知人论世""以意逆志"的解读方法，因而在写文学短评的时候比较肤浅，且没有掌握文学短评基本的写作方法。

(四)确定单元"大概念"

本单元语文要素比较具体明确，鉴赏的要点是"情感、形象、思想内涵、艺术特点"，鉴赏的层级在"综合""感受"层面。基于此，本单元的"大概念"择定为文学鉴赏方法上，即"知人论世""以意逆志"。

二、围绕"大概念"，提取写作学习元素

本单元的"大概念"重在掌握文学解读的基本方法"知人论世""以意逆志"，而在写作方面，则要求学生运用这种阅读方法解读诗词作品，能从内容和形式方面作出简要点评。由于这是高中生第一次学习写作文学短评，教学内容不宜复杂，因此学习元素确定为运用文学评论最基本的文章结构和段式结构完成写作任务。具体表述如下：①根据诗词的文体特点从内容和形式两个角度选择评论点；②用主旨句加多则材料引述分析的段式结构展开评析。

三、预估学习结果，写作表现性评价任务

根据表现性评价的要求，写作学习的结果要在合乎真实的任务情境中，运用评分规则对学生完成的写作产品作出判断。评价的要点集中在三个方面：①运用总分总的结构完成一篇完整的文学短评作品；②能从诗词的内容和形式两个维度至少各选一个评论点展开评析；③能运用主旨句加多则材料引述分析的段式结构展开评析。

第二部分 《〈临江仙〉词评议书》教学设计

一、情境与任务

某中学举行一百二十周年校庆，为了扩大社会影响，学校向优秀校友和社会知名人士征集寄予题词，以准备在庆祝晚会中展现出来。某社会知名人士投递的作品《临江仙》通过了初审。最终能否被采用，还要经过学生评委的复评。请你以学生评委的身份写一份复审评议书，提出是否采用的建议并说明理由。

临江仙·某某中学百二十华诞有感

烟笼清江水静，倚栏遥对长空。黉门楼宇列重重。云淡鸿雁过，霞落暮天红。

斜月似通人意，随风轻抚琴弓。古樟摇曳暗香浓。培新不畏老，清气满苍穹。

二、写作学习元素

1. 根据诗词的文体特点从内容和形式两个角度选择评论点。

2. 用主旨句加多则材料引述分析的段式结构展开评析。

三、教学过程

(一) 出示任务情境, 选择评议点

学习任务一: 阅读《临江仙》词, 从内容和形式两个维度选择评议点, 并用简洁的语言表述出来。

1. 学生运用圈点勾画法, 自由阅读材料, 选择词中的评议点。
2. 头脑风暴, 交流评议点。
3. 教师边引导, 边从内容和形式两个方面来梳理评议点。

(二) 完成评议书的构思

学习任务二: 从《临江仙》词中选择一个评议点, 找到关联的词句, 确定分论点, 理清论证的思路, 完成构思图表的填写。

1.《登高》诗选择的鉴赏点, 如炼字、画面和写作手法等, 都和具体的词语关联起来, 在此基础上提出了自己的观点和论证过程。请各小组参考这个构思表, 再次研读《临江仙》词, 填写学习任务单一, 完成评议点的构思, 时间是 10 分钟。(欣赏《登高》的艺术效果构思表)

表 9.4.1 　　　　　　　　　《登高》艺术效果构思表

诗题	评论点	分论点	论据	论证方法过程	论题
《登高》	练字	一字传神	1. 常 2. 独 3. 浊	分析字义, 阐说其情感	欣赏《登高》的艺术效果
	画面	善于剪裁	1. 风急天高猿啸哀, 渚清沙白鸟飞回 2. 无边落木萧萧下, 不尽长江滚滚来	想象画面, 阐说其情感	
	手法 1	化用典故	古人重阳节登高的习俗	结合王维等诗人的类似诗歌加以印证	
	手法 2	视听结合	风急天高猿啸哀	分析其妙处	
	手法 3	善用叠字	1. 萧萧 2. 滚滚	根据声韵的特点, 写出朗读的感受	
	手法 4	妙用比喻	艰难苦恨繁霜鬓	揭示诗人的形象和心境之间的联系	
	色彩	鲜明对比	渚"清", 沙"白"和无边落木的"黄"等	分析色彩鲜明对比背后诗人眼中的落寞与孤寂	

表9.4.2　　　　　　　学习任务单一：《临江仙》评议书构思表

论题	评议书中心论点	评论点	分论点	论据	论证过程
《临江仙》评议					

2. 小组展示交流。

3. 教师梳理小结。

（三）起草一个评议片段

学习任务三：每位同学选择其中的一个评议点，用"中心句（分论点）+引述多条证据分析"的方式，完成一个评议片段的写作。

1. 阅读《虞美人》赏析片段，小组合作完成学习任务单二的填写，时间是3分钟。

学习任务单二：

评论点：_____

分论点：_____

证　据：_____

论证过程：_____

教师出示例文：

　　最后，词人的满腔幽愤再难控制，汇成了旷世名句"问君能有几多愁？恰似一江春水向东流"。以水喻愁，可谓"前有古人，后有来者"。刘禹锡《竹枝词》"水流无限似侬愁"，秦观《江城子·西城杨柳弄春柔》"便作春江都是泪，流不尽，许多愁"。这些诗句或失之于轻描淡写，或失之于直露，都没有"恰似一江春水向东流"来得打动人心，所谓"真伤心人语"也。把愁思比作"一江春水"就使抽象的情感显得形象可感。愁思如春水涨溢恣肆，奔放倾泻；又如春水不舍昼夜，无尽东流。形式上，九个字平仄交替，读来亦如满江春水起伏连绵，把感情在升腾流动中的深度和力度全表达出来了。以这样声情并茂的词句作结，大大增强了作品的感染力，合上书页，读者似也被这无尽的哀思所淹没了。（李煜词《虞美人》赏析评断）

2. 组织展示交流。

3. 点评反馈。

4. 阅读《虞美人》赏析的其他两个评议段，找出其他可以借鉴的写法。

评议段一：

　　这首词刻画了强烈的故国之思，取得了惊天地泣鬼神的艺术效果。"春花秋月"这些最容易勾起人们美好联想的事物却使李煜倍添烦恼，他劈头怨问苍天：年年春花开，岁岁秋月圆，什么时候才能了结呢？一语读来，令人不胜好奇。但只要我们设身处地去想象词人的处境，就不难理解了：一个处于刀俎之上的亡国之君，这些美好的事物只会让他触景伤情，勾起对往昔美好生活的无限追思，今昔对比，徒生伤感。问天天不语，转而自问，"往事知多少"。"往事"当指往昔为人君时的美好生活，但是一切都已消逝，化为虚幻了。自然界的春天去了又来，为什么人生的春天却一去不复返呢？"小楼昨夜又东风，故国不堪回首月明中。""东风"带来春的讯息，却引起词人"不堪回首"的嗟叹，"亡国之音哀以思"，大抵只能如此吧。让我们来想象：夜阑人静，明月晓风，幽囚在小楼中的不眠之人，不由凭栏远望，对着故国家园的方向，多少凄楚之情，涌上心头，又有谁能忍受这其中的况味？一"又"字包含了多少无奈、哀痛的感情！东风又入，可见春花秋月没有了结，还要继续，而自己仍须苟延残喘，历尽苦痛折磨。"故国不堪回首月明中"是"月明中不堪回首故国"的倒装。"不堪回首"，但毕竟回首了。回首处"雕栏玉砌应犹在，只是朱颜改"。想象中，故国的江山、旧日的宫殿都还在吧，只是物是人非，江山易主；怀想时，多少悲恨在其中。"只是"二字以叹惋的口气，传达出无限怅恨之感。

评议段二：

以上六句在结构上是颇具匠心的。几度运用两相对比和隔句呼应，反复强调自然界的轮回更替和人生的短暂易逝，富有哲理意味，感慨深沉。一、二两句春花秋月的无休无止和人间事的一去难返对比；三、四两句"又东风"和"故国不堪回首"对比；五、六两句"应犹在"和"改"对比。"又东风""应犹在"又呼应"何时了"；"不堪回首""朱颜改"又呼应"往事"。如此对比和回环，形象逼真地传达出词人心灵上的波涛起伏和忧思难平。

5. 起草一个评议段。
写作提示：（1）要用"中心句（观点句）+引述多条证据分析"段式结构完成这一段话的写作；（2）句子之间的衔接要紧密，除总分关系外，还用并列、递进等关系。

（四）交流与评价

1. 出示评价标准，组织学生展示、评价和修改。
评价要求：（1）用"中心句（观点句）+引述多条证据分析"段式结构完成这一段话的写作；（2）语言简洁，条理清晰。
2. 指导开头和结尾的写作。
开头的写作建议：
经过校庆委员会授权，我们对《临江仙》词作了深入的讨论，给出以下建议：_____。这个空你们要填写上，是建议采用，还是不建议采用。假如你知道怎么开头，那么这种开头就要被丢掉重新写。
结尾的写作建议：要做一个小结，这首词内容、形式上具备怎么样的特点，与学校校庆这一主题_____。

（五）布置作业

下课后，完成另外两到三个评议点的写作，加上开头和结尾，写一篇不少于 500 字的《〈临江仙〉复审评议书》提交给校庆委员会，争取让他们采纳你的建议。

附台阶式教学设计

任务情境：为某校校庆初审的诗词作品写一份评议书。

学习元素：（1）根据诗词的文体特点从内容和形式两个角度选择评论点；（2）用主旨句加多则材料引述分析的段式结构展开评析。

步骤4：布置作业，完成正片文章写作。
步骤3：增加开头结尾。
步骤2：评议修改。
步骤1：指名展示交流。

步骤3：交流点评习作。
步骤2：再次修改初稿，把场面写生动。
步骤1：分析《安塞腰鼓》例文，学习运用修辞恰当描写场面。

环节四：交流修改
核心写作知识：
（1）运用主旨句加多则材料引述分析的段式结构展开评析
（2）总分总的文章结构

步骤2：展示交流，修改构思图表。
步骤1：运用范文支架，填写构思图表。

步骤3：展示交流，修改完善评议点。
步骤2：阅读词作，选择评议点。
步骤1：出示任务情境，明确写作任务。

环节三：起草一个评议段
写作知识：运用主旨句加多则材料引述分析的段式结构展开评析

环节二：完成评议书的构思
写作知识：关联论点、评议点、分论点、证据和论证过程等要素完成构思

环节一：阅读作品，选择评议点
核心知识：从内容和形式两个维度选择评议点

学生缺少文学短评的写作经验。

教学起点

第三部分　《〈临江仙〉词评议书》教学实录

一、出示写作任务情境，选择评议点

师：某中学举行一百二十周年校庆，为了扩大社会影响，学校向优秀校友和社会知名人士征集寄予题词，以准备在庆祝晚会中展现出来。某社会知名人士投递的作品《临江仙》通过了初审。最终能否被采用，还要经过学生评委的复评。请你以学生评委的身份写

一份复审评议书，提出是否采用的建议并说明理由。

临江仙·某某中学百二十华诞有感

烟笼清江水静，倚栏遥对长空。黉门楼宇列重重。云淡鸿雁过，霞落暮天红。

斜月似通人意，随风轻抚琴弓。古樟摇曳暗香浓。培新不畏老，清气满苍穹。

活动一：阅读《临江仙》词，从内容和形式两个维度选择评议点，并用简洁的语言表述出来。

师：这首《临江仙》词由上下两片组成，一共 58 个字。同学们一起来读一读，说说自己初读的感受。

（学生自主交流读后的感受）

师：读一首诗难度不大，但评论一首诗还是需要一些专业的知识的。首先，我们来讨论一下，可以选择哪些方面对这首诗展开点评呢？

生：我觉得可以从它的内容、语言和它表达的情感和表现手法几个方面去点评。

师：情感是诗歌内容的重要组成部分，表现手法是语言表现形式的一种。你说的几点可以合并为两个方面：内容和形式。具体包含哪些关键点呢？

（板书：诗歌的内容和形式）

生：我觉得还有对仗。

师：这是句式特征。还有吗？

生：我觉得还有意境。

师：属于诗歌内容方面。还有吗？

生：我觉得还有词的节奏、韵律。

师：很好！这是什么诗词的特征呢，语言形式特征，对吧。还有补充其他评论点吗？我们需要集中大家的智慧。这首词写的到底怎么样，我们首先要抓到关键处展开评论，被评论者才愿意接受，是不是。在内容方面除了情感和意境之外还有什么呢？

生：意象。

师：你能举出具体的例子吗，这首词都用了哪些是意象？

生：清江、长空、楼宇、云……

师：内容方面有情感、意象、意境，形式上有语言风格、表现手法、修辞。还有什么？我们说古诗词有一种很重要的写法就是"炼字"，是僧"推"月下门好呢，还是僧"敲"月下门好？这就是"炼字"。现在请同学们参考古诗词内容与形式两个维度鉴赏点，小组合作分析《临江仙》词，从内容和形式维度选取几个评论点。

（小组讨论，教师巡视）

师：好，时间到。我请两个小组来分享一下选择的鉴赏点。

生：我们从意境、意象、炼字、结构这四个点来鉴赏。

师：四个点是吗，好的。

生：我们从意境、情感、风格和结构出发。

师：得出的结论是什么？

生：不支持。

师：不支持是吧，把它否掉了，还有吗？

生：我们从意象、意境、节奏韵律出发否定了它。

生：我们是从意象、意境、情感、语言风格和节奏韵律出发否定了这首词。

师：看来你们都找到感觉了，能从不同的角度来选鉴赏点，很好！接下来我们进入第二个活动的学习。

二、完成评议书的构思

学习任务二：从《临江仙》词中选择一个评议点，找到关联的词句，确定分论点，理清论证的思路，完成构思图表的填写。

师：但是我们刚才讨论的鉴赏点还有点抽象，没有和具体的词语或句子联系起来。接下来请大家看看《登高》诗选择的鉴赏点，如炼字、画面和写作手法等，都和具体的词语关联起来，在此基础上提出了自己的观点和论证过程。请各小组参考这个构思表，再次研读《临江仙》词，填写学习任务单一，完成评议点的构思，时间是 10 分钟。

（屏幕显示《登高》艺术效果构思表）

诗题	评论点	分论点	论据	论证方法过程	论题
《登高》	炼字	一字传神	1. 常 2. 独 3. 浊	分析字义，阐说其情感	欣赏《登高》的艺术效果
	画面	善于剪裁	1. 风急天高猿啸哀，渚清沙白鸟飞回 2. 无边落木萧萧下，不尽长江滚滚来	想象画面，阐说其情感	
	手法1	化用典故	古人重阳节登高的习俗	结合王维等诗人的类似诗歌加以印证	
	手法2	视听结合	风急天高猿啸哀	分析其妙处	
	手法3	善用叠字	1. 萧萧 2. 滚滚	根据声韵的特点，写出朗读的感受	
	手法4	妙用比喻	艰难苦恨繁霜鬓	揭示诗人的形象和心境之间的联系	
	色彩	鲜明对比	渚"清"，沙"白"和无边落木的"黄"等	分析色彩鲜明对比背后诗人眼中的落寞与孤寂	

（屏幕显示学习任务单一　《临江仙》评议书构思图）

论题	评议书中心论点	评论点	分论点	论据	论证过程
《临江仙》评议					

师：好，时间到了。大家的评价既要有内容的，又要有形式的评价，最好把这首词评价得相对全面、具有代表性，人家才会服气，你抓住一点细节把人家否掉了，人家当然不服气，是不是？接下来我们就来交流一下这个评议书的构思。

生：我们小组的中心论点是这首词不建议采用，评论点是三个：意象、画面和声韵。我们组只完成了一个"画面"评论点的填写，分论点是画面过于凄清，不符合校庆的喜庆气氛。我们的论据"云淡""霞落""斜月"等句描绘的画面，论证的过程是"想象的画面和作者表达的情感"。

师：我们来看这个小组"画面"评论点的思路是否清晰，有没有不同的意见和建议。

生：我认为这个小组的思路非常清晰。但有一点建议，就是这首词描绘了两幅画面，画面的特点有较大差异，如果只选取一个画面来作判断，好像很难让人信服。

师：我认为这位同学说得很好。能综合考虑一首词呈现的画面，再得出观点，才更有说服力。我建议这个小组再选择下片的画面，把两幅画面结合起来讨论，可能更能让读者接受你们的观点。

师：还有小组来展示你们的构思成果吗？

生：我们组是从意象、修辞和炼句三个角度来评议的。我们组的基本观点是不建议采用。关于意象的分论点"意象过于凄清悲凉"，证据是"清江、鸿雁、暮天、古樟"，论证的思路是"意象特点解释，推断作者的情感"。其他两个评论点还没有填好。

师：以上两个小组都是从内容的来填写构思图的，又没有小组是从形式的角度来评议的。

生：我们组是从"诗眼句"锤炼来评议的。我们分论点之一是"诗眼句传神警策"，证据是最后一句"培新不畏老，清气满苍穹"，这一句篇末点题，论证过程是"与上文的关系，与校庆的关联，以及这一句话的修辞特点和丰富的意蕴"。我们组的中心论点是"这首词意境优美，语言警策，与校庆活动联系密切，建议采用"。

师：非常好！三个组的中心论点都比较明确，但不管是建议采用，还是不采用，都要选择评议点，用证据说话。下面再给各组 5 分钟的时间，完善并修改构思图表。

三、起草一个评议片段

学习任务三：每位同学选择其中的一个评议点，用"中心句（分论点）+引述多条证据分析"的方式，完成一个评议片段的写作。

师：接下来我们完成一个评议片段的写作，你们已经选择了一个方面，你的评论点作为一段话来写，大家按照"中心句（观点句）+引述多条证据进行评析"的方式完成一个评议点的写作。

师：你的这一段话必须要有一个观点句，也就是说你是说他的情感表达的是一种怎么样的情感？与校庆的氛围是否相符？那么接下来哪些词语在传递这些情感？那么你分析出来这些情感为什么与校庆的氛围有关？假如你选择的是声律，你要说这首词不合临江仙这首词的声律特点，你要引出来哪里不符合，你也可以进行对比，看看人家写临江仙那个声律是怎么做的。写得很好，你也要说实话，这首诗是合韵的。如果人家是押韵的，你说人家不押韵，那你要讲证据。再强调一下，这段话由观点句加多条引述句和分析句组成。

师：在开始写作之前，我们看一段例文是如何进行评析的。阅读《虞美人》赏析片段，小组合作完成学习任务单二的填写，时间是3分钟。

（屏幕显示学习任务单二）

评论点：_____

分论点：_____

证　据：_____

论证过程：_____

（屏幕显示例文）

最后，词人的满腔幽愤再难控制，汇成了旷世名句"问君能有几多愁？恰似一江春水向东流"。以水喻愁，可谓"前有古人，后有来者"。刘禹锡《竹枝词》"水流无限似侬愁"，秦观《江城子·西城杨柳弄春柔》"便作春江都是泪，流不尽，许多愁"。这些诗句或失之于轻描淡写，或失之于直露，都没有"恰似一江春水向东流"来得打动人心，所谓"真伤心人语"也。把愁思比作"一江春水"就使抽象的情感显得形象可感。愁思如春水涨溢恣肆，奔放倾泻；又如春水不舍昼夜，无尽东流。形式上，九个字平仄交替，读来亦如满江春水起伏连绵，把感情在升腾流动中的深度和力度全表达出来了。以这样声情并茂的词句作结，大大增强了作品的感染力，合上书页，读者似也被这无尽的哀思所淹没了。（李煜词《虞美人》赏析评断）

师：各小组已经填好了。我请一个小组来展示，其他小组补充。

生：这段话的评论点是"诗眼句"，分论点是"词人的满腔幽愤再难控制，汇成了旷世名句"，证据是"问君能有几多愁？恰似一江春水向东流"，论证的过程是对比，从比喻、平仄两个方面赏析这句话的妙处。

师：这一组同学回答得很有条理。有不同意见吗？

生：我们组有不同看法，我们认为这一段话用了总分总的结构，先提出论点，中间引用相关诗句作对比，特别是平仄的分析，很新颖。结尾再以"声情并茂的词句作结"一句，再一次强调这句话写得好！

　　师：第二组同学补充得非常好。总分总的段式结构使这一段话更加严谨。这一段话对比的写法也非常值得学习，除此之外，如应用前人的观点作为证据来支持自己的观点也是一种常用的写法。好的，同学们，下面请拿起你们手中的笔，完成一个评议点的写作吧。写作的时候，注意两点：（1）要用"中心句（观点句）+引述多条证据分析"段式结构完成这一段话的写作；（2）句子之间的衔接要紧密，除总分关系外，还用并列、递进等关系。

　　（学生独立写作10分钟）

四、交流与评价

　　师：我看大部分同学已经写完了，现在我们一起来看啊，我对小组进行评价，并对他提出建议。怎么评价呢？第一，看他有没有主题句；第二，他有没有引述多则材料，并对材料进行评析来支撑他的观点。请你来读一下。

　　生：我是从意象方面来评议的。全诗起句"烟笼清江水静，倚栏遥对长空"为全诗奠定清幽基调，之后运用斜月、古樟等意象进一步渲染该氛围，但这与校庆那喜庆、欢快的氛围不符，甚至"落霞暮天红"这一句给人一种夕阳西下的悲伤的感觉，这也极不符合场合的氛围。

　　师：好的。大家评一评。你来评一下，他有没有主旨句或者观点句？

　　生：没有。

　　师：没有主旨句，对吧。有没有引述多则材料然后进行分析？表现在哪里呢？

　　生：有。你看这一句（师指"烟笼清江水静，倚栏遥对长空"）它写出了什么基调？和什么意象结合写出了一种什么样的氛围？该氛围是什么呢？他是引材料来说明的，他没有说完。接下来又与"落霞暮天红"这一句给人以黄昏的感觉的那种夕阳西下、悲伤的气氛与校庆氛围极度不合。

　　师：他有三处引用，三处分析，有没有满足要多则材料、多处分析这个要求啊？

　　生：满足了。

　　师：满足了。如果是一百分的话他已经得了五十分了。第一个就是要有一个关键句，其实有一个句子有一点像，即"意境不合"。有点像但是表达的观点不够明确，话没说完整，那么怎么怎么能把这句话说完能得一百分呢？怎么说呢，大家帮帮他。

　　师生共答：这首诗的意境清幽甚至显得悲伤，与校庆的喜庆氛围极不相符。这就变成了一个关键句，好我们把这句改一下，你们说能得多少分啊，一百分？你稍微加工了一下，把这个主旨句说明白，就符合要求了，可以得满分。

　　师：想请一位同学来展示，哪位同学来展示呢？我们这位爱写作的同学写完了吗，你来！

　　生：这首词表达了强烈的情感，既表达了对学校育人育才的赞美，也表达了对学校未来的祝福。"淡云鸿雁过"恰似学子完成学业奔向远方，"落霞暮天红"暗指学校历史悠久、培育人才其功绩如霞光布满天空，与"莫道桑榆晚，为霞尚满天"有异曲同工之妙，结尾处是直抒胸臆，"培新不畏老"是对学校培育人才的赞美，"清气满苍穹"表达了学校将来为社会育才，"清气"亦送来了祝福。

　　师：你自己评定一下能得多少分？

生：七十九。

师：为什么呢？

生：我觉得应该没有优秀，但是又不能打太低了。

师：这说明你还是很谦虚的，是吧。好，请坐，我们让别的同学来评价一下。你提议一下你觉得你能得多少分。

生：九十分。

师：为什么？

生：因为他有观点，也有引述也有分析，至于为什么没有一百分，我认为是因为他没有结尾总结。

师：他为我们提出了一个更高的要求，你结尾再总结一下更好。其实我刚才说的两个要求，第一要有主题句，他第一句话就是主题句，说"这首词表达了强烈的情感，既表达了对学校育人育才的赞美，也表达了对学校未来的祝福"。把两种情感表述出来。也引用了相关词句作了分析，更难能可贵的是他还引用了刘禹锡的一句诗来印证"落霞暮天红"一句表达的是一种积极的、乐观的、喜悦的情感，而不是悲伤的，这和你解释的就不一样，你觉得这是悲伤的意象，传递的是悲伤的情感，其实人家表达的是乐观的、积极的，也象征着对这所学校办学气象红红火火的状况。那你的中心论点建议采用还是不采用？

生：不采用。

师：他的观点老师建议采用，你们两位的观点不一样，这里面就是解读会发生很多变化。他阐述观点有理有据，分析透彻，我们毫不吝啬地给他打一百，因为这一段话全部符合前面提到的要求。其实我们还要给他加分，标点符号使用都很正确，书写工整美观，打一百分还不够，再加五分。我们给他一点掌声好不好。（学生鼓掌，掌声持续）

师：其实，我们会写一个评议段，其他几段也就比较容易写了。写作的时候要注意，第一，我要有明确的观点，在这里千万不要急着说出这一首词它适不适合用在校庆上，先说它的意境怎么样的，有什么特点，这要有自己的观点，它的结构有什么特点，它的语言表达有什么特点，你先对它作出判断，然后引出材料进行分析。最后总结，从意象、意境各个角度去分析这首词怎么样，背景是这个学校一百二十周年的校庆，这首词它表达的情感、具备的形式特点充分证明它是符合的。这样校庆委员会一看就会发现已经分析得非常透彻了，尤其是他这个分析还用其他诗句来印证，可能校庆委员会更愿意采纳他的观点。因为他结合诗句分析得比较透彻，还引用了相关诗句来印证。

师：下课之后，希望同学们再把剩下的两点写完，加上一个开头和结尾，完成一篇完整的评议书的写作。开头怎么写呢？先交代叙述写作的目的：经过校庆委员会授权，我们对《临江仙》词作了深入的讨论，给出以下建议议：＿＿＿＿＿＿。这个空你们要填写上，是建议采用，还是不建议采用。假如你知道怎么开头，那么这种开头就要被丢掉重新写。结尾的时候，要作一个小结，这首词内容、形式上具备怎样的特点，与学校校庆这一主题＿＿＿＿＿＿。空格处填上符合或是不符合，重申一次中心论点。你们觉得开头、结尾难写吗？

生：不难。

师：我期待着你们完整作品的诞生。不管是你们建议采用还是不建议采用，我都很希望看到。因为这首词是我写的，也是应这所学校之邀我写的这首词。我稍微解释一下，第一为什么是临江仙，不用其他词牌名呢，因为这所学校最初的名字叫临江中学堂，所以我选择的这个词牌，也是与这个学校最初的名称一致的。第二个，这所学校坐落在赣江之畔，那段的赣江叫清江，这所学校有一个标志性的植物就是古樟树，这所学校现在叫樟树中学。所以我就重点突出了这个意象，"古樟摇曳暗香浓"樟树是很香的，我们闻气味可以闻得到，最后推出我要表达的最热烈的情感叫"培新不畏老，清气满苍穹"。其实这句话是借用王冕的墨梅，"不要人夸好颜色，但留清气满乾坤"。还有这首整首词我压的是冬韵，冬韵非常的响亮，就是配合校庆的气氛的。这类诗词的声韵不能低沉，整首诗读下来，"空""重""红""弓""浓""穹"，都是一冬韵。一首词的感情不能全都是热烈的，它需要有一个意境和情感的转换。起笔的时候需要静下来，才有后面的热烈情感的充分表达。这叫欲扬先抑的写法。因为这所学校还是培养人才的，所以这个黉门就是古代县学的称呼，所以我们叫黉门弟子。还有"鸿雁"，比喻人才，苏东坡经常来用鸿雁来表达一种缥缈空蒙的意境，"拣尽寒枝不肯栖，寂寞沙洲冷"，鸿雁它不仅是传书信的，还代表这人才，那么么这句话的意思是，我暗示着这所学校风景秀丽，培养了很多的人才。还有其他的意象，像"暮天""古樟""斜月"这些意象都营造了这所学校宁静肃穆，文化底蕴深厚的特点。但这就是我想的，是我写这首词的想法。通过作者跟读者之间的交流，希望大家能够在了解作者想法之后，再下一个慎重的判断。我也期待着成为你们更深入、更有说服力的评论性文章的读者。下课！

第五节　《家乡文化生活》写作课例

第一部分　部编教材高中语文必修上第四单元
"家乡文化生活"写作教学解读

一、联系课程标准，确定单元学科"大概念"

（一）课程标准解读

《普通高中语文课程标准》（2017年版）在"当代文化参与"学习任务群要求："关注当代文化生活，开展社区文化调查，搜集整理材料，对社区的文化生活方式、风俗习惯、思想观念、生活演变等进行分析讨论，增强弘扬社会主义核心价值观的自觉性。"并且给出学习提示："以参与性、体验性、探究性的语文学习活动为主，增强课程内容与学生成长的联系，通过开放式学习，引导学生积极参与当代文化生活；注意调查访问与书面学习相结合，现状调查与比较研究相结合，分析研究与参与传播建设相结合，提高学生语文综合运用的能力。"本单元阅读写作的任务为"家乡文化生活"，是"当代文化参与"学习任务群课程内容的具体落实。

（二）教材写作单元分析

1. 单元主题与语文学习分析

本单元是一个专题研讨形式的综合性学习活动。围绕"家乡文化生活"设计了三个学习活动。第一个学习活动"记录家乡的人和物"，要求学生了解家乡的人、物、历史和习俗等，收集相关的文献、实物资料，感受家乡的底蕴。第二个学习活动"家乡文化生活现状调查"，要求学生从不同主题，如人际关系、道德风尚、文物保护、文化生活方式等方面开展调查研究，在某一个专题方向深入了解，感受家乡的变化。第三个学习活动"参与文化建设"，这个活动要求学生在前面调查研究的基础上，从风俗习惯、邻里关系、生活方式、文化环境等方面对丰富家乡的文化生活提出建议。三个学习活动层层递进，且有各自明确的学习要素，并提供一些相应的学习支架，如关于活动一"访谈记录表"构思支架和《访谈法》例文"支架。

本单元涉及三种写作文体：访谈、调查研究、建议书，每种文体应提供相应足够的写作知识和支架。虽然编者提供一些，但不全面，这仍需教师开发研究。

（三）写作学情分析

从学生的生活经验来看，学生对家乡较为熟悉，且有较深的情感，但对家乡的人物、事情、历史、习俗没有深入的观察、研究。语文经验方面，学生在小学、初中阶段阅读相关文体的文章，也接受过相关写作的训练。如五年级的综合性学习"我爱汉字"，就要求学生写调查研究、建议。但如何对文化生活深度访谈、调查与研究，聚焦问题、阐明自己的观点，辩证思考现代与传统的关系，这是学生会遇到的问题。

（四）确定单元"大概念"

本单元人文主题比较明确："参与家乡的文化"，但语文要素比较模糊，特别是关于写作方面。第一，写作文体要求不明确，是指导学生写调查报告呢，还是写宣传家乡的文章呢，教材没有具体说明。第二，教学内容表述不明确，由于写作是一种文体思维，文体不明确，教学内容就很难确定。基于此，我们确定本单元的"大概念"在语文活动层面，即"围绕家乡文化多角度收集资料""推介自己的家乡"。

二、围绕"大概念"，提取写作学习元素

本单元写作可根据学习任务，设计项目化学习，将课堂学习与课外活动相结合。具体表述如下：①通过文献查阅、调查访谈的方法获取家乡风景、历史、名人、民俗等资料；②用中心句加支撑句的段式结构推介自己的家乡。

三、预估学习结果，写作表现性评价任务

根据表现性评价的要求，写作学习的结果要在合乎真实的任务情境中，运用评分规则对学生完成的写作产品作出判断。评价的要点集中在三个方面：①考虑特定读者"我"的爱好与需求选择说明对象；②段落结构条理清晰；③能选一两个点作具体说明，能达到吸引读者来参观游览的目的。

第二部分　《推介家乡》教学设计

一、任务与情境

老师第一次来到陕北靖边给高一（班）的同学上课，同学们也是第一次与老师见面。我想在靖边到处走走看看，可是却不知道去哪里，怎么去。同学们，你们愿意帮帮老师吗？你会选择靖边哪些有特色的东西推荐给老师呢？

二、教学目标

1. 针对读者需求选择值得推荐的家乡风景名胜、地方美食和风俗文化，吸引读者前往参观。

2. 按照中心句加支撑句的段式结构展开介绍。

3. 根据读者对象的特点选择合适的口吻。

三、教学流程设计

教学环节一：自由谈话，引出写作任务情境

1. 课前给大家布置一项作业，请同学们用"我想……可是……"造句，至少写一条自己在生活、学习中遇到的疑难和困惑。学生分享后，老师分享自己的造句："平生第一次来到陕北靖边，我想到处走走看看，可是却不知道去哪里，怎么去。"同学们，你们愿意帮帮老师吗？

2. 学生自由推荐。

3. 出示自我介绍，帮助学生筛选素材。

自我介绍："邻省老易，长于信江河畔，年少时，有过很多梦想，然大都没有实现。如今定居江南宋城赣州，年近不惑，仍爱做白日梦。想周游世界，可是空闲不多；想遍尝天下美食，可是肠胃不好；酷爱音乐，想学唱民歌，可是五音不全。"

4. 明确想做好导游，首先要了解游客的需求，请学生从上述文字谈谈老师有哪些需求。

5. 再出示《山丹丹花开红艳艳》歌词片段，和学生试唱，展示老师爱好音乐的特点。

6. 请同学们以四人为一小组展开合作学习。各小组根据易老师的兴趣爱好，选择你熟悉的名胜古迹、特色美食、地方音乐等三到四项，确定推荐的内容。

教学环节二：例文引领，指导片段写作

1. 出示写作任务一：请每位同学根据选择的推荐对象，根据易老师的爱好和需求，写一段介绍说明性文字，不少于100字。

2. 出示老师的例文：

赣州，又称江南宋城，这里有许多古代建筑的遗迹，如八境台、郁孤台、古城墙等，也留下许多古代名人的足迹。其中，郁孤台是值得你去打卡的地方。郁孤台始建于南宋初年，立于赣州老城区西北部的贺兰山上，以山势高阜、郁然孤峙得名。南宋大词人辛弃疾曾在这里写出了"郁孤台下清江水，中间多少行人泪"的凄美词作。如今，郁孤台是赣州古建筑群落重要景点之一，高台前矗立着辛弃疾仗剑远眺的塑像。登上郁孤台，放眼北望，章江与贡江汇流入赣江，现代化的楼宇掩映于苍山绿树当中，在烟涛浩渺中，尽显烟雨江南的特色。

3. 请学生谈谈老师例文的特点。

4. 出示总结：

名胜古迹——选择一处——具体交代时间、地点和名人故事——登临所见

明确：段式结构，点名介绍的对象（名胜古迹或特色美食、地方音乐），然后选择一处具体介绍，最后要交代所见、所闻、所感，既突出了地方文化的特色，又能激发读者的想去游览的兴趣。当然，这种顺序也不是固定不变的。

5. 同学们5分钟的时间完成一个段落的写作。写作时，请参考以下要求。

写作任务清单：

(1)考虑特定读者"我"的爱好与需求，选择说明对象；

(2)段落结构条理清晰；

(3)能选一两个点作具体说明，达到吸引读者来参观游览的目的。

教学环节三：巩固所学知识，对片段进行修改整合

指明学生展示习作，参照任务清单进行点评。

师：在介绍特色美食、地方音乐等方面，写作还有一些不足。其中问题最大的是关于音乐的介绍，什么地方比较有特色，如何写才能打动人呢？

1. 屏幕呈现两段例文：

来到赣州，当地的特色美食你一定不能错过。传统的美食以当地的稻米、鱼、土鸡、土猪等食材为原料，出名的菜肴有三杯鸡、米粉鱼、鱼饼汤、肉饼汤、鱼丸、酿豆腐、荷包胙等。其中，最有特色的菜品当属三杯鸡了。相传这道菜与民族英雄文天祥有关。因烹制时不放汤水，仅用米酒一杯、猪油一杯、酱油一杯，故得名。这道菜通常选用三黄鸡制作，成菜后，肉香味浓，甜中带咸，咸中带鲜，口感柔韧，咀嚼感强。赣南的小吃也很多，如艾米果、豆巴、萝卜饺等，不胜枚举。这些美食需要到街头巷尾的土菜馆才能吃到，宁都菜馆、石城菜馆的口味都不错。小吃就要去厚德路的钓鱼台了，不过这个地方是夜市，要下午五六点钟才开业。

赣州也是红色文化的摇篮，中华苏维埃共和国就是在这里诞生的。这块洒满革命烈士鲜血的红土地，既养育了仁厚朴实的客家人，也孕育了优美动听的山歌。电影《闪闪的红星》主题歌《映山红》，就吸收了赣南山歌的唱法，每句中间加了一个语音助词"哟"，唱出来韵味悠长，变化多样，非常好听。穿梭于赣州的街头巷尾，常常

可以听到赣南风味浓郁的民歌。每当夜晚来临时，三江六岸跳广场舞的大叔大妈，这里一群，那里一伙，在或明或暗的灯光下，伴随民歌旋律，翩然跳起舞来，画面清新而又灵动。

2. 学生谈谈例文的特点。

3. 学生独自修改习作片段，然后在小组讨论的基础上把这几段话合在一起，并排好顺序。排序的时候，请考虑时间、地点变化、读者需求或主次等因素。

4. 学生分享片段组合。

5. 屏幕呈现三部分内容。

开头部分：我的家乡赣州，位于江西省的南部，章江、贡江的交汇处，有"千里赣江第一城"的美誉。这里山川秀美，历史悠久。这里生活的客家人勤劳智慧、善良淳朴、热情好客。美丽的赣州，时刻欢迎你的到来。

结尾部分："若要盼得哟红军来，漫山开遍哟映山红。"映山红，属于杜鹃科，每年四月底五月初开放，花瓣大，颜色有火红的、粉红的和橙黄的。这一时节正是映山红盛开的时候，欢迎你们到赣州来游玩，这里的古色、红色和绿色，一定会让你留连忘返，收获满满。

标题：江南宋城赣州盼你来

6. 下课后请同学们补充开头、结尾和标题。并给出评价表，请同学们完成习作并自评。

屏幕显示：

请在符合你的选项后打钩。

(1)考虑特定读者"我"的需求，选择介绍的对象(优、良、中、差)；

(2)段落结构条理清晰(优、良、中、差)；

(3)能选一两个点作一些具体的介绍，吸引读者前往参观游览(优、良、中、差)；

(4)结构完整(优、良、中、差)。

第三部分　《推介家乡》教学实录

一、自由谈话，引出写作任务情境

师：上课前，老师给大家布置了一项作业，请同学们用"我想……可是……"造句，至少写一条自己在生活、学习中遇到的疑难和困惑。大家都完成了，你们想知道统计的结果吗？

生：想知道。

师：好的。统计结果很出乎我的意料，从交上来的作业看，百分之百的同学谈论的话题都与学习有关。其中，想学好语文的同学有 13 人，学好数学的有 8 人，想学好英语的有 6 人，想都学好的有 3 人，可是由于种种原因都遇到了困难和问题。从这份小调查中，我看到了咱们高一（1）班的孩子对学习的高度关注和积极进取之心。当然，有学习就有困境，所以有困难和问题是正常的，学习就是不断克服各种困难并解决问题的过程。但是，同学们，你们知道老师今天第一次和大家见面，我想说什么你们想知道吗？

生：想知道。

师：和大家相比，我有点汗颜，我写出来的句子是："平生第一次来到陕北靖边，我想到处走走看看，可是却不知道去哪里，怎么去。"同学们，你们愿意帮帮老师吗？

生：愿意。我建议您可以去我们靖边的统万城去看看，那里是古代匈奴族在世界上建立的唯一都城。

生：老师，您也可以去古长城遗址，站在那里，你可以看到用黄土夯成的古长城遗址，那可是人类历史上保留至今的最古老的遗迹之一。

生：老师，我建议您去镇靖古城走走，古城始建于唐代，过去曾是靖边县城所在地，现在是靖边历史文化、生态景区旅游胜地。

师：看来同学们对靖边旅游景点很熟悉，完全可以胜任靖边旅游形象大使的职位。刚才同学们给我介绍了许多值得一看的地方，我不仅真切地看到了你们渊博的地方知识，也感受到了你们的热情好客。可是你们知道老师的兴趣爱好吗？

（屏幕显示一段文字）

> 你们了解我吗？
>
> 邻省老易，长于信江河畔，年少时，有过很多梦想，然大都没有实现。如今定居江南宋城赣州，年近不惑，仍爱做白日梦。想周游世界，可是空闲不多；想遍尝天下美食，可是肠胃不好；酷爱音乐，想学唱民歌，可是五音不全。

师：通过这段文字，你们了解到我的情况了吗？想做好导游，首先要了解游客的需求，从上述文字你看出我的哪些需求，你会选择靖边哪些有特色的东西推荐给我呢？

生：老师，我喜欢吃美食，我给您推荐当地小吃羊杂碎。咱们这里养的羊是吃去膻味的调料长大的，羊杂碎来自羊的五脏六腑，可谓集羊全身之精华，营养丰富，非常值得去吃一吃。

生：易老师，您肠胃不好，我建议您去吃羊肉剁荞面，用荞面制成的食品，有软化血管、保护视力、清热、降火、健胃、预防脑血管出血等食疗价值，被誉为"长寿食品"。

师：感谢同学们的厚爱，你们的推荐快把老师升级为吃货了。其实，我除了想尝遍天下美食外，也喜欢音乐，比如地方民歌、戏剧等，这些艺术形式也能够充分展现黄土地人的精神和品格。同学们知道《山丹丹花开红艳艳》这首歌曲吗？据说是根据陕北民歌信天游而获得创作灵感的。

（屏幕显示《山丹丹花开红艳艳》歌词片段）

一道道的那个山来哟，

一道道水，

咱们中央红军到陕北。

一杆杆的那个红旗哟，

一杆杆枪，

咱们的队伍势力壮。

千家万户，哎了哎嗨哟，

把门开，哎了哎嗨哟，

快把咱亲人迎进来，

咿儿呀啊来吧哟。

满天的乌云，哎了哎嗨哟，

风吹散，哎了哎嗨哟

毛主席来了晴了天，晴呀晴了天。

……

山丹丹的那个开花哟，红艳艳，

毛主席领导咱打江山。

毛主席领导咱打江山。

师：易老师很喜欢这首歌曲，给大家唱两句怎么样？

生：好！

（师清唱前两句，生鼓掌）

师：老师是用左嗓子唱的，唱得不好。同学们是生于斯长于斯的陕北人，一定比老师唱得好！我一起来唱这首歌，好吗？

生齐唱。

（现场气氛很热闹）

师：同学们唱得很好，看样子与老师有相同的爱好，可谓知音啊！接下来，请同学们以四人为一小组展开合作学习。各小组根据易老师的兴趣爱好，选择你熟悉的名胜古迹、特色美食、地方音乐等三到四项，推荐给我。

小组在组长的主持下展开交流和讨论，很快完成选材。

二、例文引领，指导片段写作

师：同学们合作得非常好！推荐的对象确定了以后，接下来要思考如何向老师推荐。请看屏幕。

（屏幕显示写作任务一：请每位同学根据选择的推荐对象，根据易老师的爱好和需求，写一段介绍说明性文字，不少于100字）

师：同学们先别忙动笔，你们知道怎么写吗？说说看。

生：我推荐的特色美食羊杂碎，我先告诉您这道美食很好吃，然后描述一下这道美食是怎么做的，有什么营养等。

生：我介绍的是名胜古迹统万城，我将从位置、历史故事和主要景点三个方面介绍这个地方。

师：两位同学说得比较明白，很好。老师刚才自我介绍时说，我来自江南宋城赣州，你们想知道这里的名胜古迹吗？我在来陕北的路上，专门为你们写了一段介绍性的文字。我们一起来看一看。请一位同学读一读，说一说你获得了哪些信息，想到这里参观游览吗？

（屏幕显示例文）

赣州，又称江南宋城，这里有许多古代建筑的遗迹，如八境台、郁孤台、古城墙等，也留下许多古代名人的足迹。其中，郁孤台是值得你去打卡的地方。郁孤台始建于南宋初年，立于赣州老城区西北部的贺兰山上，以山势高阜、郁然孤峙得名。南宋大词人辛弃疾曾在这里写出了"郁孤台下清江水，中间多少行人泪"的凄美词作。如今，郁孤台是赣州古建筑群落重要景点之一，高台前矗立着辛弃疾仗剑远眺的塑像。登上郁孤台，放眼北望，章江与贡江汇流入赣江，现代化的楼宇掩映于苍山绿树当中，在烟波浩渺中，尽显烟雨江南的特色。

生：我觉得老师的介绍很清楚，有哪些古迹，郁孤台是怎么得名的，所在位置，辛弃疾雕塑、登台所见。"尽显烟雨江南的特色"很吸引我。

师：这位同学很会读书，可以说是我的知音。但有一处请你思考，我为什么要写辛弃疾呢？

生：他到过这个地方，而且郁孤台前还有他的雕像。

师：你很会发现。我们可以梳理一下这一段话的段式结构，首先要交代这一段话介绍的话题是"名胜古迹"，然后选择郁孤台，详细介绍它修建的时间、地点和名人故事，最后再写到了这一处景点的所见，给人身临其境的感觉。

（屏幕显示）

名胜古迹➡️选择一处➡️具体交代时间、地点和名人故事➡️登临所见
特色美食➡️???➡️???➡️???
地方音乐➡️???➡️???➡️???

师：根据刚才的讨论，我们可以理出这类介绍说明性文字的段式结构，点名介绍的对象（名胜古迹或特色美食、地方音乐），然后选择一处具体介绍，最后要交代所见、所闻、所感，既突出了地方文化的特色，又能激发读者想去游览的兴趣。当然，这种顺序也不是固定不变的，根据需要，这几个方面的内容的顺序可以调整，当然如果简略介绍，则择其一二概括交代即可。接下来，给同学们5分钟的时间完成一个段落的写作。写作时，请参考以下要求。

（PPT呈现写作任务清单）

（1）考虑特定读者"我"的爱好与需求，选择说明对象；

（2）段落结构条理清晰；

（3）能选一两个点作具体说明，达到吸引读者来参观游览的目的。

三、巩固所学知识，对片段进行修改整合

指明学生展示习作，参照任务清单进行点评。

师：同学们展示的习作基本达到了写作目的，但是在介绍特色美食、地方音乐等方面写作还有一些不足。其中问题最大的是关于音乐的介绍，什么地方比较有特色，如何写才能打动人呢？接下来，请同学们看一看老师写的两段话，有哪些方面值得你们参考借鉴。

（屏幕呈现两段例文）

来到赣州，当地的特色美食你一定不能错过。传统的美食以当地的稻米、鱼、土鸡、土猪等食材为原料，出名的菜肴有三杯鸡、米粉鱼、鱼饼汤、肉饼汤、鱼丸、酿豆腐、荷包胙等。其中，最有特色的菜品当属三杯鸡了。相传这道菜与民族英雄文天祥有关。因烹制时不放汤水，仅用米酒一杯、猪油一杯、酱油一杯，故得名。这道菜通常选用三黄鸡制作，成菜后，肉香味浓，甜中带咸，咸中带鲜，口感柔韧，咀嚼感强。赣南的小吃也很多，如艾米果、豆巴、萝卜饺等，不胜枚举。这些美食需要到街头巷尾的土菜馆才能吃到，宁都菜馆、石城菜馆的口味都不错。小吃就要去厚德路的钓鱼台了，不过这个地方是夜市，要下午五六点钟才开业。

赣州也是红色文化的摇篮，中华苏维埃共和国就是在这里诞生的。这块洒满革命烈士鲜血的红土地，既养育了仁厚朴实的客家人，也孕育了优美动听的山歌。电影《闪闪的红星》主题歌《映山红》，就吸收了赣南山歌的唱法，每句中间加了一个语音助词"哟"，唱出来韵味悠长，变化多样，非常好听。穿梭于赣州的街头巷尾，常常可以听到赣南风味浓郁的民歌。每当夜晚来临时，三江六岸跳广场舞的大叔大妈，这里一群，那里一伙，在或明或暗的灯光下，伴随着民歌旋律，翩然跳起舞来，画面清新而又灵动。

生：我认为老师写《映山红》"哟"的那一句特别有感觉，我们陕北民歌信天游也有"哟"字，唱法也很有味道。因此，在写音乐的时候，要把好听的、有意思的地方说清楚，让人有如闻其声的感觉，就好了。

生：写地方美食的那一段也值得我们学习，段尾补充了到哪里去吃的信息，对读者很有帮助。

生：写三杯鸡味道的那一句，都用四个字，显得整齐有节奏，吊起了我的胃口。

……

师：看来同学们有不少发现啊，下面给三分钟的时间，请独自修改自己的习作片段，然后在小组讨论的基础上把这几段话合在一起，并排好顺序。排序的时候，请考虑时间、地点变化、读者需求或主次等因素。

师：各小组顺序排好了吗？哪些小组愿意交流你们的讨论成果。

生：我们小组一共写了四段话，两段是写名胜古迹的，两段是写特色美食的。我们的排序是先写名胜古迹，后写美食。

师：那么，同样都是写名胜古迹的两段，你们在排序时又是怎么考虑的呢？

生：我们是按时间的先后顺序来排列的。关于美食，我们考虑到您的牙口不好，先写适合您吃的面食，然后再写肉食。

师：非常贴心，感谢你们。还有其他组吗？

生：老师，我们组四段话中有一段写名胜古迹，一段写美食，两段写音乐。考虑到您的需求，我们是这样排序的，先请您到统万城览胜，等走累了，就推荐您去吃一道美食羊杂碎。之所以推荐这道食物，也是考虑到您牙口不好。您在吃美食的时候，建议您听一听我们陕北民歌信天游和陕北说书。

师：这一组的同学太贴心了。非常感谢你们。充分考虑读者的需求，选择写作内容和安排写作顺序是介绍说明类文章写作的有效策略，请大家用好这一策略。

师：同学们，时间过得很快，下课时间到了。就一篇完整的文章而言，我们的本节课的习作还差开头、结尾部分和一个标题。课前，我写了一篇完整的文章送给你们。这是开头、结尾和标题部分。

（屏幕呈现这三部分内容）

开头部分：我的家乡赣州，位于江西省的南部，章江、贡江的交汇处，有"千里赣江第一城"的美誉。这里山川秀美，历史悠久。这里生活的客家人勤劳智慧、善良淳朴、热情好客。美丽的赣州，时刻欢迎你的到来。

结尾部分："若要盼得哟红军来，漫山开遍哟映山红。"映山红，属于杜鹃科，每年四月底五月初开放，花瓣大，颜色有火红的、粉红的和橙黄的。这一时节正是映山红盛开的时候，欢迎你们到赣州来游玩，这里的古色、红色和绿色，一定会让你流连忘返，收获满满。

标题：江南宋城赣州盼你来

师：下课后，请各小组通过合作讨论的方式，给你们小组的习作加上开头、结尾和标题，组合成一篇完整的文章作为礼物赠送给我，让我能够不虚此行。这里还有一份本次习作的评价表，请同学们完成习作并自评后交给我，我非常期待你们珍贵的礼物。

（屏幕呈现评价标准）

请在符合你的选项后打钩。

(1)考虑特定读者"我"的需求，选择介绍的对象(优、良、中、差)；

(2)段落结构条理清晰(优、良、中、差)；

(3)能选一两个点作一些具体的介绍，吸引读者前往参观游览(优、良、中、差)；

(4)结构完整(优、良、中、差)。

师：这节课就上到这里，下课！

第四部分　《推介家乡》课例评析

记叙文、议论文、说明文是中学的三大教学文体。相较记叙文和议论文而言，说明文的写作长期以来不受重视。说明文教学大多聚焦在所写事物的特点上，而对读者需求的研究与关注明显不足。教学时，给学生布置一个题目，很少告诉学生，文章写给谁看，看的人对文章有什么样的期待与需求，导致学生写作时目的不清、方向感不强。其实说明文写作更需要有"读者意识"，根据读者的知识背景、偏好、需求或问题去选择写作内容和方式。

说明文写作教学如何让学生做到既能关注读者需求，又聚焦事物特点，清晰呈现所写内容呢？课例在这方面做了有意义的探索。

说明文属于实用类文体，具有明确的读者对象。实用类文章有两大功能："一是吸引读者，把读者拉向所写的文章，达成'要你读'的目的；二是展示写作的主题、内容或观点等信息，达成'要你知'的目的。"①因此，说明文写作要具备读者意识，说明文教学则应重视培养学生的读者意识。"写作是作者在特定语境中，面向明确或潜在读者，构造书面语篇进行表达和交流的活动。"②不论是"明确读者"，还是"潜在读者"，他们不仅是文本的接受者、消费者，而且在某种意义上，他们也以潜在方式参与文本创作，影响到文本创作。因而读者的功能也发生了变化，即"从被动接受者到文本潜在塑造者"③。"读者的需要在一定程度上决定作者要说什么、怎么说。作者只有考虑读者需要什么，才能达成写作目的。"④

如何在说明文写作教学中落实读者意识？聚焦如下三个方面应是较为有效的策略。

一、明确说明目的，满足读者需求

说明文具有实用功能，是为解决读者问题、满足读者需求而写。说明文写作必须充分考虑读者对象与读者需求。介绍说明事物，是为让读者知、使读者明，为了帮助读者解决问题。说明文写作教学应明确写目的，强化学生"说明文旨在帮读者解决问题"的意识。

首先，需要关注读者身份。教师要引导学生在写作前对读者的性别、年龄、职业、个性、爱好、知识结构、认知水平等方面有所了解，因为不同身份的读者其兴趣点、关注点不同，在介绍或说明事物时侧重点会有所不同。其次，还要研究读者需求。如果说关注读者身份是写作定位时参照的外围信息，那么研究读者需求则是直接信息。说明文写作要围绕满足读者需求展开，作者要明确读者所面临的问题是什么，最关心的事情是什么，想得到的结果是什么等。明了了读者需求也就明确了写作目的：说明事物就是为了直接满足读者需求。

① 叶黎明.新媒介写作：对话语境要素，追求视界融合[J].中学语文教学，2021(2).
② 荣维东.交际语境写作[M].北京：语文出版社，2016：5、201.
③ 荣维东.交际语境写作[M].北京：语文出版社，2016：5、201.
④ 李冲锋.交际语境写作：理论基础与情境创设[J].语文教学通讯，2016(11C).

读者身份与读者需求作为读者信息可分为显性与隐性两种。

显性读者信息一般由教师直接提供，供学生参考。如上述实验课例中，教师在学生为自己推荐当地风景名胜和小吃之前，明确告知自己的需求与特征："爱做白日梦。想周游世界，可是空闲不多；想遍尝天下美食，可是肠胃不好；酷爱音乐，想学唱民歌，可是五音不全……"如此详尽的读者信息，成为学生后续推介说明的方向标与导航仪，学生之后的说明文字因此便特别具有针对性。

隐性读者信息则需要学生通过调查或资料查询等方式了解把握。在日常写作学习情境中，如果没有明确的文章读者，教师就需要为学生确定一个虚拟的读者对象，然后引导学生思考如下问题："本文特定的读者"最想知道什么？我如何帮助他了解？读者的问题就是写作所要解决的问题。明确与不明确、强化与不强化，教学效果是有差异的。

经过上述教学指导，学生就可以形成较为明确而牢固的"说明文旨在帮助读者解决问题"的意识，从而为之后的写作内容选择打下坚实的认知基础。

二、细分读者需求，确定说明内容

1. 读者需求决定内容选择。长期以来，说明文写作教学往往重写作对象而轻读者需求，导致写作对象的悬浮与写作方向的飘忽。例如设计作文题目就是"介绍一处景点或一种具有地方特色的美食，要求写出其特点（或特色）"。教师没有给出写哪一个具体景点或哪一种具体美食，看似学生有自由选择的空间，但由于读者对象及需求的阙如，学生在考虑选择景点或美食的侧重点上会不知所措，或者就信马由缰。明确了读者需求，就能够有针对性地选择内容。

2. 精细区分读者需求。读者需求有不同水平与层次，比如初级需求与高级需求，粗放需求与精细需求，核心需求与一般需求等。为了更好地满足读者需求，也为了更准确地选择写作内容，学生要对读者需求进行精细区分。只有将读者需求具体化、明晰化，内容选择才会更加聚焦。而说明内容要选择能够满足读者的高级需求、精细需求、核心需求，然后才是其他需求的内容。可以说，读者需求的类型与层级决定了内容选择的重点与非重点，也决定了说明文写作的侧重点。

3. 内容匹配读者需求。读者的一个需求可能会有多个内容能够满足。而写作不可能把所有内容都写进来，要选择最能匹配读者需求的内容来写。这就需要充分考虑读者需求，斟酌所选事物的特点，寻求两者之间的契合度，将契合度高的事物确定为写作内容。教学中，教师要培养学生"说明内容与读者需求匹配"的意识，可通过分别列举出读者需求与事物特点，给两者契合度打分的方式进行匹配，还可通过小组合作商讨的方式降低个体学习的难度、提高"说明内容与读者需求"的匹配度。

4. 突出对象特色。准确选择说明对象是基础，能够抓住对象特点，写出特色是关键。说明文写作应聚焦对象的特色，力图打动读者的心。因此写作时要考虑"什么地方比较有特色，如何写才能打动人"。写出特色最终目的是激发读者兴趣、满足读者需求。教学过程中要培养学生"说明特色与读者需求关联"意识，以突出特色，提升文章质量。上述课例中，教师为帮助学生寻求特色之处，提供了例文支架，学生由教师的"下水文"领悟到写出特色的道理与方法，由此迁移到自己的写作中来。需要注意的是，如果完全由学生自悟，写作能力强的学生可以领悟其中的写作知识并很好地迁移，而领悟力弱的学生也难保不得要领。所以，教师在学生自悟基础上，还应带领学生清晰分析、归纳出写出特色的方法与策略，使之成为明确的、可知的、可操作的学习内容，这样更有助于广大学生学习掌握。上述课例，教师采用的"提供例文——分析特色——归纳方法——迁移运用"就是一种可资借鉴的教学策略。

三、研究读者特征，优选说明方式

"为谁写""写什么"的问题解决了，还要考虑"怎么写"才能满足读者需求。说明文写作，说明方式的选择需要研究读者的若干特征。

说明方式包含多个方面，如说明顺序、篇章结构都是其重要内容。以说明文结构为例，说明研究读者特征的巨大价值。结构功能理论表明：要素相同，结构不同，功能不同。要素的不同组合，形成不同结构，而不同的结构呈现出不同的功能。结构是可以变化的，但必须服务于写作内容、满足读者需求。因此，说明结构的安排，既要根据所写事物的特点，也要充分考虑读者需求。

一方面，内容决定文章结构，事物具有自身的组织结构，文章组织结构当然需要根据事物的特点来安排，写作中按照事物自身结构来写作是顺理成章的事情。作者在安排文章结构时，显然会依据说明对象的特征加以调整。但是，说明文写作教学绝不能止步于此。

因为，在另一方面，写作还需要研究读者的认知水平、理解方式、需求的迫切程度等，在此基础上，作者相机安排结构。换言之，就是依据读者的需求调整、编织文章的结构。以往说明文写作教学，教师很注意所谓的"科学性"（说明文的客体对象），而很少关注"适切性"（说明文的读者需求）。合宜的说明文写作教学，就需要平衡这两个方面，尽可能以读者易于接受的结构方式来呈现事物的结构特点。

例如，课例中学生说："老师，我们组也是四段话，一段写名胜古迹，一段写美食，两段写音乐。考虑到您的需求，我们是这样排序的，先请您到统万城览胜，走累了，推荐您去吃一道美食羊杂碎。之所以推荐这个，也是考虑到您肠胃不好。然后在吃美食的时候，建议您听一听我们陕北民歌信天游和陕北说书。"学生的结构排列，就是充分考虑了读者（老师）的需求，充分体现了读者意识。

说明文教学中，要树立"说明方式与读者需求关联"的意识。不仅是结构安排方面考虑读者需求，其他说明方式的运用也需要考虑读者需要，并在教学中不断加以引导与强化。

最后，需要强调的是：对读者意识的关注，还应该落实在作文评价环节中，教师需要制定相应的评价指标。读者需求评价指标的设计，不仅为学生评价作文质量提供了标准，更重要的还在于学生写完作文后，能够据此反思自己的作文，从而厚植其读者意识、提升其说明文写作水平。

上述课例，教学设计思路清晰，由易到难，循序渐进，为学生提供写作例文、段式结构、写作任务、评价标准等丰富的学习支架，学生可以较容易地学写说明文。当然，也有需要提升的地方。比如，教学过程中教师虽然一直有意识地在培养学生的"读者意识"，但并没有明确给出"读者意识"的概念，对于中学生来说，是可以学习并接受这种概念的，应该在教学中明确强化。再如，在评价部分，教师直接给出评价标准，如能引导学生自己总结出"读者需求"的评价标准，并据此评价、修改自己的文章，则更能体现学生的学习主体地位，同时检测教学中读者意识培养的效果。

综上所述，读者意识是说明文教学不可或缺的要素。说明文教学不仅要关注所写对象，还要树立读者意识，始终围绕读者需求展开写作，科学合理地呈现内容、突出特色；同时，要培养学生"说明文旨在帮读者解决问题"意识、"说明内容与读者需求匹配"意识、"说明方式与读者需求关联"意识，使学生写出既能突出事物特点，又能满足读者需求的优质说明文。

第十章　高考写作专题复习教学设计

第一节　《意在笔先须精思——高考论说文的 审题立意》教学设计

一、学习任务分析

高考作文命题类型从不同角度有不同的划分方式：1. 从题目是否确定角度，可分为四类：（1）标题作文；（2）半命题作文；（3）材料作文(包括话题作文和漫画作文)；（4）综合类。2. 从命题关键信息落点角度，也可分为四类：（1）词语或短语类，（2）句子类；（3）关系类；（4）任务驱动类。不同类型的命题有不同的审题定位策略，如从命题的关键信息角度来考察，词语类命题要理解"词"或短语中的"中心词"的多重含义，把这个词语放到特定的社会语境中确定作文的论题；一句话命题，辨析其多重含义，再放到特定语境中确定论题；在关系行命题中，首先要辨析题目中关系密切的关键词或关键句的含义，然后放到特定语境中(关系语境、话题语境、社会语境)分析，确定论题；任务驱动型命题，抓反复出现的关键词，理解其多层含义，再把这个词语放到特定句子或相互联系的关键词中，放到特定语境中(关系语境、话题语境、社会语境)分析，开发可供选择的论题，然后再根据写作意图、读者对象和作者身份进一步定位论题。

高考议论文的扣题立意要解决两个问题：一是扣紧文题，二是准确立意。议论文的立意就是确定"中心论点"。

近年来高考题的命题形式主要是文字材料作文，这些作文题中常见三种类型：

（1）针对某一事件、现象或话题，提供多维评价角度，要求考生选择某一角度、身份或立场进行评述。（如 2015 年全国Ⅰ卷"举报之后"，2017 年选择二三个关键词呈现你所认识的中国，2019 年全国Ⅱ卷选择某一身份完成以某一历史性时刻为背景的写作）

（2）提供两个或两个以上相关或相对立的人物、事物、观点、概念、行为、思想、现象等，要求考生进行联系、权衡、分析并阐发观点。（2020 年全国Ⅰ卷"管鲍齐桓"人物评说，2019 年浙江卷"作家与读者"，2019 年全国Ⅲ卷联系三条不同时期的标语进行写作）

（3）给出一个核心话题、事件、人物、现象等，要求考生深入挖掘内涵、特征、哲理等，并阐发自己的思考与感悟。(2020 全国Ⅲ卷"如何为自己画像"，2020 年北京卷"每一颗都有自己的功用"，2020 年天津卷"中国面孔")

第一种类型的作文题立意步骤：

第一步，应根据不同的对象或角度确定话题或观点，明确自己阐述的观点"是什么"。

第二步，对所涉话题做属性上的判断，即由具体事件到抽象事理(联想、分析和概括)。

第三步，针对现实生活中的现象，提出解决类似问题的观点。

这类作文题立意关键的思维方式有两种：一是"关系思维"，即几个事件或道理联系起来思考，提出解决问题的办法；二是归纳思维，即有特殊现象到一般道理。

第二种类型作文题写成议论文立意的核心问题是辨析几个概念之间的联系和区别，通过辩证思维确定立意。

第一步是辨明几个事物之间的联系与区别，在关系思维中提出自己的看法，后面步骤与第一类作文题立意相同。这里运用到的思维方式有横向思维、纵向思维和辩证思维，核心是辩证思维，立意要有思辨特征，即避免片面立意，学会思辨立意。

第三种类型作文题要整体把握材料的含义，抽取出核心问题和不同观点，在此基础上由结果追问原因，辨析事物的本质特征，然后联系现实问题，提出解决的办法、观点与对策。这类作文题的立意关键的思维方式是因果思维、归纳思维和辩证思维。由此可见，不管何种作文题，立意要解决的关键问题是由现象到本质，再由本质到现象，并运用辩证思维的方式确定议论文的中心论点。

二、学情分析

对高三学生而言，高考作文审题立意的问题集中在以下方面：①抓不准关键词；②对关键词的理解比较肤浅、褊狭；③没有把关键词放到特定语境中思考，不能理解材料的内涵和漫画的寓意；④选取的角度不够深刻，就现象谈现象，对现象的抽象提取能力不强，立意浅显；⑤单一思维，只考虑事物的一个方面忽视事物的另一个方面以及事物之间的联系，立意片面；⑥没有考虑具体的写作目的、读者对象等功能要素，不能联系社会生活有针对地提出观点，立意虚假。

在审题立意时，学生面临的共同难题是三个：①由具体现象或事件概括出一般的道理；②不能运用联系思维和辩证思维提出具有理性思辨特点的论点；③能联系社会现实需求和自己的阅读经验，选择合宜的中心论点。

三、教学目标

①能抽取高考作文题中的关键词，放到特定的语境(关系语境、话题语境、社会语境)中分析，在理解材料的内涵和漫画寓意的基础上拟写议论文的论题或观点；②能运用联系思维和辩证思维的方式，提出若干具有思辨色彩的论点。

四、教学重难点

重点是：①抓住材料中关键词或关键句并放到特定的语境(关系语境、话题语境、社会语境)中分析，在理解材料的内涵和漫画的寓意的基础上拟写议论文的论题或观点。②运用联系、分析和概括的方法，由具体的事物和现象抽取出一般的道理；③运用联系思维和辩证思维的方式，提出具有思辨色彩的中心论点。

难点是：能联系社会现实需求和自己的阅读经验，选择合宜的中心论点。

五、教学方法

小组讨论法；示范点拨法；练习法。

六、教学过程

(一)问题引领，探查学情

1. 出示三类题型的作文题，学生任选一道题，确定议论文的中心论点。

(1)作文题一

地铁上，一男子随地吐痰遭到指责后，竟不停地用污言秽语和乘客们对骂，一黑衣壮汉忍不住，拨开人群走到"吐痰男"跟前踢去一脚，吐痰男顿时安静下来，一语不发。此时，有出来劝架的乘客指责"黑衣男"："打人是不对的"。更多的人则认可黑衣男的做法。这段视频被上传到网络后，引起了更大范围、更多角度的讨论。

对于以上事情，你怎么看？请你就其中一个或某一群人的表现，表明你的态度，阐述你的看法。

要求：综合材料内容及含义，选好角度，确定立意，标题自拟，完成写作任务。

(2)作文题二

当代风采人物评选活动已产生最后三名候选人：小李，笃学敏思，矢志创新，为破解生命科学之谜作出重大贡献，率领团队一举跻身国际学术最前沿。老王，爱岗敬业，练就一手绝活，变普通技术为完美艺术，走出一条从职高生到焊接大师的"大国工匠"之路。小刘，酷爱摄影，跋山涉水捕捉世间美景，他的博客赢得网友一片赞叹："你带我们品味大千世界""你帮我们留住美丽乡愁"。

这三个人中，你认为谁更具风采？请综合材料内容及含意作文，体现你的思考、权衡与选择。

要求：选好角度，确定立意，明确文体，自拟标题；不要套作，不得抄袭。

(3)作文题三

周末，我从学校回家帮着干农活。今春雨多，道路泥泞，我挑着一担秧苗，在溜滑的田埂上走了没几步，就心跳加速，双腿发抖，担子直晃，只好放下，不知所措地站在那里。

妈妈在田里插秧，看到我的窘态，大声地喊："孩子，外衣脱了，鞋子脱了，再试试！"

我脱了外衣和鞋袜，卷起裤脚，重新挑起担子。咦，一下子就觉得脚底下稳当了，担子轻了，很快就把秧苗挑到妈妈跟前。

妈妈说："你不是没能力挑这个担子，你是担心摔倒，弄脏衣服，注意力不集中。脱掉外衣和鞋袜，就甩掉了多余的顾虑。"

要求：选好角度，确定立意，明确文体，自拟标题；不要脱离材料内容及含意的范围作文，不要套作，不得抄袭。

2. 针对上述三则作文题，你选择的中心论点各是什么？理由是什么？请把中心论点和理由写在作文纸上。

3. 小组交流与分享，并分类整理。

4. 小组之间交流，师点拨反馈。

（二）范文引领、明确审题路径

1. 出示第二道作文题的满分作文一，找出中心论点，讨论中心论点与材料的关系。

最珍贵的风采

笃学敏思的大李，锐意创新，阐释了生命科学的谜团；爱岗敬业的老王，苦心练技，用勤奋完成了焊接大师的蜕变。他们，都谱写了属于自己的人生凯歌，然而，跋山涉水的小刘，用心灵捕捉世间奇山丽水，用镜头抓拍天空七色彩虹，他给这个行色匆匆忽视美丽的枯涩的时代，注入了一泓清泉，彰显了时代最美的风采。

大千世界，滚滚红尘，人们的双眼专注于科技的创新和技艺的精湛，却少有人如同小刘那样珍视生命中的美丽。当然，我们不能否认科技的创造力，笃实的思考力，和技师的巧夺天工。但是，大多时候，我们因为对物质太过执拗而迷失了脚步，我们睁着双眼，却看不见大自然的美景。正如蒋勋先生在《生活十讲》中写下："物质不是不好，不好的是没有抗衡的力量。"我们不能任由物质的铁蹄践踏昔日的精神家园，不可任由功利的追求侵占心中对美的向往。如此，我以为，值此超物质的快进时代，像小刘一样肯在云白山青间捕捉最美的风景，才是时代最耀眼的风采。

品味大千世界，尽显时代风采，是拥有几米笔下那一个充满爱的心，所以我们走到哪里都会看到动人的风景。然而，科技的日新月异，技术的日益精湛，还有多少人存留着如同朱光潜先生所言的接近文化和欣赏美是人之为人的天性？难怪阿尔卑斯山脚下矗立的牌子赫然写着"慢慢走，欣赏啊"来呼吁人们驻足身边的美丽？难怪鲍尔吉·原野在《月光手帕》中期望人们拥有空灵的目光，才不会被世俗磨砺，才不会失去美的愉悦。要知道，如今翠翠守护着的湘西已经不在了，月牙泉的波光粼粼再难寻觅，所幸，我们还有小刘那份对自然之美的皈依和珍惜。所以，彰显时代风采，他，当之无愧。

品味大千世界，尽显时代风采，因为缺少，所以珍贵。的确，"矢志创新"造就了神舟飞天和蛟龙入海;"技艺精湛"造就了城市高楼林立,车水马龙,可是,小刘这看似与时代"背道而驰"的举动却挺起了国人精神的脊梁,铸就了文化的辉煌。祖国的大好河山在闪光灯下熠熠生辉,最美的乡愁于镜头中绽放光彩,软实力的增强,也同样会反作用于科技的飞黄腾达,个人的价值也会因为凝结了对自然深沉的爱而在时代中大放异彩。

龙应台有言:"人本是社会上散落一地的珍珠,而文化和语言就如同黏合剂,将人与人联结成一个有机的整体。"小刘这份对美的笃定和追寻,是这快节奏时代中的了然欢喜,风采奕奕。

品味这大千世界,只要我们拥有一颗精致的心,一双发现美丽的眼,在时代中用双手撷英而行,便是最美的最珍贵的风采。

2. 组织填写文章的立意图表。

表 10.1.1　　　　　　　　　　　文章立意表

立意过程	操作内容	操作方法
1	小李:笃学敏思,矢志创新——跻身国际学术最前沿。 老王:爱岗敬业,练就一手绝活——成为焊接大师。 小刘:酷爱摄影,跋山涉水捕捉世间美景——留住美丽乡愁。 这三个人中,你认为谁更具风采?	阅读材料,找到关键句子。
2	共同点:人——怎么做(创新、敬业、爱好)——成就(学术前沿、大国工匠、留住乡愁)。 不同点:做法不一样,成就不一想,人生的风采不一样。 哪一种做法更有风采?你更肯定哪一种做法?	分析比较,理解关键句的抽象含义,确定核心话题。
3	以审美彰显个性的人生(云白山青间捕捉最美的风景)是对功利(笃学敏思的大李,锐意创新,阐释了生命科学的谜团;爱岗敬业的老王,苦心练技,用勤奋完成了焊接大师的蜕变)人生的超越 此超物质的快进时代,像小刘一样肯在云白山青间捕捉最美的风景,才是时代最耀眼的风采	联系现实和自己的阅读经历,提出中心论点。

3. 出示满分作文二,学生填写文章立意图表。

"大国工匠"成功探源

今年五月,央视新闻推出《大国工匠》节目,举荐了不同岗位的劳动者心有理想,身怀绝技，爱岗敬业，用智慧的双手，匠心筑梦的事迹。这群普通劳动者的成功之路，不是进名牌大学、考研考博，而是心无旁骛，默默坚守在平凡岗位上，追求职业技能的完美和极致，脱颖而出，跻身于"国宝级"技工行列，成为业界不可或缺的人才。全国总工会组织"大国工匠"到大中学校开展教学交流活动，引起各界人士的广泛关注。

"大国工匠"的成功之源是什么呢？

"宝剑锋从磨砺出，梅花香自苦寒来。""大国工匠"虽然岗位不同，年龄有别，文化程度不高，但他们心怀梦想、爱岗敬业；他们意志超群，技艺精湛，含辛茹苦，千锤百炼。有的上百万次錾刻却无一次失误，有的密封精度控制在头发丝的 1/50，有的在纸薄的钢板上焊接而无一丝漏点，有的检测手感如 X 光般精准。他们所以能够匠心筑梦，靠的是专注与磨砺，凭的是传承和钻研。

"问渠那得清如许，为有源头活水来。""大国工匠"的心灵深处有一潭流淌的活水，他们有心无旁骛、团结协作、建功建业、开拓进取的"成功之源"。这个"成功之源"就是——爱岗敬业，报效国家。

当今，各行各业中，都有那么一些人，他们渴望功成名就，却缺少创业的"成功之源"。心存浮躁，飘渺不定，大事当前，先替自己打算。既不爱岗，又不敬业。好高骛远者，挑肥拣瘦，这山望见那山高；粗枝大叶者，不求"过硬"，但求"过关"；不务正业者，不看书，不学习，股票起跌他着急；滥竽充数者，装腔作势，"占着茅坑不拉屎"；三心二意者，心不在焉，"做一天和尚撞一天钟"；投机取巧者，以假乱真，损人害己；不良竞争者，相互拆台，尔虞我诈。如此等等，何谈爱岗敬业，报效国家？

爱岗敬业，筑就人生美梦也好；报效国家，践行人生价值也罢，都是体现社会主义核心价值观的重要内容。既不是虚无缥缈的，也不是高不可攀的。"大国工匠"的"成功之源"，就根植于职业道德与执着情感之中。表面看，爱岗敬业是利他；实质上，爱岗敬业也利己。它是满足社会需求与实现个人价值的统一体。在如今社会分工越来越细的高科技时代，不满足社会需求，单打独斗，个人的追求将一事无成。

"大国工匠"的感人事迹生动地表明，只有在科技领域发展，爱岗敬业、开拓进取，通力合作、精益求精的人，才可用自己的技术技能实现人生的价值。

【参考立意】

立意过程	操作内容	操作方法
1	小李：笃学敏思，矢志创新——跻身国际学术最前沿。 老王：爱岗敬业，练就一手绝活——成为焊接大师。 小刘：酷爱摄影，跋山涉水捕捉世间美景——留住美丽乡愁。 这三个人中，你认为谁更具风采？	阅读材料，找到关键句子。

立意过程	操作内容	操作方法
2	共同点：人——怎么做(创新、敬业、爱好)——成就(学术前沿、大国工匠、留住乡愁)。 不同点：做法不一样，成就不一样，人生的风采不一样。 哪一种做法更有风采？你更肯定哪一种做法？	分析比较，理解关键句的抽象含义，确定核心话题。
3	"大国工匠"的感人事迹生动地表明，只有在科技领域发展，爱岗敬业、开拓进取、通力合作、精益求精的人，才可用自己的技术技能实现人生的价值。	联系现实和自己的阅读经历，选择中心论点。

(三)给出另外两题的分析过程，供同学分析交流

【作文题一参考立意】

立意过程	操作内容	操作方法
1	吐痰男：公共场合随地吐痰，遭谴责后与乘客对骂，被踢后，安静。 黑衣人：忍不住，向吐痰男踢一脚，制止了对骂与吵闹。 群众：指责黑衣人，打人不对；更多的人认可黑衣人。 请你就其中一个或某一群人的表现，表明你的态度，阐述你的看法。	阅读材料，找到关键句子。
2	吐痰男：品质低劣，没有公共意识，令人唾弃。 黑衣人：富有正义感；以暴力阻止不文明也是一种不文明。 群众：主持正义更要维护正义。 选择一个角度进行评价。	分析比较，理解关键句的抽象含义，确定核心话题。
3	吐痰男：维护社会秩序，人人有责。 一口痰折射出丑陋的灵魂，诸多丑陋的灵魂折射出社会文明的缺失，我们呼唤文明。 黑衣人：该出手时，绝不做旁观者，癞皮狗就该痛打；以暴止乱，并非文明，正义可以更有温情。 群众：遇到不文明的行为，我们该怎么做？行动胜于观望，理性胜于冲动。正义需要全社会来呵护，尊重英雄。	联系现实和自己的阅读经历，选择中心论点。

【作文题三参考立意】

立意过程	操作内容	操作方法
1	事件：我挑秧苗。开始挑秧走不稳，妈妈让我脱掉衣服鞋袜。 结果：脚底下稳当了，担子轻了，很快就把秧苗挑到妈妈跟前。 原因：脱掉外衣和鞋袜，就甩掉了多余的顾虑。	阅读材料，找到关键句子。
2	不仅挑秧如此，人生亦然。我们要想成功，必须要甩掉多余的顾虑，专注于眼前。 什么是多余的顾虑：名缰利锁、物欲享乐、情感羁绊等。如何对待"多余的顾虑"是核心话题。	分析比较，理解关键句的抽象含义，确定核心话题。
3	1. 懂得舍弃，有舍才能有得。 2. 要做好事，必须专注，全身心投入。	联系现实和自己的阅读经历，确定中心论点。

（四）漫画作文题的审题分析

作文题四：请完成此道高考题的审题分析。

【参考立意】

审题步骤	操作内容	操作方法
1	一个孩子试卷成绩(100 分，脸上的吻痕，98 分脸上的巴掌印)，另一个孩子试卷成绩(61 分，脸上的吻痕，55 分，脸上的巴掌印)。	阅读材料，找到关键信息。将图片符号转化为文字符号，并关注四幅画的异同之处，特别要关注夸张变形之处。
2	学生(成绩好的学生、成绩差的学生)奖励(吻痕)与惩罚(巴掌印)。 　　好的学生成绩稍一退步就受到惩罚，差的学生稍一进步就得到奖励，评价标准有差异。 　　教育评价问题，家庭教育问题，学校教育问题。 　　对"教育问题"的看法(评价的对象、评价的标准、评价的方式，评价者的观念等)。	理解画面关键信息的含义，确定核心话题。
3	教育不可回避个体的差异。对待不同的教育个体，应有不同的教育目标、教育内容、教育方法、评价标准。	结合材料，联系自己熟悉的社会生活，提出的看法。

(五)创设情境，指导立意

1. 出示新的作文题，指导学生填表

作文题五：阅读下面的文字，根据要求作文。

　　佛山中学的小莉、小雨在打扫学校教学楼的走廊时，发现一株小树苗长在走廊边的下水道边的地砖缝中。小莉说："小树苗的生命力真强，它是我们学习的榜样，我们要好好照顾它。"小雨说："小树苗的生命力虽然强，可它长错了地方，如果我们把它移植到花坛里，不是可以生长得更好吗？"

　　要求：结合材料内容及含意，选好角度，确定立意；明确文体，自拟标题；不要套作。

【参考立意】

立意程序	操作内容	操作方法
1	小莉说："小树苗的生命力真强，它是我们学习的榜样，我们要好好照顾它。"小雨说："小树苗的生命力虽然强，可它长错了地方，如果我们把它移植到花坛里，不是可以生长得更好吗？"	阅读材料，找到关键句子。

续表

立意程序	操作内容	操作方法
2	小莉、小雨——两类人 小树苗——生命状态 两种说法(生命力、生长的地方)：对生命的不同理解、对"生命成长"的看法(自身努力和环境的关系)。	分析比较，理解关键句的抽象含义，确定核心话题。
3	自身努力和环境都很重要，当无法改变环境的话，主观努力更重要，主观努力加上良好的环境更有力于生命的成长。	联系现实和自己的阅读经历，提出中心论点。

(六)课后练习

作文题六：阅读下面的材料，根据要求写作。

　　春秋时期，齐国的公子纠与公子小白争夺君位，管仲和鲍叔分别辅助他们。管仲带兵阻击小白，用箭射中他的衣带钩，小白装死逃脱。后来小白即位为君，史称齐桓公。鲍叔对桓公说，要想成就霸王之业，非管仲不可。于是桓公重用管仲，鲍叔甘居其下，终成一代霸业。后人称颂齐桓公九合诸侯、一匡天下，为"春秋五霸"之首。孔子说："桓公九合诸侯，不以兵车，管仲之力也。"司马迁说："天下不多(称赞)管仲之贤而多鲍叔能知人也。"

　　班级计划举行读书会，围绕上述材料展开讨论。齐桓公、管仲和鲍叔三人，你对哪个感触最深？请结合你的感受和思考写一篇发言稿。

【参考立意】

立意过程	操作内容	操作方法
1	鲍叔对桓公说，要想成就霸王之业，非管仲不可。 桓公重用管仲，鲍叔甘居其下，终成一代霸业。 齐桓公九合诸侯、一匡天下，为"春秋五霸"之首。 桓公九合诸侯，不以兵车，管仲之力也。天下不多(称赞)管仲之贤而多鲍叔能知人也。 齐桓公、管仲和鲍叔三人，你对哪个感触最深？	阅读材料，找到关键句子。
2	鲍叔：辅佐小白，推荐管仲，甘居他人之下，能知人。 管仲：阻击小白，辅佐小白，由敌人到君臣，治世之能臣。 齐桓公：被管仲射杀，听鲍叔进言终用管仲。 这三个人物，哪一个你感受深刻？从中获得了怎样的人生启示？	分析比较，理解关键句的抽象含义，确定核心话题。

续表

立意过程	操作内容	操作方法
3	鲍叔的角度：国家至上，屈己让贤；甘居人下，襟怀其上；渡人渡己，就平处坐，向宽处行；知人者智，自知者明；慧眼识才，智者也；水利万物而不争；为国举贤，成全别人威名的同时，也让史书留下了自己浓墨重彩的一笔。 齐桓公的角度：海纳百川的气度，真正的王者风范；任人唯贤，知人善用；识人才宽容大度，从谏如流不计前嫌；为天下计，心怀天下。 管仲的角度：精金美玉，世所珍惜；感知遇恩，建霸业功；审时度势，鞠躬尽瘁；为天下苍生而计，忘个人恩怨得失；既为国事，当仁不让，又展才华，实现人生价值。	联系现实和自己的阅读经历，选择中心论点。

作文题七：阅读下面的材料，根据要求写作。

"民生在勤，勤则不匮"，劳动是财富的源泉，也是幸福的源泉。"夙兴夜寐，洒扫庭内"，热爱劳动是中华民族的优秀传统，绵延至今。可是现实生活中，也有一些同学不理解劳动，不愿意劳动。有的说："我们学习这么忙，劳动太占时间了！"有的说："科技进步这么快，劳动的事，以后可以交给人工智能啊！"也有的说："劳动这么苦，这么累，干吗非得自己干？花点钱让别人去做好了！"此外，我们身边也还有着一些不尊重劳动的现象。

这引起了人们的深思。

请结合材料内容，面向本校(统称"复兴中学")同学写一篇演讲稿，倡议大家"热爱劳动，从我做起"，体现你的认识与思考，并提出希望与建议。要求：自拟标题，自选角度，确定立意；不要套作，不得抄袭；不得泄露个人信息；不少于800字。

【参考立意】

审题步骤	操作内容	操作方法
1	倡议大家"热爱劳动，从我做起"，体现你的认识与思考，并提出希望与建议。	阅读材料，找到关键信息。
2	热爱劳动是中华民族的优秀传统，绵延至今。 可是现实生活中，也有一些同学不理解劳动，不愿意劳动。我们身边也还有着一些不尊重劳动的现象。	理解关键句的抽象含义，确定核心话题。
3	对"劳动"的看法：①尊重劳动，热爱劳动；②批评不劳动和鄙弃劳动的行为。 从对劳动的认识，劳动的益处，劳动的意义等方面提出自身见解。	结合材料，联系自己熟悉的社会生活，提出自己的看法。

七、当堂训练，能力提升

1. 请根据作文题四，完成一篇 800 字的作文。

写作提示：

(1)你选择的论点与材料相关吗？

(2)你选择的论点有没有偏颇？

(3)你选择的论点有没有结合社会现实问题？

(4)你选择的论点是否有丰富的阅读素材来支撑？

2. 写作后，修改提示下面的要求，每做到一点给自己打一颗星，满分是 4 颗星。

(1)你的中心论点与材料相关。

(2)你的中心论点已充分考虑相关要素的联系和区别。

(3)你的中心论点与社会现实有密切的联系。

(4)你有丰富的阅读素材支撑你的中心论点。

第二节　《华章简构谋新篇——高考论说文结构安排》教学设计

一、写作学习任务分析

本课的主要学习任务是学会写好高考议论文的结构，即高考议论文如何谋篇布局。

结构如眉目，须清新秀爽。大美至简，议论文的结构之美，就体现在"清晰"二字上。不论是全文的整体结构还是论证展开的局部结构，都要轨迹明朗，层次清楚，脉络分明。知晓简美的结构规律，可以快速构架议论文。

高考议论文的结构，一要简洁，一目了然地体现全文的行文思路，让阅卷老师一眼看出你的论证过程。如果高考议论文的结构过于繁复，一般的考生自己都难以把握，容易使全文说理逻辑混乱，且会消耗阅卷老师过多的理解判断时间。二要完整，即要写完。

本课主要学习一般性高考议论文结构和两种实用结构。

二、学情分析

对于高考议论文结构，考生普遍存在以下不足：

一是行文之前没有结构意识，不能谋定而后动，写作前不先列写作提纲，写作随意性强。

二是平常缺少结构训练，在结构上费时过长。

三是虽有结构意识，但条理不清，结构各部分之间的逻辑混乱。

三、教学目标

1. 掌握几种一般性议论文结构模板。
2. 掌握时下很实用的两种高考议论文结构模板。

四、教学重难点

重点：掌握议论文结构模板。
难点：能够自如地把模板运用于高考作文写作。

五、教学过程

(一)问题引领，探查学情

1. 阅读下面作文题，谈谈你在动笔写作前会做些什么。

   "秀"是当今社会的流行语，意思是"表演、演出"，如"时装秀""达人秀"；也可指"展示""表现"，如"秀风采""秀才艺"。当下有各式各样的"秀"，有人秀歌艺，有人秀才学，有人秀学历，有人秀身家……对于形形色色的"秀"，社会上众说纷纭，认为有的"秀"是展示了自己，有的"秀"是哗众取宠……

   你对"秀"有何看法？怎样"秀"才是真的精彩？联系实际，谈谈你对"秀"的思考和感受。

   要求：选好角度，确定立意，明确文体，自拟题目；不要脱离材料内容及含意的范围作文，不要套作，不得抄袭；不少于800字。

2. 学生自由交流，老师总结几种类型。
3. 老师与学生交流各种类型的优劣，从而让学生明确，作文前，在审题立意之后，必须进行布局谋篇(结构)，列出简要的写作提纲及其好处。

(二)范例引领，了解结构模板

1. 一般性结构模板
(1)分论点并列式模板
①模板

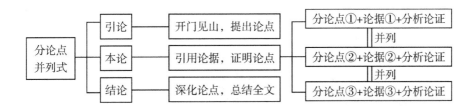

②模板简介

一篇结构完整的议论文包括引论、本论和结论三部分。"分论点并列式"模板，要求文章在"引论"部分提出中心论点；在"本论"部分用两个或两个以上具有并列关系的分论点分层论述，从不同角度或侧面对中心论点进行论证；在"结论"部分深化、总结论点。

"分论点并列式"模板是指阐述中心论点的几个分论点是并列关系，具体来讲，就是围绕中心论点从不同角度进行论证，形成若干分论点，几个分论点构成并列关系，共同论证中心论点。

③使用时注意事项

考生在使用这种结构模板时，要注意以下几点：

a. 数量上，分论点一般是二至三个。

b. 位置上，分论点位置要鲜明，一般放在段首，且将重要的分论点放在前面，次要的放在后面，使论证逻辑合理；分论点要紧扣文章的中心论点，否则会给人内容散乱的感觉。

c. 内部关系上，分论点各自独立，且不重复，不可相互包含、交叉或从属。

d. 论证上，不要从同一角度去选择论据，要使文章丰富全面，严谨有力。

④范文

(2015 年全国卷Ⅱ)阅读下面的材料，根据要求写一篇不少于 800 字的文章。

当代风采人物评选活动已产生最后三名候选人：大李，笃学敏思，矢志创新，为破解生命科学之谜作出重大贡献，率领团队一举跻身国际学术最前沿。老王，爱岗敬业，练就一手绝活，变普通技术为完美艺术，走出一条从职高生到焊接大师的"大国工匠"之路。小刘，酷爱摄影，跋山涉水捕捉世间美景，他的博客赢得网友一片赞叹："你带我们品味大千世界""你帮我们留住美丽乡愁"。

这三人中，你认为谁更具风采？请综合材料内容及含意作文，体现你的思考、权衡与选择。要求选好角度，确定立意，明确文体，自拟标题；不要套作，不得抄袭。

感受世间美景，小刘更有风采
辽宁考生

矢志创新的大李，勇攀科学高峰，跻身国际学术最前沿；爱岗敬业的老王，踏实勤勉，从一个职高生成长为一名"大国工匠"，他们用非凡的成就向世人展现了自己绚丽的风采，令人敬仰。然而我却以为，跋山涉水捕捉世间美景的小刘，把自己的作品与众人分享，"独乐乐不如众乐乐"，给忙碌的世界带来刹那的轻松，展现了这个时代更美的风采。(开篇评析材料，从小刘的角度提出中心论点。)

当今世界，物欲迷乱了世人的眼。对物质的追求让很多人迷失了自我，忘记了生命中还有物质以外的精神追求，比如自然美景，比如美丽乡愁。而不畏艰难、用心灵捕捉自然之美、追寻自然之美的小刘，就是一股抗衡这个过度重视物质的时代的力量，彰显着这个时代更美的风采。当今世界，追求美的小刘更有风采！(从物质追求和精神追求两方面入手来阐述分论点。)

享受世间美景，小刘更有风采。(用独段独句提出分论点①。)

当今世界不仅缺少美，更缺少能够发现美、捕捉美、享受美的心灵。因为缺少，所以珍贵。从理论上讲，接近美和欣赏美是人之为人的天性，无论走到哪里，我们都会自觉地亲近动人的风景。然而，科技日新月异，技术日益精湛，人们心灵日益物质化，让这种理论与现实离得越来越远。陶渊明笔下的世外桃源，沈从文笔下的湘西风光，现在已难寻踪迹，即使存在，恐怕也很少有人理睬。大千世界，滚滚红尘，像小刘那样，让自己的心灵慢下来，驻足风景，用心捕捉，尽情欣赏，又有几人？当今世界，让心灵慢下来的小刘更有风采！(从发现美、捕捉美、享受美的角度阐述分论点①。)

分享世间美景，小刘更有风采。(用独段独句提出分论点②。)

"我们不是单靠吃米活着。"巴金的这句名言，道出了精神之于人的重要性。其实，对一个民族、一个国家、一个时代来说，亦是如此。如果说"矢志创新"的大李们和"爱岗敬业"的老王们齐心合力，用自己的智慧和勤奋让神舟飞天、高铁飞驰、蛟龙入海，从物质层面改变了中国，那么"酷爱摄影"的小刘们则是通过追求美、传递美，托起了国人精神的脊梁，铸就了文化的辉煌，增强了国家的软实力。在这个过程中，他们的人生价值也会因为凝结了对自然深沉的爱而在时代中大放异彩。当今世界，传递美，让国人精神更充实的小刘更有风采！(从实现个人价值和对自然的爱之间的关系阐述分论点②。)

感受世间美景，小刘更有风采。让我们像小刘一样，拥有一颗求美的心，在身心疲惫的时候，走近自然，追寻美，传递美，这样我们也能成为这个时代更美、更具风采之人！(结尾点题，总结全文，深化论点。)

(2)分论点递进式
①模板

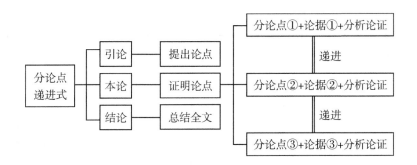

②模板简介

"分论点递进式"模板通常有三种形式：

一是将中心论点分解成几个分论点，分论点之间的关系是由浅入深、由简单到复杂的，或者是由因到果、由小到大、由轻到重、由特殊到一般(由一般到特殊)，层间用"不仅……而且……"等关联词语过渡，同时又以此反映层次间的递进关系。

二是按照"提出问题—分析问题—解决问题"的思路安排论证结构，即围绕中心论点回答"是什么""为什么""怎么办"三个问题。

三是针对某些不好的现象，分析其危害，挖掘其产生的根源，指出解决问题的办法，即按照"摆现象—析危害—挖根源—指办法"的模式展开论述。

③使用时注意事项

考生在使用这种结构模板时，要注意以下几点：

a. 分论点递进式各层的前后顺序有严格要求，不能随意变更。

b. 在论证过程中，要由浅入深，层层深入，步步推进。

c. 要抓住各分论点之间共同体现中心论点这一关键特征，将各部分、各层次有机地连缀成一个具有鲜明递进关系的整体，形成一种环环相扣、前后协调的文章结构。

④范文

(2016 年全国卷甲卷)阅读下面的材料，根据要求写一篇不少于 800 字的文章。

语文学习关系到一个人的终身发展，社会整体的语文素养关系到国家的软实力和文化自信。对于我们中学生来说，语文素养的提升主要有三条途径：课堂有效教学、课外大量阅读、社会生活实践。

请根据材料，从自己语文学习的体会出发，比较上述三条途径，阐述你的看法和理由。

要求：选好角度，确定立意，明确文体，自拟标题，不要套作，不得抄袭，不得泄露个人信息。

三管齐下，不可偏废
吉林考生

在飞速发展的现代社会中，人们以较高的专业知识谋求发展，同时也以较高的语文素养来提升品德修养和审美情趣。那么对于我们中学生而言，如何提升自身的语文素养呢？对此，我认为主要有三条途径：课堂有效教学、课外大量阅读、社会生活实践，并且要三管齐下，不可偏废。(开头：从现实社会的要求出发，引出论述的话题，通过设问的形式巧妙列出分论点，即命题材料中提出的三条途径，最后亮出观点，照应标题。)

我们正处于基础教育阶段，获取知识的主要途径就是学校教育，因此课堂的有效教学就成为我们提升语文素养最直接、最便利的途径。从小学到高中，我们学习的大量的优秀篇章，让我们从学会认字到学会写字，让我们学会了阅读和写作，培养了我们良好的语文学习习惯。我们在课堂上认识了冰心、鲁迅、巴金、老舍等著名作家，阅读了散文、小说、戏剧等各类文学作品，欣赏了唐诗、宋词、元曲等诸多千古名篇。在系统的学校教育中，在课堂教学的培育下，我们的语文素养也得到了全面的提升。(论述分论点①——通过课堂有效教学提升语文素养。结合自身学习经历，论述课堂有效教学对提升语文素养的重要作用，排比句式的运用，不仅增加了语言表达的气势，同时也在高度概括中丰富了文章内容。)

如果说课堂有效教学是我们提升语文素养的基础的话，那么课外的大量阅读，就是对课堂语文教学的拓展和延伸，是提升我们语文素养的重要途径。徜徉古典名著的海洋，汲取中华文化的精髓，《红楼梦》让我们体味了红楼儿女的悲欢离合，《三国演义》让我们领略了历史的风云际会。畅游国外名著的花园，体会异国文化的风情，《大卫·科波菲尔》让我们感知人间冷暖，《巴黎圣母院》让我们感受人性善恶。著名语言学家吕叔湘曾说过："问语文学习好的人，无一不得力于课外阅读。"可见，课外的大量阅读是提升语文素养的一个重要途径。(论述分论点②——通过课外阅读提升语文素养。这一论点从"课内"走向"课外"，在逻辑层面又前进了一步。在论述的过程中，作者分别从阅读中外名著的角度阐述了课外阅读的重要意义，并引用吕叔湘先生的名言进行论证，增强了论点的说服力。)

"纸上得来终觉浅，绝知此事要躬行。"无论是课堂教学还是课外阅读，我们所接触的都是书本知识，所以社会生活实践作为检验知识的手段和提升语文素养的途径就显得尤为重要了。读过了《拿来主义》，我们在面对传统文化时才学会如何取舍；读过了《中国建筑的特点》，我们在游览古建筑时才懂得如何欣赏。古人云："读万卷书，行万里路。"正是说明了知识和实践相结合的重要性。(论述分论点③——通过社会生活实践提升语文素养。这一论点从"书本"走向"生活"，在逻辑层面更进一步。在论述的过程中，运用举例论证和引用论证两种方法加以论述，逻辑严密，说服力强。)

总之，对中学生而言，课堂有效教学、课外大量阅读和社会生活实践，都是提升语文素养的重要途径，而在具体实践中，需三管齐下，不要偏废。(结尾：对全文的分析论述加以概括总结，提出全文中心观点"而在具体实践中，需三管齐下，不可偏废"。照应标题，收束全文。)

(3)分论点正反对比式
①模板

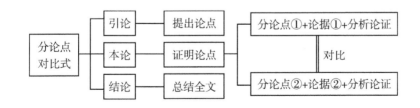

②模板简介

"分论点正反对比式"模板用来证明论点的层次是两相对照的关系，具体来讲，就是把正反两方面的观点、事例对比地组合在一起，形成强烈的反差，使两种不同的事理在对比中更清晰，从而更有力地突出自己的论点和主张。

③使用时注意事项

考生在使用这种结构模板时，要注意以下几个方面：

a. 必须明确文章所要表达的观点和感情，不能左右摇摆，不能模棱两可。

b. 必须为自己的观点选定具有相反或相异属性的人或事。

c. 必须找出对比点，然后紧扣观点进行分析，进而得出结论。

④范文

阅读下面的材料，按要求作文。

　　一位父亲在高速公路开车打电话，旁边的孩子一再提醒，父亲不要拨打电话，可是父亲不听劝阻，最终孩子选择报警。警察前来后对父亲进行批评教育，此事引起社会争议。

　　以此为内容，写一封信 800 字的信。可选择给违章当事人、女儿、警察写。

因为你在，社会充满爱

河北考生

小陈：

你好！

　　你举报了父亲，这件事大家议论纷纷。有人称你不孝，有人说你小题大做，有人笑你愚蠢。但我要大声告诉你：你做得对！因为你在，整个社会充满了爱。（开篇点出中心论点，鲜明有力。）

　　小陈，对那些说你不孝的人，我嗤之以鼻！什么是孝？难道处处依着父母，无论对错都一味听从顺服便是孝了吗？错了！那只是愚孝！像郭巨埋儿、老莱娱亲，这些被鲁迅批判的古代孝子故事，我们要理性看待，要知道，有光的地方就会有影子，这些故事也一样，既有值得学习的地方，也有弊端，注定不会被现代社会接纳。真正的孝道不是对父母百依百顺，而是在尊重父母的基础上，指出父母的过错，并通过劝说令其改正。而你做到了这些，你发扬了真正的孝道，值得大家学习！（运用感叹句、反问句等表达对小陈的理解，语言富有张力，有说服力。）

　　小陈，在你身上，我清楚地看到，做人一定要讲道德，讲诚信。华盛顿用斧头砍倒了他父亲的一棵樱桃树。父亲见心爱的树被砍，非常气愤，扬言要给那个砍树的人一顿教训。而华盛顿在盛怒的父亲面前毫不犹豫地承认了自己的行为，父亲被感动了，称华盛顿的诚实比所有樱桃树都宝贵。应该说，诚信是一个人品格的试金石，能使人美名远扬。而你就拥有这一高尚品质，并能以这种品质监督自己的父亲，这是难能可贵的。普卢塔克说过："道德是永存的，而财富每天都在更换主人。"道德是你忠诚的挚友，会帮助你渡过难关。（正面论证，提出分论点①：做人一定要讲道德，讲诚信。）

　　反观那些大呼你不孝之人，再看那些以笑面虎的外表称你做得正确，却以此来炒作获得好处的人，他们仿佛已经没有了道德底线。那些污秽的像是附着一层淤泥的灵魂，怎敌你一颗如东篱黄菊一样纯洁的心呢？《哈姆莱特》有言："我们常装出信仰的表情和虔诚的举动，却用糖衣来包裹恶魔的本性。"那些人恶意地歪曲善良的人，说着那些貌似高尚的话，寒了多少人的心！难道他们非要将好人全部扼杀，落得"满地黄花堆积"的凄凉景象才会满意吗？想到这些，我不禁摇头叹息。（反面论证，提出分论点②：没有了道德底线，好人被抨击，落得"满地黄花堆积"的景象。）

小陈，我可以想象，被社会如此抨击歪曲之后，你一定很苦恼、很伤心！不被他人理解，你是否无语凝噎暗暗抹泪，感到后悔了呢？巴金说："即使在'说谎成风'的时期，人对自己也不会讲假话。"还有一句名言："人之初，性本善。"不对自己讲假话，不做让自己后悔、让良心受谴责的事。但愿你的善良、正直不会被岁月的棱角抹平，但愿你能永远做真正的自己！

愿你能做一杯氤氲的淡茶，在浮华烦躁的尘世独守自己的一片宁静，茗香随着如烟的水汽缓缓升腾。（结尾引用名言，用诗意的语言总结全文。）

此致
敬礼

明华
2015 年 6 月 7 日

2. 时下两种实用结构
（1）"引—议—联—结"式或"引—释—议—联—结"式
①模板

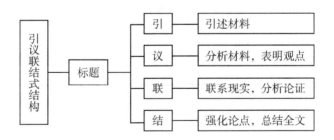

②模板简介
引：开头引用材料内容，简明扼要引出评述点。
释：突出评述的重点，鲜明指出自己的态度、观点。
议：分析问题部分，中心论点。
论证层次要有严密的逻辑性。考虑论点和论据的联系，论述的先后次序，做到环环相扣，使观点和材料有机地、富有逻辑效果地统一起来。以收到以理服人的效果。
一般分以下三步来：

第一步：抓住材料中的人和事，就事论事，分析原因。

第二步：在分析材料的基础上，注意指出问题的普遍意义、提出解决问题的措施。

第三步：主体论证段落：采用"中心句支撑句"（分论点）的格式进行道理论证和事实论证，从而达到论证观点的目的。

联：联系实际，发人深思，加深议论力度。

结：紧承"联"，强化中心论点，收尾呼应。

③使用时注意事项

考生在采用这种结构模板写作时，需要注意以下几点：

a. 在阅读命题材料，选取立意角度时，一定要观点明确，不能"论"无方向。

b. 在确定立意角度的基础上一定要对原材料进行重新整合，选取与立意角度相关的材料进行写作。

c. 分析材料一定要立足论点，不能东拉西扯。

d. 选用的古今中外材料一定要恰当、准确。

e. 结尾最好引用原材料中的关键词句再次点明论点，使文章首尾圆合，照应自然。

④范文

根据以下材料，选取角度，自拟题目，写一篇不少于800字的议论文。

据扬子晚报报道，江苏省兴化市顾庄中学一初二学生，因为作文字迹潦草，且没有题目，被老师给出评语："呆✕，写的啥鬼字！题目呢?"之后，该生家长将此事晒到论坛上，质疑老师素质。校方调查后发现情况属实，已同该老师一起与家长见面沟通并真诚道歉。目前，涉事老师已被停课。

寥寥数字的批语，看似是教学中微不足道的小事，却可能给学生造成心理阴影。

教师也要学会尊重学生

自古以来，中国就有尊师重道的文化传统，但反观教师对学生的态度，不同的时代有不同的要求，在社会文明高度发达的今天，我们则是倡导师生平等。（引言开头。）可近日发生在江苏省兴化市顾庄中学的一件事却值得人们反思。（引：根据文章论点的需要，对材料进行合理的取舍。）

一位初二学生，因为作文字迹潦草，没有题目，被老师给出侮辱性评语，这看似是教学中微不足道的小事，却可能给学生造成心理阴影。（释①：从对学生成长的影响角度，表明"老师的侮辱性评语可能给学生造成心理阴影"的看法。）

其实，该教师的做法也有"恨铁不成钢"的成分在。一位教师最大的成功就是能把学生培养成优秀的人才，面对学生字迹潦草，作文连题目都没有写的情况，生点气甚至发点火也在所难免，但以污言秽语侮辱学生的做法就有点过分了。（释②：从这种现象产生的原因角度表明"老师的做法过分"。）

学高为师，身正为范。这是社会对教师的基本要求，也是师德建设的准则之一。虽然在当前的教师队伍中未必人人都能达到这样的要求，但最起码的师德底线却是不能逾越的。或许学生的学业成绩有一些差别，但教师决不能因此而侮辱学生，给学生的身心造成伤害。（议①：从"学高为师，身正为范"的社会要求对教师的做法进行评析。）

从做人的角度来说，学生和教师一样，都是这个社会上独立的"社会元素"，没有高低贵贱之分。其实，学生对老师的尊敬，是源于我们民族几千年的文化积淀，是"师道尊严"下学生的"必尽义务"。然而，古人对师生关系的认识还有一句话，那就是"师徒如父子"，从这一意义上说，学生要尊敬老师，老师自然也应该爱护学生。（议②：从师生的相互关系方面进行评析。）

当前，大到国家，小到学校，师德建设依然是加强教师队伍建设的必修课，也是教师自身成长与发展的必修课。但要想让这一门必修课落到实处，单凭学几份文件、听几场报告、写几篇心得是远远不够的，还需要采取行之有效的措施来规范教师的教育教学行为。（联：从社会对教师的具体要求和做人要平等的角度，进一步阐述提高教师修养要采取的措施。）

所谓"桃李不言，下自成蹊"，教师是学生成长的阶梯，更是其人生路上的导师，教师自身的素质对学生的影响至关重要。我国新型的师生关系提倡"尊师爱生，民主平等"，由此可以看出教师与学生在人格上是平等的，学生尊重老师，老师也应尊重自己的学生，所以老师们：请学会尊重你们的学生。（得结论：结合我国的新型师生关系得出结论，强化观点。）

(2)"起—承—转—合"式
①模板

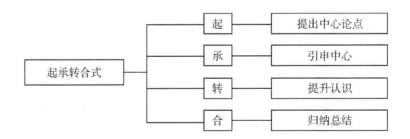

②模板简介

清代学者刘熙载的《艺概》有言："起、承、转、合四字，起者，起下也，连合亦起在内。合者，合上也，连起亦合在内。中间用承用转，皆兼顾起合也。"具体来说，"起"指文章先确立鲜明的中心论点，并选取一个角度对话题进行解读。"承"即承接开头加以论述，引出对这一角度的更深刻的理解。"转"是全文的关键，即转说开去，指在"承"这一基础之上，对话题进行提升，或转折或递进或拓展。大致分两种情况：一种是从另一面或反面说，讲不同的意见；一种是采用推进一层的写法，转入深处。"合"即收束全文，指将话题与开头的中心论点巧妙融合，给出结论性意见。"起""承""转""合"之间互相依存，互相作用，有着严密的逻辑性，体现了很强的辩证关系。

③使用时注意事项

考生在使用这种结构模板时，要注意：

a."起"要起得有根据，不能站不住脚。

b."承"要承得有延伸；或拓展出广度，或挖掘出深度。

c."转"要转得自然，不能有刻意牵强的意味。

d."合"要合得严密，让中心论点水到渠成地展示出来。

④范文和实际运用时的变化

a. 阅读下面的材料，根据要求写一篇不少于800字的文章。

几个同学聚在一起谈论传家宝。小张说，他家的传家宝是一个青花罐，有年头有故事。小杜说，他家的传家宝是爷爷留下的几枚勋章。小程说，她家把"忠厚传家久，诗书继世长"的祖训当传家宝。

你认为什么样的传家宝更有价值？请综合材料内容及含意作文，体现你的思考、权衡与选择。要求选好角度，确定立意，明确文体，自拟标题；不要套作，不得抄袭。

变式一："三承一转"六段式

【起】概念界定，概括比较，定任务，表态度。

【一承】具体比较一，原因分析。

【二承】具体比较二，原因分析。

【三承】由表及里，分析深层原因，文化原因或心理原因或历史原因。

【转】联系当下，背景分析，凸显其"最有价值"。

【合】再次概括比较，重申态度。

（运用三到四次的因果分析，加以三到四次的比较分析）

【主体分析部分】三承一转

【起】所谓"传家宝"，……。三种"传家宝"各有价值。小张家的青花罐，……；小杜家的勋章，……；小程家的祖训，……。在我看来，小程家的传家宝最有价值。（概念界定，概括比较，选定任务，表明态度。）

【一承】与小张家的传家宝青花罐相比，小程家的传家宝祖训，在……更有价值。……（具体比较一，原因分析。）

【二承】与小杜家的传家宝勋章相比，小程家的传家宝祖训，在……更有价值。……（具体比较二，原因分析。）

【三承】其实，小程家的传家宝祖训（"忠厚传家久，诗书继世长"）之所以更有价值，对于我们来讲，还有更深层的原因，那就是它承载在中华民族优秀的文化精神。忠厚者，……；诗书者，……。所以，在我看来，小程家的祖训，不仅是一家之传家宝，更是我们国人传家之宝。（由表及里，分析深层原因，文化原因或历史原因或心理原因。）

【转】遗憾的是，如今中国经济迅猛发展，物质生活走向小康，国人却渐渐忘却了这份"忠厚"与"诗书"的良训，逐利于虚伪奸诈之道，世风日下，精神之花枯萎，……。传承中华良训，予国人以精神给养，正当其时。（联系失衡的当下，背景分析，凸显其"最有价值"。）

【合】有年代有故事的青花罐，爷爷的几枚勋章，固然……，却无……；唯有小程家的祖训，方可助今人长传忠厚之德，久继诗书之脉，实现内心的丰盈与精神的富足。故曰，小程家的传家之宝最有价值！（再次概括比较，重申态度。）

b. 阅读下面的材料，根据要求写一篇不少于 800 字的文章。

当代风采人物评选活动已产生最后三名候选人：大李，笃学敏思，矢志创新，为破解生命科学之谜作出重大贡献，率领团队一举跻身国际学术最前沿。老王，爱岗敬业，练就一手绝活，变普通技术为完美艺术，走出一条从职高生到焊接大师的"大国工匠"之路。小刘，酷爱摄影，跋山涉水捕捉世间美景，他的博客赢得网友一片赞叹："你带我们品味大千世界""你帮我们留住美丽乡愁"。

这三人中，你认为谁更具风采？请综合材料内容及含意作文，体现你的思考、权衡与选择。要求选好角度，确定立意，明确文体，自拟标题；不要套作，不得抄袭。

变式二："再转三承"七段式
【起】选定任务，表明态度，开启全文。
【一转】转向肯定其他两个，扣准题意。
【再转】再转，回到肯定更具风采的那个（原因分析、背景分析）。
【一承】证明最具风采（比较分析、因果分析）。
【二承】证明最具风采（例证法、因果分析）。
【三承】证明最具风采（因果分析）。
【合】重申论点，结束全文。
【主体分析部分】再转三承

【起】人生之路，以其多样和繁盛充实着我们的生活，亦用其复杂和差异考验着我们的选择。不同的人生之路决定不同的人生价值，我尤为欣赏大李，认为他的人生最具风采。（起——选定任务，表明看法，肯定大李最具风采。）

【一转】不可否认，爱岗敬业，勤于奉献，变普通技艺为完美艺术的老王有他的风采，他让我们看到，平凡如你我的小人物，也可以通过潜心所热爱事业的创造，为人生延展与增添价值；酷爱摄影，跋山涉水的小刘凭借对山水的热爱和对艺术的执着，将青山悠悠，流水深深的美景定格于镜头瞬间，带给人们以美的感受。这样的人生，同样具有风采。（转——先肯定其他两位的风采。以退为进，扣住题干中的"风采人物"阐述。）

【再转】但是，我还是认为大李最具风采。在他的身上，体现的是"板凳坐得十年冷"的对学术的纯粹钻研；是"吾志所向，一往无前"的对创新的极致追求；是"老骥伏枥，志在千里"的对生命价值的充分自信与尊重。在人心浮躁的当下，人们往往为了一纸文凭，一个空名争得头破血流，而像大李这样葆有纯净与积极的人格就显得尤为珍贵。(转——再转，回到最具风采的那个。运用因果分析中的"原因分析"与"背景分析"，紧扣材料中"当代"一词，分析大李"最具风采"的理由，阐述自己看法。)

【一承】我们的社会，需要"老王"们用精妙的技艺增添精致，需要"小刘"们用精湛的艺术增加精彩。但若没有了"大李"们对学术的潜心研究，我们就很可能被禁锢在当代截面上，难以博古通今，继往开来。我们的国家，亦可能失去创新带来的无限发展动力与潜力。大李依靠笃学敏思，矢志创新的精神继承前辈的学问，寻得生命科学的奥秘，无愧于先人，造福于后世，这样的人，又怎能不具风采？(承——比较分析与假设分析，紧扣"学术"一词，论证大李的最具风采。)

【二承】宋儒张载"为天地立心，为生民立命，为往圣继绝学，为万世开太平"的历史责任感与文化性格在大李的身上得到了传承；袁隆平以及"两弹一星"研制专家们的科学精神亦在大李身上得到彰显。大李用努力与拼搏，用理想与信念，用坚守与坚持，用热爱与热情走出了一条极具价值的科研人生之路。这样的人，自然熠熠闪光；这样的人生，注定风采无限！(承——从历史层面，紧扣"科学"一词，运用例证法和因果分析，进一步证明大李最具风采。)

【三承】从时间的长河来看，每个人的存在不过是极短暂的一瞬；以宇宙为疆，光明也不过是局促的一隅。但是，人之为人的伟大，就在于我们可以依靠无限的创造与热爱，探索生命的奥秘与科学的精彩，超越时间与生命的界限，为后世留下无限的财富。大李潜心学术，他的人生极具风采！(承——紧扣"贡献"一词，运用因果分析，从人的存在价值层面，再次论证大李最具风采。)

【合】我愿如大李，潜心于学术，造福于未来！(合——重申论点，结束全文。)

(三)创设任务情境，学会安排结构

1. 出示作文题，学生在完成审题立意之后，按照下面的思维图表，理清开头的思路，确定结构模板，写出全文提纲。

阅读下面材料，按要求写一篇作文。

一个跋涉者觉得城市充满了虚伪和喧嚣，令他无法忍受，于是他决定逃离城市，到远方去。他来到一个青山绿水环抱、风景怡人、民风淳朴的山村，放下行囊说，此地不错，我不走了。但这里只有老人和小孩，询问原因——年轻人都走出大山，到城里打工去了。跋涉者不解，问一个老人，老人说："你为什么来，他们就为什么走。"跋涉者有些明白又有些不明白，他接着问："您为什么不走？"老人说："总得有人守护这座大山，他们迟早会回来的。也许有一天你也得回去。"跋涉者无言以对。

要求：①不要脱离材料内容及含义的范围；②角度自选；③立意自定；④题目自拟；⑤除诗歌外，文体自选；⑥不少于800字。

表 10.2.1　　　　　　　　　　　　**论说文结构思维表**

思维过程	操作内容	注意事项
1. 抓住材料关键信息	虚伪喧嚣的城市与怡人淳朴的山村、年轻人走出大山与老人守护大山、回来与回去、追求、守望与突围	不仅要找出显性关键词语，而且要找出隐性关键词语
2. 确定立意	学生自定	确定自己的论点
3. 确定使用的模板样式	列出写作提纲	根据模板写出以下几句概括性句子： 标题一句话 开头一句话 主体按层次各一句话 结尾一句话

2. 学生完成后，小组交流、讨论，选出优秀、一般、有不足三类，展示评讲，不足部分提出修改意见并进行修改。

（四）当堂训练，能力提升

1. 请你根据下面作文题，写一个精彩的开头。

阅读下列文字，按要求作文。

两块相邻的铺路石，谈起各自做铺路石的感受。

"唉，我们被别人踩在脚下，一生默默无闻，真没意思。"一块铺路石感叹道。

"为别人铺平道路，这是我们的职责。"另一块铺路石回答说。

"可我们为别人承受了那么多，付出了那么多，谁又能记得我们呢？"

"为别人做了点什么，就一定要别人记住吗？"

"不让别人记住，我们所做的一切又有什么意义呢？"

那块一心想让别人记住自己的铺路石，故意翘起了一端。可是，它那翘起的一端，经常绊倒人，人们把它视为可恶的绊脚石。终于有一天，一个被它绊倒的人把它挖了出来，扔到了一边。它成了一块荒废的石头。

上述材料给了你怎样的感悟与启发？请你按下列要求作文。立意自定，文体自选，题目自拟，不少于 800 字。

2. 完成后，上交小组讨论评改，再交老师评改。

第三节　《蔬鲜手巧调羹汤——高考论说文素材的选用》教学设计

一、学习任务分析

本课的主要学习任务是学习高考议论文的选材。

任何观点要让人信服，必须有足够的支撑材料，这就是论据。论据有事实论据和理论论据之分。事实胜于雄辩，如果能围绕某个观点举出一些典型事例，那我们提出的看法就容易得到认可。另外，我们还要看到，崇奉权威，信服真理是人们共同的心理，因此举出一些名人的言论或大家共同认可的道理，也能起到佐证观点的作用。

在高考作文基础等级评分标准里，要求切合题意、中心突出、内容充实；发展等级评分标准里，有"丰富"中的"材料丰富""论据充足"，有"创意"中的"材料新鲜"。

这就要求我们选择材料要正确、新鲜，理解材料要多维变通，要能够扣住作文的立意来叙述材料。同时，叙述材料要合体，即符合议论文的文体特点。

二、教学目标

1. 了解论据在议论文中的作用。
2. 理解议论文选材的要求。
3. 掌握议论文叙述材料的方法技巧。

三、教学重难点

重点：学习选择正确有新意的材料。
难点：多维理解，精心把握材料运用的角度。

四、教学过程

（一）问题引领，探查学情

1. 阅读下面作文题，在完成审题立意之后，请你在作文纸上写出一则道理论据和一则事实论据，并各用一两句话扣论点或分论点论述。

　　母亲节这一天，一早打开朋友圈、微博、QQ空间，到处都是祝福母亲节日快乐的，夹杂着晒自己和母亲的照片，转发各种母爱伟大的故事等，热闹非凡。这时候你不赶紧表达一下对母亲的感情，都不好意思给别人点赞。

　　面对网友们向母亲们疯狂的"示爱"方式，一半以上的母亲表示并不知情。因此有网友调侃："什么地方儿女最孝顺？朋友圈。""你妈知道你在网上这么孝顺么?"也有不少网友表示:"平时不习惯和父母交流情感,或者不好意思表达感激,用这样的方式说出心里话,也不失为一种好方法。"还有网友认为,比起隔空抒情,能回家给妈妈做顿饭、陪妈妈聊聊天,给妈妈买点实在的礼物,才是表达祝福的更好方式。

以上文字引发了你怎样的思考,请结合材料内容与含意,写一篇议论文,发表你的看法,体现你的思考。要求选好角度,确定立意,完成写作任务。不少于800字。

2. 分小组讨论本组同学的材料选择及运用情况,从正确、新鲜、多维、精练四个方面讨论高下。

3. 学生在集中了本组意见后,抽样(优秀、一般、有问题)投影并谈谈看法,说说好在哪里,不足在哪里。

(二)范例引领,明确论据选用的原则与技巧

范例分析表:

选材原则与方法	范例	点拨与评析
原则: 　正确。 要求: 　首先论据要为论点而设,要确实能证明观点。每个材料它最能证明的那一"点"是什么,然后在叙事时围绕这个点的重点词、句子加以叙述。 　其次论据要准确可靠。文章所用论据,如果是事实论据,那应确凿无误;如果是道理论据,应该是被实践证明了的真理,引用时要注意正确理解原文的精神实质。 　再次论据要典型。所谓典型,是指那些有代表性、能反映出事物本质的材料,这样的材料更具有说服力。 　最后论据和议论相结合。叙述和议论要兼以表述,不能脱钩。	例: 　法国人普鲁斯特提出过一个人人皆懂却难记于心的观点:"即使从我们生活中最微不足道的小事来看,我们谁都不能构成在人人眼中都一样的物质的整体,总是仁者见仁,智者见智;我们的社会人格,其实是别人的思想创造出来的。"我们表达爱意的方式不一定是另一个认可的方式,我们也就不能要求别人与自己的世界观相同。 　(李龙《爱的表达在于心》)	这是一则道理论据,选用的言论比较长,讲的道理比较抽象,强调的是人与人之间的差异性。针对一篇如何对母亲行孝的作文来说,并不适宜。 　后面的议论,起于"表达爱意的方式",终于"世界观",也有宽泛之嫌。如果调整一下顺序,"我们不能要求别人与自己的世界观相同,也不能强求表达爱意的方式与别人一致",则会更加妥当。

选材原则与方法	范例	点拨与评析
1. 原则： 多维。 2. 方法： 　　要能一材多用，多角度、多层面发掘材料所蕴含的道理。 　　选材料时应根据不同的论点有所侧重。我们选用的材料往往是多义的，或者说材料的主旨总是由多个意义点构成的，这样的材料可以论证不同的观点，那么我们用它论证观点时就必须对材料进行分析，从材料中找出切入点，把事例与论点内在的逻辑关系揭示出来，使材料与观点黏在一起，使之高度统一。如果是多个材料论证论点，必须对掌握的材料进行筛选辨析，区别不同材料所蕴含的要旨的细微差异。	例1： 　　从母亲节"示爱"来说，可否要求一个来自云南无电话网络通讯设施的山区小伙子，从上学的北京赶回家里给母亲倒杯茶，一起吃顿饭？既难以回乡，又无电话通讯，心中对母亲的思念何处抒发？只能在网络上晒晒照片，表达内心的情感。若是要求他孝顺母亲要常陪伴，就如同对王维说："还写什么'遥知兄弟登高处'，快回家去！"今人用网络表达爱意，与古人以诗寄托情感，都可理性看待，善意理解，而不必恶意揣度，横加指责。 　　（李龙《爱的表达在于心》） 例2： 　　木心说："我追索人心的深度，却看到了人心的浅薄。"我希望从朋友圈中看到真情，却只看见流于表面的虚情假意。这又何尝不是一种病态呢？ 　　（杨雅祺《让爱成为一种常态》）	例1 王维的诗《九月九日忆山东兄弟》本来与"示爱母亲"无甚关系，但是其示爱方式与发朋友圈示爱有相似处，从这个角度来类比，是巧妙的写法。 　　例2 引用木心的句子，本也不是示爱母亲的内容，但在人心的浅薄与深沉上，有了可比的共同特征。

选材原则与方法	范例	点拨与评析
1. 原则： 　新鲜。 2. 方法： 　"新鲜"首先是就时效性而言。"李杜文章万古传，至今已觉不新鲜。"作文材料如果老是陈谷子旧芝麻，谁会喜欢呢？"文章合为时而著，歌诗合为事而作。"时代的进步一日千里，社会的发展日新月异，历史的车轮滚滚向前，选材应当与时俱进，用当今新事取代陈年往事，文章才具有时代感和现实性，才会给人带来惊喜！ 　材料的新鲜不仅仅指时效性，有时用鲜为人知的奇闻轶事取代寻常旧事，或是旧材料的新用法，在运用的过程中要力求用旧材料写出新意，让人感到材料虽然是熟悉的，但你这样运用、这样处理仍让人感到不同凡响。旧事也会给人耳目一新的感受。 　还有一种"新鲜"，就是"我"所独有的，是"我"独自发现的或是"我"独自经历的。这本是一种独特，但别人未曾有，也可以说是新鲜。	例1： 　梁文道先生在《常识》里这样写：幸福从不比较，若与人比较，只会觉得自己处境悲凉，那些甜蜜的感觉不是阳光曝晒下发酵生成的，而是细细密密的自我内心感受。 　（黄诗哲《幸福的人都沉默》） 例2： 　蒋勋曾说："当道德变成一种表演，就是作假，就会变成各种形态的演出，就会让最没有道德的人变成最有道德的人，语言和行为便开始分离。"孝心也是如此，当表达爱成一句口头禅，原本浓厚的情感就成了色彩斑斓的广告牌，成了橱窗里呆板的模特。 　（赖千如《实在的爱》）	梁文道、蒋勋等都是活跃于当今文化艺术界的知名人物。选用他们的相关素材，非常具有时效性。这提醒我们，阅读不能只阅读传统的经典作品，也要对当今的文化产品有所熟悉。 　另外，要培养自己的专业兴趣，对感兴趣的专业里的著名人物有所了解，这样就容易积累自己个性化的素材。

选材原则与方法	范例	点拨与评析
1. 原则： 　精练。 2. 方法： 　抓住材料中能体现文章观点的关键信息，把多余的信息舍弃。一则材料叙述下来，不宜超过100字。	例： 　当《中国诗词大会》热播，人们争相夸奖武亦姝时，却忽视了一位名叫王轶隆的选手的故事。王轶隆毕业于南开大学，本有机会留在天津工作，但为了陪伴患有癌症的母亲，他毅然回到抚顺老家。比赛期间母亲正要手术，家里人怕影响他并未告知，主持人在现场提及后，王轶隆决定放弃比赛陪伴母亲。孔子说过"王天下"而不换的"三乐"，其中之一便是"父母俱存"，王轶隆深知与母亲相处之乐，而其弃赛陪母的行为更是令无数人动容。 　　（钟先锅《孝心不如孝行》）	这则材料叙议共194字，叙述部分131字。其中对武亦姝的交代、对主持人的交代都属于多余。如果要再精练点，"毕业于南开大学，本有机会留在天津工作，但为了陪伴患有癌症的母亲，他毅然回到抚顺老家"部分也可以舍弃。

（三）创设任务情境，学会运用素材

1. 出示一篇作文，学生按照运用素材的原则和方法，为文章增补三则论据。

别让亲情飘在空中

　　母亲节的祝福霸占了网络荧幕，可这些隔空抒情的祝福却大多被遗忘于虚拟空间，没能温暖母亲的心。别再让亲情的暖意被冰冷的屏幕阻隔，陪伴才是最实在的暖心祝福。

　　陪伴，让生活回归。历史上战争的硝烟没能攻陷人们对生活的追求，网络却轻而易举地攻占我们的生活空间中一大部分。虚拟空间的快捷看似拉近了人与人之间的距离，却悄然滋生了众多的"低头族"。网络使用过度的现象屡屡出现，显示了网络所带给人们情感间的隔阂。虚拟生活举起它耀武扬威的拳头给予真实生活一下又一下的重击，而陪伴，这一最朴素无华的感情表达方式，就是真实生活对网络的精彩反击。

　　母亲节的祝福霸了屏，却没让子女对母亲的爱霸住生活的屏。网络是十分高效快捷的工具，它让网友对母亲的"示爱"变得轻易且容易夸大效果。正因它的快捷与夸大作用，网友们只看到了无数的点赞，却忽略了祝福的真正接受者——母亲们。母亲们大多不是网络的高频使用者，日复一日的操劳磨掉了她们的棱角，也让她们回到了生活的深处。网络上的一片祝福之音、溢美之词，为我们构造了一派和乐融融的假象，却让我们进一步沦陷于虚拟，忘却了母亲在真实生活中盼子归的身影。

隔空抒的情，只会永远飘在空中。对母亲的爱，却不应只是通过网络来表达，而应实实在在地在生活里，让母亲感受到她身边萦绕着的情。

母亲们最需要的是朴素真切的陪伴，而非网上哗众取宠的"晒"式示爱。母亲们用最美的年华陪伴你我的成长，长大后的我们，难道不应以陪伴回应这份深情吗？许多孩子别扭于在真实生活中对母亲直白的示爱，那么，亲手做的一桌好菜、一些实在的礼物，哪怕只是陪母亲在公园里散个步。难道这些举动不比网络空间那搁浅的爱意来得更加含蓄而真实暖心吗？

虚拟空间里终究只是一件工具，别让亲情沾染太多冰冷的机器味儿。网络易使情感变得浮夸而轻飘飘，就像幼时手里那永远握不住的红气球，更像时光长河里偶尔泛起的浮光掠影，激不起人心湖里一点涟漪。

陪伴，是最长情的示爱，是最珍贵的祝福。请别再让你的一份深情搁浅于冰冷的虚无中，别再让时光无情磨损那些美好。下一个母亲节，只愿更多的母亲能享儿女承欢于膝下的幸福，更多的儿女选择以陪伴珍惜亲情。

2. 学生完成后，小组交流、讨论，选出优秀、一般、有不足等三类，展示评讲，不足部分提出修改意见并进行修改。

（四）当堂训练，能力提升

1. 请你根据下面作文题，写三则论据，并扣观点论述。
阅读下面的材料，根据要求写一篇不少于 800 字的文章。

2017 年北京电视台春晚小品《取钱》大受好评。它讲述的是一个热心人出门，遇到一位接到骗子电话的大妈，便百般劝阻其给骗子转账，反而被大妈当作坏人，历经波折误会最终得以澄清的故事。因小品中骗子打电话时说的是某省方言，一律师以"地域歧视"为由提起诉讼，要求电视台和该小品剧组赔礼道歉并给予经济赔偿。律师此举引起网友热议。

对此你有怎样的看法？请结合材料谈谈你的认识。
要求：选好角度，确定立意，明确文体，自拟标题，不要套作，不要抄袭。

2. 完成后，上交小组讨论评改，再交老师评改。

第四节 《叙议结合显情理——高考论说文叙议结合》教学设计

一、学习任务分析

高考议论文写作在对命题材料提炼论点后，就应考虑如何论证论点的问题了，而论证论点的基本方法是摆事实讲道理。摆事实就需要叙述，讲道理就需要分析议论。高考作文题目中很多材料也是故事或新闻事件，在引出论点的过程当中也需要对材料进行叙述与议论。举例论证是议论文主体段落的主要论证方法，在具体论证过程中，如果只叙不议，则是论据的堆砌；如果只议不叙，又会流于空洞的说教。因而好的议论文，往往要做到叙议结合，即把叙事与议论有机地结合起来。叙议结合如何巧妙结合，彰显文章的情理，是我们高考议论文写作训练的重点。叙议的结合，重点完成以下学习任务：①区分记叙文中的叙述与议论文中的叙述，明确议论文对叙述的基本要求：既要简明扼要，又要有所侧重。②清晰议论文中叙与议的关系："叙"是议论生发的土壤，"议"是土壤中生长出的思想花朵，学会如何让"叙"更好地为"议"服务。③在论证中，是由叙带出议，还是由议带出叙，学会巧妙地引出，有序地阐述。

二、学情分析

优美的议论文，离不开精致的议论语段，而叙议的巧妙结合则是使其变得凝练精致的有效手段。学生议论语段写作，容易犯两个毛病：①有例无证、以例代证。虽然文章事例丰富，表达周详，但是缺少有效的分析推理，看不到论点与论据之间的内在联系，论点还是论点，论据还是论据。叙述的论据不能帮助形成判断，不过是零碎的材料堆砌在文中罢了。而论点则依然处于孤立无援的境地，没有令人信服的事实依据，不足以服人。另外，还容易造成文章文体不鲜明，使议论文成了讲例子的文章，议论文思想性强的直观特征体现不出来。②有叙有议，但表达过繁，或结合不紧。一是对叙述不知侧重，虽生动周详，但不知哪些内容才与论点存在内在关联，表达啰嗦，语段过长不精炼；二是讲完事例就急忙下结论，把事和理强硬拼凑在一起，看不到推理的严密过程，不能使论据与论点有机结合在一起，从而削弱了判断的充分性。

三、教学目标

1. 能对材料概括叙述，叙述能紧扣论点，简明扼要，又要有所侧重。
2. 能在举例论证中做到论据与论点的有机结合，彰显议论文的情理。
3. 能有条理安排叙议顺序，做到叙为议起，议从叙出。

四、教学重难点

重点是：①在议论语段中论据与论点的有机结合，让议论即生动又深刻；②掌握对叙述的事例进行分析的方法，做到言之有理，言之有物。

难点是：①准确掌握叙事的分寸，做到简明、清楚；②能有条理安排叙议顺序，做到叙为议起，议从叙出。

五、教学过程

（一）问题引领，探查学情

1. 出示一篇议论文的片段，讨论对论点的论证中出现的问题。

我无法忘记这些场景：朱自清《背影》中父亲蹒跚地爬上月台，只为给儿子买橘子的朴实的情景；老百姓目送人民的好书记焦裕禄去看病时默默地祝福的画面；乡下老人送读大学的孙女赴远方时两人为互让 10 元钱争来扯去的镜头，偶遇的朋友之间的含泪挥手的那一动作，恋人分别时依依不舍的神情……

毕竟，时代的站台，已缩短了远方与远方的距离，心与心的距离。面对离别，许多人已走出柳永"杨柳岸晓风残月"的冷艳，已走出了荆轲"风萧萧兮易水寒，壮士一去兮不复还"的悲怆，已走出了郑谷"君向潇湘我向秦"的惆怅，于是我们便有了观望世界的心，便有了走向世界的脚步。

——《情满心头》

2. 根据这则议论文的片段，你认为在对论点的论证中出现了什么问题？理由是什么？请把问题与理由写在作文纸上。

3. 小组交流与分享，并分类整理。

4. 小组之间交流，师点拨反馈。

问题：论述时，将理论分析和素材简单罗列，却不能以严密的衔接过渡使之形成有机整体。

分析：原文第二段议论性的文字不能说不美，但没有围绕第一段的叙事展开，叙议和议论脱节，油是油，水是水，再美的议论也只能割舍了。

(二) 范文引领、明确叙议如何有机结合

1. 呈现范文片段，明确论点，找出文中论据与围绕论据展开的分析，讨论论证过程中叙与议的关系。

中国历史上不乏懂得放弃的人。陶渊明不为五斗米折腰，放弃了高官厚禄，荣华富贵，赢得了"采菊东篱下，悠然见南山"的那份潇洒与从容；文天祥在敌人面前临危不惧，舍弃荣华富贵，赢得了后人的敬仰；毛泽东放弃去法国勤工俭学的机会，深入农村，摸索出一条农村包围城市的道路，使中国人民迎来了新生活……再看看我们自己。许多人为了一些鸡毛蒜皮的小事而和他人争吵，争个面红耳赤，甚至闹个鸡犬不宁，你死我活，结果呢，也许赢得了这件小事或这点小利，却在斤斤计较中失去了整个世界。看看前人的做法，再看看自己的行为，我们会不会感到汗颜呢？

——《心有大义天地宽》

(1) 明确论点、论据
论点：懂得放弃赢得广阔天地。
论据：陶渊明、文天祥、毛泽东……

（2）思考：怎样叙述？怎么议论？

叙述事例时紧扣中心论点的关键词，有层次地夹叙夹议。先以"中国历史上不乏懂得放弃的人"总起，再具体陈述事实，紧扣论题"懂得放弃"。

前面在叙述事例时已经有所议论，但还不够全面深刻，因而再用对比论证进行延伸拓展，号召人们不要斤斤计较，要为了心中的大义放弃眼前的小利。

2. 组织填写议论文主体段落叙议结合过程表。

表 10.4.1　　　　　　　　　　议论文主体段落叙议结合过程表

实施步骤	操作内容	操作方法
1	懂得放弃赢得广阔天地。	阅读材料，找到论点。
2	陶渊明、文天祥、毛泽东……	概括材料中使用的论据。
3	陶渊明不为五斗米折腰，放弃了高官厚禄，荣华富贵，赢得了"采菊东篱下，悠然见南山"的那份潇洒与从容；文天祥在敌人面前临危不惧，舍弃荣华富贵，赢得了后人的敬仰；毛泽东放弃去法国勤工俭学的机会，深入农村，摸索出一条农村包围城市的道路，使中国人民迎来了新生活。	围绕论点，使用事实材料进行有层次有针对性的论证。
4	为了一些鸡毛蒜皮的小事或者蝇头小利，而和他人争吵，也许赢得了对方，却失去了整个世界。	找出叙后的议论，加深对论点的延伸拓展。

（三）创设任务情境，学习叙议结合

1. 出示范文，学生分析材料，按顺序填表

材料：

胡双钱是中国大型商用飞机制造首席钳工，他在 35 年里亲手加工过数十万个精密零件，没出现过一个次品。他用手工打磨出来的零件，精密程度堪比现代化数控车床加工出来的零件。王津是故宫文物钟表修复师，他修了大半辈子钟表，数百件文物在他手中起死回生。有时，修好一座钟表要花上他好几年时间，每个零件都要经过反复调校，不能有一丝一毫误差。孟剑锋是传统工艺美术錾刻师，他錾刻的"纯银丝巾果盘"曾作为国礼赠送给外国元首。为了制作出完美的作品，他不断改进錾刻工具，反复实验，不允许有一丁点瑕疵。

这些人身上，都体现出了可贵的"工匠精神"。对于"工匠精神"，你有什么思考和感悟？请自选角度，自拟题目写一篇文章。文体不限。

范文：

我们需要工匠精神

时代飞速发展，从前"车马很慢，书信很慢"的时代早已离我们远去。取而代之的是机械化工业时代。中国式制造业大国，而现在很多企业都追求"投资少，见效快"的理念，从而忽略了"工匠精神"。正是因为现在"工匠精神"的缺乏，放眼周遭，浮躁之风滋生蔓延，所以我们才需要工匠精神。

工匠精神，需要它让我们追求完美。荣宝斋的王玉良大师一生追求完美，他所做的《夜宴图》木板复刻至今无人再做第二份，因为他所做的太精妙，难度太大。他用 1667 块木板才做成，先打板打印，不合适的再修改，如此反复，一年半才做成，其坚守细致完美的工匠精神令人叹服。正因这样的工匠精神，才让我们获得如此艺术精品。相信有了这样追求完美的精神，那些粗制滥造的产品也就不复存在了。

工匠精神，需要它来让我们解放心灵，摒弃浮躁之气。著名拼布艺术家金媛善认为，工匠精神需要坚守，情怀和修行。她精心端坐，几百个小时做出世人精绝的《百花争艳》，在外国展览上备受称赞。她肯静心做事，如同修行一般地做布艺术，反观我们的制造业，恨不得一个小时做出成百上千的次品，让国人对"中国制造"失去信心，假如有金大师一般的不顾浮躁，只专心做自己的产品，"中国制造"一定会大放异彩。

工匠精神，需要它来拉回国人"向外看"的目光。逯耀东先生说："我们生活在一个以米饭为主食的国家，我们有一只有内涵的碗吗？我们每天点灯生活，我们有一盏有感觉的灯吗？"是啊，如今文明推动文明太快，来不及体会传统文化之美，做不出有中国人情怀的东西，即使有也是少数，所以我们要从今天开始抛下浮躁做产品，慢一点也不是坏事，将中华传统文化和中国人的工匠精神发扬起来，融入产品，拉回国人总"向外看"的目光，让中国制造有朝一日成为人人争先购买的产品。

一个时代有一个时代的气质，我们的时代将以怎样的面貌被历史书写，取决于我们每个人的表现。工匠精神是手艺人的安身之本，亦是我们的生命尊严所在；是企业的金色名片，亦是社会品格、国家形象的荣耀写照。工匠精神并不以成功为旨归，却足以为成功铺就通天大道。

表 10.4.2　　　　　　　　　　　叙述议论结合表

结构	项目	内容	操作方法
引论	议论	我们才需要工匠精神。	
	叙述	现在很多企业都追求"投资少，见效快"的理念，从而忽略了"工匠精神"。	

结构	项目	内容	操作方法
本论	议论	工匠精神，需要它让我们追求完美。	
	叙述	荣宝斋的王玉良大师……	
	议论	工匠精神，需要它来让我们解放心灵，摒弃浮躁之气。	
	叙述	著名拼布艺术家金媛善……	
	议论	工匠精神，需要它来拉回国人"向外看"的目光。	
结论	议论	工匠精神并不以成功为旨归，却足以为成功铺就通天大道。	

2. 讨论交流，巩固并强化叙议结合表达步骤及方法。

（四）当堂训练，能力提升

1. 阅读下列材料，当堂完成一篇800字的作文。

　　清朝初年，为纪念定居浙江省开化县大郡村，金土根的族祖在屋后的山脚种下一棵红豆杉，金家后人将保护此树写入家规，世代守护。每当灾难来临，金家人总能挺身而出护树。经过十六代人三百多年的悉心守护，这棵红豆杉已长成需要三人才能合抱的参天大树，繁育出几十万株红豆杉苗，村里大大小小的红豆杉苗，大多来自这棵红豆杉。目前，大郡村红豆杉种植面积达1000多亩，每年给村里带来数百万元的收益。

　　要求：综合材料内容及含意，选好角度，确定立意，自拟标题，写一篇不少于800字的议论文；不要套作，不得抄袭。
　　写作提示：
　　①明确论点，注意论点之间的逻辑关系。
　　②议论的主体语段注意叙议的顺序。
　　③叙述的内容是否围绕论点展开，叙述结束后是否深入议论。
　　④叙述是否简洁有力，议论是否有理深刻。
　　2. 写作后，修改提示。
　　下面的要求，每做到一点给自己打一颗星，满分是4颗星。
　　①论点明确。
　　②议论的主体语段叙议的顺序清晰。
　　③叙述的内容能围绕论点展开，叙述结束后能深入议论。
　　④叙述简洁有力，议论有理深刻。

第五节　《凤头耸翠百媚生——高考论说文开头的写法》教学设计

一、学习任务分析

本课的主要学习任务是学会写好高考议论文的开头。

文章开头如"凤头"，要短小精美。凤头耸翠，百媚顿生。常言道"题好文一半"，是从肯定的一面说文章标题之重要。"开头不好，文败一半"，是从否定的一面说明文章开头也很重要。

高考议论文的开头，最主要的目的是要告诉阅卷老师，本文的审题立意是切合题意的；并在此基础上，争取夺人眼球，获得阅卷老师的欣赏。获得阅卷老师欣赏要靠：一论点鲜明，二议论分析有思辨性，三能够总起全文，四富有文采，等等。因此，要写出如上要求的议论文开头，就要学习一些考场议论文的开头方法。文无定法须有法，尤其是高考作文。

高考作文，无论是考生还是阅卷老师，都必须在规定的时间内完成规定的写作任务或阅卷任务。所有的阅卷老师都要在统一的标准下完成阅卷任务，这是高考阅卷公平的要求。这个标准就是高考作文的规范和标杆。遵守这种标准，参照这个标杆，既不是套作，也不是宿构。因此，考生要写出高水平的高考作文，实则就是要写出符合高考作文评改标准的作文，作为高考核心文体的议论文写作也是如此。

优秀的高考议论文开头，其标准如下：

首先，体现了立意的思维过程。考生通过这个过程解释审题立意的逻辑思路，告诉阅卷老师，本文论点确立的过程和角度，方便阅卷老师判断本文立意的评改类别。高考作文一般按照立意的情况分为：一类文(切合题意)，二类文(符合题意)，三类文(基本符合题意)，四类文(不符合题意)。

其次，论点鲜明。鲜明，体现在支持什么，反对什么；褒扬什么，批评什么……看法明确，立场坚定，态度鲜明。鲜明还体现在论点的位置要醒目，最好在文段的开头或结尾，也可以独立成段。

再次，分析议论有思辨性，有一定的文采。

最后，若能在结构上起到总起全文的作用，则是加分的亮点。

二、学情分析

高考议论文开头，考生一般要做到鲜明不太困难，但是也普遍存在以下不足：

一是不会归纳概括运用材料，提炼论点；材料与论点分离、脱节。不论对于提出论点有没有用，有没有关系，都是机械地照搬照抄材料；即使有一定的归纳概括，也不能为提炼论点服务，有太多的信息溢出，更不要说在分析中运用材料，在材料分析中反映立意的角度。

二是为求文采而文采，有华丽的辞采，却仅有一张皮，没有魂灵，不能做到形式为内容服务，为论点服务。

三是下笔千言，不知所云，开头没有论点。

三、教学目标

1. 了解议论文开头部分出彩的方法。
2. 掌握议论文开头部分的写作方法，熟练、灵活运用，写好开头。

四、教学重难点

重点：学习若干开头方法，学会扣住作文材料和题目，提出文章的论点。
难点：灵活自然地运用议论文开头方法，写出夺目的开头。

五、教学过程

（一）问题引领，探查学情

1. 阅读下面作文题，选择其一，在完成审题立意之后，请你在作文纸上拟写作文标题并写出你的作文开头。

　　（1）有一种观点认为：作家写作时心里要装着读者，多倾听读者的呼声。
　　另一种看法是：作家写作时应该坚持自己的想法，不为读者所左右。
　　假如你是创造生活的"作家"，你的生活就成了一部"作品"，那么你将如何对待你的"读者"？
　　根据材料写一篇文章，谈谈你的看法。
　　要求：①立意自定，角度自选，题目自拟。②明确文体，不得写成诗歌。③不得少于800字。④不得抄袭、套作。

　　（2）春秋时期，齐国的公子纠与公子小白争夺君位，管仲和鲍叔分别辅佐他们。管仲带兵阻击小白，用箭射中他的衣带钩，小白装死逃脱。后来小白即位为君，史称齐桓公。鲍叔对桓公说，要想成就霸王之业，非管仲不可。于是桓公重用管仲，鲍叔甘居其下，终成一代霸业。后人称颂齐桓公九合诸侯、一匡天下，为"春秋五霸"之首。孔子说："桓公九合诸侯，不以兵车，管仲之力也。"司马迁说："天下不多（称赞）管仲之贤而多鲍叔能知人也。"
　　班级计划举行读书会，围绕上述材料展开讨论。齐桓公、管仲和鲍叔三人，你对哪个感触最深？请结合你的感受和思考写一篇发言稿。
　　要求：结合材料，选好角度，确定立意，明确文体，自拟标题；不要套作，不得抄袭；不得泄露个人信息；不少于800字。

　　（3）阅读下面材料，根据自己的体验和感悟，写一篇文章。
　　生活中有不同的"器"。器能盛纳万物，美的形制与好的内容相得益彰；器能助人成事，有利器方成匠心之作；有一种"器"叫器量，兼容并包，彰显才识气度；有一种"器"叫国之重器，肩负荣光，成就梦想……
　　要求：①自选角度，自拟标题；②文体不限（诗歌除外），文体特征明显；③不少于 800 字；④不得抄袭，不得套作。

2. 分小组讨论本组同学的审题立意情况、标题好坏后，分析同学的开头。论点是什么？是否鲜明？开头分几个层次，这些层次的内容与论点有何关系？

3. 学生在集中了本组意见后，抽样(优秀、一般、有问题)投影并谈谈看法，好在哪里，不足在哪里。

4. 老师在听完了解了学生议论文开头写作的真实情况与认识后，结合学情，适当调整并展示优秀高考议论文开头的评断标准。

(二)范例引领，明确开头路径

高考议论文开头一般不超过三个自然段落，字数一般不超过百字。

常见的优秀高考议论文开头方法可以归纳为两种，一种是直入法，即开门见山，开篇就提出论点。一种是曲入法，即通过其他办法、运用一些技巧，引出论点。而在实际写作实践中，议论文开头的方法是多样的，下面归纳的是优秀高考议论文的几种开头方法。

以下例句以第一部分三道作文题为基础。

表 10.5.1　　　　　　　　　　　　范例分析表

开头方法与模板	范例	点拨与评析
1. 方法： 材料导入法。 2. 模板： ①剪辑高考作文材料(命题型或论点型作文则自己补充合适的材料，相当于把作文改造成了材料作文题型)+适当的过渡+论点。 ②剪辑材料+分析材料导向论点+论点。 ③分析中运用材料导向论点+论点。	例1： 　总有人认为作家心中要装着读者，顺着读者的呼声走；也总有人认为作家要坚持自我，不被外界左右，当我们成为生活的执笔者，我想，我们应将外界呼声化作心中期许，以笔下风云书写自己的人生故事。 　　　　(《心中期许　笔下风云》) 例2： 　鲍叔举贤让能，向齐桓公推荐管仲。齐桓公不计前嫌，重用管仲。管仲不念过往，忠心辅助齐桓公。君臣三人，勠力同心，成就了齐国的霸业，青史留名。此三者，皆人中豪杰，都让后辈敬仰。但是，让我感触最深的还是目光如炬、举贤让能、心有丘壑的鲍叔。 　　　　(《心有丘壑，举贤让能》)	材料型作文高考作文材料入手，命题型或论点型作文由大家所共知的事件、自己的亲身经历、目前刚刚发生的事件或引用一个寓言入题，紧紧抓住材料中跟论点相关的信息进行叙述，从而引起议论，提出论点，展开论证。它们既是对本文论点得出角度的诠释，又是对这一观论点的证实。 　此方法简便易掌握，只是叙事要简洁，落点一定要"议论"上，要为论点服务。 　这种就事说理的方法，针对性强，使文章富有趣味性和说服力，有时则能使抽象的道理形象化，增强文章的表现和感染力。 　此法的关键在于对材料的合理剪辑和运用。高手对材料的运用都是在围绕提炼论点找角度，分析材料中导向论点，使论点的提出变得水到渠成。

开头方法与模板	范例	点拨与评析
1. 方法： 引用导入法。 2. 模板： ①直接引用名言警句+诠释名言警句的含义+论点(选择的名言警句最好要有高考作文题中的关键词，其内涵要与立意一致；如果借用名言警句作论点，则可以不再提论点或者再总结一下)。 ②在叙述与分析中引用+论点。	例1： 《说文》曰："器，皿也。象器之口，犬所以守之。"器为物，之重之多，所以守之；器于人，为具为用，所以爱之；器于国，为民为荣，所以创之。不论何器，苟利人利民利国，则为大"器"。大"器"磅礴，唯我中华！ （《大"器"磅礴，唯我中华》） 例2： "天下熙熙，皆为利来；天下攘攘，皆为利往。"春秋战国时期，诸侯各国之间尔虞我诈，明争暗斗，争权夺势。然而，就在这泥潭中孕育出了一段流传千古的佳话——管鲍之交。而鲍叔其人，真君子也，君子有何品质？ （《以天下为己任，书华夏之华章》）	例1劈头一句，极为抢眼，引用的是《说文》中对"器"的解释，意蕴隽永，既是引用，指向论点。语段中的"守、爱、创"递进排列，直击论点——大"器"磅礴，唯我中华，昭示着大"器"对人来说是多么重要！总起全文，下文展开论证。 例2扣住鲍叔品质，引用名句，通过对比诠释，自然而然地引出"管鲍之交"，提出问题，引出论点。 引（化）用诗词、熟语、歌词、名人警句等导入正文(有时还可借用它作论点)，不但文采斐然，增强了文化内涵，而且增强了文章的权柄性和说服力，有先声夺人之效。
1. 方法： 阐释导入法。 2. 模板： 高考作文题核心概念内涵阐释+结合现实情况的简要分析+论点。	例： 容纳水的是茶杯和脸盆，容纳酒的是酒瓶和高脚杯，容纳沙石的是斗车和土簸箕。但这些容具，都无法配上一个隽永对称的汉字，那就是"器"。器是什么？器是一种整齐端庄的存在，用足够完美的自己来盛容其他一些东西。 国家博物馆的镇馆之宝后母戊鼎，可以被称作"器"。岁月刻下的青铜锈痕，遮不住精雕细琢的千年遗风。静静望着这尊与人同高的器具，就能想到彼时它满载贡物，金光辉煌地出现在祭祀典礼上的骄傲。 （《美器不必满》）	通过阐释高考作文题核心概念，挖掘它的含义中的深意，明确论述的方向，引出正论。

开头方法与模板	范例	点拨与评析
1. 方法： 引言导入法。 2. 模板： 引言+论点。	例1： 　　生活是一部"作品"，我们每个人都是创造生活的"作家"，而那些穿行于我们生活的人则是我们的读者。那么，应当怎样对待这些读者的"呼声"呢？我认为，应当"善则听之，恶则弃之"。 　　　　　　（《善则听之，恶则弃之》） 例2： 　　这是一个人才辈出的时代，信息爆炸，日新月异。千禧年后的一代可以轻而易举地获得比以前更多的教育资源，学习强国，在我们的教育上花的本钱越来越多。可是，当你的个人能力越来越强，外界的赞美铺天盖地地袭来，对自我的认可也越来越多时，你是否已经走入误区，是否意识到，接受自己的不足和承认别人的优秀也正变得越来越难？ 　　　　　　　　　（《认识你自己》）	自己写一段相关引言，引出论题，然后将文章的中心论点摆出来。
1. 方法： 修辞导入法。 2. 模板： 借用某种修辞手法诠释关键词的内涵+论点（设问、比喻、排比、对比、类比等修辞）。	例1： 　　"人生七十古来稀"，就个人而言，70年几乎就是一个人的一生；而对于"新中国"来说，70年就像从一个蹒跚学步的儿童成长为健步如飞的少年：你健康、阳光、朝气蓬勃。未来就像一幅壮美的画卷正徐徐展现在我们面前。 　　　　　　（《任重道远，继往开来》） 例2： 　　品读经典，开卷有益！今天我们的阅读课邂逅的是，震撼春秋的齐桓公与他的爱臣管仲、鲍叔之间的故事。关于这段动人的历史，有人折服于齐桓公的贤明大度、知人善用；有人感慨于鲍叔的慧眼识人，甘当绿叶；而我最想为管仲"心怀韬略报恩主，不拘小义匡天下"的超凡之气点赞。 （《心怀韬略报恩主，不拘小义匡天下》）	例1短短的一个开头，就运用了多处比喻，文章华彩立现。 　　例2切入材料，交代读书会的情境，运用对比、比喻等修辞，简要评述三位历史人物，突出感触之"最"——管仲不拘小义，突出论点。

开头方法与模板	范例	点拨与评析
1. 方法： 综合法。 2. 模板： 综合运用上述两种以上的方法。	例1： 　作家在写作之时，当坚持己见，不可为读者之观点所左右。而于人生之书亦然：快意人生当信马由缰，不为观者所羁绊。故曰：莫听穿林打叶声，何妨吟啸且徐行。 　（《莫听穿林打叶声》） 例2： 　春秋风云，金铁交鸣，诸侯纷争，烽烟四起，他成就了一代霸业；称雄天下，跃为霸首，广揽贤才，英名永传，他抓住了历史的机缘。想必同学们已经知道春秋五霸之首齐桓公的故事，"夫英雄者，胸怀大志，腹有良谋，有包藏宇宙之机，吞吐天地之志者也"。我想齐桓公成为一代枭雄，少不了吞吐天地之志，然而我更欣赏的是他包藏宇宙的胸怀——当初被管仲一箭射中衣带钩，他却依然采纳了鲍叔的意见，任管仲为相，让其辅助自己称霸天下。其胸怀之大，恰如那本已浩瀚澎湃却能吸纳百川之大海！ 　（《纳百川成其大，集重力定乾坤》）	几种开头方法综合使用，往往会给人留下更深刻的印象。 　例文中综合运用引用、材料、引言、诠释等方法，阐释了论点的具体表现。

(三) 创设任务情境，学会写开头

1. 出示作文题，学生在完成审题立意之后，按照下面的思维图表，理清开头的思路，确定开头的方法，写出精彩的议论文开头。

阅读下面材料，按要求写一篇作文。

　　为了在沙漠干旱的环境中生存，仙人掌把叶片蜷缩成针刺，以减少水分蒸发，在大漠里安营扎寨。沙漠大黄则向四面伸展肥硕碧绿的叶片，通过叶片上许多凹凸不平的纹理，将落到叶子上的每一滴水都导流到根部，开出娇艳的花朵。

　　它们的生存方式，引发了人们对于生存智慧的思考：有人夸赞内敛的仙人掌活得从容，有人欣赏张扬的沙漠大黄活得灿烂……

　　你是如何看待生存方式的？请谈谈你的看法。

　　要求：选好角度，确定立意，明确文体，自拟题目；不要脱离材料内容及含意的范围作文，不要套作，不得抄袭；不少于 800 字。

表 10.5.3　　　　　　　　　　　　　　开头思维图表

思维过程	操作内容	注意事项
抓住材料关键信息	恶劣环境、仙人掌内敛的生存方式、沙漠大黄张扬的生存方式、生存智慧、优良的生命质量。	不仅要找出显性关键词语，而且要找出隐性关键词语。
确定开头的方法	学生自定。	选择自己最熟悉最有把握的方法。
写出精彩开头	学生完成。	注意要做到文从字顺，语句通顺，无错别字，论点要鲜明，材料叙述与分析要围绕关键信息，为引出论点服务，争取有一定的文采。

2. 学生完成后，小组交流、讨论，选出优秀、一般、有不足三类，展示评讲，不足部分提出修改意见并进行修改。

（四）当堂训练，能力提升

1. 请你根据下面作文题，写一个精彩的开头。
阅读下列文字，按要求作文。

上海 16 岁女生武亦姝成为《中国诗词大会》比赛第二季冠军，很多粉丝惊呼这位"00 后"少女，"满足了对古代才女的所有幻想"。在实际的学习中，武亦姝不但能背诵两千首古诗词，而且文理均衡。成功登顶后，她淡定地表达："比赛结果都无所谓，只要我还喜欢诗词，只要我还能享受到它带给我的生活中的快乐，就够了。"

高考语文试卷，古诗文默写只占 6 分。不少学生甚至家长一直以来存在这样的质疑：为了只占几分的古诗文默写，值得让学生花那么多时间学习和背诵吗？

对此你有什么看法？写一篇文章表达你的看法。

要求：围绕材料内容及含意，选好角度，确定立意，明确文体，自拟标题；不要套作，不得抄袭，不少于 800 字。

2. 完成后，上交小组讨论评改，再交老师评改。

附开头例文：五千年的浩瀚岁月里，诗歌是一朵馥郁袅娜的墨花，于变换的时空里绽放着华夏大地的千山万水，更传唱着炎黄子孙的喜怒悲欢。无论是春华秋碧，还是朝代更迭，诗歌的国度始终盛世未央，多少年沧海成桑田，诗人们的缱绻心事依然触手可及。

（《诗里青春，手中流年》）

第六节 《豹尾矫健力倍增——高考论说文结尾写法指导》教学设计

一、学习任务分析

古人谈写作时提出"凤头""猪肚""豹尾"之喻，这是对文章好的开头、主体、结尾的比喻。它要求文章：开头，像凤头那样美丽、精彩；主体，像猪肚子那样有充实、丰富的内容；结尾，像豹尾一样有力。结尾同开头、主体一样，也是作文过程中一道重要"工序"。如果说开头有"先发制人"的功效，那么结尾更有"后发制人"的威力。结尾好，会使文章显得结构严谨，大放异彩，反之，也会使文章结构松弛，黯然失色。考场作文的结尾，不管采取哪种方式，都要能"结"得住，断得下，能够点明意旨，升华主题，呼应前文，强化形象，且不可草草收兵，或画蛇添足。就议论文而言，其结尾的写作更应该极力体现作者思维的缜密，突出中心论点。因此，我们在写作议论文的结尾时要联系文章的题目、开头、中心论点等，讲究一定的技巧，力求收到理想的效果。要知道，作文的题目、开头和结尾是阅卷老师最为关注的，它们往往会在阅卷老师脑海里留下一个总体印象，在一定程度上也决定着考生作文的分数高低。那么，怎样才能写好议论文的结尾呢？

好的结尾一要收束全文；二要简洁有力；三要激励读者，发人深省；四要呼应开头，照应前文。

二、学情分析

议论文的结尾是伸延文意收束全文的关键，是对论点的充分显示和升华，也是衡量考生写作水平的标尺。学生议论文结尾，容易犯两个毛病：

问题1：偏离题目

①偏离题目：未点题，或内容与题目不一致。

②偏离前文：多出、漏掉内容，未呼应开头。

③偏离材料：未呼应命题材料，重要论据材料。

问题2：软弱无力

①语言拖沓啰嗦。

②语言陈旧死板。

③语言含糊费解。

三、教学目标

1. 了解结尾在议论文中的地位。

2. 理解议论文结尾部分的写作要求。

3. 掌握议论文结尾部分的写作方法，熟练、灵活运用，写好结尾。

四、教学重难点

重点：学习若干结尾方法，学会扣住材料和文题，写好结尾。
难点：灵活自然地运用议论文结尾的方法，写出简洁有力的结尾。

五、教学方法

讨论评论法、示范点拨法、练习法。

六、教学过程

(一)问题引领，探查学情

1. 阅读下面作文题，选择其一，仔细阅读例文，补写结尾。
(1)阅读下面文字，根据要求作文。

　　每个人都有自己的人生坐标，也有对未来的美好期望。
　　家庭可能对我们有不同的预期，社会也可能会赋予我们别样的角色。
　　在不断变化的现实生活中，个人与家庭、社会之间的落差或错位难免会产生。
　　对此，你有怎样的体验与思考？写一篇文章，谈谈自己的看法。
　　注意：①角度自选，立意自定，题目自拟。②明确文体，不得写成诗歌。③不得少于 800 字。④不得抄袭、套作。

(2)阅读下面的文字，根据要求作文。

　　宋国有个富人，一天大雨把他家的墙淋坏了。他儿子说："不修好，一定会有人来偷窃。"邻居家的一位老人也这样说。晚上富人家里果然丢失了很多东西。富人觉得他儿子很聪明，而怀疑是邻居家老人偷的。
　　以上是《韩非子》中的一个寓言。直到今天，我们仍然可以在现实生活中听到类似的故事，但是，也常见到许多不同的甚至相反的情况。我们在认识事物和处理问题的时候，感情上的亲疏远近和对事物认知的正误深浅有没有关系呢？是什么样的关系呢？请就"感情亲疏和对事物的认知"这个话题写一篇文章。
　　注意：①所写内容必须在话题范围之内。试题引用的寓言材料，考生在文章中可用也可不用。②立意自定。③文体自选。④题目自拟。⑤不少于 800 字。⑥不得抄袭。

补写 1：

正视落差，走好人生路

　　每个人都有自己的人生坐标，也有对未来的美好期望。我们的家庭可能对我们有不同的预期，社会也可能会赋予我们别样的角色。可是，我们很难与社会生活保持一致的步伐，个人与家庭、社会之间的落差或错位难免会产生。当出现落差时，我们需要正视落差，走好自己的人生路。

理性看待落差，正视自我。

每个人都想实现自己的梦想，也在不断为梦想努力。实现梦想固然值得高兴，但当现实与梦想产生落差时，我们需要理性看待落差，正视自我，反思自我。《我与地坛》的作者史铁生，在人生年华最好的 21 岁因腿疾再也没有站起来，本是追梦的年纪却突然失去双腿，这种落差对于任何人都是巨大的痛苦。面对这种突然降临的意外，他想到过死，但在母亲无微不至的关心下，他正视自己失去双腿的现实，他知道在轮椅上也一样能生活，于是不再消沉，而是用笔杆写下激励青年的文字。正如邓晓芒说的那样：史铁生完成了许多身体正常的人都做不到的事，他对于人的命运和现实生活的冲突，没有停留在表面进行思考，而是去拷问存在的意义。史铁生坚强面对不幸，理性看待落差，正视自我活出了自我。

化落差为动力，成就自我。

面对落差，除了正视，还远远不够，我们更应该做的是：化落差为动力，成就自我。1969 年，史泰龙回到美国并进入迈阿密大学学习戏剧。原本想着学好戏剧来实现美好生活愿望的史泰龙因为差三分从迈阿密大学退学，只好来到纽约。面对这样的落差，史泰龙没有堕落，而是在星相家母亲的建议下，开始创作剧本。写作的同时，史泰龙也开始尝试在百老汇外围剧院里找一些扮演临时性小角色的工作。而今，史泰龙已是功成名就的著名演员。史泰龙面对落差，没有放弃自我，反而积极面对，并且把落差转化为动力，不断超越极限，最终成就了自己。

补写2：

莫把情云遮慧眼

人生活在世上，是在无数的感情里度过的。有人说一个人的生命从笑声中开始又在哭声中结束，这一笑一哭，莫不饱含着浓浓的人情，浸透了感情的一生，使生命有了支柱、目标、希望，使生命真正饱满、充实，使人性有了耀眼的光华。人们重感情，人类也许永远也无法理解在一头饥饿的雄狮面前，它的孩子与猎物没有区别的那种无情兽性。然而深深浅浅的感情织成的云却又常常成为一种遮蔽，让人们原本智慧的眼睛无法看到青天。

司马迁说，人情莫不念父母、顾妻子。人在很多时候都会自然而然地因情感的砝码将公正的天平偏向自己更在意、更关心的人，就像俗话所说的"胳膊肘哪能朝外拐"。于是古代有了智子疑邻的寓言，而今人也仍旧在走着这条老路，甚至走得很偏很远。一个年轻的女职员在她本该拥有幸福家庭，拥有灿烂前途之时却因贪污公款被投入监狱，当人们问她为什么要做这种傻事时，她的回答只有三个字："为了爱。"一位母亲，因年幼的儿子身患绝症无药可治，竟抱着儿子一起踏上了黄泉路。一个老实的农民，却也知道讲哥们儿义气，将儿时同学偷盗来的赃款藏在了自己的被褥下，稀里糊涂地便成了窝藏犯……人们所犯的错误，小到考试时帮助作弊，大到杀人放火，有的只是一时的情不自禁，美好的情感却真的成了道家所说的"情劫"。

也有很多人认识到这一点，于是情似乎又变得可恶了。"杀熟"，在很多不同的地方，不同的领域冒出头来。一样的顾客，陌生人就可以得到全面周到的服务，而熟人却被晾到了一边儿；有次品卖不出去，就联系一个熟单位做职工福利。反正是亲不见怪，抑或是熟人自然能够体谅，熟悉的人碍着面子不好说，只管让他们自咽苦水。感情又一次左右了人的态度，甚至还成为了一种被利用的工具。我们景仰包公，不只是因为他不畏强权，更因为他大义灭亲，铡了自己的亲侄儿。而事实上，每个人在感情占了上风的时候，只要能再有一刻的冷静，就能摆脱情感的纠葛，不论是偏向亲近的人还是故意"杀熟"，都不再会成为人们心中对错的评判。

2. 分小组讨论分析本组同学的结尾。

3. 学生在集中了本组意见后，抽样(优秀、一般、有问题)投影并谈谈看法，说说好在哪里，不足在哪里。

4. 结合讨论情况，点评学生作业，确立优秀高考议论文结尾的评价标准。一是否收束全文，使文章结构完整，严谨自然；二是否简洁有力，使文章的内容和主旨更加深刻、鲜明，可见；三是否激励读者，发人深省。

(二)范例引领、明确如何结尾

1. 提示：高考议论文的结尾一般就使用一个自然段落，字数一般不超过百字。

2. 介绍议论文常见结尾方式以供同学们揣摩借鉴。

表 10.6.1　　　　　　　　　　　　　范例分析表

结尾方法	范例	点拨与评析
方法一：总结全文，强化观点。	2020 年全国高考作文(卷Ⅰ)考场佳作《人己两知，方成大道》，文章认为鲍叔能够认清自我，准确定位；了解他人，共同成长——生者父母，知者鲍叔。他是默然行走在光阴轮回间的一把火，纵使两鬓染上岁月尘霜，也要发出烛白色的微光，照亮友人走向壮阔的辉煌。文章最后这样结尾： 认清自我，了解他人，以团队之力显英雄本色。红日初升，其道大光。人己两知，方成大道！	这是一般议论文常用的结尾方式，优势是能够有效捏合全文，将发散的内容集中起来，让人对文章观点、作者态度一目了然，对文旨有强调作用。克服中学生作文最易出现毛病的散、杂、泛、乱，能够有意以总结式收束全文，有利于克服散漫行文的现象，将漫无边际的思绪归拢起来。 范例的结尾总结全文内容，观点鲜明，简洁干脆，收束利落有力，掷地有声。

结尾方法	范例	点拨与评析
方法二： 呼吁号召，激励读者。	2020年全国高考作文（卷Ⅰ）考场佳作《纳百川成其大，集重力定乾坤》，文章从材料出发，认为齐桓公有海纳百川的胸怀和集重力定乾坤的能力，也写到新时代的新青年，要肩负起国家复兴的历史重任，在构建人类命运共同体的征程中，唯有共商共建共享才能使我们力定乾坤。文章这样结尾： 同学们，看吧！包容和团结的品质，正化作春风夏雨的沐浴滋润，化作千峦万壑的松涛鹤鸣，化作中华民族五千年厚重坚实的根基。让我们拥有包容的胸怀，汇聚起团结的力量，展现中华儿女昂扬的精神风貌，做新时代的有为青年！	写议论文的目的，总是为了解决某个问题，这个问题来源于现实，来源于生活，来源于自我困境。好的文章不仅对问题有关注有思考，还能提出自己的见解，或强烈咏叹，或呼吁号召，以促使人们自我超越，战胜困境。以这样的文字结尾，能有效剖白作者写作意图，唤起读者共鸣，给人以激励和鼓舞，彰显文章的现实意义。 范例这样的呼唤铿锵有力，表现出作为新青年的小作者饱满的激情和高昂的自信，极富感染力量。
方法三： 首尾照应，结构完美。	2020年全国高考作文（浙江卷）考场佳作《从心所向，无问东西》，文章起笔这样写道： 王小波说："在我的一生的黄金时代里，我有好多奢望。"其实每个年轻人都有好多奢望，因为年轻敢于梦想。人生安得长少年，我们必将走出家庭，迈入社会。身份的转变及与父母、社会期望产生的落差可能让我们迷惘无措，甚至迷失在时代的洪流中。 文章从青年"黄金时代"的"奢望"（梦想）开始，分析个人与家庭、社会之间的落差或错位。最后，文章照应开头，这样作结： 为者长成，行者常至。要把握这"黄金时代"，唯有坚定目标，纵有疾风起，人生不言弃，不问东西，从心而行，方能助我们消除迷惘，实现人生的价值。追求梦想本就不易，生活的落差又怎能阻挠我们。且将他人之疑目视如盏盏鬼火，大胆去走你的夜路！ 总结了"黄金时代"如何实现自我价值的心法与路径，强化了"从心所向，无问东西"的主张。	好的文章，总是既重视思想与文采，又重视结构的匀称和谐。结尾如果能巧妙照应开头，一呼一应，首尾圆洽，便能使文章读来气韵流畅，既能体现视觉上的和谐对称，又能体现思维上的起承转合、严密周全。 范例开头文章提及青年"黄金时代"的"奢望"（梦想）开始，结尾总结"黄金时代"如何实现自我价值的心法与路径，起笔有铺垫，落笔有照应，浑然一体，深化主题。

结尾方法	范例	点拨与评析
方法四： 设问反诘，引人反思。	2003 年高考语文作文(全国卷)考场佳作《吊屈原赋》，文章以屈原遭受谗言被放逐的经历为依据来表达自己的观点：人情有远近，缘有亲疏，而公理无远近，正道无偏邪，屈情从理。最后，文章这样作结： 　　怀王于冥冥之中，定当后悔不迭，特以为情乃理之末，而理为情之始也，理从情而家不立，则国不治，则天下难平，情从理，则行路之人，可为骨肉之亲，邂逅之人，可助成大事，岂不如此哉？	这种结尾方式采用诘问句子，或设问，自问自答；或反问，留有思考。其优势是提醒读者对文章论及的问题作进一步思考，启发人心，有效地延展了思想的长度。 　　小小一问，使结句多了一层意味，似与读者交流对话，促膝谈心，自然拉近了写者与读者之间的心理距离，打动人心，引发思考。
方法五： 警句哲思，尽显睿智。	2003 年高考语文作文(全国卷)考场佳作《莫把情云遮慧眼》，围绕"在认识事物时必须控制感情纠葛"这个主题，文章先写了感情之客观存在与重要，接着第三自然段举出了与《智子疑邻》材料主旨一致的大量事例。行文至此，作者的思维没有满足于对话题材料主旨的简单图解，而是深入进去，指出了现代社会普遍存在的"杀熟"现象，这是因为利益驱使，使得感情变为被利用的"工具"。从多个角度紧扣主旨，阐释话题。最后以这样充满哲思的语言结尾： 　　人是有感情的，但更是有理智的。当我们注视感情时也切记：莫把情云遮慧眼。	议论文是用来表达思想的，以思想出众，是文章取胜的要诀，而思想又总是表现为一些警示人心的语句。古罗马哲学家朗加纳斯说过这样的话："美妙的措辞就是思想特有的光辉"，"思想宏通的人，语言自然宏通；卓越的语言永远属于卓越的心灵"。作文离不开善感的心灵对生活的体悟，离不开敏锐的触角对生命的感知，更离不开独立的个体对世界的思考。以警句结尾，不仅能彰显思想的魅力，更能以思想深度启迪人心，引发共鸣。
方法六： 善于借力，引用作结。	2020 年全国高考作文(浙江卷)考场佳作《正视落差，走好人生路》，文章从材料出发，从理性看待落差，正视自我；化落差为动力，成就自我两个角度来论证自己的观点：当出现落差时，我们需要正视落差，走好自己的人生路。文章这样结尾： 　　海明威曾说："生活总是让我们遍体鳞伤，但到后来，那些受伤的地方一定会变成我们最强壮的地方。"现实生活中，自己的理想甚至家里的期许可能很难做到一致，有一定的落差或错位在所难免，这种落差也可以算是受伤之处，我们一方面要能够理解和接受这种现实的情况，另一方面要能够正视这种落差或错误并把它变成最强壮的地方，成就自我。	名人经典语句，是经过时间磨洗沉淀下来的思想、情感与语言合一的精粹，善于在结尾处引经据典，既能有力佐证自己的观点，又能借精彩助阵，达成自我的精彩，让人眼前一亮，过目难忘。

续表

结尾方法	范例	点拨与评析
方法七：铿锵警示，触动人心。	2020年全国高考作文（卷I）考场佳作《不谋全局者，不足谋一域》，文章以三国吕蒙白衣渡江杀关羽蜀吴两败俱伤，抗战时国民党反动派目光如豆炮制了皖南事变两个历史事例来证明不顾全大局的危害。最后这样作结： 历史的逻辑，终究是人的逻辑。你能看穿多远的历史，就能看穿多远的未来。管鲍之事，珠玉在前；皖南之变，殷鉴不远。我们青年人应当从这个故事中知道，世界不是一场零和博弈，我们切不可如井底之蛙，"所见不过方天"，沉溺于个人得失、蝇头小利，而应该培养大局观念、全局眼光。如此，方可在学习和生活中得其大者而兼其小，谋其全局而兼其一域。	在议论某些现实问题的时候，为了达到劝诫的作用，结尾可以发出警示，或促使人们意识到问题的严重性，或明确指出问题会导致的严重后果，语言铿锵有力，触动人心，有效地达成言说目的。

（三）创设任务情境，学会结尾

1. 出示作文题，学生在完成审题立意之后，按照下面的思维图表，理清结尾的思路，确定结尾的方法，写出精彩的议论文结尾。

阅读下面材料，按要求写一篇作文。

2015年5月1日，《北京市轨道交通运营安全条例》正式实施。自此，视力残障者可携带导盲犬进站乘车。大部分人对导盲犬乘车表示理解，但也有人表示担忧，比如车厢内有小孩，见狗就哭怎么办？车厢环境密闭，导致过敏人群感染怎么办？……

对此，你有何看法？请综合材料内容及含意作文，体现你的思考、权衡与判断。

表10.6.2　　　　　　　　　　结尾思维图表

思维过程	操作内容	注意事项
1. 抓住材料关键信息，理解命题意图。	对于导盲犬乘车，人们既有赞成也有反对，法规的制定是容许，那么你是否赞成这个法律条例呢？	对材料要抓住关键词进行概括，更要挖掘其内涵，观点就能更深刻、有力。
2. 确定结尾的方法。	学生自定。	选择自己最熟悉最有把握的方法。
3. 写出精彩结尾。	学生完成。	在写结尾之前，应先拟好标题，最好写出开头，这样我们就有针对性地选择结尾的方式，训练思维就有的放矢。

2. 学生完成后, 小组交流、讨论, 选出优秀、一般、有不足三类, 展示评讲, 不足部分提出修改意见并进行修改。

(四) 当堂训练, 能力提升

1. 请你根据下面作文题, 写一个精彩的开头与结尾, 要求前后照应, 点明中心, 紧扣标题。

阅读下列文字, 按要求作文。

最近, 一位女歌手在微博上发了一张吃汉堡包的个人图片, 在与网友互动时自认为自己"美"在"主要看气质", 一时引来无数人围观和评论, 网民立场各异, 众说纷纭。比如相关的评论有:

@随风飘: 总比看脸好, 进步了。

@一粒小虫: 非常无聊。就是换种方式秀自拍, 不觉得美在哪。

@时尚风: 还是广告说得好: 品质引领生活。

@小草: 我满身都是绿, 难道不美吗?

@飞鸿一瞥: 全凭一张图片, 就摸得着看得见人的气质了吗?

女歌手的一句话, 引发了那么多的议论, 值得深思。

要求: 选好角度, 确定立意, 自拟标题, 不要脱离材料内容及含意的范围内作文。

2. 完成后, 上交小组讨论评改, 再交老师评改。

附　　录

编者分工

第一章　荣维东　西南大学

第二章　王从华　赣南师范大学

第三章　明玉华　王从华　广东省珠海市中山大学附属中学、赣南师范大学

第四章　余红梅　王从华　江西省赣州市第十六中学、赣南师范大学

第五章第一节　彭　晓　上海市进才中学北校

第五章第二节　钟　寒　广东省深圳技术大学附属中学

第五章第三节　钟　寒　广东省深圳技术大学附属中学

第六章第一节　方文娟　江西省贵溪市第三中学

第六章第二节　刘明华　江西省师范大学附属中学

第七章第一节　钟　寒　广东省深圳技术大学附属中学

第七章第二节　邱旭云　江西省赣州市第三中学

第八章第一节　赖毓康　广东省深圳市宝安区航瑞中学

第八章第二节　王晓静　广东省深圳市宝安区教育科学研究院

第八章第三节　施旭晖　赣南师范大学

第八章第四节　谢　琼　广东省深圳市龙华区第三实验学校

第九章第一节　吴德平　江西省宜春市万载中学

第九章第二节　王从华　赣南师范大学

第九章第三节　易少彬　江西省赣州市第三中学

第九章第四节　邱旭云　江西省赣州市第三中学

　　　　　　　王从华　赣南师范大学

第九章第五节　易少彬　江西省赣州市第三中学

第十章第一节　丁文军　左　斌　敖建勇　江西省樟树中学

第十章第二节　廖志刚　顾志荣　江西省樟树中学

第十章第三节　黄　艳　沈毓敏　江西省樟树中学

第十章第四节　汪文国　刘敏敏　江西省樟树中学

第十章第五节　习秋平　徐慧欢　江西省樟树中学

第十章第六节　周　芳　付晓媛　江西省樟树中学

后　记

　　十年光阴，在历史长河不过弹指一瞬，而对于中小学写作教学探索而言却是一段值得回顾、反思的时间节点。回望一个团队在写作教学领域艰难跋涉的过程，回望那些实践中的困惑彷徨，研讨时的思维碰撞，宛如电影镜头一般在眼前浮现。这本书不仅诠释集体智慧建构的写作教学模型，更记录一群语文教育研究者与实践者突围中小学写作教学"两怕"困境的试验。

一、破局之困：在时代痛点中锚定写作教学研究坐标

　　记得十年前深入中小学写作课堂调研时，我常常被这样的场景触动：写作课上，学生或咬着笔杆望着天花板发呆，或机械地套用着"开头点题、中间三段、结尾升华"的固定模式；教师则在讲台上声嘶力竭地讲解着"写作技巧与方法"，批改作文时却又在学生千篇一律的文字中唉声叹气。张志公先生曾指出的写作有"不对头的看法"与"对对头的做法"，在语文课堂中依然普遍存在，即写作被异化为应试工具。学生"怕写"、教师"怕教"的"两怕"现象愈演愈烈。

　　2013 年 9 月，我到上海师范大学读博士后，在王荣生先生的指导下，结识了荣维东、周子房、郑桂华、叶黎明等一大批从事中小学写作教学研究的专家学者，对写作教学研究产生了浓厚的兴趣。2014 年 9 月回到赣州后，我组建了一批中小学语文教师团队。针对写作教学理论与实践严重脱节的现实，我们展开了为期十年的写作教学研究。这一时期，交际语境写作、过程教学法等先进理论在写作教学领域已有许多探讨，但是，中小学一线写作教学课堂仍深陷"题目＋范文＋技法"的机械训练泥潭。这种理论与实践"油水分离"的状态，让我们深刻认识到：破解写作教学困境，不能仅停留在理论层面的空谈，更需要扎根课堂，构建一套兼具学理支撑与实践操作的教学模型。

　　美国学者弗劳尔、海耶斯的"写作认知加工模型"像一束光，照亮了我们的研究方向。该理论揭示了写作作为复杂认知过程，写作教学必须回归真实的思维过程，而非简单的技巧传授。经过近十年的实践探索，"一核·五环·四段"模型的雏形开始浮现。这一写作教学模型以"真实生活写作情境任务"为为驱动，在分析学情的基础上，通过师生"双螺旋互动模型"提炼核心写作知识，将其融入预写、起草、修改、校订、发表五个写作环节之中，并在学生写作遇到困难的关键环节展开激活旧知、示证新知、应用新知、融汇贯通四个阶段的学习。

二、建构之路：在实践迭代中打磨写作教学模型

模型的建构绝非一蹴而就的，而是历经了"初建—完善—推广"的螺旋式发展过程。2014 年 9 月至 2016 年 12 月为初创期，我以探索者的姿态，带领一群中小学教师在阅读《作文心理学》《交际语境写作》《写作教学教什么》等著作中边学边做，跋涉前行。记得在一次课例研讨中，一位教师执教"校园景物描写"，展示了几篇范文后，就让学生动笔写作。这种按照传统教法的结果是大部分学生写得空洞干瘪。这个失败的课例让我们深刻认识到：缺乏过程指导的写作教学，犹如让学生在没有地图的情况下攀登写作高山。2016 年 1 月，我们团队在赣州中学举办江西省第一届写作教学高峰论坛，邀请倪文锦先生、荣维东教授、周子房博士、刘济远教授等专家莅会指导，专家的讲座、名师的示范课为我们团队的写作教学研究指明方向。在这次研讨会上，深圳南山教育集团的邢顿老师《运用构思图表构思童话故事》课例以把核心写作知识转化为构思图表，在选材、构思、修改的过程中指导学生完成写作任务，引起了我们的关注。于是，我们开始大胆尝试将在完整的写作过程指导学生学习写作，并在学生遇到困难的写作环节提供支架，指导学生学习并运用写作知识，实现作文的升格优化。在贵溪市象山学校写作课例研究中，我们指导教师在预写环节开展"校园景物观察日志"交流活动，让学生交流用一周时间记录校园不同时段的光影变化情况，优化选材；在起草环节提供"感官描写支架"，引导学生从视觉、听觉、嗅觉等角度丰富描写；在修改环节采用"同伴互评量表"，让学生从"是否运用精准动词""是否有独特视角"等维度互相点评。这次尝试让学生的作文首次出现了"清晨桂花落在课桌上的簌簌声""午后阳光在梧桐叶上跳跃的金色光斑"等鲜活表达。

2017 年 1 月至 2021 年 12 月是写作教学模型完善期，我们将研究焦点聚焦于"核心写作知识"的开发。在某中学的一次研讨中，我们围绕"议论文论据选择"这一主题展开争论：有的教师认为应系统讲授论据类型，有的则主张通过具体案例让学生感悟。最终，我们达成共识：核心写作知识的选择必须基于文体特点和学生的经验落差。就议论文而言，高二学生已具备一定的论据积累，关键困难在于"如何选择具有说服力的论据"，因此核心知识应确定为"论据的针对性与典型性"，并通过"正反论据对比分析""名家议论文论据拆解"等活动展开教学。

这一时期，我们多次邀请周子房、荣维东、胡根林等写作教学研究的专家学者指导，共同提炼出核心写作知识开发的四条路径：从教材文体知识中选择、从优秀案例中迁移、从范例形式中提取、从作者经验中归纳。在指导一线教师开发课例研究过程中，我们运用这些方法开发了"剪影式描写""以物为线写人记事"等核心知识，形成了一大批可操作的教学课例，如《学写传记》《描写要具体》等，相关课例先后发表在《中学语文教学》《作文教学研究》《江西教育》等期刊。

三、推广之悟：在资源共生中实现成果辐射

2021 年 9 月至今为写作教学模型的推广应用阶段，也是我们的写作教学研究成果从"实验室"走向"田野"的关键时期。当我们带着研究成果走进江西、湖南、广东、安徽等地的 20 余所学校时，遭遇过怀疑，也收获了惊喜。在江西某农村中学，一位语文教师起

初对"真实生活写作"理念表示质疑："农村学生生活经验匮乏，哪有那么多真实情境可写？"我们没有争辩，而是和他一起开发了"写给家乡特产的推广信"这一任务情境。学生们为了写好信，主动走访家乡的脐橙园、米酒作坊，学生在作文中不仅介绍了特产的特点，还融入了祖辈的劳作故事。当这些作文被推荐到当地文旅局作为宣传材料时，学生眼中的光芒让那位教师彻底改变了看法。

在推广过程中，我们深刻认识到资源建设的重要性。于是，"三人行语文课例研究工作室"网站和微信公众号应运而生，逐渐形成了理论研究、名师案例、原创课例三大资源库。令我们感动的是，许多一线教师主动上传自己的课例进行分享。信丰五中一位语文教师开发的"我为家乡特产脐橙代言"写作课例，通过我们的平台推广后，被多所学校借鉴学习，这让我们真切体会到教育智慧共生的力量。

这本书的编写过程，正是对这些实践经验的系统梳理。我们按照写作单元教学的逻辑，将模型拆解为"单元解读—教学设计—教学实录—评价反馈"四个板块，每个板块都融入了具体的教学案例和操作支架。例如，在"描写要具体"写作案例中，我们不仅解读了教材写作单元的编排意图，还提供了"写作教学设想"等指导工具，在教学设计与实录之后，还附上名家点评，对改进教学提供参考，这些内容都是来自一线课堂的实践智慧，为指导职前职后语文教师开展写作教学研究提供了可操作的实践路径。

四、未来之思：在守正创新中砥砺前行

十年实践，我们欣喜地看到一些积极变化：项目学校90.5%的学生对写作产生了兴趣，88.6%的教师认为找到了有效的教学路径。但与此同时，新课标的颁布又给我们提出了新的挑战。当大单元、大概念教学成为趋势，如何将"一核·五环·四段"模型与之有机结合？在内蒙古赤峰的一次培训中，一位教师的提问引发了我们的思考："你们的模型在单篇写作指导中很有效，但如何应对单元整体教学的要求？"

这促使我们开始新的探索。在最新的实践中，我们尝试以大概念为统领，将写作模型嵌入单元整体设计。例如，在高一必修上第一单元写作教学案例中，我们设计了编写"我们的青春宣言"、创作"表达自己青春宣言的诗"这一写作情境任务，让学生在预写环节选择自己的青春风景，透视青春底色，开展主题阅读，明确自己要表达的情感；在起草环节连点成线，表达自己的青春礼赞；在修改环节运用评价等级表从意象运用、顺序安排、情感表达与句式排列等四个方面进行修改优化，最终校订发表，完成诗集的编写。这种单元整体设计，既保留了模型对写作过程的精细指导，又体现了大概念统领下的素养整合。

另一个需要持续探索的领域是核心写作知识选择与评价。虽然我们在教学中开发了一些核心写作知识，但如何更科学地评估核心写作知识的合宜性以及学生核心写作知识的掌握程度，仍需深入研究。

五、结语：写作教学研究是一场温暖的修行

合上这本书稿，窗外已是深夜。想起在某中学课堂看到的一幕：一个曾经害怕写作的学生，在《推介自己的家乡》写作课学习之后的有感而发："感谢这堂写作课，让我发现自己也能把内心的想法变成文字。"这或许就是我们所有努力的意义所在。2023年，本书参

加江西省高校优秀教材评选，非常荣幸地被评为教育硕士研究生优秀教材二等奖，教学成果《基于文体思维的"一核·五环·四段"写作教学模型建构与实践探索》获得江西省基础教育教学成果一等奖。这些荣誉为我们团队持续深入地开展中学写作教学提供支持与动力。

写作教学研究之路没有终点，这本书只是我们在某一阶段的思考记录。愿它能为更多语文教师提供一些启发，愿更多学生能在写作中找到表达自我的快乐。教育是一场温暖的修行，愿我们在这条路上继续携手前行，让写作真正成为滋养心灵、启迪智慧的源泉。

最后，要感谢所有参与本书编写的专家学者、教研员和一线语文教师。西南大学的荣维东教授无私贡献了本书第一章写作教学理论研究成果；上海进才中学的彭晓老师、广东深圳宝安区教科院的王晓静老师、宝安区航瑞中学的赖毓康老师、龙华区第三中学的谢琼老师积极参与本团队的写作教学研究，提供了高水平的教学案例；江西省内参与写作教学研究的方文娟老师、刘明华老师、吴德平老师、丁文军老师、廖志刚老师、黄艳老师、汪文国老师、习秋平老师、周芳老师等，以及我的研究生钟寒、邱旭云、易少彬、施旭晖、明玉华、余红梅等同学，是你们的智慧和汗水浇灌了这朵写作教学研究之花。感谢倪文锦先生、王荣生先生、周子房博士、胡根林博士等对本书课例研究的引领与指导；感谢赣州中学温振雄老师的指导与建议；感谢那些勇于尝试新教法的学生，是你们的成长让我们看到了教育的无限可能。

写作教学探索的故事，还在继续……